EGMONT R. KOCH

Wagners Geständnis

W0084060

Buch

Der Mann, den sie alle zu kennen glaubten, war kein Jude, hatte mehrere Frauen in verschiedenen Ländern, und Kinder, die nichts voneinander wussten. Rosa, die einen Großteil ihrer Familie in Auschwitz verloren hatte, konnte nicht glauben, dass Georg Wagner als Günter Reinemer Unterscharführer der Totenkopf-SS gewesen und in Treblinka an der Erschießung von Juden beteiligt war. Wagners Hochstapeleien wurden schließlich so dreist, dass er die Aufmerksamkeit einer deutschen Wirtschaftsdetektei erregte. Die Ermittler trieben ihn derart in die Enge, dass er kurz vor seinem Tod eine erschütternde Lebensbeichte preisgab. Wenige Stunden nach seinem Bekenntnis stirbt Wagner/Reinemer unter mysteriösen Umständen und wird auf dem jüdischen Friedhof von Caracas begraben. Der renommierte und für seine Präzision mehrfach ausgezeichnete (TV-)Journalist Egmont R. Koch »recherchiert in Stasi-Akten und zitiert aus abgehörten Telefonaten und Briefen sowie Geheimdienstverhören ... er lässt sich nicht auf Spekulationen ein, wo schlüssige Beweise fehlen ... spannend geschrieben.«
Süddeutsche Zeitung

Autor

Der Journalist Egmont R. Koch, Jahrgang 1950, wurde 1978 mit dem Öko-Bestseller »Seveso ist überall« (zus. mit Fritz Vahrenholdt) bekannt. Für seine für ZDF und WDR produzierten TV-Dokumentationen wurde er vielfach ausgezeichnet. Mit seinen Buchveröffentlichungen erregte Egmont R. Koch weltweit Aufsehen, so etwa mit den Enthüllungen über HIV-verseuchte Blutkonserven (»Böses Blut«, 1990, zus. mit Irene Meichsner).

Egmont R. Koch

Wagners Geständnis

Wie sich ein SS-Mann als Jude tarnte

GOLDMANN

Bildnachweis:

Die Fotos auf den Seiten 19, 55, 101, 105, 109, 111, 135 oben, 218 oben, 263, 275, 283, 287, 288, 299 stammen aus dem Archiv des Autors; die Fotos auf Seite 35 von Klaus-Dieter Matschke; das Foto auf Seite 45 von der Gedenkstätte des KZ Lichtenburg in Prettin, das Foto auf Seite 47 aus dem Bundesarchiv, das Foto auf Seite 97 vom Stadtarchiv Oberursel; alle anderen Fotos sind aus Privatbesitz.

Umwelthinweis:
Alle bedruckten Materialien dieses Taschenbuches
sind chlorfrei und umweltschonend.

Der Goldmann Verlag
ist ein Unternehmen der Verlagsgruppe Random House.

Vollständige Taschenbuchausgabe Dezember 2002
Wilhelm Goldmann Verlag, München,
in der Verlagsgruppe Random House GmbH
© 2001 der Originalausgabe C. Bertelsmann Verlag, München,
in der Verlagsgruppe Random House GmbH
Umschlaggestaltung: Design Team München
Druck: Clausen & Bosse, Leck
Verlagsnummer: 15210
KF · Herstellung: Sebastian Strohmaier
Made in Germany
ISBN 3-442-15210-0
www.goldmann-verlag.de

1 3 5 7 9 10 8 6 4 2

Inhalt

Kurze Geschichte einer
langen Recherche

Was für eine Biografie! Ein junger Tischlergeselle aus Dresden geht 1936 freiwillig zur Totenkopf-SS, wird als Wachmann ins Konzentrationslager beordert, heiratet evangelisch (zwei Kinder), nimmt nach dem Krieg eine neue Identität als Ingenieur an, heiratet in Frankreich katholisch (drei Kinder), lebt während des Kalten Krieges für ein paar Jahre in der DDR, macht daraufhin Karriere als Heiratsschwindler und Betrüger in der Bundesrepublik, setzt sich nach Israel ab, lernt dort eine polnische Jüdin aus Venezuela kennen, siedelt zu ihr nach Caracas über, lebt 15 Jahre an ihrer Seite als vermeintlicher Holocaust-Flüchtling und respektiertes Mitglied der jüdischen Gemeinde, ehe ihn seine Hochstapeleien zu Fall bringen; er legt ein umfangreiches Geständnis ab, bezichtigt sich sogar, im Vernichtungslager Treblinka an der Ermordung jüdischer KZ-Insassen beteiligt gewesen zu sein und nach Kriegsende einige Jahre für den amerikanischen Geheimdienst gearbeitet zu haben. Wenige Stunden nach seinem Bekenntnis stirbt er unter mysteriösen Umständen, wird auf dem jüdischen Friedhof von Caracas begraben, wo seine sterblichen Überreste bis zum heutigen Tag liegen.

Ende 1998 erzählte mir Klaus-Dieter Matschke eher beiläufig von dem Geständnis Georg Wagners alias Günter Reinemers, als wir über in Südamerika untergetauchte Nazis sprachen. Matschke war damals im August 1988, zusammen mit seinem Mitarbeiter Hans-Georg Kohlenberger, nach Caracas gereist, um Wagner der Industriespionage und des Betrugs zu überführen. Er habe einen »vagen Verdacht« gehabt, dass »etwas mit der Identität des Mannes nicht stimmen konnte«, erinnerte sich Matschke, aber »keinen Moment« sei er bei seinen insistierenden Fragen nach dessen Vergangenheit davon ausgegangen, einen als Juden getarnten SS-Mann entlarven zu können. Wagners Geständnis habe sich dann über mehrere Tage hingezogen.

Die Geschichte kam mir zunächst – ich gebe es zu – ein wenig wie das Jägerlatein eines professionellen Informationsbeschaffers vor. Doch Matschke, ein ehemaliger Nachrichtendienstler, heute Chef einer der erfolgreichsten Firmen auf dem Gebiet der Sicherheits- und Unternehmensberatung, wies den Verdacht weit von sich und bot mir sein gesamtes Material, darunter die Originaltonbänder des mehr als zehnstündigen Verhörs, zur Begutachtung an.

Doch meine Skepsis blieb. Warum waren 1988/89, wie ich der Akte entnehmen konnte, nur drei kurze Veröffentlichungen in einer israelischen Tageszeitung erschienen, aber nirgendwo sonst? Es habe kurzzeitiges Interesse gegeben, räumte Matschke auf Nachfrage ein, doch die Journalisten hätten offensichtlich die Mühe gescheut, Wagners Geständnis zu analysieren und zu überprüfen, hätten seine Lebensgeschichte, insbesondere seine Beteiligung an der Ermordung jüdischer KZ-Gefangener, als Fantastereien abgetan. Das allerdings machte mich stutzig. Denn hinter der Identität des Georg Wagner steckte der ehemalige SS-Mann Günter Reinemer, das bewiesen die von Matschke recherchierten Dokumente ohne jeden Zweifel. Weshalb also sollte sich ein Nazi, der in Südamerika mit falschem Namen als Jude lebte, eines Kriegsverbrechens beschuldigen, das er nicht begangen hatte?

Ich sichtete Matschkes Unterlagen, hörte mir viele Male die Bänder der mehrtägigen Vernehmungen an und entschloss mich, der Geschichte auf den Grund zu gehen.

Erste Station: Caracas, wo alles endete – und alles begann. Da Matschke unmittelbar nach dem Ende der Vernehmungen und dem plötzlichen Tod Wagners wieder von dort abgereist war, konnte er zu dem weiteren Gang der Geschichte in Venezuela nichts beitragen. In Caracas nahm ich Kontakt auf zur jüdischen Gemeinde, stieß aber auf große Zurückhaltung, fand Wagners Grab auf dem jüdischen Friedhof, unverändert seit der Beerdigung 1988, machte Dagmar Peña ausfindig – als Dolmetscherin eine Augen- und Ohrenzeugin des damaligen Verhörs –, die Matschkes Erinnerungen bestätigte; nach mehreren vergeblichen Anläufen stimmte schließlich Wagners Witwe Rosa, eine in Polen geborene Jüdin, die den Großteil ihrer Familie in Auschwitz verloren hatte, einer ersten Begegnung zu. Unser Gespräch in ihrem Apartment war ein vorsichtiges Herantasten an die für sie so beschämende und längst wieder verdrängte Tatsache, dass sie 15 Jahre an der Seite eines ehemaligen SS-Mannes gelebt hatte. Zum Abschluss unseres Treffens händigte Rosa mir den letzten deutschen Pass von Georg Wagner aus, der 1963 in Hamburg ausgestellt worden war.

In Deutschland führte die Recherche dann von Einwohnermeldeamt zu Einwohnermeldeamt zurück in die Fünfzigerjahre, zu einer Anschrift in Ossenberg am Niederrhein, wo schließlich der Vermieter eines Hauses in der Kirchstraße einen entscheidenden Hinweis gab: Die Tochter einer langjährigen Freundin Wagners lebe in Rheinberg.

Doch besagte Tochter und deren Mann wollten zunächst von der Geschichte nichts wissen, lehnten ein Gespräch kategorisch ab. Erst nach Wochen gelang es, das Eis zu brechen. Schließlich suchten Heidrun und Gernot D. im Keller nach einem Koffer mit Unterlagen Wagners, der aus dem Nachlass ihrer Mutter Else Zöllner stammte. Darin fanden sich Briefe, Ansichtskarten, Ausweise und Fotos – alles im Original. Es war einer dieser Momente höchster beruflicher Glückseligkeit, als würde eine Schatztruhe geöffnet. Aus den Dokumenten ergaben sich völlig neue Fassetten dieser bizarren Biografie, über die Wagner bei seinem Geständnis in Caracas geschwiegen hatte: seine französische Familie, seine Jahre in der DDR, seine Täuschungen und Betrügereien danach.

Eine Spur führte in die Nähe von Bordeaux, wo zwei Stiefsöhne Wagners leben, und von dort zu den zwei leiblichen Söhnen, eine andere Spur führte nach Ingolstadt zu Maria Zapp, einem der vielen Opfer des Heiratsschwindlers Georg Wagner, die mir 30 Jahre nach ihrer Verlobung mit dem Frauenheld unzählige Briefe und Fotos zur Verfügung stellte. Eine dritte Spur schließlich führte zu Zeitzeugen in der ehemaligen DDR. Jeder neue Kontakt brachte neue Fragen und neue Fährten. Es folgten weitere umfangreiche Recherchen in Venezuela, in den Vereinigten Staaten, in Frankreich, Belgien, Israel und in der Schweiz.

Schließlich gewann ich ein Bild von dem Mann, erst schemenhaft, dann immer klarer erkennbar: das Bild des boshaften Lügners Georg Wagner alias Hans Wagner alias Jean Wagner alias Günter Reinemer. Die Lügen kamen ihm, wie seine Briefe dutzendfach belegen, leicht über die Lippen, die erste gebar die zweite, der zweiten erwuchs die dritte, dicht gefolgt von der vierten und so weiter. Er besaß ein offensichtliches Talent, Schein und Illusionen zu verbreiten, Rollen zu spielen, zu hintergehen, ohne entlarvt zu werden. Womöglich haben das die psychologisch geschulten Agentenführer des amerikanischen Geheimdienstes, dem er sich nach eigenem Bekenntnis im März 1945 verpflichtete, sehr schnell erkannt. Nur die Lügen sicherten ihm einen Platz an der Sonne, immer wieder, als Spitzel, falscher Ingenieur, Casanova und Gauner, im Beruf, in der Familie, im Freundeskreis, bei den Frauen.

Manche Episode aus seinem Leben erinnert an Felix Krull, den begnadeten Hochstapler, der Dank seiner Chuzpe alle aufs Kreuz legt: Wie dieser gab Wagner »den soldatisch begeisterten Epileptiker«, um sich vor dem Krieg zu drücken, wie dieser lotste er als »geschmeidiger Gott« der Diebe und Schwindler seine Mitmenschen hinters Licht, wie dieser nutzte er seine Begabung zur Liebeslust, um Frauen »jeglichen Alters und aller Gesellschaftsschichten« zu betören und sich von ihnen aushalten zu lassen. Es war, als hätte in gewisser Weise Thomas Mann für Wagners Biografie Pate gestanden.

Ich will nicht verhehlen, dass dieser »Hansdampf« dann und wann auch charmante Züge trug, dass ich dem Filou postum auf den Leim ging und dass in meiner Schilderung bisweilen zu viel Sympathie für den Leichtfuß und Schwerenöter durchschimmern könnte. Denn tatsächlich war er, daran besteht nicht der geringste Zweifel, anders als Krull, ein durch und durch bösartiger und gewissenloser Krimineller, ein gnadenloser Opportunist ohne jede Moral. Man vergegenwärtige sich nur, dass der ehemalige SS-Kriegsverbrecher offenbar in Israel gezielt nach einer jüdischen Witwe suchte, weil, wie er als Nazi wohl verinnerlicht hatte, diese als überwiegend wohlhabend zu gelten haben.

Konnte ich dem Geständnis Wagners gleichwohl trauen? Nach meinen Recherchen und der Überprüfung sämtlicher überprüfbarer Fakten, die er in den Vernehmungen nannte, bin ich davon überzeugt. Gewiss, es war kein vollständiges Bekenntnis, er ließ Lücken, verschob Zeiträume, um über bestimmte Lebensabschnitte kein Zeugnis ablegen zu müssen; gewiss auch, er unternahm bisweilen in vertrauter Manier erst den Versuch, zu verschleiern, statt sofort Klartext zu reden. Doch wenn man dies und die Ungenauigkeiten, die aus schlechter Erinnerung resultierten, beiseite lässt und berücksichtigt, dass er mitunter falsche Namen nannte, weil er alte Kameraden nicht ans Messer zu liefern gedachte oder weil er sich nicht fortwährend Blößen geben wollte – immerhin fand das Verhör unter erheblicher psychischer Anspannung statt –, dann muss sein Geständnis durchaus als Lebensbeichte mit hoher Glaubwürdigkeit gewertet werden. Nicht nur

Klaus-Dieter Matschke und die Dolmetscherin Dagmar Peña empfanden das seinerzeit so, auch alle Kollegen und Freunde, denen ich die Tonbänder vorspielte und um eine Beurteilung bat, konnten sich diesem Eindruck nicht entziehen.

Hinzu kommt: Nichts zwang ihn wirklich, seine falsche Identität preiszugeben. Er hätte seine Lebenslüge mit ins Grab nehmen können. Wer mit einer Vita wie Wagner gelebt hat, beginnt nicht mehr oder weniger freiwillig ein Geständnis, um dann erneut ein Lügengebäude aufzubauen. Und selbst bei der ihm zu unterstellenden reichhaltigen Fantasie kann man sich nicht immer wieder neue Ereignisse ausdenken, ohne sich in Widersprüche zu verstricken.

Natürlich ist diese Lebensgeschichte, selbst wenn sie sich nicht nur auf Wagners umfangreiches Geständnis, sondern auf einen immensen Fundus an Dokumenten und Fotos, auf persönliche Erinnerungen von mehr als 50 Zeitzeugen sowie hunderte von Briefen stützen kann, nicht gegen Fehlinterpretationen gefeit. Ein Journalist kann nur versuchen, mit möglichst großer Genauigkeit zeitgeschichtliche Sachverhalte zu rekonstruieren und Zusammenhänge aufzudecken. Er kann sich derer aber niemals sicher sein. Wie weit seine Version am Ende noch von der Wahrheit entfernt ist, steht in den Sternen.

Auch bleiben Lücken in dieser Biografie, die ich – trotz intensiver Bemühungen – nicht schließen konnte. Es gibt Jahre, vor allem in der Kriegszeit, für die es ausschließlich sein Wort gibt; und es bleiben schließlich auch ein paar Widersprüche, die nicht aufzuklären waren. Ich habe versucht, mich vor größeren Ungenauigkeiten und falschen Zeugnissen zu schützen, indem ich die Erkenntnisse meiner Recherchen möglichst anhand mehrerer Quellen überprüfte; wo dies nicht möglich war, habe ich das im Text diskutiert oder durch entsprechende Vermerke im Anhang deutlich gemacht. Der Leser sollte die Grenzen dieser Darstellung nicht aus den Augen verlieren.

Klaus-Dieter Matschke möchte ich herzlich dafür danken, dass er mir sein Material zum Fall Wagner aus dem Jahr 1988 an die Hand gab und mir damit die Möglichkeit eröffnete, eine beklemmende, phasenweise empörende, mitunter skurrile deutsche Nachkriegsbiografie zusammenzutragen. Als Journalist ist einem nicht häufig ein solcher Stoff vergönnt.

Der Dank gebührt auch Matschkes Mitarbeiter und Freund

Hans-Georg Kohlenberger, der mit ihm die Vernehmungen in Caracas durchführte. Kohlenberger erlitt vor einigen Jahren einen tragischen Berufsunfall, ist seitdem ein Pflegefall.

Ohne die Unterstützung zahlreicher Wegbegleiter und Wegbegleiterinnen Wagners wäre diese Aufarbeitung seiner Lebensgeschichte dennoch Stückwerk geblieben. Den Verwandten, Freunden und betroffenen Frauen gebührt deshalb ebenso mein Dank. Einige haben mich gebeten, ihren Namen zu ersetzen oder zu verändern, teils aus Scham, teils aus Sorge, sie könnten auch noch nach Jahrzehnten zum Gespött ihrer Umwelt werden; natürlich habe ich diesem Wunsch entsprochen. Viele wären hier zu nennen, ich will mich auf einige Schlüsselpersonen beschränken: Wagners Witwe in Caracas, Rosa Rabinowicz, Wagners französische Söhne Philippe und Patrick sowie seine Stiefsöhne Alain und Gérald, Heidrun und Gernot D., deren Mutter respektive Schwiegermutter Else Zöllner die vielleicht wichtigste Bezugsperson Wagners in dessen ganzen Leben war, Maria Zapp, die wahrscheinlich einzige Frau, die Wagner irgendwann vollkommen durchschaute sowie Peter Winkler, der enge und wahrscheinlich einzige Freund Wagners zeitlebens, zumindest aber in den letzten 15 Jahren.

Im Rahmen der mehr als zweijährigen Beschäftigung mit diesem bemerkenswerten Thema haben mich eine Reihe von Kollegen, Rechercheuren und Historikern unterstützt, denen ich für ihr Engagement und ihre Ausdauer sehr danken möchte. Sie alle wurden angesteckt von meinem Wunsch, die Lebensgeschichte dieses Mannes bis in die hintersten Winkel auszuleuchten: Andrea Röpke suchte mit großer Begeisterung und unvergleichlichem Elan in internationalen Archiven sowie nach Zeitzeugen; Dr. John H. Colhoun in Washington, ausgebildeter Historiker, trieb mit großer Beharrlichkeit die Recherchen in den *National Archives*, in der *Library of Congress* und in anderen amerikanischen Archiven voran; Dr. Rolf-Dieter Müller vom *Militärgeschichtlichen Forschungsamt* in Potsdam las die Kapitel über die Kriegs- und Nachkriegsjahre und überprüfte sie auf Plausibilität; Iris Hoogesteijn baute in Caracas viele Kontakte auf und trug wesentlich dazu bei, das Vertrauen von Rosa Rabinowicz zu gewinnen. Angela Klose in Paris gelang es, die Wagner-Söhne in Frankreich aufzustöbern; Birgit Sander-Storz in Paris fand Hinweise und Zeitzeugen für das amerikanische Kriegsgefangenenlager Folembray; Natan Jessen in Tel Aviv unterstützte die Spurensuche in Israel; Gerhard Goosens ging

Wagners Zeit in Belgien nach; Nina Warneke recherchierte in verschiedenen Berliner Archiven und Bibliotheken.

Ein ganz besonderer Dank gilt indes meinem kollegialen Freund Gert Monheim vom *WDR*, der zwar nicht an diesem Buch beteiligt ist, der aber durch seinen Rat, seine Hilfe und seine Unterstützung vor, während und nach der Realisierung meiner Fernsehdokumentation, die am 4. Januar 2001 im Abendprogramm der *ARD* unter dem Titel »Wagners Geständnis« ausgestrahlt wurde und internationale Beachtung fand, ganz entscheidend zum Gelingen des gesamten Projekts beigetragen hat.

Egmont R. Koch
Bremen, Juni 2001

Am Ende
August 1988

Gedankenverloren geht Georg Wagner im Zimmer auf und ab. Von Zeit zu Zeit verharrt er am Fenster, lässt seinen Blick schweifen bis zur *Unión Israelita*, dem Zentrum der jüdischen Gemeinde von Caracas, das nur einen Steinwurf von seinem Apartment im Komplex *Jastol Park* entfernt liegt. Der Deutsch-Venezolaner atmet schwer, sein Herz macht ihm zu schaffen. Tiefe Furchen haben sich in sein Gesicht gegraben. Er ist nicht mehr der lebenslustige Mann wie noch vor einigen Wochen, sondern alt und müde. Seine Hände zittern.

Es ist Samstag, der 27. August 1988.

»Willst du nicht in die Synagoge heute, es ist Sabbat«, versucht ihn seine Frau Rosa aus seiner Lethargie zu reißen. Doch er sieht sie nur mit leerem Blick an, sagt nichts.

Rosa spürt, dass Georg Kummer hat, dass ihn etwas quält. Sie kennt ihn jetzt seit fast 20 Jahren. Damals, im Januar 1973 bei einem Besuch in Israel, wurde er ihr von einer Bekannten vorgestellt. Er arbeite und lebe in Haifa, erzählte er ihr bei der ersten Begegnung in einem Café in Tel Aviv. Ein Deutscher in Israel? Rosa Rabinowicz*, die polnische Jüdin aus Krakau, die mit ihren Brüdern in die Sowjetunion fliehen konnte und dann nach dem Krieg erfahren musste, dass nahezu die gesamte Familie in Auschwitz ermordet worden war, wollte das genauer wissen.

Er ließ sich nicht lange um seine Leidensgeschichte bitten: Sohn jüdischer Eltern aus Schlesien, als Kleinkind Kinderlähmung, deshalb zurückgelassen von Vater und Mutter, als diese 1912 in die Vereinigten Staaten auswanderten, vom Onkel, einem preußischen Militärarzt, großgezogen, 1934 vor den Nazis nach Kanada geflohen, schließlich nach Israel übergesiedelt. Rosa fand ihn gleich sympathisch, »doch ich wollte damals keine Bindung, noch nicht«, sagt sie.[1]

Wagner schrieb ihr schöne Briefe, sprach ganz offen von Heirat.

---

* Name geändert

Sie zögerte noch immer. »Aber ich war sehr allein«, sagt Rosa, »und er war ein durch und durch kultureller Deutscher, das hat mir gefallen.«

Kurz nach ihrer ersten Begegnung in Tel Aviv trafen sie sich wieder. Rosa hatte ihre Verwandten in Krakau besucht, auf der Rückreise machte sie Zwischenstation bei einer Freundin in Wien. Nach einem Besuch in der Staatsoper, bei dem er sich besonders galant gab, fragte sie ihn, ob er zu ihr nach Caracas kommen wolle. Ende Juni 1973 zog Georg Wagner in Rosas Apartment im jüdischen Viertel San Bernardino ein.

»Was bedrückt dich?«, fragt sie noch einmal. Rosa erinnert sich an diesen Samstag vor mehr als zwölf Jahren, als wäre es gestern gewesen.[2]

»Sie haben meinen Aktenkoffer aus dem Wagen gestohlen, mit all den Papieren«, murmelt er, »dabei hatte ich ihn auf dem bewachten Parkplatz bei der Klinik abgestellt, nebenan von der Firma.«[3]

Sie schaut ihn verständnislos an.

»Aber das ist doch kein Grund, so trübsinnig zu sein, kauf dir einen neuen!«, habe sie ihm damals gesagt, sei sogar »ein wenig verärgert« gewesen über die Belanglosigkeit. Doch er seufzt nur tief, und sie gibt auf, zu seinen Sorgen vorzudringen.[4]

Rosa kann die dramatische Veränderung ihres Mannes nicht begreifen. Haben ihn nicht ein halbes Jahr zuvor, bei seinem 80. Geburtstag, Freunde und Bekannte mit Komplimenten überschüttet, wie rüstig und voller Energie er noch sei, haben ihn nicht die Damen von *Venergia*, einem Unternehmen, bei dem Wagner als Berater tätig ist, umschmeichelt, wie gut er noch aussehe? Höchstens wie 70!

Rückblick: 1. März 1988, Calle No. 2, Campo Allegre, Caracas. Der amerikanische Jude Mitchell Solomon[*], Geschäftsführer von *Venergia*, und seine Frau Dr. Venezla Rubion[*], Tochter einer der angesehensten Familien in Venezuela und *Venergia*-Eigentümerin, geben einen Empfang zu Ehren ihres Beraters Georg Wagner. Alle Mitarbeiter der Firma sind in die Villa gekommen, die dem Unternehmen als Büro dient, um zu gratulieren, auch Rosa und deren

[*] Nachnamen geändert

beiden Söhne aus erster Ehe. Rubion, die »Doktora«, wie sie genannt wird, bringt einen Toast auf den Jubiliar aus, dann folgt ein Ständchen der Gäste aus voller Kehle, schließlich muss Señor Wagner die Kerzen auf einer Sahnetorte ausblasen, die mit seinem Namen und einer »80« verziert ist.

Peter Winkler*, seinem besten Freund in Deutschland, schreibt er Tage später einen Brief, voller Begeisterung über die Ehre, die ihm zuteil wurde:

Ich war ja am 1. 3. 1988 am Nachmittag um 17.00 Uhr bei Venergia bestellt zu einer Besprechung bei Mitchell Solomon, sie dauerte bis 18.15 als sie zu Ende war dachte ich mir nun gehts heim, aber das war nicht, als wir unten an der Rezeption anlangten und zum Ausgang strebten meinte Mitchell Solomon, nein Mister Wagner, die Richtung ist zum Hauptbüro, als ich die Tür zu diesem Büro aufmachte wurde geklatscht, es war das ganze Führungspersonal da. Ich war natürlich vollkommen überrascht, die Doktora stellte mich nun jedem vor, es wurden Pasapalos herumgereicht, eine Torte stand da mit der Inschrift ›Ochenta Años Para Ing. Wagner‹ auf der Torte waren 80 Kerzen angezündet. Die Bedienung war von einer Firma welche Feste ausstattet und die weitere Überraschung war das man Rosa, M. mit Frau, sowie E. mit dem Sohn S. hergebracht hat. Man hat auch eine Lobrede auf den Alten Wagner gehalten.[5]

(Brief von Georg Wagner an Peter Winkler vom 7. 3. 1988)

Wagner lernte den Amerikaner Mitchell Solomon im April 1987 im *Hebraica* kennen, einem Club am Stadtrand von Caracas, der den Mitgliedern der jüdischen Gemeinde vorbehalten ist, mit eigener Schule, sozialen Einrichtungen, Cafés und Restaurants, Schwimmbad und diversen Freizeitangeboten. Georg Wagner hielt sich dort häufig auf, mitunter den ganzen Tag lang, um nützliche Kontakte zu knüpfen und vielleicht sogar das eine oder andere Geschäft einzufädeln.

So kam er auch mit Solomon völlig zwanglos am Pool ins Gespräch, und als der ihm erzählte, er sei Chef der Firma *Venergia*, die Industriebatterien herstelle, zu expandieren beabsichtige und die U-Boot-Flotten des südamerikanischen Andenpaktes ausstat-

---

* Nachname geändert

ten wolle, zeigte sich Wagner höchst interessiert. In der gleichen Branche arbeite auch sein bester Freund in Deutschland, daher kenne er das Geschäft, sagte Wagner. Das wiederum interessierte Solomon brennend, denn *Venergia* suchte dringend Knowhow und ausländisches Kapital. Bei welchem Unternehmen Wagners deutscher Freund denn tätig sei? Bei der *Varta AG* in Hannover, bekam er zur Antwort, ausgerechnet einem der Marktführer für U-Boot-Batterien in Südamerika, mit dessen schwedischer Tochterfirma *Noack* Solomon seit geraumer Zeit anzubändeln versuchte. Ob denn Wagner eventuell vermitteln könne?[6]

Was wie eine zufällige Begegnung im *Hebraica* aussah, war jedoch von Wagner geschickt eingefädelt worden. Denn besagter Freund, Peter Winkler, Direktor der *Varta AG*, hatte ihn gebeten, ein paar Erkundigungen über das Unternehmen *Venergia* einzuholen: Handelt es sich um eine seriöse und potente Firma? Bestehen gute Beziehungen zu Regierungs- und Militärstellen? Welche Umsätze, welche Kunden?[7] Und bei dem lockeren Gespräch im Club hatte Wagner bereits einiges in Erfahrung gebracht, was ihm sonst wahrscheinlich vorenthalten worden wäre.

Wagner kannte Winkler seit Ende 1973. Es war eine Zufallsbegegnung gewesen, in der von Einwanderern aus dem Kaiserstuhl Mitte des 19. Jahrhunderts gegründeten Siedlung *Colonia Tovar*, einer Ansammlung von Schwarzwaldhäusern in den venezolanischen Bergen, eineinhalb Autostunden von Caracas entfernt. Dort oben verbrachten Georg und Rosa ihr erstes gemeinsames Weihnachtsfest. Nach einem oppulenten Abendessen im Hotel *Freiburg* kam Wagner mit dem am Nachbartisch sitzenden Winkler und dessen Frau ins Gespräch. Wagner, der damals gerade nach Venezuela übergesiedelt war und dringend Arbeit als Ingenieur suchte, begriff die Chance, als der 20 Jahre jüngere Winkler (Jahrgang 1927) ihm erzählte, er bekleide eine leitende Position in der Südamerika-Dependance des Schweizer Konzerns *Société Générale de Surveillance (SGS)* mit Sitz in Caracas. Die *SGS* baue Industrieanlagen und berate Industrie und Handel in Fragen der Qualitätssicherung.[8]

Winkler verschaffte Wagner wenig später tatsächlich einen Job bei der *SGS*, bot ihm sogar seinen eigenen Posten als technischer Direktor an, als er ein Jahr später nach Deutschland zurückkehrte, um in die Unternehmensleitung des *Varta*-Konzerns einzutreten. Seit dieser Zeit stand man in regelmäßigem Briefkontakt, Georg und Rosa besuchten die Winklers auf ihren Europareisen, und in

Oben: Versteckt hinter Palmen liegt die damals von der Firma *Venergia* gemietete Villa im Stadtteil Campo Allegre von Caracas. Unten: Empfang zum 80. Geburtstag von Georg Wagner; ganz links seine Frau Rosa, rechts neben Wagner deren Enkel und daneben der Chef von *Venergia*, Mitchell Solomon.

Geschäftsfragen avancierte der Deutsche nach eigenem Bekunden zu einer Art Ratgeber für den »akkuraten Ingenieur, aber biederen Zeitgenossen Georg Wagner«.[9]

1980 machte sich Wagner, der inzwischen einen venezolanischen Pass besaß, mit einer kleinen Beratungsfirma selbstständig. Da lag es für Peter Winkler nahe, den Freund in Caracas im März 1987 inoffiziell und im Mai dann auch offiziell mit vertraulichen Recherchen über das venezolanische Unternehmen *Venergia* zu beauftragen, das so starkes Interesse an einer Zusammenarbeit mit *Varta* zeigte.[10]

Nach dem Treffen mit Mitchell Solomon im Club *Hebraica* hatte sich Peter Winkler in die laufenden Gespräche zwischen *Venergia* und der schwedischen *Varta*-Tochter *Noack* eingeschaltet und die Venezolaner darum gebeten, zur Vorbereitung konkreter Verhandlungen, »Herrn Georg Wagner und seinen Kollegen die notwendige Unterstützung bei einer Analyse der Firma *Venergia* zu geben«.[11] Doch Mitchell Solomon wollte sich nicht in die Karten schauen lassen, verweigerte sich dem Ansinnen Winklers über mehrere Wochen. Mit den ihm zugänglichen Informationen und Bankauskünften erstellte Wagner Ende Juli 1987 einen ersten Bericht für *Varta*, verfasst offenbar voller Groll über die Hinhaltetechnik von Solomon: Der finanzielle Hintergrund von *Venergia* sei fragwürdig, die Firmenpolitik unseriös. Er müsse daher »von jeglicher Zusammenarbeit abraten«, hielt Wagner fest, fügte sogar noch eine verbale Ohrfeige an: Solomon sei »ein Schlitzohr und mit äußerster Vorsicht zu genießen«.[12]

Auf massives Drängen der *Varta*-Leute kam Mitte August 1987 schließlich doch noch ein Treffen zu Stande. Mitchell Solomon hatte eingesehen, dass er sich einer Untersuchung und Bewertung von *Venergia* nicht länger verweigern durfte, wenn die Verhandlungen mit *Varta* nicht scheitern sollten. Auf die Gefahr hin, dass solche Analysen, bei denen sich das Unternehmen weitgehend offen legen musste, immer das Risiko von Industriespionage beinhalteten, wurde Georg Wagner Einblick gewährt in die Auftragsbücher und Herstellungsanlagen der Batteriefabrikation.[13]

Anfang September verfasste Wagner ein neues Gutachten für *Varta* – und diesmal fiel es äußerst positiv aus, es listete vor allem die Vorzüge einer Kooperation auf. Zwar müsse *Venergia* »den Produktionsablauf und Ausstoß weiter verbessern«, die Firma verfüge aber »über ausgesprochen solide Grundlagen«.[14]

Peter Winkler war über den Sinneswandel überrascht, »noch mehr wunderte mich allerdings, dass er schrieb, wie unbestechlich er als Gutachter sei«, erinnert Winkler sich, »das klang so, als wolle er sich von einem Verdacht reinwaschen, den ich gar nicht hatte«.[15]

»Welche Papiere waren denn so wichtig in deinem Aktenkoffer?«

Noch einmal unternimmt Rosa an diesem Samstagmorgen einen Anlauf, etwas über den Grund für die nervliche Anspannung ihres Mannes zu erfahren, der nahezu unbeweglich auf dem Balkon sitzt und irgendeinen imaginären Punkt an der Skyline von Caracas fixiert. Wagner kehrt erst mit Verzögerung von seinem Gedankenflug zurück.

»Es sind Dokumente über diese Firma, die ich berate. Wenn sie in falsche Hände geraten, bin ich ruiniert«, stammelt er.[16]

Rosa versteht das nicht, sie hat sich in all den Jahren nicht um seine Geschäfte gekümmert. Sie weiß, dass er Firmen berät, Industrieanlagen überprüft, aber sie hat seine Beschäftigungen in den letzten Jahren – vor allem seit seinem ersten Herzinfarkt im Juli 1985 – weitgehend für Zeitvertreib gehalten, nicht sonderlich einträglich jedenfalls, da er ihr immer wieder auf der Tasche liegt. Um was es bei den offenbar brisanten Dokumenten gegangen sein könnte, weiß Rosa später nicht zu sagen. Sie habe seinerzeit auch nicht nachgehakt.

Nach Wagners positiver Expertise für *Varta*, von der *Venergia* eine Kopie erhielt, verbesserte sich das Verhältnis zwischen Solomon und Wagner erheblich. Ob er denn nicht Lust habe, da er die Firma nun ja genau kenne, die Funktion eines Beraters zu übernehmen und eine offizielle Wertschätzung des Unternehmens durchzuführen, fragte ihn Solomon kurze Zeit später. Wagner sagte sofort zu. Er schickte *Venergia*, gewissermaßen als Ausweis seiner fachlichen Kompetenz, seinen beruflichen Werdegang, der eine lange und spannende Ingenieurskarriere nachzeichnete. Mitchell Solomon war beeindruckt.

Abschluß als Diplom-Ingenieur für Mechanik und Aerodynamik der Universität Dresden 1931, bis 1934 Projektingenieur für ein Elektrizitätswerk in Ankara/Türkei, 1934 Emigration nach Quebec/Kanada, Abschluß als Industrie-Ingenieur der Universität

Toronto/Kanada 1950, Abschluß als Erdöl-Ingenieur der Universität Aachen 1960, Abschluß als Ingenieur für Schweißtechnik, Duisburg 1965. Zwischen 1952 und 1973 Projektchef bei der Montanunion mit Sitz in Brüssel und Luxemburg; in dieser Zeit Bauleiter eines Chemiewerkes in Osaka/Japan, eines Elektrizitätswerkes in Workuta/Sibirien (bei Temperaturen zwischen 58 und 65 Grad unter Null) und einer Brikettfabrik in Melbourne/Australien. 1973 Übersiedlung nach Caracas, Technischer Direktor der Société Générale de Surveillance (SGS), seit 1980 Präsident einer eigenen Beratungsfirma Supervise; Mitglied in zahllosen Fachgesellschaften des In- und Auslands.

(»Curriculum Vitae« von Georg Wagner, 1987)

Fortan ging Wagner in der *Venergia*-Villa im Campo Allegre ein und aus, bekam bald seinen eigenen Schreibtisch und einen Hausausweis.[17] Peter Winkler erfuhr während einer Reise nach Caracas im Dezember 1987 definitiv, »dass Georg auf der Seite der venezolanischen Firma steht und für sie arbeitet«.[18] Nach intensiven Gesprächen mit Solomon und dessen Ehefrau Venezla Rubion gerieten die Verhandlungen mit *Venergia* ins Stocken, »trotz beeindruckendem Empfang in Caracas, man kennt das ja«, sagt Winkler.[19] Der Hintergrund: Die Venezolaner waren offenbar vornehmlich an dem ganz speziellen Knowhow der Deutschen interessiert; *Varta* versorgte die Marine des Landes mit U-Boot-Batterien, seit die Tauchboote aus Deutschland geliefert worden waren. »Und das sollte damals auch so bleiben«, macht Winkler deutlich, deshalb sei das Kooperationsprojekt sehr schnell »im Sande verlaufen, sehr zum Bedauern von *Venergia*«.[20]

Ende Februar 1988 machte Wagner erste Andeutungen gegenüber Mitchell Solomon, er habe sich nach jahrelangem Streit mit seinem inzwischen sehr betagten Vater versöhnt, der seit seiner Auswanderung im Jahre 1912 im amerikanischen Missouri lebe. Der »alte Herr« wolle ihm nun sein weltweites Firmenimperium mit Sitz in den Vereinigten Staaten, Kanada und Israel übertragen, und er könne sich möglicherweise, als gewissermaßen erstes Engagement der *Wagner Holding (WAHO)* unter seiner Regie, eine finanzielle Beteiligung bei *Venergia* vorstellen. Es gebe zwar noch seinen etwas renitenten Bruder Robert in Boston, der ständig versuche, den Vater zu beeinflussen, der sei aber schon vor Jahren ausbezahlt worden.[21]

Peter Winkler erzählte er in seinen Briefen nichts von seinen Plänen, mit Vaters Geld bei den Venezolanern einsteigen zu wollen. Dabei kannte der die Verhältnisse innerhalb des amerikanischen Wagner-Clans seit langem. Sein Freund hatte ihn schon Jahre zuvor gebeten, er solle möglichst bald die operative Leitung der WAHO übernehmen.[22]

Ich habe von meiner Familienseite (Vaterseits) einiges am Bein, nachdem der Alte (105 Jahre) (...) er heisst Georg Leonardo Moises Wagner (...) nunmehr das Bedürfnis hat weniger zu arbeiten und sich auf seine Farm in Missouri (Kirkvood) zurückziehen will. Seine Holding hat Warenhäuser, Hotels, Fabriken (Australien – Brikettfabrik, Israel – Hotels, USA – Aktienbeteiligungen bei Texaco, Exon und Warenhäusern). Ist schon ein verrückter Mann. Der Sitz der Holding ist in Ottawa Kanada und in Haifa Israel. Ich soll dann voll beteiligt sein. Obwohl wir beide absolut nicht zusammen konnten, da wir beide einen harten Kopf hatten und haben und ich die Alten seid 1912 als sie auswanderten erstmals 1962 wieder gesehen hatte, gab es immer nur bei den von ihm oder mir absolvierten kurzen Besuchen, nur Krieg. Dazu muß ich sagen das der Alte Chemie Doktor in Deutschland war und 1912 einen Ehrenhandel mit einem Kollegen hatte und der wurde nach damaliger Sitte noch mit der Waffe ausgetragen, na und dabei hat der Alte den anderen umgepustet, sodass er auswandern musste. Ich selbst hatte 1912 die spinale Kinderlähmung und durfte nicht mit nach den USA, so wurde ich bei einem Bruder meiner Mutter grossgezogen einem kaisertreuen Generaloberstarzt jüdischer Abstammung Prof. Dr. Alfons von Bultzingslowen, der dann auch von Deutschland wegmusste und nach Australien ging. (...) So nun kannst Du das mal verdauen.
(Brief von Georg Wagner an Peter Winkler vom 27. 10. 1983)

Mitchell Solomon, der das Angebot zunächst nicht ganz ernst genommen hatte, bekam glänzende Augen, als Wagner die finanziellen Hintergründe seiner Offerte konkretisierte und ihm von seinem amerikanischen Familienzweig erzählte. Solomon brauchte dringend einen Geldgeber, wenn nicht *Varta*, dann eben diesen etwas schrulligen Alten, dessen 80. Geburtstag in diesen Tagen gerade anstand. Da lag es nahe, dem zukünftigen Chef des Wagner-Clans und potenziellen Investor etwas Honig um den Bart zu schmieren.

Einige Tage nach der rauschenden Feier am 1. März 1988 ersuchte Wagner um einen Termin bei Solomon, um sich für den beeindruckenden Empfang zu bedanken. Endlich einmal hatte er seiner Frau Rosa und deren Söhnen aus erster Ehe, Schwiegertöchtern und Enkeln imponiert, endlich hatten sie einen richtigen Eindruck von seinen Fähigkeiten erhalten. War ihm nicht von ihnen immer wieder zu verstehen gegeben worden, er könne nicht mit Geld umgehen? Zum Glück hatte er ihnen von seinem amerikanischen Vater und dessen Vermögen, das ihm bald zustehen würde, nie erzählt.[23] Als man nach einer Stunde wieder auseinander ging, nahm Wagner den *Venergia*-Chef noch einmal zur Seite, um ihm, gewissermaßen vertraulich, eine Neuigkeit aus Missouri mitzuteilen: Er habe inzwischen mehrfach mit seinem Vater in den USA telefoniert, einer Beteiligung in Höhe von zehn Millionen US-Dollar an der Firma *Venergia* stehe bereits jetzt nichts im Weg. Sein »alter Herr« habe ihm dafür gleichsam Blankovollmacht erteilt.

Mitchell Solomon ließ sofort am nächsten Tag seine Anwälte kommen, um mit ihnen einen Vertragstext aufzusetzen. Wagner sollte für seine Einlage, so wurde verabredet, Vizepräsident von zwei neu zu gründenden Tochterfirmen werden; außerdem galt es für Solomon, die Verhandlungen mit einer Konkurrenzfirma zu forcieren, die er als Reinvestition von Wagners zehn Millionen zu kaufen gedachte.

Am 11. Mai 1988 schlossen Venezla Rubion, Eigentümerin der Firma *Venergia*, und Georg Wagner einen Vertrag über dessen Übernahme von 39 Prozent des Aktienkapitals zu einem Preis von zehn Millionen Dollar; der Vertrag wurde notariell bestätigt.[24] Eine Woche später eröffneten sie ein Konto bei der *Barclays Bank* in St. Maarten auf den Niederländischen Antillen.[25] Auf das Offshorekonto wurden 3000 Dollar eingezahlt, um die laufenden Bankkosten abzudecken.[26] Spätestens bis Mitte Juni, so war im Vertrag festgehalten worden, sollten die zehn Millionen Dollar auf dem Konto eingehen – entweder, so Wagner, aus den Vereinigten Staaten oder, wahrscheinlicher, aus Vaters Bankdepot in der Schweiz. Peter Winkler erhielt von Wagner Vollmacht für das *Barclays*-Konto, ohne dass er in die konkreten Pläne eingeweiht wurde.[27] Was führte Wagner im Schilde?

Mit der Übersendung des Dokuments bevollmächtige ich Dich (...) bei unpässlichkeit meinerseits Schecks zu unterschreiben,

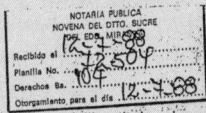

Entre Venezla R████ Tejeda, abogado, de este domicilio, titular de Cédula de Identidad No. V-3.753.568, y Georg Wagner, ingeniero, del mismo domicilio, con Cédula de Identidad No.V-6.978.200, se ha convenido en lo siguiente:

Primero: El Ing. Georg Wagner conviene en participar con el treinta y nueve por ciento (39%) del capital social de la compañía "VENEZOLANA DE CORPORACIONES VENCORP C.A.", sociedad mercantil domiciliada en la ciudad de Caracas, la cual es totalmente poseída por la Dra. Venezla R████. Por su parte, la Dra. Venezla R████ conviene en aportar a VENCORP C.A. los siguientes activos de su propiedad: 80% del capital social de VENERGIA C.A., VENVASES C.A. y VENERGIA SOLAR C.A.; 80% de las acciones de las nuevas empresas a formarse con los activos de OXIBAT y PLOMOVEN; 51% de ENERGIA ANDINA (E.M.A.) C.A., y 5,7% del capital de ENERGIA INTEGRAL ANDINA (E.M.A.) C.A. Como contraprestación, el Ing. Georg Wagner aportará la cantidad de US$10.000.000,00 (DIEZ MILLONES DE DOLARES NORTEAMERICANOS) para ser invertidos en el desarrollo y capitalización de las empresas antes indicadas en esta cláusula, cantidad ésta que se integrará progresivamente al capital social de VENCORP C.A. y, a través de esta empresa holding, a cada una de las operadoras de acuerdo con los requerimientos de los programas de inversión que establezca VENCORP C.A.

Segundo: Con el objeto de instrumentar los aportes señalados cláusula anterior, se procederá del siguiente modo: La Dra. Venezla R████ y el Ing. Georg Wagner establecerán una cuenta corriente

Notariell beglaubigter Vertrag, in dem Wagner eine Beteiligung von zehn Millionen Dollar verbindlich zusagte.

25

wobei eine zweite Person die Dir noch in einem anderen Doku-
ment benannt wird, gegenzeichnen muss. (...) Das Konto bei
BARCLAYS ist gut bestückt und ist für bestimmte Sachen einge-
richtet die Du noch genauer erfahren wirst.
(Brief von Georg Wagner an Peter Winkler vom 7. 6. 1988)

Die Vertragsverhandlungen zwischen *Varta* und *Venergia* lagen inzwischen auf Eis, aus der Sicht des deutschen Batterieherstellers
waren sie eigentlich bereits gescheitert.[28] Mitchell Solomon ahnte
das, setzte ganz auf die Investition des amerikanischen Wagner-
Clans, die ihm schon deshalb wesentlich interessanter erschien,
weil nicht zu befürchten war, dass sich daraus Probleme für die Ei-
genständigkeit des Unternehmens ergeben würden. Und Solomon
musste wissen: *Varta* hätte einen Vertrag, wie ihn Wagner mit *Venergia* geschlossen hatte, niemals unterzeichnet. Er war von Solomon ziemlich über den Tisch gezogen worden.[29]

Als die zehn Millionen Dollar nicht, wie verabredet, Mitte Juni
auf dem Konto eingingen, schöpfte Solomon noch keinen Verdacht. Wagner, zur Rede gestellt, vertröstete ihn erst auf Ende Juni,
danach um eine weitere Woche. Als dann noch immer kein Eingang in St. Maarten zu verzeichnen war, wurde der *Venergia*-Chef
unruhig. Immerhin hatte er seinerseits bindende Verträge geschlossen. Wenn die Millionen nicht bald einträfen, könnte die
Situation äußerst brenzlig werden, nicht nur für *Venergia*, sondern
auch für ihn persönlich.[30]

Sein Vater liege im Sterben, begründete Wagner die neuerliche
Verzögerung. In Missouri, in der Konzernzentrale, gehe alles drun-
ter und drüber. So ähnlich schrieb er auch an seinen Freund Peter
Winkler in Deutschland.

Dir auch zur Kenntnis das der alte Wagner im Koma liegt und si-
cherlich am Ende seines Lebens angekommen ist. Er ist zur Zeit
in Israel und will dort auch in die Erde kommen. (...) Es kommen
somit eine Menge Dinge auf mich und damit auch auf Dich zu, so-
weit Du Interesse hast um mir zu helfen.
(Brief von Georg Wagner an Peter Winkler vom 19. 6. 1988)

Anfang Juli alarmierte Mitchell Solomon die venezolanische Geheimpolizei *Dirección de los Servicios de Inteligencia y Preven-
ción*, kurz *DISIP*. Er hegte inzwischen ernsthafte Zweifel an der

Zahlungswilligkeit Wagners. Das Letzte, was er in dieser prekären Lage seiner Firma gebrauchen konnte, war, dass der Mann sich als Schwindler und Hochstapler entpuppen würde. Oder steckte hinter dem ganzen Manöver ein heimlicher Übernahmeversuch der *Varta*? Mit Wagner als Strohmann und Winkler als Drahtzieher im Hintergrund? Die Zweifel verstärkten sich noch, als die *DISIP* herausfand, dass weder von Wagners Apparat bei *Venergia* noch von seinem Privatanschluss im *Jastol Park* ein einziges Telefonat mit den Vereinigten Staaten geführt worden war.[31] Mitchell Solomon versuchte seine aufgebrachte Frau Venezla zu beruhigen, vielleicht habe Wagner ja aus Sicherheitsgründen von einem öffentlichen Anschluss telefoniert. So recht glauben mochte er dies aber selbst nicht.

Die Agenten der *DISIP*, von denen viele neben ihrer offiziellen Tätigkeit privat für venezolanische Industrieunternehmen arbeiteten, schalteten schnell, verwanzten die Büros der *Venergia*-Villa und zapften sämtliche Telefonleitungen an, die Wagner benutzen konnte.[32] Als Solomon Wagner am 12. Juli 1988 anrief, um sich nach dem Verbleib der zehn Millionen Dollar zu erkundigen, saßen die *DISIP*-Agenten bereits in der Leitung.

SOLOMON: *Weiß Ihr Vater, dass wir einen rechtsverbindlichen Vertrag haben? (...) Haben Sie Ihren Vater nach dem Geld gefragt?*
WAGNER: *Nein!*
SOLOMON: *O. k., ich verstehe das richtig? Alles, was Sie uns gesagt haben über die Zusage Ihres Vaters, den Betrag zu überweisen, ist nicht wahr?*
WAGNER: *Nein!*
SOLOMON: *Ist Ihre Familie überhaupt in der Lage, die Summe zu investieren, Mr. Wagner?*
WAGNER: *Die Familie ja... aber ich nicht.*
SOLOMON: *Wie können Sie behaupten, 500 Millionen Dollar schwer zu sein und kein Geld zu haben? Wovon kaufen Sie sich morgens Ihre Milch?*
WAGNER: *Das Geld kommt bis zum 15. August (...)*
SOLOMON: *Warum 15. August? Das ist doch wieder so eine Lüge von Ihnen!*
WAGNER: *Ich verspreche, mein Vater wird bis zum 15. August zahlen (...)*
(Telefonat von Mitchell Solomon mit Georg Wagner vom 12. 7. 1988)

Wagner war inzwischen klar, dass er sich mit seiner Unterschrift unter den Vertrag in eine nahezu ausweglose Lage manövriert hatte. Wenn er es doch bei der Ankündigung belassen hätte, sein Vater wolle investieren, er wäre weiterhin von Solomon und seiner Frau umworben worden. Sie hätten ihm wahrscheinlich auf Monate hinaus die Füße geküsst. Aus der Ferne beobachtete Peter Winkler die Aktivitäten seines Freundes mit erheblichem Argwohn. Welches Spiel trieb Georg da in Caracas?[33]

Der von ihm unterschriebene Vertrag, warnte Winkler nach Konsultation der *Varta*-Anwälte seinen Freund, sei »in Kraft und gültig«. Wenn er den Vertrag nicht erfülle, also die zehn Millionen nicht zahle, könne *Venergia* »auf Erfüllung klagen und (...) Schadensersatz« geltend machen.[34] »Es war haarsträubend, was da drinstand«, erinnert sich Winkler, »schön für *Venergia*, aber verheerend für Wagner.«[35]

Was Winkler nicht wusste: Als Ende Juli das Konto in St. Maarten immer noch gähnende Leere offenbarte, hatten Solomon und Rubion dem säumigen Kapitalgeber die Unterschrift unter ein notarielles Dokument abgenötigt, das ihn *persönlich* verpflichtete, zehn Millionen Dollar Schadenersatz zu zahlen, falls die zehn Millionen seines Vaters nicht bis zum 15. August eingegangen wären, woher auch immer.[36]

Doch dabei ließ Solomon es nicht bewenden. Er stand inzwischen mit dem Rücken zur Wand, bekam Druck von dubiosen Kreditgebern, die ihm Geld für eine Zwischenfinanzierung geliehen hatten. Was war mit Rosas Vermögen? Konnte er sich nötigenfalls daran schadlos halten? Im Gespräch hatte Wagner eingeräumt, Rosa Rabinowicz seinerzeit geheiratet zu haben, nach hebräischem Ritual und deshalb mit dem Segen ihrer beiden Söhne aus erster Ehe. Sie hatte Geld – aber war sie haftbar zu machen?[37]

Außerdem begann Solomon gegen Peter Winkler in Hannover vorzugehen, den er hinter dem geplatzten Engagement vermutete. Wenn er ausreichenden Druck ausüben würde, könnte er *Varta* vielleicht doch noch zur Zahlung der zehn Millionen Dollar veranlassen. Und Solomon hatte auch schon ein Druckmittel im Sinn: Wagners angegriffene Gesundheit.

SOLOMON: *Ich möchte nicht mehr Druck ausüben als notwendig, aber das Geld muss diese Woche kommen! Mir ist es egal, ob es aus der Schweiz, aus Hongkong oder vom Mond kommt, aber es*

muss kommen, sonst haben wir alle ernsthafte Probleme, o.k.?
Und ich möchte Mr. Wagner nicht unnötigen Stress bereiten (...)
WINKLER: *Das verstehe ich, aber was habe ich damit zu tun? Mr.*
Wagner hat den Vertrag unterschrieben, nicht ich (...)
SOLOMON: *Nun, ich denke, dass Varta hinter dem ganzen Ding*
steht (...)
WINKLER: *Mr. Wagner hat mit Varta nichts zu tun, er ist lediglich*
mein Freund (...)
SOLOMON: *Wir wollen uns doch gegenseitig nichts vormachen, Mr.*
Winkler. Wagner ist ein Finanzier, er hat Geldmittel, o.k.? Ich
habe keinen Schimmer, wo er diese Mittel hat, o.k.? Aber er kam
zu uns auf Ihre Vermittlung, also durch Varta (...)
WINKLER: *Das sind zwei Paar Stiefel (...) das hat nichts miteinan-*
der zu tun!
SOLOMON: *Ich glaube, Sie verstehen mich nicht, o.k.? Ich habe*
mein Bestes versucht, o.k.? Ich sorge mich um Mr. Wagners Ge-
sundheit. Ich möchte sein Wohlergehen nicht gefährden, o.k.? Er
ist sicherlich zu alt, um anstrengende Belastungen zu überstehen!
(Telefonat von Mitchell Solomon mit Peter Winkler vom 8.8.1988)

Wagner wurde immer weiter in die Enge getrieben. Die Drohung
von Solomon war mehr oder weniger unverhohlen, klang ernst zu
nehmend.[38] »Ich will nicht sagen, dass er um sein Leben fürchtete,
aber er war in richtiger Panik«, erinnert sich Winkler an Telefonate
mit seinem Freund aus diesen Tagen. Noch heute kann er sich keinen Reim darauf machen. Wagner hatte offenbar »alle Maßstäbe
verloren«, denn ihm sei irgendwann klar geworden, »dass er das
Geld nicht hatte und es auch von seinem Vater nicht bekommen
würde«. Sofern es diesen überhaupt gab.[39]

Fast täglich rief Winkler Georg in Caracas an, um mit Rat zur
Seite zu stehen. Irgendwie fühlte er sich auch mitverantwortlich,
weil er mit seinem Auftrag, *Venergia* unter die Lupe zu nehmen,
eineinhalb Jahre zuvor den Anstoß gegeben hatte. Aber wer hätte
diese Entwicklung voraussehen können?

WINKLER: *Unser Freund Solomon hat zwei Stunden mit mir am*
Telefon gesprochen heute. Jaja, große Probleme, diese Woche Geld,
was weiß ich alles (...)
WAGNER (LACHT): *Aha...*
WINKLER: *Der droht nicht direkt, aber er meint, wenn die Woche*

nichts kommt, dann muss er Schritte unternehmen, damit seine
Firma nicht Schaden erleidet. Die rechtliche Sache ist etwas kom-
pliziert, Georg. Das ist nicht so einfach. Denn so, wie unser
Rechtsanwalt meint, das ist in Kraft getreten, das Ding! (...) Du
musst irgendwie Pleite gemacht haben, kein Geld mehr da. Über-
leg dir mal, ob du bankrott gegangen bist.
WAGNER: *Ja, ja...*
WINKLER: *Hast du keinen Rechtsanwalt in Caracas, dem du ver-*
trauen kannst?
WAGNER: *Nein, nein, nein...*
WINKLER: *Ach, Scheiße! (...) Ich nehme an, nächste Woche werden*
die ganz massiv. (...) Denn rechtlich gesehen ist die Sache ver-
dammt kompliziert und sieht nicht gut aus, weil es ein gültiger
Vertrag ist... Oh, da war jemand dazwischen, pass auf!
WAGNER: *Ja, bei mir nicht.*
WINKLER: *Ja, ja, es hat geknackt...*
WAGNER: *Nein, nein, bei mir nicht...*

(Telefonat von Georg Wagner mit Peter Winkler am 11. 8. 1988)

Am 15. August verzeichnete das Offshorekonto bei *Barclays* noch
immer keine Gutschrift. Mitchell Solomon hatte es eigentlich
auch nicht mehr erwartet und bereits einen Flug nach Frankfurt gebucht, um sich dort mit zwei Vertretern der Firma *KDM-Sicherheits-Consulting* zu treffen. Die Unternehmensberatung *KDM*, die
für Industrie und Handel diskrete Ermittlungen durchführt, mit
denen man offizielle Stellen nicht betrauen kann, und die zu den
Branchenführern weltweit zählt, war ihm empfohlen worden.

Am 16. August um 14.00 Uhr trafen sich Solomon, ein Vertreter seiner deutschen Anwaltskanzlei, *KDM*-Chef Klaus-Dieter
Matschke und dessen Mitarbeiter Hans-Georg Kohlenberger in
einem angemieteten Konferenzzimmer des Hotel *Sheraton* am
Frankfurter Flughafen. Matschke, ein ehemaliger Kriminalrat und
BND-Nachrichtendienstler, und der Ex-Kripobeamte Kohlenberger
nahmen die Sache in die Hand.

Solomon war entschlossen, Wagner in Caracas auf Schadenersatz zu verklagen sowie die *Varta AG* in Deutschland, die nach
seiner Meinung hinter dem dubiosen Finanzmanöver stand.
»Seiner Ansicht nach war Sinn und Zweck der Angelegenheit mit
Wagner, die Firmenstruktur der *Venergia* mitsamt ihren Abneh-
mern genauestens kennen zu lernen, um eventuell selbst auf dem

südamerikanischen Markt ins Geschäft zu kommen«, hielt *KDM*-Mitarbeiter Kohlenberger in einem Vermerk fest. Kurzum: Es handele sich um einen eindeutigen Fall von Konkurrenzspionage, denn Wagner habe »Einblick in sämtliche Firmenbücher« erhalten. Solomon brauche deshalb Beweise, dass Wagner Strohmann der *Varta* sei, um den Batteriehersteller in Deutschland vor Gericht bringen zu können.[40]

Im Gepäck hatte Solomon brisante Dossiers von der venezolanischen Geheimpolizei *DISIP*: Wagner sei nach deren Ermittlungen ein Hochstapler und Betrüger, eine »hochkarätig kriminelle Person«, lebe mit einer »reichen Frau« zusammen, und wenn er »Reisen unternimmt, verlässt er Venezuela als Mr. Wagner, kommt jedoch im Reiseland nie unter diesem Namen an«, notierte Kohlenberger nach dem Treffen.[41]

Knapp eine Woche später meldete sich telefonisch aus Caracas ein aufgebrachter Mitchell Solomon bei Klaus-Dieter Matschke. Es sei nunmehr an der Zeit, die harte Gangart anzuschlagen. Seine Firma stehe vor dem Ruin. Er habe nach Abschluss des Vertrages mit Wagner eine Konkurrenzfirma erworben, deren Eigentümer jetzt den Kaufpreis verlangten, empörte sich Solomon. Dringende Bitte an Matschke: »Kommen Sie sofort nach Caracas, Geld spielt keine Rolle, es muss nur etwas herauskommen!«[42]

Am 24. August trafen die beiden deutschen Ermittler Matschke und Kohlenberger in Caracas ein. Am nächsten Morgen wurden sie von einem Fahrer ihres Auftraggebers *Venergia* im Hotel abgeholt und zur Villa im Campo Allegre gefahren. Sie fanden Wagner in einem fast leeren Büro vor, das zu einer Art Vernehmungszimmer umfunktioniert worden war. Die *DISIP* hatte ihn »nackt an einen Stuhl festgebunden«, erinnert sich Matschke, einer der Agenten habe »ihm eine Pistole in den Mund« geschoben, »von einem anderen wurde er durch Elektroschocks traktiert«. Die Deutschen gingen sofort und rabiat dazwischen, befreiten Wagner aus der Lage, »mit dem Einsatz körperlicher Gewalt«, so Matschke, »aber ohne größeren Widerstand der *DISIP*-Leute«. Zwar stellte sich heraus, dass die Waffe nicht geladen war, dennoch handelte es sich »um Folter, und das konnten wir nicht akzeptieren«.[43]

Mitchell Solomon willigte ein, das Verhör durch die beiden deutschen Ermittler führen zu lassen. Zunächst. Wagner wurde erst einmal nach Hause gebracht, mit der Maßgabe, sein Apartment nicht zu verlassen. Er werde von der *DISIP* überwacht.

Am frühen Abend desselben Tages erhielt die Dolmetscherin Dagmar Peña einen Anruf der Geheimpolizei. Man suche dringend eine Übersetzerin vom Deutschen ins Spanische. Ob sie an den nächsten zwei Tagen schon beschäftigt sei? Sie verneinte – und hatte den Job. Als Peña am nächsten Morgen zum verabredeten Zeitpunkt in der Villa der Firma *Venergia* erschien, fand sie alles für die Vernehmung vorbereitet. In einem Zimmer stand ein Tisch mit einem Mikrofon, darum eine Reihe Stühle, ein Kabel führte in den Nachbarraum zu einem Tonbandgerät, dort lagen etliche Kopfhörer bereit. Ihre Aufgabe sollte sein, den Deutschen, der gleich zu einem Verhör erscheinen werde, simultan zu übersetzen für die *DISIP*-Leute, die sich bei ihrer Ankunft gerade mit Mitchell Solomon und den beiden Deutschen darüber stritten, »wie hart man den alten Mann anfassen« dürfe.[44]

Alle Agenten der Geheimpolizei seien bewaffnet gewesen, erinnert sich Peña an den »unangenehmsten Auftrag in ihrem Berufsleben«. »Zum Glück waren die Deutschen cool und nüchtern, nicht so wie die zur Aggressivität neigenden Venezolaner.«[45]

Nach dem Eklat vom Vortag hatten Matschke und Kohlenberger darauf bestanden, Wagner allein zu vernehmen, nach ihrer Methode. Als der Deutsch-Venezolaner von einem *DISIP*-Agenten hereingebracht wurde, »wirkte er müde und erschöpft«, schon bevor die Vernehmung angefangen hatte – so die Erinnerung von Dagmar Peña.[46]

Matschke begann sehr konziliant, erbat die Genehmigung, das Gespräch mitschneiden und einige Fotos von Wagner machen zu dürfen; die *DISIP*-Leute nahmen Fingerabdrücke mit dessen Einverständnis, jedenfalls wagte er nicht zu widersprechen.[47] »Wir gingen davon aus, dass er ein deutscher Jude ist und haben ihn dementsprechend wie ein rohes Ei behandelt«, sagt Matschke.[48] Die beiden Privatermittler stellten zunächst Fragen zur Person:

MATSCHKE: *Ich kann nicht mit Druck bei Ihnen arbeiten, will ich auch nicht. Ich werde einen Teufel tun! Deshalb lasse ich das Band mitlaufen. Niemals würde ich Druck gegen Sie ausüben, um Gottes willen! Dazu habe ich viel zu große Achtung vorm Alter. Nur: Sie müssen rüberkommen.* Sie müssen es uns erzählen (...) *Vertrauen Sie sich uns an! (...)*
KOHLENBERGER: *Sie sind wann und wo geboren?*
WAGNER: *1908 in Breslau (...) dann bin ich groß geworden in Bad Flinsberg im Isergebirge, das ist in Schlesien ...*

KOHLENBERGER: ... *im Siebengebirge?*

WAGNER: ... *nein, nein, im Isergebirge (...)*

KOHLENBERGER: *Wie lange haben Sie da etwa gewohnt?*

WAGNER: *(...) dort bin ich groß geworden bei meinem Pflegevater (...) er war Arzt (...) und ich habe in Dresden studiert (...)*

KOHLENBERGER: *Studium in Dresden?*

WAGNER: *In Dresden, ja! Maschinenbau, 1931, an der Technischen Hochschule ... oh nein, nicht 1931, da bringe ich etwas durcheinander, entschuldigen Sie ... 1924!*

MATSCHKE: *Wann haben Sie das Studium abgeschlossen?*

WAGNER: *Ende 1933. Maschinenbau-Ingenieur und nebenbei Aerodynamik!*

MATSCHKE: *Wann sind Sie dann zum Militär?*

WAGNER: *Gar nicht!*

MATSCHKE: *Gar nicht?*

WAGNER: *1933 bin ich also abkommandiert worden von meiner Company, das war die WUMAG, zum Anfahren eines Kraftwerkes in der Türkei (...) da war ich noch ein junger Bengel (...) und bin 1934 im Januar zurückgekommen nach Dresden (...) und da wurde mir mitgeteilt, dass ich sofort meinen Koffer wieder nehmen soll, voll schmutziger Wäsche und alles, und auswandern. Mein Chef hat gesagt: Junge, du gehst sofort weg ... Ich frag: warum? ... Du bist Jude! Die waren schon paar Mal hier (...) die von der Gestapo. Ich hatte eine Wohnung, als Junggeselle (...) da habe ich alles liegen lassen und bin weg nach Le Havre und dann nach Quebec, Kanada.*

KOHLENBERGER: *1934?*

WAGNER: *1934 im Januar bin ich emigriert. Da habe ich in Kanada an verschiedenen Projekten mitgearbeitet und bin geblieben bis 1952. Da kamen Leute von der Montanunion, später Europäischen Wirtschaftsgemeinschaft, und suchten also Ingenieure für Projekte ... in der Alten Welt ... Also habe ich einen Vertrag geschlossen und bin nach Luxemburg gegangen.*

(Vernehmung von Georg Wagner am 26. 8. 1988)

Klaus-Dieter Matschke hatte gleich nach Auftragserteilung durch Solomon in Wroclaw, dem vormaligen Breslau, recherchieren lassen, ob Wagners Angaben über Geburtsdatum, Eltern und Adresse stimmen konnten. Doch die Ermittlungen waren weitgehend ergebnislos geblieben. Die ehemalige schlesische Metropole war in den letzten Kriegsmonaten heftig umkämpft gewesen und wurde durch alliierte Luftangriffe zu 60 Prozent zerstört.[49] Dabei fielen auch Teile der Einwohnerkartei den Flammen zum Opfer.[50] Doch vielleicht wusste Wagner das nicht. Deshalb hatten sich Matschke und Kohlenberger abgesprochen, zu bluffen und ihn so aus der Reserve zu locken. Es war einen Versuch wert.

MATSCHKE: *Wir haben versucht festzustellen, wann Sie in Breslau geboren wurden – da haben wir nichts gefunden!*
WAGNER: *In Breslau, in der Friedrichstraße …*
MATSCHKE: *Ja, ich glaube Ihnen das, aber…*
WAGNER: *Tut mir Leid, da kann ich Ihnen nicht helfen (…) Ich bin in Breslau geboren, bin in Bad Flinsberg groß geworden (…)*
MATSCHKE: *Wie hießen denn Ihre Eltern?*
WAGNER: *Mein Vater hieß Moises …*
KOHLENBERGER: *… mit Vornamen?*
WAGNER: *… ja Moises, also Moses …*
KOHLENBERGER: *Und Ihre Mutter?*
WAGNER: *Meine Mutter hieß Margareta Sarah de Bültzingslöwen…*

(Vernehmung von Georg Wagner am 26. 8. 1988)

Die jüdische Herkunft klang plausibel. Breslau besaß vor 1933 die zweitgrößte jüdische Gemeinschaft in ganz Deutschland, und die Friedrichstraße lag unweit des alten jüdischen Friedhofs und der neuen Synagoge in der Schweidnitzer Vorstadt.[51] Das konnte stimmen.

Matschke und Kohlenberger versuchten es mit einem anderen Trick, spielten auf Kontakte über Mitchell Solomon, der ja auch Jude sei wie er, zum israelischen Geheimdienst *Mossad* an. Sie hätten »aus diesem Bereich viele Informationen« über ihn.[52] Doch Wagner schien unbeeindruckt – und die *KDM*-Leute gingen zum eigentlichen Gegenstand ihrer Ermittlungen über: Gab es die Chance, dass Wagner die zugesagten zehn Millionen Dollar doch noch zahlt? Oder war alles ein riesiger Betrug der *Varta AG*?

Natürlich beherrschten die zwei deutschen Ex-Kriminalbeamten die klassischen Verhörtechniken, das Spiel »Guter Bulle, böser Bulle«. Dabei setzte einer der beiden Wagner durch Lautstärke und Aggressivität unter Druck sowie immer wieder durch den Hinweis, dass die skrupellosen *DISIP*-Agenten im Nebenzimmer nur

Oben: Georg Wagner am 26. August 1988 zu Beginn der Vernehmungen in
Caracas. Unten: Klaus-Dieter Matschke (rechts) und Hans-Georg Kohlenberger
(links) im Jahre 1988 nach dem Gewinn eines Fußballturniers, das von deutschen Polizei- und Zolldienststellen veranstaltet wurde.

darauf warteten, die Sache auf ihre Art zu lösen; der andere zeigte sich verständnisvoll, manchmal fast solidarisch, sprach in ruhigem Ton. So hofften sie, Klarheit zu erlangen. Und sie hatten offenbar Erfolg, denn schon nach einigen Stunden begann Wagner einzuknicken. Die Geschichte mit seinem reichen Vater, der sich an *Venergia* beteiligen wolle, stimme nicht, vielmehr habe ihn sein Freund Peter Winkler beauftragt, eine heimliche Übernahme der Firma durch *Varta* vorzubereiten. Aber war das die Wahrheit?[53]

MATSCHKE (SEHR ENERGISCH): *Herr Wagner, wenn wir feststellen, dass Sie uns heute hier belügen, dann gehen Sie morgen in den Knast ...*

WAGNER: *... ja, ich weiß ...*

KOHLENBERGER (LEISE): *... weil wir kommen nicht aus Deutschland hierher und Sie lügen uns hier die Hose voll ...*

MATSCHKE (SEHR ENERGISCH UND LAUT): *Ich will mich nicht länger belügen lassen ...*

KOHLENBERGER (RUHIG): *Herr Wagner, wir können nur in der Form zusammenarbeiten, wenn Sie uns alles, aber auch alles sagen! Denn Sie haben nur eine Chance ...*

MATSCHKE (LAUT): *Ich lass mich doch von Ihnen hier nicht verarschen! Ich gebe Ihnen die Möglichkeit, sich hier zu offenbaren. Ich will Ihnen helfen!*

WAGNER: *Ja.*

KOHLENBERGER: *Ist die Geschichte, dass Ihr Vater vermögend ist, gelogen?*

WAGNER: *Ist gelogen! (...) Winkler sagte, pass auf, es ist in unserem Interesse, dass wir da mehr Einfluss bekommen. Das Einzige, was du machen kannst, ist, mit Geld zu verhandeln (...) Und so ist das dann zu Stande gekommen, das ganze Theater, einfach eine Anweisung, wir werden die zehn Millionen Dollar einbringen (...)*

MATSCHKE (LAUT): *Wer sagte das?*

WAGNER: *Winkler! So hab ich das dann interpretiert (...) und habe vorgeschlagen, zehn Millionen Dollar zu investieren. War man natürlich heilfroh hier, weil es doch ziemlich klamme stand. Also man hat einen Vertrag gemacht, den ich unterschrieben habe. Und dann hieß es, also bis dann und dann müssten die zehn Millionen Dollar bezahlt werden (...) Aber die kamen ja nicht rüber. Ich habe Winkler dann gefragt, was ist denn los! Du musst das*

Geld einzahlen ... Nein, es wird kein Pfennig bezahlt, sagte er. Es war wohl von vornherein geplant, überhaupt nicht zu zahlen ...

MATSCHKE: *Das war der Plan?*

WAGNER: *Das war der Plan. Die sind dann so in der Klemme, dann kann man sie so peu à peu in den Sack stecken ... so ungefähr ist es ausgedrückt worden (...) Ich wurde als Strohmann vorgeschoben!*

MATSCHKE: *(...) sodass man die kaputte Firma für ein Butterbrot und ein Ei kaufen könne, weil Varta den Markt beherrschen will. Ist das richtig?*

WAGNER: *Praktisch genommen, ja!*

(Vernehmung von Georg Wagner am 26. 8. 1988)

Das alles geht Georg Wagner wahrscheinlich an diesem Samstagmorgen in Rosas Apartment durch den Kopf. Die letzten Tage waren die Hölle. Natürlich war es eine Lüge, dass er in Breslau als Jude geboren wurde und nach dem Ingenieurstudium in Dresden vor den Nazis nach Kanada geflohen war; natürlich war es auch eine Lüge, dass Peter Winkler ihn beauftragt hatte, als Strohmann für die *Varta AG* zu agieren. Und zum Schluss hatte er seinen Freund sogar noch ohne jeden Grund beschuldigt, ihn auch in anderen Fällen zur Industriespionage genötigt zu haben. Aber er saß in der Bredouille, es ging um seinen Kopf.

»Gehst du noch weg?«

Rosa platzt mit ihrer Frage in seine von Selbstmitleid geprägten Gedanken. Er nickt und verplappert sich, die Polizei werde ihn gleich wieder abholen, versucht noch, sich zu korrigieren: Er habe den ganzen Tag in der Firma Besprechungen.

Sie sei sehr erschrocken gewesen, entsinnt sich Rosa später. Was hat Georg mit der Polizei zu tun? Geht es um seinen gestohlenen Aktenkoffer? Vermutlich übertreibt er nur, wie so häufig, beruhigt sie sich.[54]

Die *DISIP*-Agenten haben die ganze Nacht vor dem *Jastol Park* gestanden. Nach der Ausfahrt vom eingezäunten Gelände des Apartmenthochhauses im jüdischen Stadtteil von Caracas biegt ihr Wagen in die Avenida Marqués del Toro ein, die den Berg hinaufführt, direkt an der Synagoge vorbei. Wagner sitzt hinten, neben einem der Beamten. Der Fahrer nimmt die vierspurige Avenida Boyacá, eine Art Stadtautobahn am oberen Rand des lang gestreckten Talkessels von Caracas, die jetzt in der Morgensonne einen wunderschönen Panoramablick auf den Stadtteil La Florida mit dem sich anschließenden Golf- und Country-Club erlaubt. Es wird wieder ein heißer Tag werden.[55]

Doch man darf davon ausgehen, dass Georg Wagner das alles nicht wahrnimmt. Sein Herz rast, er hat Angst, wieder mit den brutalen *DISIP*-Agenten allein zu sein. Die kennen keine Skrupel. Sie haben ihm auch seinen Aktenkoffer aus dem Wagen gestohlen, davon ist er mittlerweile überzeugt.[56] Und am Ende würde ihm vielleicht etwas zustoßen. Ein Unfall?

Wie ein Film läuft sein bewegtes Leben vor ihm ab, vor allem die letzten 15 Jahre in Caracas, an der Seite von Rosa. Hat er noch eine Chance, seinen Kopf aus der Schlinge zu ziehen? Oder ist es Zeit, reinen Tisch zu machen? Die beiden Deutschen scheinen ohnehin vieles zu wissen. Aber wenn Rosa erfährt, dass er gar kein Jude ist, dass er sie die ganzen Jahre angelogen hat, wird sie ihn vor die Tür setzen. Auch das ist Wagner klar. Aber musste er nicht wegen seiner Vergangenheit, die ihn jetzt einzuholen drohte, mit Schlimmerem rechnen? Mit der Rache der Israelis?

Flucht? Nach Europa? Das hatte ihm sein Freund Peter Winkler schon vor Wochen geraten, als sich das Unheil über ihm zusammenbraute. Die Reisen nach Zürich und Tel Aviv waren ja auch längst gebucht, das wusste die *DISIP* offenbar aus seinem *Varta*-Terminkalender, der im Aktenkoffer gelegen hatte. Aber dann war ihm von der Geheimpolizei der Pass abgenommen und er unter Hausarrest gestellt worden. Nur sein hohes Alter, hatten sie gesagt, bewahre ihn vor Untersuchungshaft in einer schmutzigen und dunklen Gefängniszelle. Vorläufig.

Als der Wagen auf den Hof der *Venergia*-Villa einbiegt und sich das Rolltor hinter ihm schließt, weiß Georg Wagner, dass er nur eine Chance hat: Er muss sich den beiden Deutschen anvertrauen. Vielleicht kann er mit ihnen eine Vereinbarung treffen, dass Rosa nichts von seinem Geständnis erfährt. Und auch die jüdische Gemeinde nicht. Vielleicht würden sie ihm helfen, wenn er ihnen die Wahrheit erzählt – oder zumindest einen Teil der Wahrheit.

MATSCHKE: *Ich bin davon überzeugt, dass mit Ihrem Lebenslauf etwas nicht stimmt …*

KOHLENBERGER: *Sind Sie durch Herrn Winkler erpressbar?*

WAGNER: *Nein, nein, absolut nicht!*

KOHLENBERGER: *Weiß Herr Winkler etwas davon?*

WAGNER: *Nein!*

MATSCHKE: *Herr Winkler weiß nicht, dass mit Ihrem Lebenslauf etwas nicht stimmt?*

WAGNER: *Er weiß überhaupt nichts …*

MATSCHKE: *Wir wissen es aber …*

WAGNER: *Sie wissen es …*

KOHLENBERGER: *Erzählen Sie es uns!*

WAGNER: *Was soll ich erzählen? Ich kann nichts erzählen!*

MATSCHKE: *Haben Sie eine Geburtsurkunde?*

WAGNER: *Nein!*

MATSCHKE: *Können Sie auch nicht haben! Auf Ihren Namen nicht! Haben Sie irgendwelche alten Ausweispapiere aus den Vierzigerjahren?*

WAGNER: *Nein!*

MATSCHKE: *Können Sie auch nicht haben, ganz klar! Sie wissen doch, dass Sie Fingerabdrücke haben und dass man Fingerabdrücke überprüfen kann (…)*

KOHLENBERGER: *Herr Wagner, wir können Ihnen helfen! Wenn die hiesige Polizei aktiv wird, ist Hilfe nicht mehr möglich! (…) Sie müssen jetzt mit dem kommen, was bei Ihnen nicht stimmt. Wir sind die Einzigen, denen Sie sich voll in Ihrem Leben jemals anvertrauen können! Tun Sie es jetzt, bevor es zu spät ist!*

(Vernehmung von Georg Wagner am 27. 8. 1988)

Im verrauchten Nebenzimmer versucht Dagmar Peña möglichst korrekt zu übersetzen. Sie ist aufgeregt, verhaspelt sich, gerät immer wieder ins Stocken. Aber die *DISIP*-Agenten lassen keine Regung erkennen. Längst geht es bei dem Verhör nicht mehr um die zehn Millionen Dollar, die der Deutsche zu investieren versprach, um den Betrug und die Spionage, die er seinem Freund Winkler von der *Varta* angelastet hat. Es geht um die Identität des Mannes, der vorgibt, der Jude Georg Wagner zu sein. Um seine Vergangenheit. Und um ein womöglich großes Geheimnis.[57]

MATSCHKE: *Wer sind Sie? Name, Dienstgrad, PK-Nummer!*

WAGNER: *Militärisch habe ich keine …*

MATSCHKE: *Sondern?*

WAGNER: *… weil ich nicht beim Militär war!*

MATSCHKE: *Weiter!*

WAGNER: *Mein Name ist falsch. Hans-Georg Friedrich stimmt ...*
MATSCHKE: *Der Nachname ist falsch?*
WAGNER: *Der Nachname ist Reimer!*
MATSCHKE: *Sie sind kein Jude!?*
WAGNER: *Doch, ich bin zum jüdischen Glauben übergetreten!*
MATSCHKE: *Sie waren im Dritten Reich kein Jude!?*
WAGNER: *Nein!*
MATSCHKE: *Sie sind im Dritten Reich auch nicht zum jüdischen Glauben übergetreten ...*
WAGNER: *Nein!*
MATSCHKE: *... denn da haben Sie andere Dinge gemacht ...*
WAGNER: *Ich habe keine anderen Dinge gemacht!*
MATSCHKE: *Herr Reimer, was haben Sie getan?*

(Vernehmung von Georg Wagner am 27. 8. 1988)

Es ist Samstag, der 27. August 1988. In einer Villa im Stadtteil Campo Allegre von Caracas beginnt Georg Wagner, seine unglaubliche Lebensgeschichte zu erzählen.

Der Erfüllungsgehilfe
1936 bis 1945

Durch die dicken Mauern des ehemaligen Schlosses dringen Schreie. Draußen auf dem Hof verschärfen die vorbeigehenden Häftlinge ihr Tempo, um nicht Ohrenzeugen der Tortur zu werden, die allabendlich stattfindet und die jeden von ihnen treffen kann. Unten im Verlies liegt der Gefangene festgeschnallt auf einem Prügelbock, einer leicht geneigten Holzplatte, an deren Stützen Riemen befestigt sind, um die Beine des Delinquenten zu fixieren. Zwei Wachmänner in braunen Uniformen, auf deren Mütze ein silberner Totenkopf mit gekreuzten Knochen glänzt, stehen mit entsicherten Maschinenpistolen dabei, während die beiden Kompanieführer mit Rohrstöcken auf den Häftling einschlagen, einer von rechts, der andere von links, immer abwechselnd. Dann wird der ohnmächtige Gefangene mit blutüberströmtem Rücken in eine der dunklen und feuchten Arrestzellen geworfen, die völlig kahl, ohne Strohsack und Decke sind.[1]

Es ist Donnerstag, der 26. November 1936.

»Warmes Abendbrot« nennen die Gefangenen die regelmäßige Prügelstrafe, die der Inspekteur der Konzentrationslager, SS-Brigadeführer Theodor Eicke, bereits für kleinste Vergehen verhängt hat.[2] »Wer einem SS-Angehörigen gegenüber abfällige oder spöttische Bemerkungen macht, die vorgeschriebene Ehrenbezeugung absichtlich unterlässt oder durch sein sonstiges Verhalten zu erkennen gibt, dass er sich dem Zwange der Zucht und Ordnung nicht fügen will«, heißt es in der Lagerordnung, erhalte »8 Tage strengen Arrest und je 25 Stockhiebe zu Beginn und zu Ende der Strafe«.[3]

Seit Frühjahr 1933 diente das ehemalige sächsische Renaissanceschloss in Prettin an der Elbe, das Ende des 16. Jahrhunderts auf dem Gelände eines abgebrannten Antoniterklosters errichtet worden war, den Nazis als Konzentrationslager, »zur Unterbringung von staatsfeindlichen Elementen, die im Interesse (...) der Staatssicherheit (...) in Haft gehalten werden müssen«.[4] Der frühere Schlosshof war von einer vier Meter hohen Mauer umgeben, zusätzlich gesichert durch Stacheldraht, der unter Strom stand.[5]

Für die alleinige Bewachung der Lichtenburg wurde der SS-Totenkopfverband »Elbe« abgestellt, eine Schlägertruppe junger, skrupelloser und brutaler Männer. Sie schikanierten und quälten die KZ-Insassen bei jeder sich bietenden Gelegenheit.[6] Wer nicht lautstark einstimmte, sobald einer der SS-Schergen begann, ein Nazi-Lied zu schmettern, wurde geprügelt und misshandelt. Mitunter ließ der Kommandant den kompletten Schlafsaal, in dem der zu bestrafende Häftling nächtigte, in den frühen Morgenstunden zum Appell antreten. Drinnen machten sich unterdessen die SS-Männer einen Spaß daraus, die Matratzen aufzuschlitzen, das Stroh auszuschütten und den Häftlingen dann zu befehlen, ihren Saal innerhalb weniger Minuten wieder in tadellose Ordnung zu bringen. Oder es wurden spezielle »Sportübungen« veranstaltet wie das »Latrinentragen«. »Wir mussten in Holzpantoffeln Kübel mit der Notdurft der Nacht im Schnelllauf über das Kopfsteinpflaster einige Male im Hof die Runde laufen«, schrieb einer der Häftlinge später.[7] Erst Ende Juli 1936 hatte ein SS-Mann den 48-jährigen Juden Ignaz Manasse mit seinem Stiefel totgetreten, weil er bei dieser »Sportübung« zu langsam gelaufen war.[8]

An jenem Novemberabend 1936 saß zwei Stockwerke über dem Verlies, in einer Wachstube der SS, der Spund Günter Reinemer und füllte einen »R.- und S.-Fragebogen« aus, den obligatorischen Antrag des Rasse- und Siedlungshauptamtes auf Überprüfung der Erbgesundheit.[9] Im Mai des Jahres 1936, kurz vor Ankunft der ersten Häftlinge in der Lichtenburg, hatte sich der gerade 18 Jahre alte, eher schmächtige Reinemer für den Dienst in der SS beworben, war dem SS-Totenkopfverband »Elbe« zugewiesen worden. Er wusste von Anfang an, dass er sich damit zum Dienst im Konzentrationslager verpflichtete, denn das hatte man ihm sofort und unmissverständlich klargemacht.[10] Jetzt, nach einem halben Jahr als Staffelanwärter, konnte er offiziell in die Totenkopf-SS aufgenommen werden.[11] Er musste Auskunft geben über seinen Personenstand (»ledig«), seine Konfession (»evangelisch«) und die Krankheiten seiner Eltern und Großeltern (»Trombose, Schlaganfälle, Magenleiden«). Und er fügte seiner Bewerbung einen handgeschriebenen Lebenslauf bei.[12]

Ich, Günter Horst Ludwig Reinemer, geboren 1. 3. 1918, bin der Sohn des Reichsbahnoberdruckers Ludwig Reinemer und dessen Ehefrau Margarete geb. Fuhrmann. Von meinem 6. – 10. Jahre besuchte ich die 50. Volksschule, anschließend 4 Jahre die 19. Volksschule, wo ich mit Erfolg aus der 1. Klasse entlassen wurde. Am 1. 4. 1932 trat ich als Tischlerlehrling bei Tischlermeister Alfred Wagner Dresden in die Lehre, wo ich nach 4jähriger Lehrzeit meine Gesellenprüfung niederlegte. Neben meinen 4 Lehrjahren besuchte ich von Ostern 1932 – Ostern 1935 die 4. städt. Knabenberufsschule in Dresden. Am 3. 2. 1932 trat ich in die Reihen der Hitlerjugend, wo ich ab 2. 3. 1933 aktiv geführt wurde. Ab 9. 8. 33 bis 15. 5. 36 begleidete ich das Amt als Ortsjugendwalter der Deutschen Arbeitsfront. Seit dem 15. Mai 1936 versehe ich meinen Dienst als Staffelanwärter im Totenkopfsturmbann »Elbe« in der 19. Hundertschaft. Günter Reinemer, Staffelanwärter.[13]
(Lebenslauf von Günter Reinemer vom 26. November 1936)

Günter Reinemer, so ließ sich aus seiner Biografie ablesen, stammte aus eher ärmlichen Verhältnissen, wie die meisten Bewerber bei der Totenkopf-SS.[14] Er war das dritte von insgesamt zehn Kindern, zur Welt gekommen in der Wohnung der Familie in der Permoser Str. 1 in Dresden.[15] Der Vater arbeitete in der Fahrkartendruckerei der Reichsbahn, die Mutter musste dazuverdienen, »weil es hinten und vorne nicht reichte«, wie sich das Nesthäkchen der Familie, Günters Schwester Ursula, erinnert.[16] Und es herrschte Krieg. Zwar standen die Friedensverhandlungen mit Sowjetrussland in Brest-Litowsk im Frühjahr 1918 kurz vor dem Abschluss, aber an der Westfront waren die kaiserlichen Truppen nach anfänglichen Erfolgen ihrer letzten Großoffensive wieder ins Hintertreffen geraten. Die Bevölkerung litt überall an schweren Entbehrungen.[17]

Über seine Kindheit in der Dresdener Johannstadt erzählt Georg Wagner den deutschen Ermittlern, die ihm am 27. August 1988 in der Villa im Campo Allegre von Caracas gegenübersitzen, nicht viel. Er gibt vor, sich nur bruchstückhaft an die Zeit erinnern zu können. Aber weiß er nicht einmal mehr seinen richtigen Namen?

KOHLENBERGER: *Herr Wagner, ich wiederhole noch mal ... wir bleiben beim Namen Wagner ...*
MATSCHKE: *... wir können auch weiterhin beim Namen Wagner bleiben ...*

N. u. S.-Fragebogen
(von Frauen sinngemäß auszufüllen)

Name und Vorname des SS-Angehörigen, der für ihn oder seine Braut oder Ehefrau den Fragebogen einreicht
Reinemer, Günter

Dienstgrad: St.-Anw. SS-Nr.

P. P. Nr.

Name (leserlich schreiben): R e i n e m e r , Günter.

In H seit 15.5.36. Dienstgrad: Staffelanwärter SS-Einheit: 19/II/SS-TV

in SA von _____ bis _____, in SS von 1.6.33 bis 15.5.36

Mitgliedsnummer in Partei: == in H: ==

geb. am 1.3.18 zu Dresden Kreis: Dresden

Land: Sa. jetzt Alter: 18 Glaubensbek.: evg.

Jetziger Wohnsitz: Prettin,Krs.Torgau Wohnung: K.L.Lichtenburg

Beruf und Berufsstellung: SS – Mann

Wird öffentliche Unterstützung in Anspruch genommen? =

Liegt Berufswechsel vor? ja

Außerberufliche Fertigkeiten und Berechtigungsscheine (z. B. Führerschein, Sportabzeichen, Sportauszeichnungen):

Ehrenamtl. Tätigkeit: =

Dienst im alten Heer: Truppe = von bis

    Freikorps . . . . = von bis

    Reichswehr . . . = von bis

    Schutzpolizei . . . = von bis

    Neue Wehrmacht = von bis

SS-Aufnahmeantrag des Staffelanwärters Günter Reinemer an das Rasse- und Siedlungshauptamt.

KOHLENBERGER: *Ihr richtiger Name ist… Hans-Georg Friedrich… Reimer…*

WAGNER: *… Reimer.*

MATSCHKE: *Wo sind Sie geboren?*

WAGNER: *In Dresden.*

KOHLENBERGER: *Wann?*

WAGNER: *Am 1. März 1918.*

KOHLENBERGER: *Herr Wagner, noch mal, ich geh davon aus, dass das jetzt die Wahrheit ist …*

WAGNER: *Ja.*

KOHLENBERGER: *Wie hieß Ihr Vater?*

WAGNER: *Ludwig.*

KOHLENBERGER: *Ludwig Reimer?*

WAGNER: *Ja.*

KOHLENBERGER: *Haben Sie das Geburtsdatum?*

WAGNER: *Das war am 25. 12. … 1887… oder 1884, weiß ich nicht genau…*

KOHLENBERGER: *Und die Mutter?*

Jüdische Insassen des KZ Lichtenburg auf dem Marsch durch die Innenstadt von Prettin zum Steinbruch, begleitet von Wachmännern des SS-Totenkopfsturmbanns »Elbe«.

WAGNER: *Margarete Wagner.*

MATSCHKE: *Geborene?*

WAGNER: *Geborene Fuhrmann.*

KOHLENBERGER: *Margarete Wagner?*

WAGNER: *Entschuldigung... Margarete Reimer, geborene Fuhrmann.*

KOHLENBERGER: *Geboren am?*

WAGNER: *Weiß ich heute nicht mehr (...) September hat sie Geburtstag gehabt (...)*

MATSCHKE: *Wann gestorben?*

WAGNER: *Das kann ich Ihnen nicht mal genau sagen...*

KOHLENBERGER: *Ihr Vater war Jude?*

WAGNER: *Nein!*

KOHLENBERGER: *Ihre Mutter auch nicht?*

WAGNER: *Nein!*

KOHLENBERGER: *(...) Was haben Sie nach Ihrer Geburt gemacht?*

WAGNER: *Mit sechs Jahren zur Volksschule (...) und dann an-*

schließend habe ich also eine Metalllehre begangen (...) in Dres-
den (...) das war ein kleinerer Laden (...) Keller hieß er (...) und da
bin ich drin geblieben in dem Fach... bis dann der Hitler kam 33.
(Vernehmung von Georg Wagner am 27. 8. 1988)

Warum räumt er ein, dass er nicht Wagner heißt, nennt sich aber
Hans-Georg Reimer statt Günter Reinemer? Hat er seinen richtigen Namen vergessen? Aber weshalb erinnert er sich dann an den
Mädchennamen seiner Mutter und ziemlich genau an den Geburtstag seines Vaters am ersten Weihnachtstag 1884?[18] Warum behauptet er, eine Lehre in einem Metallbetrieb gemacht zu haben,
obwohl es eine Lehre beim Möbeltischler war?[19]

In den ersten Stunden des Geständnisses gibt es viele Widersprüche. Wagner zögert, gibt sich verstockt, überlegt lange, reagiert
selten spontan. Er hat vieles vergessen nach so langer Zeit, noch
mehr verdrängt, aber er verändert auch, verschiebt Daten, erfindet
Namen, will seine Glaubwürdigkeit nicht mit Erinnerungslücken
aufs Spiel setzen. Denn immer noch hat er Angst, das Wohlwollen
der beiden deutschen Ermittler zu verlieren und wieder in die
Hände der brutalen *DISIP*-Agenten zu fallen. Von der Wahrheit
rückt er immer nur Bruchstücke heraus, als könne ein Mann, der
sein Leben lang gelogen, der die Lüge zum Selbstzweck erhoben
hat, nicht unverzüglich zum freimütigen Bekenner werden. Es
dauert einige Zeit, bis er bereit ist, Ereignisse aus der Zeit des
»Dritten Reiches« ans Licht zu holen, die er vor 40 Jahren aus
gutem Grund in den Tiefen seines Bewusstseins vergraben hat.

Matschke und Kohlenberger sind völlig überrascht worden von
der Richtung, die das Verhör genommen hat. Sie sind nicht vorbereitet, seine Schilderungen historisch einzuordnen, Ungereimtheiten sofort zu entlarven. Ihr Auftrag war, die Industriespionage und
den Betrug Wagners aufzuklären. Wer konnte ahnen, dass es jetzt
um die frühere Identität des Mannes ging? Die Deutschen bleiben
ihrer Methode treu, bluffen und drohen, und sie helfen der Koope-
rationswilligkeit Wagners damit immer wieder auf die Sprünge.
Aber dabei entgehen ihnen auch viele Zwischentöne, die dahinge-
worfenen und gleich wieder aufgenommenen Bemerkungen, die
versteckten Hinweise.

Wagner leugnet zunächst, überhaupt Soldat gewesen zu sein:
»Ich war nicht beim Militär!«[20] Erst Stunden später beginnt er, über
seine Tätigkeit nach der Machtergreifung der Nazis zu sprechen.

Links: Günter Reinemer in der braunen Uniform des SS-Totenkopfsturmbanns »Elbe«. Rechts: Geburtsurkunde Reinemers mit Angabe seiner Eltern Ludwig Reinemer und Margarete Reinemer, geborene Fuhrmann.

Schließlich räumt er ein, auf eigenen Entschluss zur SS gegangen und zum Wachdienst im KZ Lichtenburg eingeteilt worden zu sein.[21]

WAGNER: *Ich habe mich freiwillig gemeldet bei der SS, bin zugeteilt worden ... zur Totenkopfdivision nach Weimar (...) Ich kam dann von Weimar weg nach Lichtenburg... bei Torgau an der Elbe ist das... in Weimar wurde ich eingekleidet ...*
KOHLENBERGER: *Nach Lichtenburg?*
WAGNER: *Nach der Lichtenburg! Der Lichtenburg!*
KOHLENBERGER: *Das ist ja auch ein Ort ...*
MATSCHKE: *Ja, ja ...*
WAGNER: *... Lichtenburg war auch Konzentrationslager, war auch ein KZ. Allerdings waren da mehr reine politische Leute! (...) »Lichtenburg, so lang ich leb, denk ich an deine Gitterstäb!«*
KOHLENBERGER: *Chef war?*
WAGNER: *Wie hieß er denn noch? Eicher, Eichert, habe den Namen nicht mehr im Kopf... Eicke!*
KOHLENBERGER: *Eicke – das ist der Hauptsturmführer?*
WAGNER: *Richtig, richtig ... der wurde später befördert zum Gruppenführer ...*
MATSCHKE: *...Was haben Sie denn in Lichtenburg gemacht?*
WAGNER: *Wachmann.*

(Vernehmung von Georg Wagner am 27. 8. 1988)

Dagmar Peña, die Dolmetscherin für die *DISIP*-Agenten im Nebenzimmer, erinnert sich, sie habe zu diesem Zeitpunkt des Verhörs keine Zweifel mehr gehabt, dass Wagner »dabei war, seine Lebensbeichte abzulegen«, wenn auch vielleicht nicht in einem Stück: »Ich gewann den Eindruck, als sei das Geständnis womöglich das Letzte in seinem Leben, was er noch machen wollte.«[22]

In einer kurzen Pause gibt Klaus-Dieter Matschke eines der handschriftlichen Protokolle an eine deutschkundige Sekretärin weiter, die den ersten Teil des Geständnisses zu Papier bringen soll. Wagner ist schockiert, fürchtet offenbar, irgendeiner der nebenan lauernden *DISIP*-Leute könnte seine Frau Rosa anrufen und in Kenntnis setzen. Sie würde das nicht überleben! Dabei hat Matschke ihm doch versichert, alles bliebe vertraulich, jedenfalls würden seine Frau und die jüdische Gemeinde nichts erfahren. Konnte er sich überhaupt darauf verlassen?

WAGNER: *Die Sekretärin schreibt das dann?*

MATSCHKE: *Das schreibt die ...*

WAGNER: *Auweia!*

MATSCHKE: *Die kapiert doch den Sinn nicht (...) da brauchen Sie sich keine Gedanken machen...*

WAGNER: *Was soll man bei »SS« nicht verstehen?*

MATSCHKE: *Dann schreiben wir »Schutzstaffel«, schreiben wir es aus! Unter »Schutzstaffel« kann keiner was verstehen (...) Und ich nehme die Diskette dann mit!*[23]

(Vernehmung von Georg Wagner am 27. 8. 1988)

Wagner murmelt etwas Unverständliches – und es klingt, als fände er sich mit seinem Schicksal ab.

Ende 1936 stieg die Zahl der Gefangenen in der Lichtenburg auf beinahe 1000. Sie trugen ausgediente grüne Polizeiuniformen oder hellere Sträflingskleidung, die der »Politischen« war mit einer roten Binde an den Hosenbeinen, die der Juden mit gelbem Kreis auf der Brust und jene der gewöhnlichen Kriminellen mit einem schwarzen Kreis versehen; außerdem gehörten Homosexuelle, Bibelforscher und »asoziale Elemente« zu den Inhaftierten im Konzentrationslager. Zu den politischen Gefangenen zählten kommunistische oder sozialdemokratische Gewerkschaftsfunktionäre, Reichstagsabgeordnete, Intellektuelle.[24]

Tagsüber rückten die kahl geschorenen Häftlinge aus zur Arbeit in den Prettiner Sandgruben, sie mussten den mit Kies oder Schlacke beladenen, tonnenschweren Leiterwagen mit Gurten über Feldwege ziehen und dabei inbrünstig nationalsozialistisches Liedgut anstimmen, was ihnen bei den SS-Wachmannschaften den Beinamen »die singenden Pferde« eintrug. Nachts wurden jeweils 100 bis 150 Mann in riesige Schlafsäle unter dem Dach der Lichtenburg gepfercht. Viele Mitgefangene mussten die 85 Stufen einer Wendeltreppe »raufgetragen werden, da sie Kriegsbeschädigte« des Ersten Weltkrieges waren, schreibt Raimund Hirsch in seinen Erinnerungen an das KZ Lichtenburg; auch er war als Gewerkschaftssekretär und KPD-Funktionär ein »Politischer«.[25]

Und immer wieder gab es Willkür und Terror. Gefangene des KZ wie Hirsch, die später freigelassen wurden oder fliehen konnten, berichten übereinstimmend von »der Lust am Quälen« einiger fast noch knabenhafter SS-Männer des Totenkopfsturmbanns »Elbe«.

Sie waren fanatisch, ohne jede Spur von Mitgefühl oder Menschlichkeit, sie waren bereit, sadistische Gewalt auszuüben.[26] »Den Genossen Max aus Breslau, einen Kriegsinvaliden mit einem Auge«, hielt Raimund Hirsch in seinen Erinnerungen fest, »haben sie bewusstlos, mit zerschlagenem Hoden, aus dem Bunker geworfen«. Viele hätten das Verlies nur »tot verlassen«, dann sei mitten in der Nacht ein SS-Wachmann in den Schlafsaal gestürmt und habe die Tischler geweckt, und die »mussten einen Sarg zimmern«.[27]

Ungeachtet der Torturen erlahmte das geistige und kulturelle Leben in der Lichtenburg nie. Häftlinge schrieben Lieder oder Lyrik; viele aus dieser Zeit überlieferten Verse sind von unbekannter Hand, wie jene zwei Zeilen eines Gedichtes, die Georg Wagner alias Günter Reinemer beim Verhör in Caracas nach mehr als 50 Jahren ganz plötzlich in den Sinn kommen:[28]

Lichtenburg, solang ich lebe,
denk ich an die Gitterstäbe.

(»Die Lichtenburg«, Verfasser unbekannt)

Im Mai 1937, ein Jahr nach seinem Dienstantritt im KZ Lichtenburg, wurde dem Antrag Günter Reinemers auf Aufnahme in die SS vom zuständigen Rasse- und Siedlungshauptamt endlich stattgegeben – »erbgesundheitlich keine Bedenken«, bestätigte der Chef des Sippenamtes. Nun gehörte der Dresdener auch offiziell dazu.

Doch der inzwischen 19-jährige SS-Wachmann konnte sich seiner Ernennung nur kurze Zeit erfreuen. Er hatte sich offenbar bei seinem Kompanieführer unbeliebt gemacht, sei »wegen ungebührlichen Benehmens gegenüber einem Vorgesetzten degradiert« worden, wie er bei seinem Geständnis in Caracas einräumt.[29] Was konkreter Anlass für den Rausschmiss war, dazu sagt Wagner alias Reinemer nichts, und Matschke und Kohlenberger fragen auch nicht nach. In den Dokumenten von damals wird ein nichtiger, eher vorgeschobener Grund für die »Entlassung mit Schande« genannt: »Abgabe einer falschen Schuldenerklärung.«[30]

Wer bei Eintritt in die SS seine finanzielle Lage verheimlichte oder verschleierte, gleichgültig ob es um eine oder um 1000 Reichsmark ging, wurde gefeuert. In Himmlers Schutzstaffel, mehr noch in Eickes Totenkopfverbänden, wurden 1936 noch Ehrlichkeit und

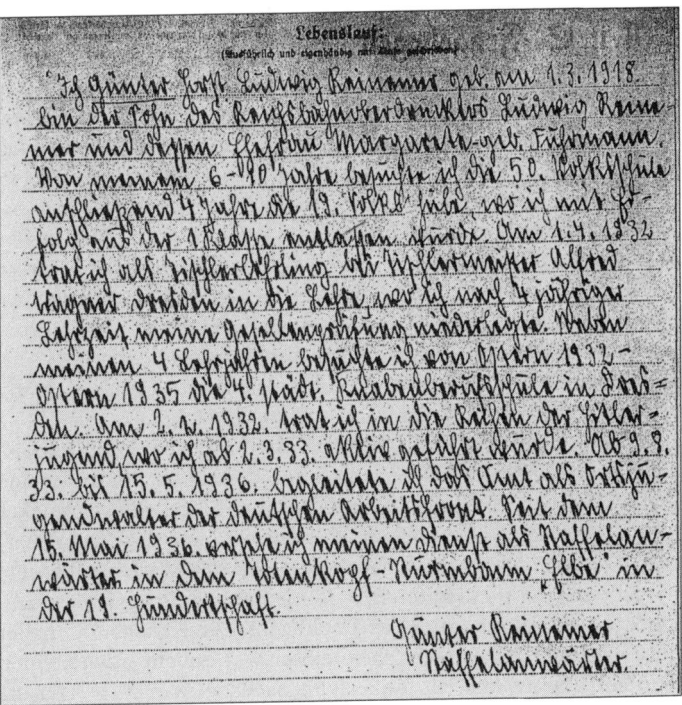

Handschriftlicher Lebenslauf Reinemers über seine Schulzeit und die Tätigkeit in der Hitlerjugend und bei der Arbeitsfront, mit dem er sich bei der SS bewarb.

Wahrhaftigkeit beschworen, die SS sah sich selbst als Elite der Herrenrasse: »Unsere Ehre heißt Treue« – Treue gegenüber dem Führer, Anstand gegenüber Kameraden, in den ersten Jahren sogar gegenüber Häftlingen.[31] Wegen »sadistischer Anwandlungen« gegenüber einem Gefangenen wurde ein Oberscharführer des KZ Sachsenhausen mit »Dauerausschluss aus der SS« bestraft. Dabei sei »eine einfache Ohrfeige bereits als vollendete Misshandlung« zu werten. So stand es im Befehlsblatt des Inspekteurs der Konzentrationslager und Führers der SS-Totenkopfverbände, SS-Gruppenführer Theodor Eicke, in dem auch Reinemers Entlassung wegen verschwiegener Schulden angeordnet wurde.[32] Später zeigte sich die Schizophrenie des Ehrenkodex: Häftlingsmisshandlung blieb offiziell untersagt, Massenmord war erlaubt.

Nach seiner unehrenhaften Entlassung machte sich Günter Reinemer im Juni 1937 auf die Suche nach einer Anstellung als Tischlergeselle. Er ging zunächst nach Torgau an der Elbe, 15 Kilometer südlich von Prettin, um »dort etwas zu arbeiten«, wie er bei seinem Geständnis schildert, »dann nach Dresden«. Auf dem Weg zurück in seine Heimatstadt kam er durch ein verträumtes Dorf in der Niederlausitz: Gorden. Doch, merkwürdig genug, Gorden erwähnt er beim Verhör in Caracas mit keinem Wort. Zum ersten Mal nach Beginn seines Geständnisses lässt Wagner eine bewusste Lücke in seiner Biografie als Günter Reinemer, spart die Zeit seiner ersten Ehe, seine zwei Kinder, die vielen Frauengeschichten nebenbei und hinterher aus, als sei es ihm unangenehmer, über sein ausschweifendes Privatleben zu reden als über die Tätigkeit für die SS im Konzentrationslager.[33]

Reinemer wurde an der Hauptstraße in Gorden bei Tischlermeister Hermann Ewald Walther vorstellig, und dieser konnte gerade einen Gesellen gebrauchen. Günter sei ohne Frage »ein schmucker Mann« gewesen, »ein bisschen schlaksig vielleicht, aber sehr charmant«, erinnert sich eine Nachbarin, »auf den warfen bald viele Mädchen im Dorf einen Blick«.[34] Reinemer ließ nichts anbrennen. Doch irgendwann kam er des Tischlers Tochter Elisabeth* näher oder sie ihm. Weil sie nicht eben hübsch war, zudem einen kleinen Gehfehler hatte und das linke Bein nachzog, wunderte sich die weibliche Konkurrenz, womit Elisabeth ihn herumgekriegt hatte – und blies Trübsal. »Er hatte es wohl mehr auf den Betrieb des alten Walther abgesehen als auf sie«, glaubt die Nachbarin.[35]

Am 3. Juni 1939 traten Günter und Elisabeth in der winzigen evangelischen Kirche von Gorden/Oppelhain vor den Altar. Sie war im fünften Monat schwanger, und ihr Vater wollte nicht ins Gerede kommen. Seine Familie hatte sich in der Gegend weit verzweigt und genoss erhebliches Ansehen. Auch der Standesbeamte trug den Namen Walther.[36]

Günters Schwiegervater ließ sich nicht lumpen, jetzt, da seine Tochter unter der Haube war: Nach der Trauung wartete eine Pferdekutsche vor der Kirche, und es ging quer durchs Dorf zur Gastwirtschaft. »Dort wurde bis zum nächsten Morgen gefeiert«, weiß Günters jüngste Schwester Ursula, als wäre es gestern gewesen. Sie durfte damals Blumen streuen, »das vergisst man nicht«.[37]

* Vorname geändert

Am 14. Oktober 1939 kam Tochter Ingetraud in Gorden zur Welt, da hatte die deutsche Wehrmacht gerade Polen besetzt.

Knapp 500 Kilometer östlich von Gorden, im polnischen Krakau, war einige Wochen zuvor, kurz nach dem Einmarsch der deutschen Truppen am 1. September 1939, die 23-jährige jüdische Bankangestellte Rosa Rabinowicz mit zwei ihrer Brüder und deren Ehefrauen in Richtung Osten geflohen. Sie ahnten die Folgen des deutschen Überfalls für die polnischen Juden und hatten ihre Flucht unverzüglich vorbereitet.

Die deutsche Invasion nach Polen kam nicht unerwartet. Schon ein Jahr zuvor, im Oktober 1938, war von Hitler Weisung erteilt worden, Vorbereitungen zu treffen, »dass der Freistaat Danzig überraschend von deutschen Truppen besetzt werden kann«, durch das Heer, von Ostpreußen aus. Verhandlungen mit der polnischen Regierung über eine friedliche Wiedereingliederung Danzigs ins Reich scheiterten am 26. März 1939 in Warschau. Eine Woche später ließ das Oberkommando der Wehrmacht (OKW) einen Plan für die militärische Lösung ausarbeiten. Der Überfall auf Polen bekam die Tarnbezeichnung »Fall Weiß«; dessen Durchführung, so der OKW-Befehl vom 3. April 1939, müsse ab 1. September jederzeit möglich sein.[38]

Unter den Juden in Krakau, das, in Grenznähe gelegen, schon am 6. September von der Wehrmacht besetzt wurde, herrschte höchste Beunruhigung. Erste Gräueltaten uniformierter SS-Mörderbanden sprachen sich in Windeseile herum.[39]

»Wir haben jeder einen Koffer genommen, sind zum Bahnhof gegangen und mit dem erstbesten Güterzug, zwischen Holz und Maschinen, nach Osten gefahren«, erinnert sich Rosa Rabinowicz. Die Flucht ging über mehrere Zwischenstationen, »immer wenn die Deutschen heranrückten, sind wir weiter mit dem Zug, drei Wochen im Winter, bis nach Moskau«. Dort sei sie von den Sowjetrussen aufgenommen und unterstützt worden. Rosa bekam eine Stelle in der Zentralbank, »die wussten, dass ich Jüdin bin, das war aber kein Problem«, erzählt sie.[40]

Etwa zur gleichen Zeit lag Günter Reinemer in Gorden mit seinem Schwiegervater im Streit. Ahnte dieser, dass der Ehemann seiner Tochter untreu war? Man munkelte von einer Affäre in Dresden und von Geschichten im Dorf, doch die Wogen glätteten sich wieder, als bekannt wurde, Elisabeth sei erneut schwanger.[41] Die Übernahme der Tischlerei durch den Schwiegersohn stand hingegen nicht mehr zur Debatte. Dazu hätte Günter, dessen Mundwerk seinen Arbeitseifer bei weitem übertraf, ohnehin erst einmal die Meisterprüfung ablegen müssen. Und ob er dazu das Zeug hatte? Der 22-Jährige wusste vielmehr seine Mitmenschen durch seine charmante Art zu beeindrucken – oder zu blenden, wie manche in Gorden überzeugt waren.

Am 1. Dezember 1940 kam Sohn Hans-Hermann* zur Welt. Vier Monate später, am 3. März 1941, als die geheimen Vorbereitungen für das »Unternehmen Barbarossa«, den Feldzug gegen die Sowjetunion, schon auf Hochtouren liefen, wurde Günter Reinemer nach Bautzen eingezogen. Er kam zur 2. Kompanie des Infanterieersatz-Bataillons 171, erhielt die Erkennungsmarke 5718-2./I.E.B. 171. Drei Tage später meldete er sich krank. Er wurde mit einer Infektion am linken Fuß »und daraus resultierender Lymphdrüsenentzündung« im Reservelazarett Bautzen behandelt und nach zwei Wochen wieder als »kriegsverwendungsfähig« zur Truppe entlassen. So steht es auf seiner Wehrmachtskarteikarte.[42] Die Ursache der Infektion ist nicht vermerkt.

Von dem bevorstehenden Krieg wussten die Rekruten zu jenem Zeitpunkt noch nichts, geahnt haben es womöglich einige. Doch ob es Reinemer schon jetzt mit der Angst zu tun bekam und einen Einsatz als Infanterist an vorderster Front fürchtete – ein Vorwurf, mit dem er später wiederholt konfrontiert werden sollte –, lässt sich nicht belegen. Bei seinem Verhör in Caracas fielen ihm dazu keine erhellenden Details ein.

Matschke und Kohlenberger nehmen Georg Wagner alias Günter Reinemer an diesem 27. August 1988 wechselseitig in die Zange, der eine behutsam, der andere eher rabiat. Irgendwo in diesen Kriegsjahren, so vermuten sie, muss es einen Grund für den späteren Wechsel seiner Identität geben. Was hat Reinemer getan? Wer hat ihm den neuen Namen Wagner gegeben? Und wann?

WAGNER: *Ich kam nach Bautzen... wurde einberufen zur Infanteriedivision 3 in Bautzen ...*
KOHLENBERGER: *Weiter!*
WAGNER: *... da wurden wir ausgebildet. Und dann ging es nach Russland...*

* Vorname geändert

Oben: Das Dorf Gorden in der Niederlausitz. In der evangelischen Kirche heiratete 1939 der Tischler Günter Reinemer Elisabeth Walther. Rechts: Heiratsurkunde des Ehepaars Reinemer.

MATSCHKE: *Schnelle Ausbildung, hat einen Monat gedauert?*
WAGNER: *War nicht länger, war nicht länger (...)*
KOHLENBERGER: *Wann war das?*
WAGNER: ...
KOHLENBERGER: *Das müssen Sie doch wissen!*
MATSCHKE: *Da draußen sind zwei Kriminalbeamte ...*
WAGNER: *... ich weiß ...*
MATSCHKE: *... die mir eben, wie ich draußen war, gesagt haben: Wenn er lügt, machen wir weiter ...*
KOHLENBERGER: *Also wann?*
WAGNER: *1941 (...) Zusammen mit den anderen Kompanien haben wir den Bug überschritten (...) und dann nach Russland rein (...) Ich war da Melder, als Melder eingesetzt.*

(Vernehmung von Georg Wagner am 27. 8. 1988)

Kann es sein, dass er sich nicht mehr an den Kriegsausbruch mit der Sowjetunion erinnert? Nach längerer Bedenkzeit legt er sich auf »Mai 1941« fest. Doch jeder Ostfrontsoldat, der damals dabei gewesen ist, als der Bug überschritten wurde, dürfte nie vergessen, dass es der 22. Juni war, einer der längsten Tage des Jahres. Andererseits: Warum sollte er lügen, wenn sich die Wahrheit so leicht in jedem Geschichtsbuch herausfinden lassen würde? Musste man ihm also Erinnerungslücken zubilligen?

Am Sonntag, dem 22. Juni 1941, um 2.00 Uhr nachts, überquerte ein aus Belorussland kommender Getreidezug bei Brest die Brücke über den Bug, der Grenze zwischen dem »Generalgouvernement für die besetzten polnischen Gebiete« und der Sowjetunion. Es sollte der letzte Güterzug sein, der im Rahmen des sowjetisch-deutschen Handelsabkommens die »Moskauer Rollbahn« befuhr, die Strecke Moskau–Smolensk–Minsk–Brest.[43] 75 Minuten später, um 3.15 Uhr, inzwischen begann der neue Morgen zu dämmern, setzte auf deutscher Seite heftiges Artilleriefeuer ein, am Himmel zogen Flugzeuggeschwader der Luftwaffe mit ihrer tödlichen Bombenfracht nach Osten, und aus den Schützengräben neben der Böschung der Eisenbahnbrücke stürmten die Soldaten über den Bug.[44]

Auf einer Länge von 1600 Kilometern stieß das deutsche Heer, unterteilt in sieben Armeen, vier Panzergruppen und drei Luftflotten, in die westliche Sowjetunion vor. Mehr als drei Millionen Mann der deutschen Truppen und ihrer Verbündeter griffen die völlig überraschte Rote Armee an.[45]

Südlich von Brest setzten zur gleichen Zeit an diesem frühen Morgen des 22. Juni die Trupps der Vorhut in Schlauchbooten über den Bug, es folgte die Infanterie mit schweren Maschinengewehren, darunter das 2. Bataillon des Regiments 234, in das Günter Reinemer kurz zuvor versetzt worden war.[46] Die Stoßrichtung war Minsk, am nördlichen Rand der heimtückischen Pripjet-Sümpfe entlang. Die Wehrmacht traf auf wenig Widerstand.[47]

Am Abend des 25. Juni, vier Tage nach dem Einmarsch, standen die Panzer des Mittelabschnitts 230 Kilometer hinter der Grenze und stießen weiter auf Minsk vor. Die Infanterie hatte Mühe gehabt, das Tempo einzuhalten, das die Panzer vorgaben. Im Mittelabschnitt war es schließlich gelungen, die sowjetischen Truppen in Bialystok und den umgebenden Wäldern einzukesseln. Der Operationsplan »Barbarossa« hatte sich als militärisch erfolgreich erwiesen: Die Armee war mit entscheidenden Schlägen schnell und tief in das Land eingedrungen, die eigenen Verluste hielten sich in Grenzen.[48]

Zu dieser Zeit lag Günter Reinemer bereits auf einem Lazarettzug, der auf der Eisenbahnstrecke zurückrollte. Er war bei Borki, südlich von Baranavicy, rund 180 Kilometer hinter der Grenze, durch ein Infanteriegeschoss am linken Fuß getroffen worden, die Sanitäter hatten auf dem Hauptverbandsplatz die blutende Wunde versorgt. An einen weiteren Einsatz an der Front war nicht zu denken.[49]

WAGNER: *Genau vier Tage nach der Bugüberschreitung hat es mich erwischt, wurde ich verwundet (...) Vom Hauptverbandsplatz kam ich dann in ein Lazarett in Skarzysko Kamiena, Distrikt Radom.*

KOHLENBERGER: *Was haben Sie für eine Verletzung gehabt?*

WAGNER: *Fußverletzung! Da war ich drei Monate in dem Lazarett, dann wurde ich weiter transportiert nach Dresden-Neustadt, auch ins Lazarett.*

MATSCHKE: *Die Verletzung war ja für einen Soldaten damals Gold wert, weil da geht's nicht mehr nach vorn, da geht's nach hinten*

WAGNER: *...*

(Vernehmung von Georg Wagner am 27. 8. 1988)

Matschke deutet einen Verdacht an – aber Wagner lässt sich darauf nicht ein. Fußverletzungen in den ersten Kriegstagen gaben immer

Anlass zu der Vermutung, das Opfer könnte sich die Verletzung mit der eigenen Waffe zugefügt haben. Humpelnde Soldaten waren an der Front nicht zu gebrauchen, sie durften den medizinisch verordneten Rückzug antreten. Die Sanitäter hatten deshalb Order, die Umstände der Verletzung genau abzuklären und gegebenenfalls Meldung zu machen. Auch bei den Kameraden galten Fußinvalide schnell als Drückeberger, oft natürlich zu Unrecht. Stutzig macht allerdings, dass schon wieder Wagners linker Fuß betroffen war. Hatte er an dem nicht erst drei Monate zuvor im Lazarett Bautzen ein Ekzem ausheilen lassen? Aber das konnte auch Zufall sein.[50]

Der Weg heim ins Reich führte Reinemer zunächst ins Lazarett im polnischen Lublin, dort traf er drei Tage später ein. Die Ärzte diagnostizierten einen Durchschuss des Vorderfußes und schickten ihn mit dem Lazarettzug weiter nach Skarzysko Kamiena, so erinnerte sich Wagner in Caracas. Eine Einlieferung wurde später für den 1. Juli 1941 gemeldet, aus dem Reservelazarett Kielce, das 30 Kilometer von Skarzysko Kamiena entfernt liegt.[51] Dort verbrachte der Rekonvaleszent fast zwei Monate – und war immer noch nicht wieder kriegstauglich. Der Splitterschuss erwies sich als kompliziert, heilte schwer. Dennoch: Von den Schmerzen abgesehen, hatte Günter Reinemer tatsächlich ein Glückslos gezogen. Von einem Lazarett zum anderen, gepflegt und bedauert, war allemal besser, als in den Schützengräben der Front zu liegen und auf den nächsten Einschlag einer Granate zu warten. Seine Schwester Ursula erinnert sich, dass sie ihn 1941 im Lazarett besucht habe, zusammen mit der Mutter. Sie war damals neun Jahre alt. Es sei die letzte Begegnung mit ihrem Bruder gewesen.[52]

Von Kielce wurde Reinemer Ende August 1941 zur Krankensammelstelle in das 200 Kilometer entfernte Krakau transportiert, von dort sollte ihn die Bahn nach Dresden bringen – ins Heimatlazarett.

An jenem 28. August 1941, an dem sich der Viertage-Frontsoldat mit seinem verbundenen Fuß in Krakau auf den Krankenzug nach Dresden schleppte, liefen 40 Kilometer weiter westlich, in Oswiecim (Auschwitz), letzte Experimente mit einem Schädlingsbekämpfungsmittel namens »Zyklon B« an, die der Reichsführer-SS, Heinrich Himmler, kurz zuvor angeordnet hatte: Es war der Beginn des systematischen Massenmords an den europäischen Juden.[53]

Mehr als ein Jahr zuvor hatte Himmler die Industriestadt Auschwitz für das größte KZ der SS ausgewählt, ein erstes Lager sollte im Endstadium 30 000 Häftlinge, ein zweites (Birkenau) sogar 100 000 Häftlinge fassen. Die ersten Gaskammern waren im Januar 1941 noch relativ primitive Einrichtungen gewesen, die SS hatte zwei Bauernhäuser mit luftdichten Fenstern und Türen ausgerüstet und probeweise einige hundert polnische Strafgefangene in den Tod geschickt.[54] In den folgenden Monaten war die Anlage in einem ehemaligen Kasernenkomplex Stück für Stück ausgebaut worden. Ende August 1941 standen die Vorbereitungen für den Einsatz von Zyklon B in speziellen »Entlausungsanlagen« vor dem Abschluss. Für den ersten Großversuch hatte die SS bereits 600 sowjetische Kriegsgefangene selektiert, danach standen kranke Häftlinge und Juden aus Oberschlesien auf der Liste.[55]

Unterdessen herrschten im jüdischen Ghetto von Krakau unbeschreibliche Zustände. Von den etwa 65 000 Juden der Stadt, die 1938 in ihrer Gemeinde Kazimierz, der Hauptstadt der jüdischen Diaspora, gelebt hatten, waren 50 000 vor dem Einmarsch der Deutschen geflohen. So wie Rosa Rabinowicz und deren Brüder, die sich erst nach Ostpolen, dann in die Sowjetunion abgesetzt hatten. Die in Krakau verbliebenen Juden internierte die SS im Lauf des Jahres 1941 in etwa 300 von Polen verlassenen, einstöckigen Häusern im von hohen Mauern umgebenen Ghetto Podgórze. Rücksichtslos »säuberten« die Deutschen den vornehmen Westteil Krakaus von allen Juden, das seit 1939 auch Hauptstadt des Generalgouvernements war, schickten sie in verschiedene Arbeitslager oder wenig später auch nach Auschwitz und Birkenau. Die Juden mussten Armbinden mit dem gelben Zionstern tragen und durften nur in ihren eigenen Läden kaufen; die meisten Krankenhäuser und die öffentlichen Verkehrsmittel waren für sie ohnehin tabu.[56]

Das Schicksal der Familie Rabinowicz steht stellvertretend für tausende in dieser Zeit. Rosas Vater war Bankdirektor, »er wollte aus dem Fenster springen«, als die SS ihn holen kam, »da hat man ihn gleich erschossen ... Gott sei Dank gleich«, sagt Rosa. Sie erfuhr erst viele Jahre später, lange nach dem Krieg, wie er zu Tode gekommen war, durch eine Jugendfreundin, die Polen versteckt hatten und die deshalb überlebte. Als die Freundin ihr das erzählt habe, sei sie froh gewesen, »dass Vater nicht nach Auschwitz musste«, so wie der Rest der Familie. »Meine Mutter hatte vier Schwestern, die hatten Männer, alle hatten Kinder, und alle wurden getötet. Alle. Das Kind meiner Schwester war drei Jahre alt, es ist auch nach Auschwitz gekommen. Lebendige Kinder wurden ins Feuer geschmissen ...«[57]

Die Fahrt des Lazarettzugs von Krakau nach Dresden mit dem fußverletzten Wehrmachtssoldaten Günter Reinemer, der 30 Jahre später unter dem Namen Georg Wagner die polnische Jüdin Rosa Rabinowicz zu seiner Frau machen sollte, führte direkt am Konzentrationslager Auschwitz vorbei. Am 30. August kam der Patient ins Lazarett Dresden-Neustadt. Genau ein halbes Jahr nach seiner Einberufung zur Infanterie war Reinemer wieder zu Hause.

KOHLENBERGER: *In Dresden waren Sie wie lange?*
WAGNER: *Drei Monate (...) für die Genesung (...) bis Februar 1942. Dann bin ich entlassen worden ...*
KOHLENBERGER: *... aus der Armee?*
WAGNER: *Ja, vorläufig (...) weil ich in Gips ging.*
(Vernehmung von Georg Wagner am 27. 8. 1988)

Einige Wochen verbrachte Reinemer im Heimatlazarett. Das Essen im Krankenhaus war gut, gemessen an dem in der Truppe sogar exzellent, und die Krankenschwestern freundlich. Doch irgendwann müssen die Ärzte Verdacht geschöpft haben, dass der Rekonvaleszent offenbar plante, zum Dauerpatienten zu werden. Sie entließen ihn zum Dienst in der Schreibstube, in die Genesungskompanie seines Infanterieregiments 234, das weit entfernt von jeder Kriegshandlung in Jitschin im Protektorat Böhmen und Mähren lag.[58]
Doch bereits Ende November 1941 meldete sich Reinemer abermals krank, als fürchte er einen neuen Fronteinsatz und suche geradezu den Weg ins nächste Lazarett. »Endocarditis« (Herzentzündung) diagnostizierten die Wehrmachtsärzte in Prag, außerdem Epilepsie; den Splitterschuss nahmen sie in Augenschein, befanden ihn offenbar für gut verheilt. Es half alles nichts: Am 17. Dezember 1941 entließen sie Reinemer als »garnisonsverwendungsfähig« zur Truppe, dem Infanterieersatzbataillon 234. Hatten die Stabsärzte inzwischen erkannt, dass der 23-jährige Infanterist simulierte?[59]
Eine Meldung vom 2. März 1942, die später in seiner Wehrmachtskarteikarte eingetragen wurde, war die Letzte für die nächs-

ten zweieinhalb Jahre: Günter Reinemer wechselte in die so genannte »Verfügungskompanie« des Infanterieersatzbataillons 234, eine Einheit für besondere Fälle, allerdings fern der Front.[60] Über die Zeit danach schweigt sich seine Karteikarte aus, weder über eine Entlassung aus der Wehrmacht noch über eine Weiterverwendung bei der SS wurde in den folgenden Jahren etwas festgehalten. Es begann die Zeit, für die sich später keine Dokumente finden ließen.

WAGNER: *Dann habe ich mich wieder beim RS-Hauptamt gemeldet ...*

MATSCHKE: *Reichssicherheits-Hauptamt?*

WAGNER: *... Reichssicherheits-Hauptamt der SS (...) und da hat man den Fall von der Degradierung [im KZ Lichtenburg, E. K.] untersucht und da hat man festgestellt(...) »den können wir gebrauchen!« (...) und man hat gesagt, mit dem Fuß ist nichts weiter, er wird also eingezogen. (...)*

KOHLENBERGER: *Aber Sie haben doch einen Gips gehabt?*

WAGNER: *Der war ja weg in der Zwischenzeit, war weg ...*

KOHLENBERGER: *Wann war das?*

WAGNER: *Das war im März 1942 (...) und dann hat man gesagt, du gehst jetzt nach Polen... zur Bewachung von diversen Lagern und Depots ...*

KOHLENBERGER: *Wohin?*

WAGNER: *Nach Lublin.*

KOHLENBERGER: *Also sind Sie wieder zur SS (...) und nach Polen ...*

WAGNER: *Ja, im Juni/Juli 1942. Da war ich in Lublin (...) da haben wir ein Munitionslager bewacht, (...) dann war ich in Skodze, das ist auch in Polen...*

MATSCHKE: *Was haben Sie da gemacht?*

WAGNER: *Das war reine Depotbewachung für den Materialvorschub nach Russland rein, für die SS ...*

KOHLENBERGER: *Das war kein KZ?*

WAGNER: *Nein, nein, nein ... das war ein Wehrmachtslager.*

MATSCHKE: *Was ist da geschehen?*

WAGNER: *In Lublin ist nichts geschehen! Nichts, gar nichts!*

MATSCHKE: *(...) Wann sind Sie denn befördert worden?*

WAGNER: *Ich bin befördert worden in Lublin (...) da war ich Rottenführer ...*

KOHLENBERGER: *... befördert worden zu was?*

WAGNER: *... zum Scharführer ... das ist Unteroffizier (...) Die Kommandantur hatte den Auftrag, die zu befördern, die ihre Aufgabe ordnungsgemäß gemacht haben. Haben wir gemacht! Bitte jetzt nicht denken an Menschenschinderei, das hat damit nichts zu tun! Wir haben unser Lager bewacht, unsere Depots bewacht, wir haben Partisanen abgewehrt, wobei wir Verluste hatten.*[61]
(Vernehmungen von Georg Wagner am 27. und 28. 8. 1988)

Matschke und Kohlenberger, die in Caracas natürlich keinerlei Dokumente über die Kriegszeit von Wagner alias Reimer alias Reinemer vorliegen haben, denn »mit dieser Art Geständnis konnte ja niemand von uns rechnen«, ist klar, dass sie sich jetzt einem entscheidenden Punkt des Verhörs nähern. Jetzt muss sich ihre Vernehmungstaktik beweisen: drohen und umgarnen, vor allem gut bluffen. Es gilt, Wagner den Eindruck zu vermitteln, man wisse ohnehin schon so gut wie alles, hätte es nur eben gern aus seinem Mund erfahren.

»Tief im Bauch hatten wir das Gefühl, es musste da eine Erklärung für seine neue Identität geben«, erinnert sich Klaus-Dieter Matschke an die Situation damals im Büro in Caracas, und mit der Zeit, die verging, sei das Gefühl »fast zur Gewissheit« geworden. Hans-Georg Kohlenberger leitet die entscheidende Phase des Verhörs mit deutlichen Worten ein, erinnert Wagner daran, dass die Agenten der Geheimpolizei *DISIP* seit Stunden nebenan im Büro sitzen und nur darauf warten, sich seiner wieder annehmen zu können.

KOHLENBERGER: *Herr Wagner, wenn wir hier rausgehen, und Sie haben uns nicht die Wahrheit erzählt, dann sind Sie fertig! Sie wissen, dass die Polizei ständig präsent ist! Sie sind auch nicht 80, Sie sind 70 Jahre alt, ist doch richtig?*
WAGNER: *Ja.*
KOHLENBERGER: *Wenn Sie sich uns nicht komplett anvertrauen, und wir geben Ihnen nicht die Hilfestellung, die uns möglich ist, dann gehen Sie hier raus, und es ist Feierabend. Dann kommen Sie (...) bis zu Ihrem Lebensende (...) nie mehr an die frische Luft. Also müssen Sie uns alles, aber auch alles erzählen, was der Wahrheit entspricht. Sie sehen, wir wissen einiges, aber wenn wir Ihnen das vorhalten, dann ist es sowieso zu spät. Also, es muss von Ihnen freiwillig jetzt zu uns kommen, damit wir sagen können, er hat sich ja freiwillig offenbart. Verstehen Sie, was ich meine?*

WAGNER: *Ja.*

MATSCHKE: *... Jetzt beginnt die Zeit, die mich interessiert...*

WAGNER: *Ja.*

MATSCHKE: *... das möchte ich jetzt von Ihnen wissen, ohne dass ich Ihnen noch die kleinste Hilfestellung leiste (...) Wenn ich von Ihnen jetzt wieder belogen werde, breche ich ab (...) Wann waren Sie wo eingesetzt und zu welchem Zweck?*

WAGNER: *Wir waren eingesetzt zur »Aufrechterhaltung der Ordnung«, so nannte man das damals ...*

MATSCHKE: *Auch in Warschau?*

WAGNER: *Nein. Aber wir waren in Treblinka.*

MATSCHKE: *Sie waren in Treblinka im KZ?*

WAGNER: *Nein, wir waren im Arbeitslager.*

MATSCHKE: *Treblinka ist Treblinka, KZ ist KZ!*

(Vernehmung von Georg Wagner am 27. 8. 1988)

Es sind inzwischen einige Stunden vergangen, seit Georg Wagner begonnen hat, sein Geständnis abzulegen, als er das erste Mal auf Treblinka zu sprechen kommt.[62] Und er sagt aus, ins Arbeitslager versetzt worden zu sein, nicht in das Vernichtungslager, ein durchaus bedeutender Unterschied, über den Klaus-Dieter Matschke etwas salopp hinweggeht.

Das Arbeitslager (Treblinka I) gab es seit Dezember 1941, es lag in der Nähe der Eisenbahnstrecke von Warschau nach Bialystok, unmittelbar an einem Steinbruch. Dort mussten rund 1000 jüdische und katholische Polen Zwangsarbeit verrichten, sie wurden auch zum Bau des Konzentrationslagers (Treblinka II) herangezogen, mit dem die SS Anfang 1942 in zwei Kilometer Entfernung auf einer leichten Anhöhe begonnen hatte.[63] Die Gleise lagen bereits bis zum Arbeitslager, es musste lediglich eine Abzweigung zum künftigen Vernichtungslager geschaffen werden.[64] Organisatorisch waren beide Lager streng voneinander getrennt: Treblinka I unterstand dem SS- und Polizeiführer in Warschau, Treblinka II, das Vernichtungslager, hingegen dem Reichssicherheits-Hauptamt in Berlin, vertreten durch SS-Brigadeführer Odilo Globocnik, der sein Hauptquartier in Lublin hatte.[65]

Unmittelbar nach Fertigstellung von Treblinka II, am 11. Juli 1942, trafen die ersten Transporte aus dem Warschauer Ghetto ein. Täglich kam mindestens ein Zug an, jeder mit etwa 60 Güterwaggons und jeweils 100 bis 200 Juden, alles in allem rund 6000

Menschen; zwischen Juli 1942 und Mai 1943 wurden dort mehr als 310 000 Juden in die Gaskammern geschickt.[66]

Das gesamte etwa 600 Meter lange und 400 Meter breite KZ umgab ein drei bis vier Meter hoher Stacheldrahtzaun, in den Reisig geflochten war, um neugierige Blicke von außen, vor allem aber Todespanik der eintreffenden Juden zu verhindern. Davor lag ein breiter Graben und ein mit spanischen Reitern bewehrter Geländestreifen. An allen vier Ecken des Lagers standen acht Meter hohe Wachtürme, die Tag und Nacht mit den so genannten »Hiwis«, hilfswilligen ukrainischen Wachmännern, besetzt waren.[67]

Er sei im Februar 1943 mit seinem Zug »Hiwis« aus Lublin nach Treblinka versetzt worden, behauptet Reinemer alias Wagner beim Verhör in Caracas.[68]

WAGNER: *In Lublin hatten wir den Auftrag, das Lager zu bewachen, zu schützen gegen Partisanen, in Zusammenarbeit mit diesen »Hiwis«, gefangenen Russen (...) Wir mussten leider mit ansehen, dass die Russen sehr, sehr schlecht behandelt wurden, in dem sie sehr wenig Essen bekamen und keine Kleidung ...*
MATSCHKE: *Obwohl sie »Hiwis« waren?*
WAGNER: *Sie waren »Hiwis«, gefangene Russen.*
KOHLENBERGER: *Und wie ging's weiter?*
WAGNER: *So, und nachdem die Arbeit beendet war, dann wurden wir weiterverteilt, im Auftrag des Reichssicherheits-Hauptamts, und zwar nach Treblinka.*

(Vernehmung von Georg Wagner am 28. 8. 1988)

Die Ukrainer waren gleich nach Beginn des Überfalls auf die Sowjetunion in Kriegsgefangenschaft geraten, hatten sich dann der SS verpflichtet und wurden als brutale Schlägertrupps oder Wachmannschaften in den polnischen Lagern eingesetzt; einige bedienten, wie offenbar auch Iwan Demjanjuk (»Iwan der Schreckliche«) in Treblinka, die Gaskammern. Demjanjuk hatte nach dem Krieg in den Vereinigten Staaten gelebt und als unbescholtener Bürger sogar die amerikanische Staatsbürgerschaft erhalten. Nach seiner Auslieferung wurde ihm im März 1987 in Jerusalem der Prozess gemacht. Die israelischen Staatsanwälte brachten bei ihren Ermittlungen etliche Details über die Ausbildung der »Hiwis« in Erfahrung.[69]

Die Ausbildungseinheit der ukrainischen SS-Hilfsschergen lag

30 Kilometer östlich von Lublin in Trawniki. Wie Demjanjuk wurden dort viele »Hiwis« auf ihre Tätigkeit in den Arbeits- und Konzentrationslagern vorbereitet.[70] »Nach unserer Ankunft in Trawniki«, so berichtete Nikolay Yakovlevich Dorofeyev, einer der Wachmänner von Treblinka, später den sowjetischen Ermittlungsbehörden, »wurden wir in zwei Gruppen aufgeteilt.« Er selbst sei mit einigen anderen als Fahrer für den Fuhrpark der SS in Lublin ausgebildet worden, während die anderen in eine Einheit kamen, »in der die Wachmannschaften für die KZs trainiert wurden«.[71] Ab Juli 1942 stand das Lager Trawniki unter der Verantwortung der SS-Standortverwaltung in Lublin, das wiederum dem Reichssicherheits-Hauptamt unterstellt war.[72]

Nach ihrer Ausbildung wurden die »Hiwis« in Zügen zusammengefasst. Auf eine Gruppe kamen neun Ukrainer und ein deutschsprachiger Oberwachmann, drei Gruppen bildeten einen Zug mit einem deutschen Zugführer, insgesamt also bestand der »Hiwi«-Zug aus 31 Mann. Reinemer war nach eigener Darstellung einer dieser Zugführer, mit dem SS-Dienstgrad Unterscharführer, einem Unteroffizier der Wehrmacht entsprechend.[73] War Reinemer tatsächlich in Trawniki? Setzte er bei seinem Verhör in Caracas Trawniki mit Lublin gleich, weil es so nahe lag und Lublin unterstellt war? Er kam nach eigener Darstellung als Unterscharführer nach Treblinka, wurde dann dort später zum Oberscharführer befördert.[74]

Im März 1943, also ziemlich genau zu jener Zeit, da Günter Reinemer nach eigener Darstellung aus Lublin nach Treblinka versetzt worden sein will, hieß es in einem der wenigen erhaltenen Dokumente aus der SS-Standortverwaltung Lublin, dass vom »Ausbildungslager Trawniki an das SS-Arbeitslager Treblinka (...) Wachmänner abgegeben« worden seien.[75] War Reinemer einer von ihnen? Allerdings liegen über das Lager der Ukrainer bei Lublin ebenso wie für Treblinka nahezu keine Akten vor, sie wurden vor dem Eintreffen der Roten Armee von der SS systematisch vernichtet.[76]

MATSCHKE: *Was war Ihre Aufgabe in Treblinka?*
WAGNER: *Ich war nicht für die Zaunwache da, wir nannten das damals Zaunwache, ich war für die Depots und die Arbeitskommandos zuständig (...) für die Einhaltung der Arbeitsdisziplin in den Arbeitsbereichen (...)*
MATSCHKE: *Wie sah das aus? Was haben Sie getan?*

Kohlenberger: *Wir müssen Ihnen immer die Würmer aus der Nase ziehen!*

Wagner: *Ich hatte zum Beispiel die Arbeitsbrigaden in der Tischlerei, in der Polsterei und bei der Fertigung von Metallgegenständen, die machten so Kunstgitter für die Herren Offiziere, unter mir. Das war meine Aufgabe, mit meinem Zug. Die Arbeitsfähigen wurden ausgewählt, es gab ja auch unter den Arbeitsfähigen welche, die keinen Beruf hatten, und die gingen dann in den Steinbruch, Steine brechen.*

(Vernehmungen von Georg Wagner am 27. und 28. 8. 1988)

Während Treblinka I tatsächlich ein Lager für Zwangsarbeiter war, handelte es sich bei Treblinka II und den drei anderen, zuvor entstandenen Lagern auf polnischem Territorium Chelmno, Belzec und Sobibor um reine Todeszentren, ohne jede andere Funktion. »Aktion Reinhard« hieß das Programm, mehr als eine Million Juden möglichst schnell und spurlos zu ermorden.[77] Das SS-Aufsichtspersonal und die ukrainischen Wachleute wurden auf absolute Verschwiegenheit eingeschworen, mussten bei Dienstantritt eine Verpflichtungserklärung unterschreiben, mit niemandem außerhalb des Lagers über den Massenmord in den Gaskammern zu sprechen.[78] Nur etwa 50 bis 60 der Menschen, die mit den Deportationszügen in Treblinka ankamen, überlebten diese perfide, perfekt organisierte Tötungsmaschinerie.

Zunächst sah alles nach einem kurzen Zwischenaufenthalt in einem verträumten polnischen Dorf aus, als der Güterzug in den Bahnhof Treblinka rollte und mit quietschenden Bremsen zum Stehen kam. Es gab eine Uhr am Bahnsteig, einen Fahrkartenschalter, Fahrpläne und Richtungsschilder in die nächstgrößeren Städte. Hinter den winzigen Waggonfenstern drängten sich die jüdischen Männer (für die meisten Frauen und Kinder waren die Öffnungen zu hoch), um einen Blick auf die Umgebung zu erhaschen und Anhaltspunkte für den Grund des Stopps zu finden. Ihr Blick fiel auf ein großes Schild, das auf dem Bahnsteig stand, auf dem die Warschauer Juden in deutscher und polnischer Sprache aufgefordert wurden, sie hätten sich vor der Weiterfahrt in ein Arbeitslager hier in Treblinka einer Körperreinigung zu unterziehen: Gold, Geld und Schmuck seien gegen Quittung abzugeben, würden dann später wieder ausgehändigt; zur Verhütung von Seuchen müsse die Kleidung und das Gepäck desinfiziert werden.

Die ersten 20 Waggons waren mittlerweile abgekoppelt worden, eine Rangierlokomotive schob sie über ein Nebengleis an eine lange Rampe, an der bereits Wachmannschaften, SS-Leute, ukrainische »Hiwis« und jüdische Arbeitskommandos warteten. Sie trugen blaue Stoffabzeichen an ihrer Kleidung und hatten die Aufgabe, den ankommenden Juden beim Aussteigen zu helfen beziehungsweise deren Gepäckstücke zum Sortierplatz zu schaffen und danach die Waggons zu säubern. Die Türen wurden aufgestoßen und die Insassen aufgefordert, so schnell wie möglich auszusteigen.[79]

»Ich erinnere mich an das schreckliche Durcheinander, als in Treblinka die Türen aufgerissen wurden«, bezeugte später einer der Überlebenden vor Gericht, die Ukrainer und die Deutschen hätten geschrien. »Dann fingen auch die ankommenden Menschen an zu schreien und zu klagen«, sodass »mit Peitschen auf uns eingeschlagen wurde«. Sofort kam das Kommando, »Männer rechts, Frauen links, und ausziehen«. Seine kleine Tochter habe sich von ihm losgerissen, »und lief dann zur Mutter, als wir getrennt wurden«. Er habe »beide nicht wiedergesehen« und nur überlebt, weil ihn einer der SS-Offiziere zum »Arbeitsjuden« bestimmt hätte, obwohl er schon nackt gewesen sei.[80]

Die »Selektion« fand auf dem so genannten Umschlagplatz hinter dem Tor des Vernichtungslagers statt. Und dabei waren jüdische Hilfskräfte beteiligt, die rote Stoffabzeichen trugen. Einige der kräftigsten und stärksten Männer jedes Zuges wurden ausgewählt und Arbeitskommandos in den verschiedenen Lagerteilen des KZs oder des nahe gelegenen Arbeitslagers zugewiesen, sei es als Ersatz für andere Häftlinge, die ermordet worden waren, sei es als zusätzliche Kräfte. Wer den Kriterien nicht entsprach, wurde, wie die Frauen und Kinder, in die Gaskammern getrieben, in denen sie durch das Kohlenmonoxid aus den Abgasen eines Dieselmotors einen qualvollen Tod starben. Diejenigen »Arbeitsjuden«, die für Treblinka I bestimmt waren, in dem SS-Unterscharführer Günter Reinemer nach eigenem Bekenntnis seit Frühjahr 1943 Dienst tat, bestiegen kurze Zeit später einen Zug, der sie in das zwei Kilometer entfernte Arbeitslager brachte.[81]

WAGNER: *Die Hauptaufgabe meines Zuges war die Überwachung (...) für die Schreinerei, die Polsterei und die Kunstschmiede (...) und wir waren bei der Ausleserampe eingesetzt, da wo die Häft-*

*linge, die ankamen, ausgewählt wurden, verteilt wurden (...) die
kommen ins Arbeitskommando, die kommen dahin, die werden
liquidiert, also ins Gas ...*
MATSCHKE: *Sie waren also beteiligt an der Auslese?*
WAGNER: *Ich habe nicht ausgelesen! Die Auslese haben die Herrn
Offiziere und die Ärzte gemacht ...*
MATSCHKE: *Sie haben also dann die Arbeitsfähigen genommen ...*
WAGNER: *Die wurden uns übergeben, und die haben wir ins Lager
geführt, und die wurden nochmals untersucht, ob sie für die betreffenden Arbeiten eingesetzt werden können (...) das haben die
bei der Auslese da am Waggon nicht gemacht.*

(Vernehmungen von Georg Wagner am 27. und 28. 8. 1988)

Der Kommandant des Arbeitslagers Treblinka I war ein geradezu
mustergültiger Vertreter der deutschen Herrenrasse: Baron Theodor von Eupen. Einige Zeugen behaupteten später, der Adelige sei
vor dem Krieg entweder Rechtsanwalt oder Schriftsteller gewesen,
oder beides. Von Eupen besaß nach übereinstimmenden Aussagen
von Überlebenden eine geradezu sadistische Erfindungsgabe. Wenn
er hoch zu Ross das Barackengelände durchstreifte und ihm dabei
Gefangene in die Quere kamen, ließ er sie, so es ihm gefiel, von seinem Pferd zu Tode trampeln.[82]

Gruppen von hunderten jüdischer Häftlinge aus dem Arbeitslager wurden regelmäßig nackt durch die angrenzenden Wälder bis
zu Gräben getrieben, die von den »Hiwis« ausgehoben worden
waren. Die wehrlosen Opfer hielten sich an den Händen, als wollten sie einen Reigentanz beginnen, doch auf sie wartete nur der
Tod. Unter lautem Gejohle der SS-Männer wurden die Gefangenen
durch Genickschuss getötet und dann mit den Stiefelabsätzen in
die Gruben befördert, wobei die Mörder untereinander wetteifer-
ten, wer »seinen« Toten am weitesten stoßen konnte. Hinrichtungen waren ebenso an der Tagesordnung wie die beim Abendappell
festgelegten Bestrafungen durch das Prügelkommando.[83]

Für den Vollzug der Prügelstrafe gab es, ähnlich wie im Verlies
des KZ Lichtenburg, einen besonderen Prügelbock, auf dem der
Häftling festgeschnallt wurde. Die Zahl der Schläge mit einer Le-
derpeitsche lag je nach Laune des SS-Mannes zwischen 25 und 50,
ging aber auch schon einmal darüber hinaus. Wer nicht am nächsten Morgen wieder arbeitstauglich war, kam ins so genannte »Lazarett« des Vernichtungslagers – die Genickschussanlage.[84]

Aber auch während der Arbeit waren die Zwangsarbeiter in Treblinka I ihres Lebens nicht sicher, schwebten ständig in der Gefahr, aus den fadenscheinigsten Gründen von den Aufsehern geprügelt, erschlagen oder erschossen zu werden. Dabei zeichneten sich die meisten der ukrainischen Wachmänner durch besondere Brutalität aus. Einer von ihnen machte sich einen Spaß daraus, Gefangene mit einer Eisenstange zusammenzuschlagen. Wer nicht sofort tot war, trug in jedem Fall eine klaffende Wunde im Gesicht davon, die ihn kennzeichnete wie einen Baum, der gefällt werden soll. Er galt als »Gestempelter« und wurde, ehe der Tag zu Ende ging, von einem der SS-Zugführer erschossen.[85]

Emotionslos wie ein Buchhalter erzählt Georg Wagner den beiden ehemaligen Polizeibeamten Matschke und Kohlenberger von den Prügelkommandos der Ukrainer im Arbeitslager Treblinka. Er beschreibt minutiös, wie sich die »Hiwis« einen Spaß daraus machten, polnische Häftlinge zu quälen. Nur seine eigene Rolle taucht er immer wieder in mildes Licht.

WAGNER: *Da kam es zu einem Zusammenstoß, als sich Häftlinge im Lebensmittellager Lebensmittel … entliehen, sage ich immer, also gestohlen haben, eine ganz erhebliche Menge, und die wurden dann natürlich…*

KOHLENBERGER: *… liquidiert …*

WAGNER: *Nein, noch nicht! Die wurden von unserem so genannten Prügelkommando, das war die 5. Gruppe, abgeholt (…) und das haben die so ausführlich getan, dass die umgekommen sind. Also, die sind umgebracht worden, regelrecht umgebracht.*

MATSCHKE: *Wie viele?*

WAGNER: *Das waren 52 Leute.*

MATSCHKE: *Wie ist das geschehen, konkret?*

WAGNER: *Da muss ich Sie enttäuschen, (…) wir haben ja nicht zugeguckt dabei. Aber was man erfahren hat, war Folgendes, dass man die an eine Mauer gestellt hat, nicht erschossen hat, sondern hat mit Steinen nach ihnen geworfen. Und dann natürlich die berühmteste Bestrafung, eine Knute mit Bleikugeln.*

MATSCHKE: *Und Sie?*

WAGNER: *Wir haben unsere Bewachung gemacht, haben gesehen, dass die Leute arbeiten, und die haben sich Mühe gegeben, zu arbeiten. Dass sie natürlich sehr, sehr wenig zu essen hatten, wussten wir auch.*

MATSCHKE: *Sie haben damals eine sehr laute Stimme gehabt!*
WAGNER: *Ich? Nein, Herr Matschke! Also wenn mir einer sagt, ich hätte gebrüllt, das stimmt absolut nicht! Wenn Sie noch jemanden Überlebenden finden und der mich kennt, der wird Ihnen sagen, der hat nie gebrüllt. Brüllen kann ich einfach nicht, das liegt mir einfach nicht. Ich habe mich manchmal aufgeregt über das Prügelkommando, wenn ich gesehen habe, wie welche zurückkamen (...) und das hat man mir ein paar Mal vorgehalten, dass ich immer zu human sei. Ich habe nie gebrüllt, nie geschlagen, ich habe nie geschossen.*

(Vernehmung von Georg Wagner am 28. 8. 1988)

In Hamburg wurde am 24. Juli 1943 ein Günter Reinemer, geboren am 1. 3. 1918, in der Steuer- und Wahlkartei eingetragen, mit einer Anschrift in der Innenstadt: Alstertwiete 32.[86] Er war offenbar im Februar 1943 in die Hansestadt gezogen.[87] Seine Familie in Gorden in der Niederlausitz erhielt in dieser Zeit aus Hamburg das letzte Mal eine Nachricht von ihm.[88]

Irgendwann 1942/43, genauer können sich Nachbarn und Bekannte in Gorden nicht erinnern, hatte der gelernte Tischler Günter Reinemer seine Familie verlassen. In seiner Begleitung befand sich ein zweiter Tischler aus dem Dorf. Kurz zuvor war er für ein Familienporträt noch beim Fotografen gewesen, zusammen mit seiner Frau und den beiden Kindern, der drei Jahre alten Ingetraud und dem im Dezember 1940 geborenen Sohn Hans-Hermann.

Die Trennung von der Familie und die Verlagerung des privaten Lebensmittelpunktes nach Hamburg muss entweder vor seiner Zeit in Lublin und Treblinka stattgefunden haben, also schon Mitte 1942, nach der Entlassung aus der Wehrmacht wegen seiner Fußverletzung, oder aber später, während eines Urlaubs, der für die SS-Leute in den Lagern großzügig gehandhabt wurde: drei Wochen jedes Vierteljahr.[89]

Als Reinemers Handwerkskollege ein halbes Jahr später aus Hamburg nach Gorden zurückkehrte, konnte er auch den Grund für Reinemers Umzug liefern: Grete. Er brachte eine Verlobungsanzeige von Günter mit, der habe kurz zuvor seiner Freundin in der Hansestadt ein Heiratsversprechen gegeben. Dabei war Reinemer doch verheiratet, hatte auch keine Scheidung beantragt. Dann machte in der Gemeinde sogar das Gerücht die Runde, der Günter säße wegen Betrügereien in Hamburg im Gefängnis. Die Glaub-

würdigkeit dieser Behauptung lässt sich heute nicht mehr nachprüfen, aber schon damals traute man dem smarten Mittzwanziger
einen unsoliden Lebenswandel jederzeit zu, allein schon wegen
seiner Frauengeschichten.[90]

Bei seinem Verhör in Caracas ließ Georg Wagner alias Günter
Reinemer seine Zeit in Hamburg, wie schon zuvor die Familie in
Gorden, gänzlich unerwähnt.[91] Dafür ging er umso ausführlicher
auf den Aufstand in Treblinka Anfang August 1943 ein.

Der Plan hatte mehrfach Veränderungen erfahren, schließlich
war ein Komitee aus KZ-Insassen übereingekommen, die Revolte
solle um 17.00 Uhr beginnen. Sie wollten den Zug stoppen, der um
diese Zeit den Bahnhof Treblinka mit etwa 200 bis 300 »Arbeitsjuden« zurück ins zwei Kilometer entfernte Arbeitslager verließ,
damit diese sich dem Aufstand anschließen könnten. Die Waffen
und Handgranaten waren durch Bestechung der Ukrainer beschafft
und gut versteckt worden. Ein einzelner Schuss aus dem Bereich
der Schmiede sollte das Signal sein für die vier Gruppen mit jeweils
zwölf Gefangenen. So war der Plan.[92] Um den Preis des eigenen Lebens wollten die Komiteemitglieder der Tötungsmaschinerie von
Treblinka Einhalt gebieten.[93]

Es herrschte eine merkwürdige Anspannung im ganzen Lager, er-
innerte sich einer der Überlebenden später, sodass der Anführer des
Komitees beschloss, es sei zu riskant, bis 17.00 Uhr zu warten.
Möglicherweise löste auch ein Schuss den Aufstand aus, der von
einem der bewaffneten Komiteemitglieder auf den SS-Mann Kurt
Küttner abgegeben worden war.[94]

Am 2. August 1943, einem Montag, zwei Minuten vor 16.00
Uhr, brach der von langer Hand vorbereitete Aufstand im KZ Treb-
linka aus. Nach dem Schuss explodierte die erste Handgranate,
gleich darauf die zweite. Dann herrschte Stille. Kurz darauf waren
plötzlich überall Stimmen zu hören, erst wenige, dann ein ganzer
Chor, immer lauter in Jubelgeschrei ausbrechend: »Revolution!
Ende des Krieges!« So lautete die verabredete Losung, um die
Ukrainer zu verwirren.

Der Zeitpunkt war mit Bedacht gewählt. Ein Teil des Wachper-
sonals hatte Ausgang. Da seit Tagen unerträgliche Hitze herrschte,
war den »Hiwis« erlaubt worden, sich bei einem Bad im nahen Bug
zu erfrischen. Den »Arbeitsjuden« gelang es, das Lager an mehreren Stellen mit Benzin in Brand zu setzen, bald loderten wegen der
Trockenheit an allen Ecken hohe Flammen.

Familienname: **Reimemer,**

- 457 - name: **Günther, Horst Ludwig**

Erkennungsmarke:
× - 5714 -
- 5718 -
2 / F.E.B.171

Geboren am: **1.3.1918** in **Dresden** (b. Hamburg) Kreis

Name und Anschrift der zu benachrichtigenden Person: † H.V. Elefant Frks. Reimemer, Hambg. - Harburg 1 Gebbergst. 34

Truppenteil: **2 / Füs. Ers. Btl. 171 Bautzen** Stab 2 / Füss. Rgt. 234
Gen. / 3.0.9. 234 Zittau / Füs Ers Btl. 234 Zittau,
b. Marschl - Btl. 831 3.0.9.

Dienstgrad: **Schtz. b/ Jäger**

Eingegangene Meldungen:

● 1.4.	V.2	6.3.41 Res.- Laz. Bautzen (LKB. 1017) Infiz. Ekzem a.d. 5 Zehe bk. Lymphdrüsen= entzdg. a.d. li. Leiste hug Tr. J.
7.4.41	V.2	wie vorher; Abg. R. v. Tr. 18.3.41. Z. b. wnden

6.8.41	V.1	25.6.41 Borki leicht verwundet F. J. Btr. Füs. abgegb. R. Verb. Pl. V. Z. Nr. III (Zu) (Stab / Füs Rgt. 234)
6.8.41	V.2	30.8.41 Res Laz Dresden 5 (LKB 1959) Splitter Schuß F. J. li. Fuß in Höhe 2. Zehe Lg. Laz. Zug. (Wi) 14.u.
20.4.42	V.4	2.12.41 R'L.J Prag (Lab 175) c. 20 n.u. Endocarditis Myocardsdesks. zf. Dr. (Wi) - Gen. / 3.0.9. 234 Zittau
20.4.42	V.2	pl. Kehheis e Herzräume, Zertrümmerung des 7.3.4.V. Weichen prod. u. Epilepsie; Abg: z.z.4. Dr. an 12.12.41 (Wi) - Gen. / 3.0.9. 234 Zittau
5.6.42	Z	28.6.41 R. Rrgt. 11.526 Lublin (LKB 3107) Durchschuß li. Vorderfuß. Zug: Tr. Mg. L.Z. Heimat, am 30.6.41 (Ki) z St. I /234=
6/175.61	V.2	6.9.45 Res Laz Attendorn Lab: 1718 /vi † Verdacht auf Krampfanfälle Zug.: Res. Laz. Siegen Mg.: × G. 1 J.

Oben: Günter Reinemer mit seiner ersten Familie: Ehefrau Elisabeth, Sohn Hans-Hermann und Tochter Ingetraud etwa 1942/43, kurz bevor Reinemer Gorden verließ. Links: Wehrmachtskarteikarte Reinemers mit verschiedenen Lazarett-Eintragungen nach seiner Einberufung im März 1941.

»Von vorne, irgendwo (…) vor der SS-Baracke, erschallt eine längere, knatternde Salve.« Ein kurzes Zischen, dann eine Explosion. Überall brannte es jetzt lichterloh. »Das Tor ist aufgebrochen, wir rennen hinaus und weiter über den Gemüseacker«, schrieb Richard Glazar Jahre danach; er war einer der wenigen jüdischen KZ-Insassen, denen damals die Flucht gelang, und später das Kriegsende überlebten.[95] Erklärtes Ziel der »Revolution« war die Zerstörung des KZs, die Tötung der SS-Leute und auch die Befreiung der jüdischen und katholischen polnischen Gefangenen des Arbeitslagers.[96]

Nach einigen Stunden war der Aufstand keine koordinierte Aktion mehr, aber er hielt dennoch an: Hunderte von Gefangenen flüchteten einzeln oder in Gruppen durch den an mehreren Stellen aufgeschnittenen und niedergerissenen Zaun. Diejenigen, die noch Waffen und Munition besaßen, feuerten weiterhin auf die ukrainischen Wachmänner und das SS-Personal. Überall im Vernichtungslager loderten inzwischen hohe Flammen.[97]

73

Im Arbeitslager Treblinka I sahen die Deutschen in der Ferne den Schein des Feuers über dem Vernichtungslager und schickten umgehend mehrere Züge zur Unterstützung der Wachmannschaften hinüber.[98]

MATSCHKE: *Was ist in Treblinka passiert?*
WAGNER: *Wir haben einen Aufstand niedergeschlagen.*
MATSCHKE: *Wann?*
WAGNER: *1944.*
MATSCHKE: *Wo?*
WAGNER: *In Treblinka.*
MATSCHKE: *Im KZ?*
WAGNER: *Ja.*
MATSCHKE: *Und da haben Sie mit Wattebällchen geschossen?*
WAGNER: *... Wir haben geschossen, aber ich habe in die Luft geschossen, ich habe nicht auf Menschen gezielt (...)*
KOHLENBERGER: *Wie viel Tote hat es denn da gegeben?*
WAGNER: *Tote hat es gegeben!*
MATSCHKE: *Wie viel hundert?*
WAGNER: *Bei diesem Aufstand, ich weiß nur, dass es insgesamt 42 waren ...*
MATSCHKE: *Sie wissen genau wie ich, dass das nicht stimmt (...) Und Ihr Abschnitt war wo eingesetzt?*
WAGNER: *Wir waren eingesetzt im Arbeitsbereich (...) Ich hatte den Auftrag, meinen Truppenteil, meine Abteilung, die ich hatte ...*
MATSCHKE: *Sie hatten den Auftrag, einen Teil zu säubern ...*
WAGNER: *... einen Teil zu säubern, ja, das ist richtig!*
MATSCHKE: *Wie viel MG-Schützen hatten Sie dabei?*
WAGNER: *Zwei!*
MATSCHKE: *Das ist nämlich der Grund, warum Sie anschließend Ihren Namen geändert haben!*
WAGNER: *Jawohl.*
KOHLENBERGER: *(...) Wie viel Tote hat es gegeben, ich frag noch mal.*
WAGNER: *Ich kenne 42, aber es können 200 gewesen sein (...) die anderen Kameraden haben ja auch geschossen, um den Aufstand niederzuschlagen.*
KOHLENBERGER: *Sie wissen ja noch das genaue Datum, das werden Sie ja nie vergessen.*
WAGNER: *Den genauen Tag kann ich Ihnen nicht sagen! Das war 1944 im Februar (...)*

MATSCHKE: *Und dann haben Sie die restlichen Überlebenden liquidiert?*
WAGNER: *Die wurden liquidiert.*
MATSCHKE: *Wie viel Tote waren es insgesamt? 650 Tote?*
WAGNER: *Exakt 635 (...) Es sind dann ja viele geflüchtet ...*
MATSCHKE: *Die hat man ja wieder gefangen ...*
WAGNER: *Nicht alle.*

(Vernehmung von Georg Wagner am 27. 8. 1988)

Die Atmosphäre in dem kahlen Büro in der Villa von *Venergia* in Caracas ist bis zum Zerreißen angespannt. Es ist heiß. Die marode Klimaanlage hat längst vor der Sonneneinstrahlung und dem Zigarettenqualm kapituliert. Seit Stunden sitzt Georg Wagner nahezu bewegungslos auf seinem Stuhl, in seinem kurzärmeligen, karierten Hemd, die Hände im Schoß; unter seinen Armen haben sich, anders als bei Matschke und Kohlenberger, kaum Schweißflecken gebildet.

Auch die Agenten der Geheimpolizei *DISIP* im Raum nebenan schwitzen. Von Zeit zu Zeit verlässt Klaus-Dieter Matschke das Verhörzimmer, um Firmenchef Mitchell Solomon auf dem Laufenden zu halten. Der Jude Solomon ist schockiert. Bis vor wenigen Wochen hielt er den alten Mann beinahe für einen Freund, jedenfalls für den zukünftigen Partner und Miteigentümer. Doch inzwischen hat sich alles als Lüge herausgestellt: sein Name, sein Alter, sein jüdischer Glaube, seine Vergangenheit. Der Geschäftsmann, den er im *Hebraica* kennen gelernt hat, der mit Rosa Rabinowicz verheiratet ist, jener Jüdin aus Krakau, die einen Großteil ihrer Familie in Auschwitz verlor, der als angesehenes Mitglied der jüdischen Gemeinde von Caracas in der Synagoge ein- und ausging, entpuppt sich als ehemaliger SS-Mann, der sich gerade ohne jeden Anflug von Emotionen oder gar Reue als Erfüllungsgehilfe des Holocaust zu erkennen gibt, der die ihm aufgetragenen Befehle zuverlässig weitergab und natürlich auch für deren Umsetzung sorgte.

Dagmar Peña, die Dolmetscherin, die nebenan für die *DISIP*-Agenten simultan übersetzt, ist fassungslos. Nie hätte sie es für möglich gehalten, einmal einem der Täter des »Dritten Reiches« zuzuhören, »einem Nazi, der Juden getötet hat«. Und sie zweifelt keinen Moment daran, dass Wagner die Wahrheit erzählt.[99]

Auch Klaus-Dieter Matschke hegt keinerlei Zweifel. Er versäumt allerdings, die Angabe Wagners, der Aufstand in Treblinka habe im Februar 1944 stattgefunden, bis zum nächsten Tag, dem 28. August 1988, zu überprüfen, denn tatsächlich brach die Revolte bereits im August 1943 aus, und das KZ Treblinka war im Februar 1944 längst dem Erdboden gleichgemacht worden. Hatte sich Wagner geirrt? Trog ihn, wieder einmal, die Erinnerung? Andererseits wusste er die Zahl der Opfer des Aufstands ziemlich genau anzugeben: Offizielle Schätzungen sprechen von 675 Toten.[100]

Am nächsten Tag des Verhörs stellen Matschke und Kohlenberger noch einmal Fragen nach dem Aufstand, um Wagner zu kontrollieren. Decken sich seine Aussagen mit denen vom Vortag, oder widersprechen sie sich? Auf diese Weise wollen sie seine Glaubwürdigkeit überprüfen. Und was ist mit den Hinrichtungen? Die meisten der aus Treblinka geflüchteten Juden waren von den Deutschen und ihren ukrainischen Lakaien in den umliegenden Wäldern schnell wieder eingefangen, entweder gleich an Ort und Stelle erschossen oder kurze Zeit später von Exekutionskommandos hingerichtet worden.

Nach den Berichten der wenigen Überlebenden zufolge gelang etwa 350 bis 400 jüdischen Häftlingen die Flucht, von denen in den folgenden 24 Stunden etwa die Hälfte gestellt und sofort erschossen wurde. Etwa 150 bis 200 Juden hielten sich längere Zeit in den Wäldern versteckt, davon wurden annähernd 100 in den nächsten Tagen von deutschen Suchtrupps gestellt.[101] Welche Rolle spielte Reinemers Zug bei der Treibjagd auf die geflüchteten KZ-Gefangenen?

MATSCHKE: *Sie haben uns gestern etwas anderes erzählt …*
WAGNER: *Ich habe nicht gesagt, dass ich Leute erschossen habe …*
MATSCHKE: *Sie haben gesagt, Sie waren eingesetzt mit Ihrem Zug, der zwei SMGs mit sich führte, und diese wurden eingesetzt.*[102]
WAGNER: *Die SMGs wurden eingesetzt, aber nicht von uns …*
MATSCHKE: *Die wurden von Ihrem Zug eingesetzt (…) Ich möchte von Ihnen die Wahrheit haben!*
WAGNER: *Sicher, sicher, sollen Sie auch haben.*
MATSCHKE: *Sie können mir doch nicht erzählen, dass in Ihrem Zug plötzlich jemand anderes die Befehle erteilt, ich bin selbst Soldat.*
WAGNER: *Aber ich habe nicht geschossen!*
MATSCHKE: *Das bezweifelt ja auch keiner!*
WAGNER: *Ich nicht.*

MATSCHKE: *Ich habe nicht gesagt, dass Sie den Finger am Abzug hatten, aber Sie haben Ihre Leute eingeteilt und Befehle erteilt …*
WAGNER: *Jawohl, das ist richtig. Jawohl, das stimmt.*
(Vernehmung von Georg Wagner am 28. 8. 1988)

Nur etwa 50 bis 60 Insassen des KZs gelang es, sich längere Zeit in den Wäldern zu verstecken oder polnischen Partisanen anzuschließen; vom Komitee, das die Revolte geplant und organisiert hatte, erlebte keiner das Kriegsende. Schätzungsweise 150 bis 200 Juden, die wieder in die Hände der ukrainischen Söldner und ihrer SS-Zugführer gefallen waren, wurden kurze Zeit später hingerichtet, wahrscheinlich am Rande eines kleinen Waldes im östlichen Teil des Konzentrationslagers, in unmittelbarer Nähe der ehemaligen Massengräber und des Verbrennungsrostes, der dazu diente, die Leichen aus den Gaskammern zu vernichten.[103] Auch Reinemers Zug wurde nach dessen eigener Darstellung aus dem Arbeitslager, in dem sich die Häftlinge während des Aufstands weitgehend ruhig verhalten hatten, zu diesen Erschießungen abkommandiert.

WAGNER: *Wir haben die Liquidierungen durchgeführt, teils mit dem MG 42, und teils wurden sie also in Zehnerreihen dort aufgebaut und mit Pistolen oder mit Maschinenpistolen erschossen. Den Feuerbefehl habe ich selber nicht erteilt, den haben die Unteroffiziere erteilt. Ich habe nur die Order bekommen (…), diese zu liquidieren. So, und das habe ich weitergegeben (…)*
MATSCHKE: *Sie haben den Befehl an Ihre Unteroffiziere gegeben?*
WAGNER: *Jawohl, das ist richtig. Nicht selbst, ich habe keinen Feuerbefehl gegeben, so: »Legt an das Gewehr und schießt«, nein, das nicht.[104]*
(Vernehmung von Georg Wagner am 27. 8. 1988)

Am nächsten Tag schildert er auch hier mehr Einzelheiten, bleibt aber bei der Darstellung, nicht selbst geschossen, sondern nur den Befehl weitergegeben zu haben.

MATSCHKE: *Dann haben Sie das Kommando erhalten, an dem Erschießungskommando teilzunehmen bzw. Sie haben die Erschießungen durchgeführt.*
WAGNER: *Teilweise. Wie die liquidiert wurden? Ja, das stimmt.*

MATSCHKE: *Wie viel Leute haben Sie da erschießen lassen?*
WAGNER: *110.*
MATSCHKE: *(...) Wo waren Sie, als Sie den Befehl erhielten?*
WAGNER: *Im Lager.*
MATSCHKE: *Sie haben Befehl gegeben an Ihren Zug: Antreten!?*
WAGNER: *Antreten! Waffen beschaffen, u. a. SMGs, damals waren das die 42er MGs ...*
MATSCHKE: *MG 42, jawohl.*
WAGNER: *... und dann die zur Liquidierung Befohlenen, die wurden uns gebracht (...) und dann wurden sie am Ende des Lagers, im Lager noch drin, da war ein Wäldchen. Da in dem Wäldchen wurden sie aufgestellt (...) und liquidiert (...) im so genannten Polen-Wäldchen.*
KOHLENBERGER: *(...) Die Liquidierung, wie sah das aus?*
WAGNER: *Sie wurden aufgestellt in Zehnerreihen, dann wurden sie erschossen.*
MATSCHKE: *In Zehnerreihen?*
WAGNER: *Zehn Mann in einer Reihe ... hinten in dem Wäldchen.*
MATSCHKE: *Wie oft?*
WAGNER: *Bis wir sie alle weghatten, bis sie alle wegwaren!*
MATSCHKE: *Bitte?*
WAGNER: *Bis sie alle wegwaren!*
MATSCHKE: *Wie viel waren denn das?*
WAGNER: *110.*
KOHLENBERGER: *Nee, nee, nee. Mehr.*
WAGNER: *Na ja, gesamt ... da war ich ja nicht dabei ... für 110 war ich verantwortlich ... Sie können mich jetzt nicht auf ein oder zwei festnageln!*
KOHLENBERGER: *Erzählen Sie mal, wie Sie beteiligt waren bei den Liquidierungen.*
WAGNER: *Kommando gegeben.*
KOHLENBERGER: *Also, erzählen Sie das doch mal.*
WAGNER: *An meinen Unteroffizier den Befehl gegeben, also jetzt, bitte schön, Kameraden, du, du, du, ihr nehmt euch eure Gruppen, da zehn Mann, da zehn Mann, da zehn Mann (...) liquidieren!*
KOHLENBERGER: *Sie haben den Befehl gegeben, Feuer frei?*
WAGNER: *Jawohl. Aber ich habe nicht kommandiert: »Schießen!« Nein, so geht das auch nicht, wie Sie sich das einfach denken, so ist das nicht. Die Unteroffiziere, also die Gruppenführer, bekamen von mir den Befehl, die Leute in Zehnerreihen aufzustellen, und*

dann hat der Unteroffizier zu befehlen: »Achtung, legt an, gebt Feuer!« Es hat ja nicht gleich eine ganze Gruppe geschossen, sondern es waren ja einzelne Leute (…) denn jeder von denen, die dazu kommandiert waren, die waren gar nicht in der Lage dazu, das zu machen, waren sie gar nicht. Und die wurden dann eingesperrt hinterher.

MATSCHKE: *Aber in Ihrem Zug ist niemand eingesperrt worden?*

WAGNER: *Doch, acht Mann kenne ich persönlich.*

MATSCHKE: *Aber Sie sind nicht eingesperrt worden.*

WAGNER: *Nein.*

(Vernehmung von Georg Wagner am 28. 8. 1988)

Nach dem Aufstand wurde das KZ nicht wieder aufgebaut. Die Holzbaracken waren niedergebrannt, nur die gemauerten Gaskammern hatten der Feuersbrunst widerstanden.[105] Zwei Wochen nach der Revolte kamen noch zwei Transporte mit 8000 Juden aus dem Ghetto Bialystok, die als Letzte in Treblinka ermordet wurden.[106] Danach galt es nur noch, die Spuren zu verwischen. Das Gelände wurde eingeebnet und mit Lupinen besät. Auf dem Areal ließen die SS-Leute ein Bauernhaus errichten, in dem ein ukrainischer »Hiwi« einzog, um das Gelände zu bewachen. Es sollte verhindert werden, dass polnische Bauern aus der Umgebung in der Totenasche, die über das ganze Areal verteilt worden war, nach Gold und anderen vergessenen Wertgegenständen wühlten. Nicht Pietät war das Motiv, sondern die Sorge, es könnten Beweise des Massenmordes gesichert werden.

Neben den deutschen und ukrainischen Wachmannschaften befanden sich Ende November 1943, kurz vor Abschluss der Arbeiten, noch etwa 30 Juden in Treblinka. Sie waren in zwei Güterwaggons untergebracht, die verlassen an der Rampe standen, und warteten auf ihre Erschießung. Zur Hinrichtung, so stellte das Schwurgericht Düsseldorf 1965 in einem Urteil gegen zehn ehemalige SS-Aufseher des Konzentrationslagers Treblinka fest, war ein »von einem deutschen SS-Unterführer befehligter Zug Ukrainer (…) aus dem etwa zwei Kilometer entfernten Arbeitslager Treblinka« abgestellt worden.[107] Die Juden mussten sich niederknien und den Kopf nach vorn beugen. Dann wurden sie durch Genickschuss getötet, die Leichen zum Verbrennungsrost getragen und verbrannt.[108] Einer der drei Todesschützen erinnerte sich während des Verfahrens in Düsseldorf, die Exekution der letzten 30 bis

35 KZ-Insassen habe »am Rande des nahe gelegenen Waldes statt-gefunden«. Dabei sei »ein Unterscharführer aus dem Arbeitslager Treblinka« beteiligt gewesen. »Wie dieser hieß, weiß ich nicht. Ich habe ihn nur einmal gesehen. Er war zu dieser Erschießung mit einigen Wachmännern aus dem Arbeitslager Treblinka gekom-men.«[109]

Vom »Rande eines Wäldchens« sprach auch Georg Wagner bei den Vernehmungen. Und dass tatsächlich ein Unterscharführer aus Treblinka I für die Hinrichtung abkommandiert worden war, lässt seine Aussage über die eigene Beteiligung an den Liquidie-rungen ebenfalls glaubwürdig erscheinen.[110]

Die Unterlagen der Konzentrationslager Treblinka, Sobibor und Belzec wurden in der SS-Standortverwaltung Lublin vor dem Ein-marsch der Roten Armee vernichtet.[111] Die sowjetischen Truppen kamen im Juli 1944. Einige der im August 1943 geflüchteten KZ-Insassen hielten sich immer noch in den Wäldern der Umgebung oder bei polnischen Bauern versteckt, die teils aus Barmherzigkeit, teils aus kalkulierter Gewinnsucht halfen.[112]

Nach dem Ende von Treblinka II zog es Günter Reinemer offen-bar nach Hamburg zurück, möglicherweise wurde er sogar auf ei-genen Wunsch versetzt.[113] Anfang des neuen Jahres wurde in der Hamburger Meldekartei eingetragen, dass »der Bau- und Möbel-tischler Günter Horst Ludwig Reinemer, geboren am 1.3.1918 in Dresden, am 25.1.1944 aus Gorden nach Hamburg« gekommen sei. Seine Anschrift lautete: Bei den Kirchhöfen, im Stadtteil St. Pauli. Der Eintrag klang wie eine Neuanmeldung, dabei war er doch angeblich schon ein Jahr zuvor in die Hansestadt gezogen.[114]

Auf dem so genannten »Aufmarschgelände«, der Jungiuswiese, einem dreieckigen Areal zwischen dem alten Tiergarten, der Karo-linenstraße und eben »Bei den Kirchhöfen« (heute stehen dort die Hamburger Messehallen), befanden sich damals mehrere Zwangs-arbeiterlager. Zumindest ein Teil war von einem Drahtzaun um-geben und bewacht: Hunderte von ausländischen Arbeitskräften im Lager Karolinenstraße – Russen, Polen, Skandinavier, Franzo-sen, Belgier – mussten tagsüber für Hamburger Rüstungsbetriebe schuften, unter anderem für *Blohm & Voss*. Im bewachten »Zoo-Lager« nebenan, in dem Reinemer Ende Januar 1944 anfing, lebten etwa 900 Zwangsarbeiter in Holzbaracken und Steinhäusern. Sie bildeten ebenfalls Kolonnen für die Schiffswerft von *Blohm & Voss*.[115]

Bis März 1944 wohnte Reinemer offenbar auf dem Gelände selbst, danach zog er in ein Wohnheim der *Deutschen Arbeitsfront DAF* (»Kraft durch Freude«) am Hamburger Mittelweg. Ob er zu diesem Zeitpunkt schon wieder außerhalb Hamburgs Dienst tat, womöglich wieder im Arbeitslager Treblinka I, lässt sich nicht mehr feststellen.[116] Er selbst behauptet in seinem Geständnis in Caracas, Treblinka im Frühjahr 1944, als die Rote Armee näher rückte, verlassen zu haben; auf dem Weg zurück ins »Reich« sei er dann noch einmal eingesetzt worden, Deserteure zu jagen.[117]

Weder über Treblinka noch über die Jagd auf Fahnenflüchtige gibt Günter Reinemers Wehrmachtskarteikarte irgendwelche Auskunft, allerdings auch für eine Tätigkeit in Hamburg nicht. Sie weist seit März 1942, nach seiner Genesung in Dresden, keinen Eintrag mehr auf, das spricht durchaus für ein erneutes Engagement bei der SS, denn Infanteristen mit Fußverletzungen waren für Bewachungsaufgaben in Lagern natürlich durchaus verwendungsfähig.[118] Unter dem SS-Personal in den Zwangsarbeiter-, Konzentrations- und Vernichtungslagern fanden sich viele an der Front verletzte Soldaten, die als nicht mehr kriegstauglich galten.[119]

Warum sollte die SS, gerade in den Jahren 1943/44, auf einen Mann wie Günter Reinemer verzichten? Denkbar wäre sogar, dass er zunächst aus der Wehrmacht entlassen wurde und seinem Beruf als Tischler, womöglich in der Arbeitsfront, nachging, und Anfang 1943 notdienstverpflichtet wurde. Das Lagerpersonal im Vernichtungslager Treblinka II bestand aus etwa 30 bis 40 Deutschen, die zumindest den Rang eines SS-Unterscharführers besaßen. Diese kamen aus der Waffen-SS oder der allgemeinen SS oder waren, so weit es sich um Krankenpfleger oder, wie bei Reinemer, um Handwerker handelte, im Zuge der Notdienstverpflichtung einberufen worden.[120] Ähnliches galt sicherlich auch für das nahe gelegene Arbeitslager Treblinka I. Mit der Notdienstverpflichtung sollte die »Sicherstellung des Kräftebedarfs für Aufgaben von besonderer staatspolitischer Bedeutung« gewährleistet werden.[121]

Vor allem aber stellt sich die Frage: Warum sollte Georg Wagner alias Günter Reinemer seine Gräueltaten in Treblinka bei seinem Geständnis spontan erfunden haben? Er lebte an der Seite einer Jüdin, als Mitglied der jüdischen Gemeinde, im Nebenzimmer saß der jüdische Chef des von ihm geprellten Unternehmens, der bereits zahlreiche Verwünschungen und Drohungen ausgesprochen hatte – warum sollte er sich der Mitwirkung an einem Verbrechen bezichtigen, das er nicht begangen hatte? Ein vernünftiges Motiv ist nicht erkennbar.[122]

Ende 1944, der Krieg war längst verloren, zog Günter Reinemer, so viel steht unzweifelhaft fest, Richtung Frankfurt, den Amerikanern entgegen. An der Westfront, in den Ardennen, tobte die Entscheidungsschlacht. Nach einem zwischenzeitlichen Rückzug kurz vor Weihnachten waren die alliierten Truppen mittlerweile wieder auf dem Vormarsch.[123]

Irgendwann in den Tagen um die Jahreswende 1944/45 begab sich Reinemer in Siegen/Westfalen in das dortige Reservelazarett, schilderte den Ärzten offenbar Symptome, die sie als »Verdacht auf Krampfanfälle« (Epilepsie) einstuften. Kurze Zeit später wurde Reinemer 25 Kilometer weiter verlegt, ins Reservelazarett nach Attendorn am Rande des Sauerlands. Er wies sich als »Jäger« des »Marschbataillons 838 zur besonderen Verwendung« aus.[124] Von solchen kleinen versprengten Einheiten waren in den letzten Kriegswochen unzählige unterwegs, um kurzfristig Engpässe an der Front zu beheben. Spätere Versuche, dieses Bataillon zu identifizieren, scheiterten, weil es entweder keine Aufzeichnungen darüber gab – oder weil es nur in der Fantasie von Reinemer existierte.[125]

Ein Mitarbeiter der *Wehrmachts-Auskunftsstelle (WASt.)*, der diese Daten im Mai 1961 in Reinemers Karteikarte auf Grund von Einzelmeldungen aus den Lazaretts nachtrug, nahm mit demselben Kugelschreiber noch eine Ergänzung der Heimatanschrift von Reinemer vor: Hamburg-Blankenese, Elbbergstraße 34; Ehefrau: Grete Reinemer, mittlerweile verstorben. Dahinter malte der Beamte, stutzig geworden, ein dickes Fragezeichen, konnte er doch den Unterlagen entnehmen, dass Reinemer eigentlich noch in Gorden mit Elisabeth Reinemer verheiratet war. Aber eine Elbbergstraße gab es in Blankenese gar nicht. Was hatte es mit der vermeintlichen Zweitfrau auf sich?

Mit angeblichen Epilepsiesymptomen hatte sich Reinemer schon einmal im Dezember in Prag ins Lazarett begeben. Vermutlich um sich – nachdem seine Fußverletzung weitgehend geheilt war und als medizinisches Alibi ausfiel – weiterhin vor dem Fronteinsatz zu drücken. Und diesmal, so darf man unterstellen, simulierte er ebenfalls, denn es gab gute Gründe, sich in die Nähe der täglich vorrückenden amerikanischen Truppen zu begeben. Er hatte sich offenbar vorgenommen, überzulaufen. Und wo ließ es sich in diesen Tagen besser auf den näher rückenden Feind warten als in Obhut fürsorglichen Sanitätspersonals, vornehmlich weiblichen Geschlechts?

Dass Reinemer planvoll vorging, deutet er nicht nur bei seiner Vernehmung in Caracas an, das legt auch die Tatsache nahe, dass er sich schon in Siegen seines Soldbuches entledigte. Es wurde zwei Jahre später bei Aufräumarbeiten in der dortigen Wellersbergkaserne, die nach dem Krieg als Durchgangslager für Flüchtlinge diente, gefunden und an seine Ehefrau Elisabeth in Gorden geschickt.[126] Das 15-seitige Soldbuch enthielt nicht nur sämtliche persönlichen Daten wie Geburtstag und -ort, Gewicht und Größe eines Soldaten, sondern auch Angaben über militärische Ausbildung, Einheiten, Versetzungen und Beförderungen in der Wehrmacht.[127]

In der Nacht vom 22. auf den 23. März 1945 gelang der 3. US-Armee bei Oppenheim, zwölf Kilometer flußabwärts von Mainz, die erste größere Überquerung des Rheins. Noch am selben Tag stießen die Truppen Richtung Frankfurt vor und besetzten den Stadtteil Höchst. Die dortige Kaserne hatten die Amerikaner schon vorher als einen ihrer künftigen Standorte ausgewählt und das gesamte Stadtgebiet deshalb bei den Bombenangriffen in den Wochen zuvor verschont.[128] Günter Reinemer war offenbar nach seiner Entlassung aus dem Lazarett Attendorn den Amerikanern weiter entgegengezogen.

WAGNER: *Wir haben uns dann durchgehangelt bis nach Frankfurt (...) dort sind wir dann aufgegriffen worden von den Amerikanern, die uns da erst mal untersucht haben, ob wir das bewusste Zeichen haben ...*
MATSCHKE: *Wieso hatten Sie denn nicht die Tätowierung?*
WAGNER: *Nein, die hatte ich nicht ...*
KOHLENBERGER: *Warum nicht?*
WAGNER: *In meinem Zug waren 15 Mann, die keine Tätowierung hatten. Hat man nicht gemacht, warum, müssen Sie mich nicht fragen, weiß ich nicht (...) ich hatte keine. Können Sie ruhig untersuchen, nicht herausoperiert worden und nichts (...) Wir sind dann nach Höchst und von dort zum CIC (...) Die haben uns dann gesagt: Wo ihr herkommt und was ihr seid, das wissen wir. Wir kennen sogar teilweise eure Namen. Das mussten wir bestätigen,*

dass das stimmt. Und dann sagte er also: Sie haben eine Chance!
Wir geben Ihnen eine völlig neue Identität. Bei der Auswahl der
Identität sind Sie anwesend. Und dann bekommen Sie von uns
andere Papiere, von uns ausgestellt, d. h. von einer deutschen
Behörde sind die Papiere gewesen, und sie haben sie ausgestellt.
So hat er gesagt. Und es ist eure Aufgabe, einmal (...) in das Nazi-
Lager dort zu gehen und dort einmal nachzuforschen, wie da die
allgemeine Stimmung ist.

KOHLENBERGER: *Da habe ich eine Frage zu der Identität: Zu dem*
Zeitpunkt waren Sie 28 Jahre alt ...

WAGNER: *Ja.*

KOHLENBERGER: *Warum haben Sie sich denn da auf 38 ... das sieht*
man Ihnen doch an, wenn Sie zehn Jahre älter sind ...

WAGNER: *Das wurde so vereinbart mit denen ... nicht von mir*
aus, das wurde von denen so vereinbart ... eine völlig neue Iden-
tität (...) und da haben die mir zehn Jahre zugeschmuggelt. Also
dann haben wir in den Nazi-Lagern da kontrolliert, was da für
eine Stimmung herrscht und was da los ist, haben unsere Berichte
gemacht (...)[129]

(Vernehmung von Georg Wagner am 27. 8. 1988)

Günter Reinemer gehörte nicht einmal zu den ersten deutschen
Kriegsgefangenen, die von der US-Armee verpflichtet und zum
Counter Intelligence Corps (CIC) geschickt wurden. Seit Monaten
schon rekrutierten die US-Geheimdienste *OSS (Office of Strategic
Services)* und *CIC* ausgewählte ehemalige SS-Leute und Wehrmachtssoldaten vorwiegend unterer und mittlerer Ränge.[130] Es ging
um Spionage und Gegenspionage, die Unterwanderung der deutschen Truppen und die Bespitzelung inhaftierter deutscher Kriegsgefangener und Nazis – mithilfe von deutschen Agenten.[131] Vieles
in diesen Wochen sei ziemlich unorganisiert abgelaufen, ergab sich
mehr oder weniger zufällig, erinnert sich Harry Rositzke, einer der
US-Nachrichtendienstler dieser Tage in Deutschland, »das *CIC*
stieß eben hier und da auf diesen oder jenen Mann, der ihnen *(...)*
vielleicht nützlich sein konnte«.[132] War Günter Reinemer einer der
nachrichtendienstlichen Wegelagerer, der auf diese Weise zum
amerikanischen Spion wurde?

Doch es ging auch um langfristige Operationen: Am 24. März
1945 erließ das *OSS*-Hauptquartier in London genaue Anweisungen zur »Verpflichtung und Ausbildung deutscher Agenten«: In

einem ersten Schritt sollten aus dem Reservoir der »prisoners of war« (PWs) jene Gefangenen ausgewählt werden, die sich für eine Anwerbung eigneten; in einem zweiten Schritt sollten diese Kollaborateure dann eine gezielte Ausbildung (»special intelligence training«) erhalten, um »für die spätere Infiltration nach Deutschland« gewappnet zu sein. Eine neue Identität und eine ausgezeichnete Legende für die Agenten sei dabei natürlich unabdingbar.[133]

Vermutlich in der letzten Märzwoche 1945 endete in einer Kaserne der amerikanischen Besatzungstruppen in Frankfurt-Höchst das Dasein des Günter Reinemer. Der 27-jährige Tischlergeselle, geboren am 1. März 1918 in Dresden, verheiratet in der Niederlausitz, zwei Kinder, der frühere SS-Wachmann im KZ Lichtenburg, mutmaßliche Wehrmachtsdrückeberger und ehemalige KZ-Aufseher, der nach eigener Darstellung an der Exekution von 110 Juden in Treblinka beteiligt war, hörte auf zu existieren. Er hielt einen neuen Pass und eine Kennkarte aus dem Jahre 1935 in Händen, beides gefälscht. Die Dokumente wiesen ihn als Hans Georg Friedrich Wagner aus, geboren am 1. März 1908 in Breslau.[134]

Der Spion
1945 bis 1957

Seit mehr als einer Stunde schon muss Hans still sitzen und einen Punkt am Rand des Lagers anstarren. Gute Gelegenheit, seinem Gegenüber, der gerade seinen Bleistift anspitzt, um noch einige Schattierungen unter den Augen nachzuziehen, ein paar neugierige Fragen zu stellen: über dessen Zeit im Krieg, bei der SS oder in der NSDAP. Wie steht er zum »Dritten Reich«, wird es überleben? Welche Meinung vertritt er zu den Judenmorden in den KZs? Waren sie notwendig? Welche Gefahren sieht er in Stalin?

Während der Zeichner auf dem Karton, den ihm die Amerikaner zur Verfügung gestellt haben, die letzten Striche führt, lässt er vielleicht erkennen, dass er große Hoffnung setzt in die amerikanische Demokratie, an ein neues Deutschland glaubt. Womöglich hält er auch noch den Kommunismus für eine Bedrohung der Freiheit in Europa. Hans vernimmt das mit Wohlwollen, denn so kann er den Mitgefangenen mit der künstlerischen Ader seinem Führungsoffizier als möglichen Kandidaten für eine Kollaboration mit der US-Armee empfehlen.

Schließlich ist das Porträt von Hans Wagner fertig: »Prisoner of war«, schreibt der Künstler an den unteren Rand, und: »Folembray, Frankreich«. Zum Schluss signiert er das Bild mit seinem Namen – unleserlich.[1]

Es ist Donnerstag, der 12. April 1945.

So könnte es gewesen sein, an jenem Tag, nur etwa zwei bis drei Wochen nachdem Günter Reinemer, der jetzt Hans Wagner hieß, zu den Amerikanern übergelaufen war. Während die deutschen Kriegsgefangenen in Folembray nach getaner Arbeit entspannten, stand die 9. US-Armee 150 Kilometer vor Berlin; Hannover war gefallen, Frankfurt vollständig eingenommen, das Ruhrgebiet umzingelt; mit dem Einmarsch der Roten Armee in Wien musste trotz heftiger Gegenwehr stündlich gerechnet werden. Während die New Yorker *Herald Tribune* an diesem Tag vermeldete »Hitler angeblich entmachtet«, verkündete der *Völkische Beobachter* Durchhalteparolen: »Heroischer Widerstand an den Brennpunkten«. Der Krieg ging in seine allerletzte Phase.[2]

Folembray war und ist eine verschlafene 1500-Seelen-Gemeinde nordöstlich von Paris, im Département Aisne. Am Rande des Dorfes lag damals eine große Glasfabrik und direkt dahinter, tief im Wald, verfügte die deutsche Wehrmacht über ein großes Bombendepot. »Erst kam die amerikanische Luftwaffe und griff das Lager der Deutschen an, dann rückte die US-Armee vor, um uns zu befreien«, erinnert sich Clement Edel, der damals gerade von der Zwangsarbeit in Nazi-Deutschland nach Folembray zurückgekehrt war.[3]

Die Amerikaner übernahmen das deutsche Lager, bauten es Ende Januar 1945 aus zum *Service D'Aide Aux Forces Alliées*, einem »Materiallager für die alliierten Truppen« (Kurzbezeichnung: Depot Q290). Edel, damals knapp 20 Jahre alt, bekam einen Job als Elektriker. »Dann trafen die ersten deutschen Kriegsgefangenen ein«, erinnert er sich. Sie begannen hinter der Glasfabrik mit dem Bau ihres eigenen Lagers, zimmerten primitive Holzbaracken, umzäunten das Gelände, errichteten an allen vier Ecken Wachtürme. Tagsüber mussten die »prisoners of war« in der Gluthitze der Glas-Schmelzöfen schuften. Die Höchstbelegung betrug 150 Mann, darunter waren Soldaten, Wehrmachtsoffiziere, aber auch SS-Leute.[4]

Das Lager in Folembray erhielt von den deutschen Kriegsgefangenen den Beinamen »Sing Sing«, weil sie glaubten, ähnlich hart und brutal müsse es im berühmten Staatsgefängnis von New York zugehen. Die Wachmannschaften stammten aus Polen, sie hegten einen abgrundtiefen Hass auf die Deutschen und gingen entsprechend erbarmungslos mit ihnen um. »Wenn jemand Lebensmittel aus dem Vorratslager gestohlen oder einen Latrinenkübel umgestoßen hatte, kam er in den Käfig, ›the cage‹, in dem man nur gebückt stehen konnte und als Abschreckung für alle am Eingang des Lagers zur Schau gestellt wurde«, kann sich Edel erinnern. An Hans Wagner dagegen erinnert er sich nicht. »Hans« habe doch jeder zweite Deutsche geheißen, sagt er und zieht seine Schultern hoch. Aber das Gesicht auf der Porträtzeichnung kommt ihm dann doch »irgendwie bekannt« vor.

Wagner kam wahrscheinlich Anfang April 1945 aus dem Lager Stenay bei Sedan nach Folembray.[5]

WAGNER: *(...) Dann... gingen wir nach Frankreich (...), und zwar in die Gegend von Sedan ...*

KOHLENBERGER: *Das war noch 45? Wann?*

WAGNER: *... Juni, Juli ... In Sedan war ich acht Tage, kam dann mit noch 14 Leuten nach Folembray, das ist das Département Oise (...)*[6]

(Vernehmung von Georg Wagner am 27. 8. 1988)

14 Leute? Offenbar wurde Hans Wagner mit einer ganzen Gruppe deutscher Kriegsgefangener in das Lager geschleust, um weniger aufzufallen. Sein Agentenauftrag, so wie er ihn in seiner mehrtägigen Vernehmung in Caracas erläuterte, bestand darin, seine Mitgefangenen auszuhorchen, jene Kameraden ausfindig zu machen, die sich als unverbesserliche Nazis zu erkennen gaben und auf die ein besonderes Auge geworfen werden musste, um gegebenenfalls einen Aufruhr gleich im Keim ersticken zu können; andererseits galt es, weitere Kandidaten für eine Zusammenarbeit mit den Amerikanern auszuwählen. Dazu brauchte die US-Armee ein möglichst genaues Bild von ihren »prisoners of war« (PWs).

Die beiden Geheimdienste *Counter Intelligence Corps (CIC)* und *Office of Strategic Services (OSS)* hatten deshalb schon sehr bald nach der Landung der Alliierten am 6. Juni 1944 in der Normandie und dem Vormarsch der Truppen durch Frankreich damit begonnen, unter den gefangenen deutschen Soldaten und Offizieren nach geeigneten Spionen zu suchen.[7] Und auch in Italien waren sie so vorgegangen.

Eine der ersten streng geheimen *OSS*-Operationen trug den Namen »Sauerkraut«. Stunden nach dem fehl geschlagenen Attentat auf Hitler am 20. Juli 1944, bei dem eine von Claus Graf Schenk von Stauffenberg ins Führerhauptquartier geschleuste Bombe Adolf Hitler lediglich leicht verletzt hatte, wurden im italienischen Caserta deutsche Kriegsgefangene verpflichtet, mit einer neuen Identität ausgestattet und dann in deutschen Uniformen hinter die Fronten zurückgeschickt.[8] Ihre Aufgabe: psychologische Kriegsführung. Sie sollten die angeschlagene Moral der deutschen Wehrmacht schwächen, indem sie gezielt Gerüchte verbreiteten über das bevorstehende Kriegsende, auch mithilfe von Flugblättern.[9] Der amerikanische Geheimdienst setzte sich dabei über die Genfer Konvention hinweg, die einen Einsatz von Kriegsgefangenen für militärische Zwecke ausdrücklich untersagt.[10]

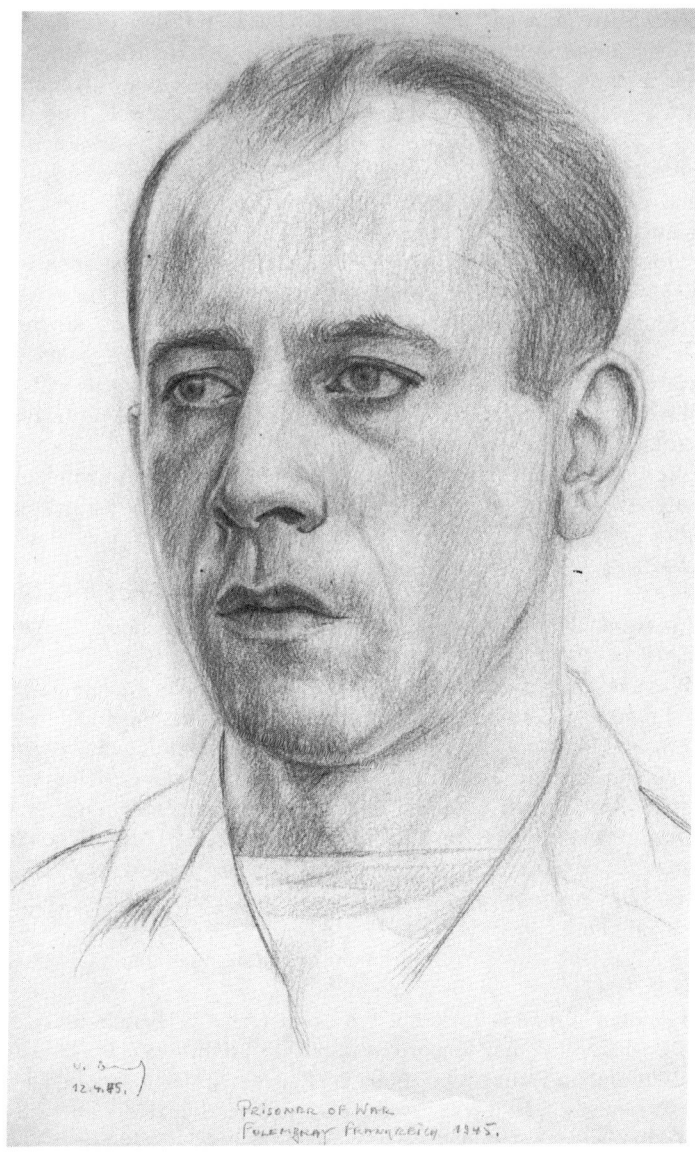

Porträtzeichnung des amerikanischen Kriegsgefangenen Hans Wagner alias Günter Reinemer im April 1945 im Lager Folembray nordöstlich von Paris.

Ab Mitte Januar 1945 begann der *OSS* dann mit der systematischen Rekrutierung von Geheimagenten aus den Reihen gefangener Soldaten.[11] Dabei ging es nicht nur im Spionage, sondern auch um Sabotage. Der kommandierende *OSS*-Colonel James R. Forgan wies seine Einheiten an, »sofort die nötigen Schritte zu unternehmen, deutsche PWs anzuwerben, auszubilden und zu beschäftigen«, um sie dann mit Spezialaufgaben hinter die feindlichen Linien zurückschicken zu können.[12]

Je schneller die Zahl der deutschen Gefangenen in den letzten Kriegswochen anstieg, desto größer wurde das Reservoir für neue Agenten. Doch wie sollten diejenigen ausgewählt werden, die für heikle Aufgaben physisch, psychologisch und ideologisch geeignet waren? Um das herauszufinden, wurden zunächst deutsche Häftlinge angeheuert, die das Vertrauen ihrer *OSS*- oder *CIC*-Führungsoffiziere besaßen und als US-Spione mit einer Legende in die Internierungslager zu ihren deutschen Kameraden geschickt wurden. »Reporter« oder »students« nannten die US-Nachrichtenoffiziere ihre Spitzel. Eine Aufgabe für Männer vom Schlage eines Hans Wagner?

MATSCHKE: *(...) Was sollte denn Ihre Aufgabe sein in den Nazi-Lagern?*

WAGNER: *Da mussten wir uns erkundigen, was denn ihre Meinung so dadrin ist, reine Spionagetätigkeit, ausspionieren, was die Leute so denken. Da war ja eine ganze Menge Intelligenz dadrin und Parteimitglieder usw. Da hab ich denen mal gesagt: »Hör mal zu, ich meine, wir forschen die ja aus. Sie wissen ja, wo wir herkommen, wir sind ja auch praktisch nicht besser als die.« Und da sagt der, darum sollen wir uns nicht kümmern, das geht uns nichts an. Wir haben unsere Arbeit zu machen, unsere Berichte abzuliefern und aus.*

(Vernehmung von Georg Wagner am 28. 8. 1988)

In einem »geheim« gestempelten Dossier des *OSS* berichteten am 16. März 1945 drei »reporter« über ihre Erfahrungen aus einem PW-Camp in Frankreich.[13] Einer der Spitzel wurde als Mitglied der »Organisation Todt«, der zweite als einfacher Soldat, der dritte als Fallschirmspringer in das Lager mit 900 PWs geschleust.[14] Die Legenden der Agenten müssten »so glaubhaft wie möglich sein«, hielt der *OSS*-Report fest, damit sie überhaupt das Vertrauen ihrer

Kameraden gewinnen könnten. Der Bericht beklagte, es falle den Spionen bisweilen schwer, klare Aussagen über »die mögliche Anzahl von Nazis unter den Kriegsgefangenen« zu treffen. Einer der drei »reporter« kam allerdings zu der Einschätzung, »schon eine Gruppe von nur zehn Nazis wäre in der Lage, das gesamte Lager zu terrorisieren«.[15]

Einige ihrer gefangenen Kameraden seien »noch immer extrem arrogant« und verhielten sich »entsprechend ihrer Ideologie von der Herrenrasse«, viele glaubten an den Führer und an den Endsieg, und alle besäßen recht präzise Informationen über den Massenmord in den Konzentrationslagern, fanden die drei Agenten heraus, einige Kriegsgefangene hätten lediglich moniert, es sei »dumm gewesen, die Juden *vor* dem militärischen Sieg über Deutschlands Feinde zu vernichten«.[16]

Nach einer Woche im Camp hatten die drei deutschen US-Agenten unter 900 PWs nur vier »progressive Elemente gefunden, die sich (...) für eine zukünftige Kollaboration eigneten«. Die ausgewählten Kandidaten wurden dann vom *OSS* übernommen. Anfang März 1945 schickte der Armeegeheimdienst Listen mit Namen von mehr als 50 deutschen Kriegshäftlingen an diverse französische Lager, mit der Bitte, diese Gefangenen »unter die Kontrolle« des Nachrichtendienstes zu stellen: Die PWs sollten an einen verschwiegenen Ort »am Stadtrand von Paris« gebracht und dort für »spätere Sondereinsätze« (»special operations«) ausgebildet werden.[17]

Das Lager in Folembray wurde schon bald zu einem Sargdepot der US-Armee umfunktioniert, zum *American Graves Registration Command Sub-Depot*, wie die militärische Bezeichnung lautete. Aus den Vereinigten Staaten trafen regelmäßig Lieferungen mit Särgen ein, manche waren sogar mit Samt und Seide ausgekleidet. »Wir haben uns darüber lustig gemacht«, erinnert sich der im Lager tätige Elektriker Clement Edel, »weil sie so schön hässlich aussahen.« Die Särge waren für die gefallenen Soldaten »aller Nationen« bestimmt, wie Edel betont, nicht nur den umgekommenen GIs vorbehalten.[18]

Irgendwann Anfang 1946 waren die Särge weg – und die deutschen Kriegsgefangenen ebenfalls. Edel erinnert sich noch, dass einige in den nahe gelegenen Fliegerhorst der *US-Air Force* in Laon Couvron verlegt worden seien. Und Hans Wagner? Er war weitergezogen in andere Camps, so schrieb er in einer seiner späteren Lebensläufe, in der gleichen Region, in Chauny und in Reims, offenbar um dort erneut Kriegskameraden zu bespitzeln und auszuhorchen.[19] Doch seine Spuren verlieren sich in Folembray. Er selbst erzählt in Caracas, Mitte 1945 über Le Havre in die Vereinigten Staaten gebracht worden zu sein.[20]

WAGNER: (...) dann wurden wir nach Le Havre gebracht, aufs Schiff geladen und übers Meer geschippert. Dann waren wir also (...) in Williamsburg in den Staaten, dort sind wir dann geblieben ein halbes Jahr, ja, ein halbes Jahr!
(Vernehmung von Georg Wagner am 28. 8. 1988)

Bis Mitte des Jahres 1945 waren mehr als 37 000 deutsche Kriegsgefangene in die USA verschifft und auf rund 130 Internierungslager (»war internment camps«) im Land verteilt worden.[21] Eines der Lager war Camp Peary in Williamsburg, ein großes Areal, 150 Kilometer südlich von Washington mitten in den Wäldern Virginias gelegen. Camp Peary diente im Zweiten Weltkrieg als Trainingsbasis der so genannten »Navy Seabees«, der »Seebienen«, die nur deshalb so hießen, weil die Abkürzung für das dort ansässige 63. Construction Bataillon eben »CB« war.[22] 1951 wurde das Camp von der *Central Intelligence Agency (CIA)* übernommen und zu einem Ausbildungslager umfunktioniert. Der neue Name wurde Legende: »The Farm.«[23]

Wenn Hans Wagner damals sechs Monate, wie er in Caracas behauptete, in Williamsburg bei den »Seabees« war, dann könnte dies eine Erklärung für seine spätere berufliche Laufbahn als Ingenieur sein. Denn Ingenieure und Konstruktionsfachleute gab es in Camp Peary zu hunderten sowie Hangars und Flugzeugwerkstätten, die eine in den folgenden Jahren deutlich werdende Affinität des Tischlers zur Luftfahrt ausgelöst haben könnten.[24]

Im Juni 1945, also ungefähr zu jener Zeit, als der spionierende Kriegsgefangene Hans Wagner nach eigenem Bekunden in die Vereinigten Staaten verlegt wurde, begann der Geheimdienst *OSS* auch in den PW-Camps auf amerikanischem Boden systematisch nach Rekruten für ein Agentennetz in Deutschland zu suchen. In einem Kabel, »top secret« und somit verschlüsselt, hieß es, die »vornehmliche Aufgabe« der Spione sei, »jede geheime und subversive Aktivität der PWs vor und nach der Rückkehr in die Heimat« sofort zu melden. Denn es dürfe nicht übersehen werden, dass sich unter den Häftlingen »eine stattliche Anzahl von Elite-Nazis« befänden, die in Zukunft erhebliche Probleme verursachen könnten.[25]

Während seiner Vernehmung in Caracas behauptet Hans Wagner, die *CIA* hätte ihn damals in den Vereinigten Staaten vertraglich als Agenten verpflichtet. Er spricht von *CIA*, obwohl die Agency erst 1947 aus dem *OSS* und teilweise auch dem *CIC* hervorging.[26]

WAGNER: *Und dann hat es geheißen, wollen wir mal Tacheles reden. Wir wurden also sofort besser verpflegt. Da haben die gesagt: »Wenn Sie einverstanden sind, unterschreiben Sie den Vertrag!«*
MATSCHKE: *Welchen Vertrag?*
WAGNER: *Das war ein Vertrag, dass wir uns also der amerikanischen Regierung, beziehungsweise dem CIA, zur Verfügung stellen, für besondere Einsätze. Haben wir unterschrieben! Und dann wurden wir wieder verfrachtet, nach Frankfurt.*
MATSCHKE: *Nach Frankfurt?*
WAGNER: *(...) Dann kamen wir in Frankfurt an, wurden wir sofort von den ...*
MATSCHKE: *Wann war das?*
WAGNER: *... im Februar 46 (...) und dort wurden wir also wieder eingesammelt, in einem Lager in Bad Soden, da in der Ecke (...)*
MATSCHKE: *Was haben Sie bekommen?*
WAGNER: *Wir haben kein Bargeld bekommen. Wir haben Lebensmittel bekommen, d. h. Lebensmittelmarken, wobei wir in den amerikanischen Läden kaufen konnten ...*
MATSCHKE: *In Frankfurt? Eschersheimer Landstraße?*
WAGNER: *Richtig, dort durften wir uns also Lebensmittel einheimsen (...) und Kleidung bekommen, amerikanische Uniformen, aber ohne Abzeichen. Und wir wurden untergebracht in Frankfurt, in Höchst, da war unser Stammlager ...*
MATSCHKE: *... ja, ich kenne das Objekt ...*
WAGNER: *... wo die ganzen Brüder eingesammelt wurden.*
(Vernehmungen von Georg Wagner am 27. und 28. 8. 1988)

Ihr Hauptquartier hatten die amerikanischen Truppen gleich nach Kriegsende im so genannten IG-Farben-Haus in der Frankfurter Innenstadt aufgeschlagen, im August 1945 waren die verschiedenen Abteilungen des *Counter Intelligence Corps* in Deutschland nach

Oberursel verlegt worden. Das ehemalige »Durchgangslager Luft« (»Dulag Luft«), in dem die deutsche Luftwaffe 1943/44 abgeschossene alliierte Kampfflieger verhört und interniert hatte, und das nach dem Einmarsch der 3. US-Armee Ende März 1945 für kurze Zeit als Verhörzentrum der Amerikaner benutzt worden war, wurde zum Spionagezentrum des CIC in Deutschland ausgebaut.[27] Unter dem Kommandeur, Brigadegeneral Edwin L. Sibert, begann Camp Sibert, später zu Ehren eines in der Normandie gefallenen Obersts in Camp King umgetauft, mit dem Aufbau eines Agentennetzes, das sich ganz wesentlich aus deutschen Kriegsgefangenen und Kriegsverbrechern zusammensetzte.[28]

Camp King wurde zu einem Synonym für die moralische Skrupellosigkeit der US-Geheimdienste; in Oberursel begann ein dunkles Kapitel der amerikanischen Nachkriegsgeschichte, dessen Schleier erst durch den »Nazi War Crimes Disclosure Act« im Januar 1999 ein wenig gelüftet werden konnte.[29] Offiziell fahndeten die alliierten Besatzungsmächte damals nach den Tätern des »Dritten Reiches«. Im Mai 1945 erschien die erste CROWCASS-Liste, auf der sämtliche bekannten Kriegsverbrecher verzeichnet waren.[30] Die offizielle amerikanische CROWCASS-Mission begann umgehend: die Jagd auf ehemalige Nazis und SS-Offiziere in den amerikanischen Besatzungszonen, in Deutschland und Österreich, die sich versteckt hielten oder unterzutauchen versuchten. Doch die amerikanischen Geheimdienste nutzten das Verzeichnis auch als Nachschlagewerk über die Fähigkeiten und die kriminelle Energie potenzieller Agenten. Nur so ist zu erklären, dass viele Kriegsverbrecher einem Strafverfahren entgingen, das für einige vermutlich mit einem Todesurteil geendet hätte.[31]

Franz Stangl beispielsweise, Kommandant des Vernichtungslagers Treblinka und verantwortlich für den Tod von hunderttausenden von Juden, blieb viele Jahre von einem Prozess verschont, obwohl er auf der CROWCASS-Liste stand und obwohl CIC-Offiziere, die ihn verhörten, von seiner Vergangenheit wussten. Sie übergaben ihn an die österreichischen Behörden, die ihn in ein offenes Gefängnis steckten, aus dem der Kriegsverbrecher entkommen konnte.[32] Stangl setzte sich, möglicherweise mit Unterstützung des CIC oder später der CIA, nach Brasilien ab, ebenso wie der schwer belastete »Lagerspieß« des Vernichtungslagers Sobibor, Gustav Wagner.[33] Er hielt sich im Mai 1945 in einem CIC-Verhörzentrum in Bayern auf, wurde dann aber entlassen.[34] Viele SS- und

Gestapo-Schergen bekamen als Belohnung für ihre Spitzeldienste eine neue Identität.[35]

Einer der spektakulärsten Fälle war jener von Klaus Barbie. Der frühere Offizier der Waffen-SS und Chef der Gestapo im besetzten Lyon war mit brutalsten Methoden gegen die französische Widerstandsbewegung *Résistance* vorgegangen und für die Ermordung und Deportation zahlreicher Juden verantwortlich gewesen. Barbie saß zunächst als britischer Kriegsgefangener in Hamburg in Haft, konnte sich aber nach Bayern in die amerikanische Besatzungszone absetzen. Dort diente er sich im April 1947 dem *CIC* an, behauptete, in der Ostzone über dutzende von Zuträgern aus den Reihen der ehemaligen SS zu verfügen und überzeugte damit offenbar die US-Nachrichtenoffiziere.[36] Als die internen Vorwürfe immer lauter wurden, brachten ihn die Amerikaner nach Camp King. Dort wurde er in eine Zelle gesteckt, die »special boys« eines *CIC*-Verhörteams nahmen sich seiner an, fanden aber keine belasteten Beweise – oder wollten keine finden. Barbie wurde zurück zum *CIC* nach Bayern geschickt, als Agent verpflichtet, fürstlich entlohnt und später nach Südamerika in Sicherheit gebracht.[37]

Und welche Aufgabe bekam der *CIC*-Spion Hans Wagner nach seiner Rückkehr aus dem amerikanischen Williamsburg? Er sollte helfen, untergetauchte Nazis aufzustöbern.[38]

MATSCHKE: *Über welchen Zeitraum (...) erstreckte sich die Zusammenarbeit?*

WAGNER: *1948/49.*

MATSCHKE: *Bis 1948/49 also für den amerikanischen Geheimdienst in Frankfurt und Umgebung gearbeitet (...) Was haben Sie denn erreicht?*

WAGNER: *Wir haben erst einmal besser gelebt, gut gelebt, kann man sagen. Und wir hatten dann die Stimmung unter der Bevölkerung zu erforschen (...)*

MATSCHKE: *Wer war Ihr Führungsoffizier?*

WAGNER: *Das war ein Dr. Clausen, Oberleutnant. Das war mein Führungsoffizier.*[39]

MATSCHKE: *Welcher Einheit waren Sie unterstellt?*

WAGNER: *Wir hatten keinen Truppenteil, wir waren direkt dem CIA in Frankfurt unterstellt ... Sie wissen ja, wo die gewesen sind ...*[40]

MATSCHKE: *In Höchst?*

OFFICE OF STRATEGIC SERVICES

OFFICIAL DISPATCH

DATE	18 June 1945	
FROM	USTRAVIC, LONDON	**PRIORITY** XXX
		ROUTINE
TO	OFFICE OF STRATEGIC SERVICES	DEFERRED
		IN 16336

DISTRIBUTION

(FOR ACTION)	(FOR INFORMATION)
PARIS	DIRECTOR(1) DULLES(2)

magruder, thepandoura

U. S. GOVERNMENT PRINTING OFFICE —21855-1

RECEIVED IN CODE OR CIPHER

TOP SECRET
~~OF SECRET~~

#35379. From SHAEF, #222, to Forgan and Gamble. Action: Paris.
Information: 110, Washington and Armour, London.
From Canfield, SHAEF.

Subject: Employment of German PW's for secret intelligence purposes.

1. G-2 CI this Hq. recommending recruitment of agents among German PW's in U.S.

2. Primary role will be to repeat any secret or subversive activity which develops among PW's before and after return to Germany. This role based on premise that PW's include considerable number Elite Nazis who, because spared defeat, disintegration and hardships in Germany, represent important source potential future trouble. Scope this role might be extended later to include broad field of German penetration.

3. G-2 here believes good recruits can be found on basis of screening already done and reports received by War Department.

4. Aware that OSS has already CI as well as X-2 agents, I agreed, G-2 here prepared to request G-2 War Department give OSS necessary backing to implement it.

6. Derding writing Pearson more fully on X-2 aspects this scheme.

Streng geheime Anweisung des US-Geheimdienstes *OSS*, deutsche Kriegsgefangene als Spione zu rekrutieren.

WAGNER: *In Höchst.*[41]
MATSCHKE: *Und dann anschließend Oberursel.*
WAGNER: *Ja, richtig.*
MATSCHKE: *Die waren ja zufrieden mit Ihnen!*

Camp King, eine Ansiedlung von Fachwerkhäusern in Oberursel bei Frankfurt, wurde nach Kriegsende Hauptquartier des amerikanischen Geheimdienstes *CIC* in Deutschland.

WAGNER: *Die waren mit uns zufrieden.*

MATSCHKE: *Sie haben gute Arbeit gemacht?*

WAGNER: *Haben wir gemacht.*

MATSCHKE: *Was war denn Ihr größter Erfolg in dieser Zeit?*

WAGNER: *... dass ich ein paar Nazis gefangen habe ...*

MATSCHKE: *Bitte?*

WAGNER: *... dass ich ein paar Nazis gefangen habe ...*

MATSCHKE: *Was für Nazis?*

WAGNER: *... einer war Ortsgruppenleiter da, und dann war so ein Landrat, wie das hieß (...)*

MATSCHKE: *Von wo?*

WAGNER: *Einer war von Siegen, der Ortsgruppenleiter. Und dann so ein Landrat ... aus Bad Nauheim oder so (...) wobei wir die Aufgabe hatten, aufzupassen, ob eventuell welche wegschlüpfen wollen. Die haben wir nicht umgebracht, nee, so etwas gab's nicht, sondern die wurden in das Nazi-Lager gesteckt.*[42]

(Vernehmungen von Georg Wagner am 27. und 28. 8. 1988)

Einige der geheimen Operationen des *Counter Intelligence Corps (CIC)*, mit denen die Amerikaner 1946 von Camp King aus die Entnazifizierung in der amerikanischen Besatzungszone rapide beschleunigen wollten, trugen seltsame Tarnbezeichnungen: Mithilfe von »Grab Bag« (»Krabbelsack«) sollte eine geheime Fluchthilfe-Organisation für frühere SS-Angehörige ausgehoben werden; »Lifeboat« (»Rettungsboot«) war der Kodename für ein *CIC*-Projekt, Nazis aus öffentlichen Ämtern zu entfernen; »Nursery« (»Kindergarten«) hieß eine verdeckte Unterwanderung von Geheimbünden, die das Ziel verfolgten, die nationalsozialistische Idee aufrechtzuerhalten.[43] Ob Hans Wagner als Agent an einer dieser Operationen beteiligt war, ist nicht gesichert, obwohl die Beschreibung seiner Tätigkeit den Eindruck erweckt.

Am 31. März 1946 berichtete die Londoner *Times* über einen großen Erfolg der Operation »Nursery«: Amerikanischen und britischen Truppen sei ein Schlag gegen eine bewaffnete Nazi-Untergrundorganisation gelungen, man habe 200 Mitglieder eines inneren Zirkels um den früheren Führer der Hitlerjugend, den einarmigen Arthur Axmann, verhaftet, teilte der Kommandeur von Camp King, Brigadegeneral Edwin L. Sibert, der Öffentlichkeit mit. Agenten der alliierten Truppen hätten die Organisation unmittelbar nach Kriegsende entdeckt und über eine längere Zeit unter Beobachtung gehabt, seien teilweise auch in lokale Gruppierungen der geheimen Nazi-Bewegung eingeschleust worden.[44]

Spätestens mit der Währungsreform, die von den drei westlichen Besatzungsmächten im Juni 1948 vorgenommen wurde, endete Hans Wagners Tätigkeit für die Amerikaner – so seine Darstellung bei den Vernehmungen in Caracas.[45]

MATSCHKE: *1948. Was geschah dann?*
WAGNER: *Wir wurden nach Frankfurt gerufen. Dort wurde uns mitgeteilt, dass wir jetzt entlassen werden (...) da hieß es also, »Leute, für euch ist der Dienst vorbei, in Deutschland besteht eine Währungsreform. Wir brauchen euch also nicht mehr« (...) Dann haben wir 2000 Dollar kassiert, (...) die wir in deutsches Geld umwechseln sollten. Nach der Währungsreform war das einfacher, weil das Geld etwas wert war. Und dann sind wir losgezogen und haben uns eine Arbeit gesucht.*

(Vernehmungen von Georg Wagner am 27. und 28. 8. 1988)

Auch Erhard Dabringhaus, deutschstämmiger amerikanischer Nachrichtendienstler, der nach Kriegsende als einer der ersten Agentenführer des *CIC* nach Deutschland versetzt wurde, erinnert sich, dass sich 1948 die operativen Ziele der amerikanischen Geheimdiensttätigkeit auf deutschem Boden erheblich änderten: »Wir suchten (...) ehemalige Nazis, die untergetaucht waren und illegale Namen« trugen, aber das »hörte direkt nach der Währungsreform auf«. Dann hieß es plötzlich aus Washington, »wir hätten nicht mehr die Nazis (...) nur noch die Kommunisten zu fürchten«. Und dazu brauchte der *CIC* Spione, die sich im Osten auskannten, und das waren »in der Regel frühere Offiziere und SS-Leute«.[46]

Dabringhaus gehörte zur ersten Generation oft jüdischer, in jedem Fall antifaschistischer Militärs, die später, Anfang der Fünfzigerjahre, als sich die politische Großwetterlage veränderte, durch militante Antikommunisten oder Profis ohne moralische Skrupel aus der noch jungen *CIA* abgelöst wurden. Er führte Ende der Vierzigerjahre in Bayern Klaus Barbie und dessen Mitarbeiter Kurt Merk. »Seine Informationen waren nicht einmal den Kaffee und die Zigaretten wert, die er von uns gekriegt hat«, erinnert sich Dabringhaus, und außerdem habe ihm das *CIC* noch fast 2000 Dollar im Monat gegeben, weil angeblich noch 50 seiner Leute »im Feld« arbeiteten, »als Unterquelle sozusagen«. Und zum Schluss, nach fünf Jahren, wurde der Kriegsverbrecher sogar noch mithilfe der Amerikaner nach Südamerika geschleust, mit falschen Papieren und mithilfe des Vatikans über die so genannte »Rattenlinie«.[47]

Mit der Berlinblockade im Sommer 1948 begann endgültig der Kalte Krieg. Der neue amerikanische Geheimdienst, die *Central Intelligence Agency (CIA)*, war ohnehin strikt ideologisch ausgerichtet.[48] Der neue militärische Gegner saß in Moskau, das neue Feindbild der US-Regierung ließ sich mit dem alten Feindbild Nazi-Deutschlands nahtlos zur Deckung bringen: der Bedrohung durch den sowjetischen Bolschewismus.[49] Quasi über Nacht wurden Alt-Nazis und Ehemalige des untergegangenen »Dritten Reiches« für die Amerikaner zu Freunden und Verbündeten: General Reinhard Gehlen, Hitlers Spionagechef für Osteuropa (»Fremde Heere Ost«), stieg mit seinen Mitarbeitern zu geachteten Helfern der freien Welt auf, denen die *CIA* für den Aufbau eines eigenen Geheimdienstes erhebliche finanzielle Mittel zukommen ließ. Von ihrem provisorischen Standort Camp King, später Wiesbaden, schließlich Pullach bei München aus setzte die *Organisation Geh-*

len das fort, was sie seit Jahren tat: Agenten nach Osteuropa, jetzt vor allem in die sowjetisch besetzte Zone zu schleusen. Und natürlich griff auch Gehlen dabei am liebsten auf alte Kameraden zurück, die sich im Osten auskannten.[50]

Ex-Agent Hans Wagner alias Günter Reinemer, davon ist auszugehen, blieb mit den Amerikanern in Kontakt, vielleicht sogar für die *CIA* tätig. Unmittelbar nach seiner offiziellen Entpflichtung durch das *CIC*, im Sommer 1948, tauchte er wieder in Frankreich auf, in Aumont-en-Halatte, einem romantischen Dorf aus dem letzten Jahrhundert, mit engen, verwinkelten Straßen und Efeu berankten Mauern.[51] Wagner schrieb Jahre später, er sei in »die Dienste des französischen Grafen de Bernis de la Fombelle« getreten, als »Privatsekretär und technischer Leiter seiner Wirtschaftsbetriebe«.[52] Seine Darstellung war reichlich ausgeschmückt, machte sich aber in einer Biografie gut. Viele *CIA*-Agenten wurden damals in Frankreich eingesetzt, weil die Amerikaner dort eine Erstarkung der kommunistisch orientierten Gewerkschaften befürchteten. War Wagner einer von ihnen?[53]

Auch wenn es sich nicht mehr genau belegen lässt, sicher scheint dennoch: Graf Armand de Pierre de Bernis, den Wagner offenkundig meinte, beschäftigte ihn definitiv nicht als Privatsekretär. Wahrscheinlich arbeitete Wagner als Handlanger für einen Gärtner namens Gabriel Cailleux, der die Grünanlagen rund um das gräfliche *château* am Rande von Aumont pflegte. Dass der Deutsche bei Cailleux überhaupt Beschäftigung gefunden hatte, grenzte damals, so kurz nach dem Krieg, geradezu an ein Wunder – und sollte später zu erheblichen Problemen in Aumont führen.[54]

Denn sehr bald lernte der 30-jährige Wagner, der nun auf dem Papier schon 40 Jahre alt war und deshalb natürlich äußerst jugendlich wirkte, auch des Gärtners Tochter Jeanne kennen. Die 33-Jährige verliebte sich sofort aufs Heftigste in den Deutschen. Jeanne Cailleux, eine nicht sonderlich attraktive, etwas stämmige Friseuse, betrieb eine Art Salon in ihrer Wohnung in der Rue Bellon 31 in Senlis, nur etwa fünf Kilometer von Aumont entfernt; sie besaß bereits mit dem achtjährigen Alain und dem dreijährigen Gérald zwei Söhne, die von verschiedenen Vätern stammten. Alain stammte aus einer 1936 geschlossenen kurzen Ehe mit dem Jagdpiloten der französischen Luftwaffe Gustave Mültner, der später von den Deutschen abgeschossen wurde und dann in einem Kriegsgefangenenlager ums Leben kam; bei Géralds Vater handelte es sich um einen Architekten aus dem Elsass, von dem der Sohn spä-

Oben: Jeanne Cailleux und »Jean« Wagner im Juli 1949 bei einem Picknick in den Wäldern von Aumont. Unten: die Rue Bellon in Senlis. Im ersten Stock des vorspringenden Hauses links betrieb Jeanne Cailleux einen privaten Friseursalon.

ter lediglich erfuhr, dass er ein ausgezeichneter Gitarrespieler gewesen sein soll.[55]

Jeanne, so erinnern sich die beiden Söhne, sei eine »lebenslustige« Frau gewesen, und sie meinen das durchaus zweideutig. Schon damals nach dem Überfall der Deutschen, als die Stiefelhacken der Wehrmacht auf das Kopfsteinpflaster der engen Rue Bellon knallten und alle Franzosen sofort ihre Häuser verriegelten, »riss unsere Mutter die Fenster auf, um den feschen Soldaten aus dem ersten Stock zuzuwinken«, sagt Gérald. »Mama liebte Uniformen«, stimmt Halbbruder Alain zu.[56]

Irgendwann Ende 1948 zog »Jean« Wagner, wie er sich inzwischen nannte, in der Rue Bellon ein. Er bekam Anstellung in einer Möbeltischlerei in Senlis, arbeitete also in seinem alten Beruf, den er als Günter Reinemer 1932 bis 1935 in Dresden erlernt hatte. Doch Alain und Gérald erinnern sich auch an Monate ohne Arbeit in dieser Zeit. Tagsüber sei Wagner dann irgendwo unterwegs gewesen, und nachts habe er vor einer alten Schreibmaschine gesessen, sich über Dokumente, Listen und Landkarten gebeugt und irgendwelche Berichte geschrieben. »Mama hat schon damals geglaubt, dass er ein Spion ist«, schmunzelt Gérald.[57]

Fotos aus dem Juli 1949 zeigen Jeanne und »Jean« beim Picknick. Die Bilder vermitteln einen Eindruck von dem lässigen Charme des schlaksigen, schmalen Mannes Hans Wagner, auf dessen kecke Lachfalten später so viele Frauen hereinfallen sollten.[58]

Doch der unbeschwerte Eindruck, den die Bilder hinterlassen, kann nicht darüber hinwegtäuschen, dass es eine Zeit massiver sozialer Probleme für Jeanne und »Jean« war. Als Braut eines deutschen Kriegsgefangenen musste sie in Senlis Spießruten laufen. Normalerweise wurden Frauen, die sich mit Deutschen einließen, als »Huren« beschimpft, öffentlich angespuckt, oder ihnen wurde sogar der Kopf kahl geschoren. Der Friseuse blieben die Kunden weg, sogar ihre Söhne bekamen den Hass zu spüren. »Es wurde unserer Mutter nicht verziehen, dass mein Vater, ihr erster Mann, von der deutschen Flak vom Himmel geholt worden war, und sie jetzt mit einem derjenigen ging, die, wenn man so will, die Schuld daran trugen«, sagt Alain.

Die Region nördlich von Paris war eine Hochburg der *Résistance*. Immer wieder versuchte Jeannes Vater, die aufgebrachten Verwandten und Nachbarn zu besänftigen, doch der Riss ging quer durch den Familienclan der Cailleuxs.[59]

Die Situation beruhigte sich etwas, als »Jean« im Herbst 1949 mit der Neuigkeit aufwarten konnte, er habe einen gut bezahlten Job gefunden, bei *Air France* am Flughafen Paris-Orly, als »Spezialingenieur für Aerodynamik«.[60] Der wundersame Aufstieg, im Jahr zuvor noch Gärtner und Möbeltischler, jetzt schon Luftfahrtingenieur bei der *Air France*, hinterließ auch bei den beiden Söhnen Verwunderung – bis heute. »Das ist uns immer ein Rätsel geblieben«, erzählt Alain, »er war sicherlich ein Mann außergewöhnlicher Intelligenz, aber dass er plötzlich als Ingenieur beschäftigt wurde, konnten wir uns nicht erklären.«[61]

Damit nicht genug: Wagner überraschte seine Familie wenig später sogar mit der Neuigkeit, er könne wieder als Pilot tätig sein. *Air France* wolle seine Lizenz anerkennen, die er Anfang der Vierzigerjahre als Abnahmeingenieur des Reichsluftfahrtministeriums in Berlin erworben habe – eine Legende, die er zeitlebens pflegen sollte.[62] Dahinter steckte vermutlich der Versuch, längere Abwesenheit aus Senlis erklären zu können, denn neben seiner Beziehung zu Jeanne pflegte Hans Wagner diverse Frauenbekanntschaften. Eine von ihnen, Mary, vermutlich eine englische oder amerikanische Stewardess, schickte ihm noch Jahre später bei Zwischenstopps auf dem Flughafen Paris-Orly Karten mit »vielen Küssen« und erinnerte sich lebhaft »an die Zeit seiner Besuche, während seiner Affäre in Senlis«.[63]

Am 9. Juni 1950 heirateten Jeanne Cailleux und Hans Wagner standesamtlich in Senlis/Oise. Sie war – genau wie 1939 seine Frau Elisabeth – im fünften Monat schwanger. Die Cailleuxs hatten als streng katholische Familie bei der Hochzeit auf einer kirchlichen Trauung bestanden, die in Aumont stattfand.[64] Hans Wagner führte die Braut als katholischer Christ vor den Altar. Bei seinem Geständnis in Caracas gab er später an, sein *CIC*-Führungsoffizier habe ihm 1945 nahe gelegt, sich als Jude auszugeben und auch gleich, zur Absicherung der Legende, eine Beschneidung vornehmen zu lassen. Angeblich hatte er das dann auch gemacht.[65] Aber jetzt war es eben opportun, als Christ vor den Altar zu treten.

Am 25. Oktober 1950 wurde Philippe geboren, die Wagners zogen kurze Zeit später in das Dorf Aumont zurück, dort bot die Stellung des Vaters, Gabriel Cailleux, mehr Schutz vor den schlimmen Anfeindungen ihrer Landsleute. Nach Philippes Geburt waren sie in Senlis nicht nur beschimpft, sondern völlig ausgegrenzt worden.[66]

Neben seiner Tätigkeit für *Air France* empfing Wagner seinerzeit *YMCA*-Delegationen junger Amerikaner in Senlis, möglicherweise um sie zu den Gräbern ihrer Väter, gefallener US-Soldaten, zu führen. Dies ist der einzige Reim, den sich Alain und Gérald auf ihre bruchstückhaften Erinnerungen machen können.[67] Besaß Wagner also noch einen Auftrag der Amerikaner?

Einige Monate nach seiner Heirat mit Jeanne bemühte sich Wagner um einen neuen deutschen Reiseausweis. Mit grüner Tinte füllte er einen Antrag aus, gab ihn aber nicht ab; er wurde aus irgendeinem Grund von Jeanne aufgehoben und später in ihrem Nachlass gefunden. Auf dem Antrag unterliefen Hans Wagner ein paar Flüchtigkeitsfehler, wie sie schon einmal passieren können, wenn man mit einer neuen Legende lebt. Er unterschrieb das Formular mit »Hans-Günter George Wagner« – aber »Günter« hieß er ja nicht mehr und »George« statt »Georg«, so hatten ihn vermutlich die Amerikaner gerufen. Vor allem: Weder »Günter« noch »George« standen in seinen Papieren, die ihm das *CIC* 1945 ausgehändigt hatte.[68] Unter der Rubrik »Bevor ich Deutschland verließ, war mein ständiger Wohnsitz« notierte er »Hamburg-Blankenese, Elbberg 32/34«. Einen Elbberg gab es lediglich in Hamburg-Altona und dort keine so hohe Nummer. Doch Wagner hatte die Fantasieadresse schon einmal benutzt, als Günter Reinemer, angeblicher Jäger des Marschbataillons 838. Bei der Einlieferung in das Kriegslazarett Siegen war von ihm eine nahezu identische Heimatanschrift angegeben worden: »Hamburg-Blankenese, Elbbergstraße 34«.[69]

In seinen Lebensläufen, die Wagner später verfasste, kam es immer wieder zu kleinen Abweichungen, die Biografien wurden oft den jeweiligen Notwendigkeiten angepasst, als spiele die eine oder andere Modifikation bei einer ohnehin erfundenen Vita keine so große Rolle. Allerdings hatte er seine Basisdaten von Geburt, Elternhaus und Ausbildung offenbar gut verinnerlicht, seine Legende gut auswendig gelernt, denn da ergaben sich über all die Jahrzehnte seines Lebens mit der geschenkten Identität keinerlei Unstimmigkeiten:

Lebenslauf.
Hans Georg Friedrich Wagner, geb. 1. 3. 1908 in Breslau, Sohn des Dr. Chemie George Leonardo Wagner und dessen Ehefrau Margarete von Bültzingslöwen. Auswanderung der Eltern 1912 nach den

Rechts: Heiratsurkunde des Bigamisten Hans Wagner, der als Günter Reinemer schon in Gorden verheiratet war.

DÉPARTEMENT de L'OISE

VILLE de SENLIS

BULLETIN DE MARIAGE

Le trois Juin
mil neuf cent cinquante
a été célébré à la Mairie de Senlis le mariage de
Hans Wagner
demeurant à Senlis
né le 17 mars 1908
à Breslau (allemagne)
fils de Georges Wagner
et de Marguerite Von Bultzingloewen

Et Jeanne Gabrielle Marie Cailleux
demeurant à Senlis
née le 28 avril 1915
à Aumont (Oise)
fille de Gabriel Jules Cailleux
et de Marie Thérèse Bury son épouse
divorcée de Gustave Francis Multner.

Contrat de mariage Néant

A Senlis, le 9 Juin 1950
Le Maire,

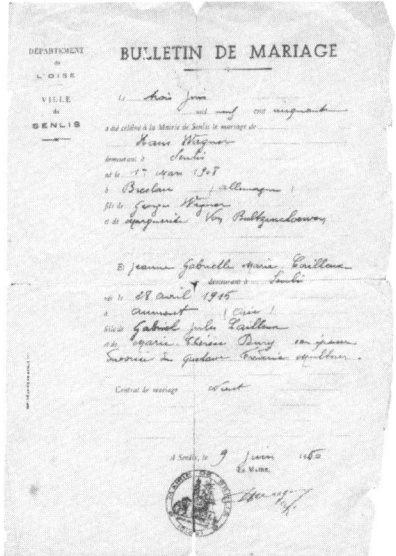

Unten: »Jean« Wagner mit seinem Schwiegervater Gabriel Cailleux (links) und einem Freund (wahrscheinlich 1950).

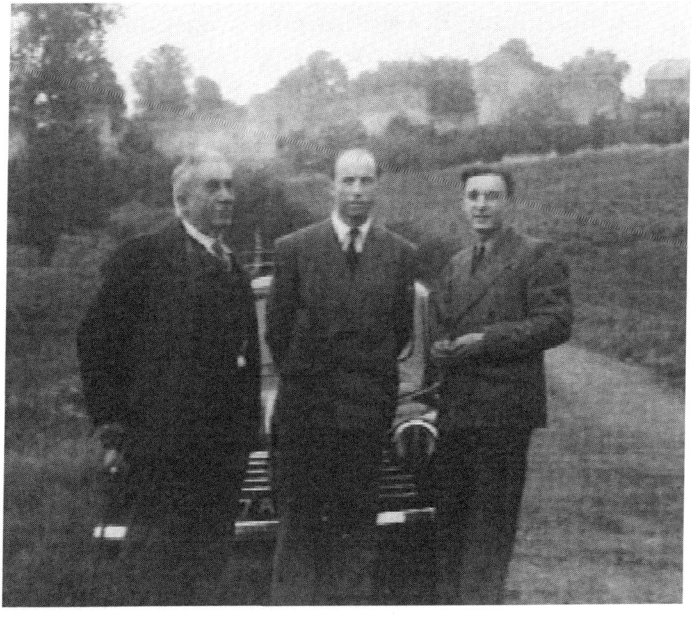

U. S. A. Meine Erziehung erfolgte durch den Bruder meiner Mutter, des Chirurgen Prof. Dr. von Bültzingslöwen.
Von 1913 bis 1925 Besuch des St. Bernard Gynmasiums in Breslau, Abschluß Abitur.
Von 1925 bis 1931 Studium Maschinenbau an der TH Dresden, Abschluß Dipl. Ingenieur.
1931 – 1934 Betriebs-Ingenieur im Kraftwerk Dresden-Nord.
1934 – 1937 Betriebs-Ingenieur bei der Firma Gonceas in Caracas, span. Venezuela, Allgem. Maschinenbau.
1937 – 1940 Ingenieur für Aerodynamik bei der Reichsversuchsanstalt für Luftfahrtsforschung.
1940 – 1944 Abnahme-Ingenieur beim ehemaligen Reichsluftfahrtministerium (R. L. M.) Berlin, Leipzigerstr.
1944 – 1948 Kriegsgefangenschaft (Amerikaner u. Franzose).
(Lebenslauf von Hans Wagner, undatiert, wahrscheinlich 1951)

Eine ergänzende Variante dieser Biografie, der Wagner zeit seines Lebens treu blieb, besagte, sein Vater habe 1912 nach einem gewonnenen Pistolenduell auswandern und ihn wegen »spinaler Kinderlähmung« zurücklassen müssen, damals sei er von seinem Onkel, dem kaisertreuen Generaloberarzt von Bültzingslöwen aus Bad Flinsberg im Isergebirge, aufgenommen und erzogen worden. Was die Sache spannend macht: In dem schlesischen Adelsgeschlecht von Bültzingslöwen gab es tatsächlich den 1873 geborenen Generaloberarzt Kurt von Bültzingslöwen, Ehrenritter des Johanniterordens, und er lebte mit seiner Frau Anna Helene in jener Zeit auch in Bad Flinsberg im Isergebirge. Allerdings hatte er keine Schwester Margarete.[70] War Wagners neue Vita von den Amerikanern um tatsächlich existierende Personen herumgestrickt worden?[71] Jüdisch indes waren die von Bültzingslöwen nicht, sondern traditionell evangelisch. Auch seine angebliche Verwendung im Reichsluftfahrtministerium deutete nicht gerade auf eine Vita hin, aus der sich jüdische Wurzeln ablesen ließen.[72]

Im März 1952 wurde der Luftfahrtingenieur Hans Wagner von seinem Arbeitgeber *Air France* nach Westberlin versetzt.[73] Dort hatten im Januar 1950 die Amerikaner den Flughafen Tempelhof eingeschränkt für den zivilen Flugverkehr freigegeben und die Franzosen sofort eine Verbindung zwischen Paris und Berlin eröffnet.[74] Ihr Stiefvater, entsinnen sich die beiden Söhne Alain und Gérald, damals zwölf und sieben Jahre alt, sei ein »hohes Tier« bei der *Air France* in Berlin gewesen, »wahrscheinlich sogar der Chef«. Sie wissen noch sehr genau, dass »wir ein großes Auto mit Chauffeur hatten, der uns manchmal in den Zoo bringen musste«. Die damalige Sekretärin im *Air France*-Verkaufsbüro am Kurfürstendamm, direkt neben dem *Maison de France*, erinnert sich dagegen, dass Hans Wagner »Flugscheine verkaufte, mehr nicht«.[75]

Der Umzug nach Berlin bedeutete für die fünfköpfige Familie Wagner einen sozialen Aufstieg ohnegleichen – weg von den ständigen Hasstiraden der Franzosen, die Jeanne nicht verzeihen konnten, dass sie den Deutschen geheiratet hatte. Alain und Gérald gingen auf das angesehene *College Français Victor Hugo*, zu Hause im Stadtteil Waidmannslust, im französischen Viertel, putzte und kochte Frau Schulz, eine resolute Frau aus dem Osten Berlins. Und es gab Freiflüge nach Hause zu den Großeltern. Die Brüder konnten sich regelmäßig vor ihren Schulfreunden damit brüsten, wieder mit einer DC 4 zwischen Berlin und Paris hin und her geflogen zu sein; das blieb in den Erinnerungen haften. Für Alain war der abendliche Anflug auf den Flughafen Tempelhof in einer scharfen Kurve, »bei dem der Westen der Stadt als Lichtermeer glänzte, während der Osten im Dunkeln lag«, eine ganz besondere Erfahrung. Jetzt konnte er sich wenigstens ein bisschen in die Lage seines leiblichen Vaters versetzen, der als Jagdpilot der französischen Luftwaffe von den Deutschen abgeschossen worden war.[76]

Jeanne kümmerte sich um den Nachwuchs Philippe, genoss ansonsten aber das Leben als »feine Dame« und den »neuen Luxus«, das Flanieren über den Kurfürstendamm und den Kaffeeklatsch mit ihrer besten Freundin Frau Pister. »Wir veralberten die nur als Frau ›Piss parterre‹«, erinnern sich Alain und Gérald, und dabei spricht aus ihren Augen der kindliche Schalk von damals. Ein Schnappschuss vor dem geschmückten Tannenbaum des Jahres 1952, Wagner mit dem kleinen Philippe auf dem Schoß, wurde wahrscheinlich von Alain gemacht, dem ältesten Sohn. Er entsinnt sich an das Weihnachtsfest, weil es »eines der schönsten« war, »wir bekamen viele Spielsachen, und Vater war zufrieden, weil Mutter ihm Platten mit klassischer Musik geschenkt hatte«.[77]

Am 18. Februar 1953 brachte Jeanne noch einen Sohn zur Welt: Patrick. Es war ein harmonisches Familienleben, jedenfalls erweckte die Fassade diesen Eindruck. Tatsächlich blieb Hans Wagner seinem Ruf als notorischer Weiberheld treu. Vielleicht konnten

B. Personal Details Signalement *Personalien*		Applicant Demandeur *Antragsteller*	Applicant's Wife Épouse du demandeur *Ehefrau des Antragstellers*
1. Surname Nom de famille *Familienname*		*WAGNER*	
2. Surname at birth Nom de famille à la naissance *Familienname bei der Geburt*		*WAGNER*	
3. Christian names Prénoms *Vornamen*		*HANS GEORGE*	
4. Place of birth Lieu et pays de naissance *Geburtsort*		*BRESLAU*	
5. Date of birth Date de naissance *Geburtsdatum*		*1. 3. 1908*	

and attach the following documents in support of my claim :
les documents suivants sont joints à l'appui de ma demande:
und füge folgende Unterlagen zur Unterstützung meines Antrages bei :

(a) *REISEPASS*   (c) *ALTER DEUTSCHER REISEPASS*

(b) *DEUTSCHE KENNKARTE 1938*   (d)

2. I left Germany on
J'ai quitté l'Allemagne le   *ALS SOLDAT*
Ich verließ Deutschland am

               (date)   for the following reason :
               (date)   pour la raison suivante :
               (Datum)   *aus folgendem Grunde :*

IN AUSÜBUNG DES LUFTFAHRTSWISSENSCHAFTL. DIENSTES
ANSCHL. GEFANGENSCHAFT

and am continuing to live abroad because (state reasons)
et continue à vivre à l'étranger pour les raisons suivantes (à énoncer)
und lebe weiterhin im Ausland weil (Gründe)

ARBEIT IN FRANKREICH UND HEIRAT MIT FRANZÖSIN

3. Before leaving Germany, my permanent place of residence was   *BRESLAU I, HEINRICHSTR. 8*
Avant de quitter l'Allemagne, mon domicile habituel était à
Bevor ich Deutschland verließ, war mein ständiger Wohnsitz :   *HAMBURG-BLANKENESE ELBCHAUSSEE 32/34 BERLIN-DAHLEM HAUPTSTR. 16.*

and I am at present known to the under-mentioned persons now residing in Germany who can support my statements :
et je suis connu des personnes ci-dessous domiciliées en Allemagne et pouvant se porter garants de mes déclarations :
und ich bin zur Zeit den nachstehend aufgeführten, in Deutschland ansässigen Personen bekannt, die meine Angaben bestätigen können:

I certify that the foregoing statements are true and that the attached documents in support of my claim refer only to myself
myself and my wife/myself, my wife and children under 16 years of age. *)
Je certifie que les déclarations ci-dessus sont exactes et que les documents joints à l'appui de ma demande se rapportent bien à moi-
même/mon épouse et à moi-même/à mon épouse, à moi-même et à mes enfants de moins de 16 ans.*)
*Ich versichere, daß die vorstehenden Angaben wahr sind, und daß die beigefügten Unterlagen nur mich selbst/mich selbst und meine
Ehefrau/mich selbst, meine Ehefrau und meine Kinder unter 16 Jahren betreffen. *)*

            Applicant's signature
            Signature du demandeur   *Hans-Günter George Wagner*
            Unterschrift des Antragstellers)

Certified by
Certifié par   (insert name)
Beglaubigt durch   (indiquer le nom)
                                                         (Name)

Bei einem Passantrag (Ausriss) unterlief Wagner 1952 ein Fehler: Er unterschrieb mit dem Vornamen »Hans-Günter« – doch »Günter« hatte er in seiner
alten Identität als Reinemer geheißen.

auch einige der jungen Damen, die in der Telefonzentrale von *Air
France* am Kurfürstendamm Dienst taten, dem Casanova nicht
widerstehen. Ihr Foto fand sich später jedenfalls als Andenken in seinem Nachlass.[78] Patrick Wagner erinnert sich lebhaft, wie ihm seine
Mutter später oftmals gesagt habe, »dass er mehrere Frauen hatte,

Links: Wagner mit einem Freund auf einem Waldspaziergang (1949).
Rechts: Französischer Führerschein Wagners (1951).

nicht nur eine«. Und dennoch sei sie ihm »nicht böse« gewesen, »sie liebte ihn so sehr, dass sie immer wieder alles verzieh«.[79]

Dann kam der Tag, Mitte Dezember 1953, an dem Hans Wagner über Nacht aus Westberlin verschwand. Spurlos. Doch diesmal, da sind sich Alain und Gérald noch heute sicher, stand keine Frau dahinter. Er habe sich später häufig mit seinem Bruder über diese Zeit unterhalten, sagt Alain, »und immer hatten wir das Gefühl, es könnte da ein Geheimnis geben, das wir nicht kannten, als fühle er sich irgendwie nicht mehr sicher im Westen«.[80] Wurde Wagner observiert? War er auf der Flucht? Gab es einen geheimen Auftrag? Einen Befehl?

Berlin 1953: Drei Monate nach Stalins Tod war es am 17. Juni in Ostberlin zu einem Arbeiteraufstand gekommen. Die allgemeine Unzufriedenheit über das moskautreue System von Parteifunktionären sowie die schlechte Versorgung der Bevölkerung hatten einen fruchtbaren Nährboden für die Proteste bereitet. Als dann

109

noch die Leistungsnormen erhöht wurden, gingen die Werktätigen des Arbeiter- und Bauernstaates auf die Straße, zogen mit schwarz-rot-goldenen Fahnen durchs Brandenburger Tor in den Westteil der Stadt. Doch dann wurden die sowjetischen Panzer aufgefahren, die den Aufstand niederschlugen. Die Ostberliner Regierung überstand die Ereignisse und setzte in den folgenden Monaten den schon im Mai 1952 begonnenen Ausbau der Zonengrenze fort.[81]

Berlin war die Frontstadt des Kalten Krieges. In keiner anderen Weltmetropole tummelten sich so viele Agenten und Spione östlicher und westlicher Nachrichtendienste. Es kam dort »so viel an nachrichtendienstlicher Aktion auf beiden Seiten, an Angriffen und Gegenzügen zusammen«, dass dies die kühnsten Fantasien »an Farbe und Dramatik« überstieg, urteilte der bundesdeutsche Geheimdienstchef von *CIA*-Gnaden, General Reinhard Gehlen, später in seinen Memoiren.[82] Die Schlacht der Geheimdienste erreichte im November 1953 ihren vorläufigen Höhepunkt, und die bundesdeutsche Seite geriet zunehmend ins Hintertreffen: Erst präsentierte Stasi-Chef Ernst Wollweber auf einer Pressekonferenz in Ostberlin einen Überläufer der *Organisation Gehlen* aus deren Westberliner Residenz, dann wurde der Gehlen-Spion Major a. D. Werner Haase nach bundesdeutscher Lesart »an der Sektorengrenze (...) überfallen und nach Ostberlin verschleppt«, schließlich »in einem Schauprozess zu lebenslänglicher Zuchthausstrafe« verurteilt, und dann tauchte auch noch ein dritter Agent aus Gehlens Reich in der DDR auf, der offenbar schon Monate zuvor von der Staatsicherheit abgeworben worden war.[83]

Und just in dieser Zeit setzte sich Hans Wagner in die DDR ab. Als er sich auch nach einer Woche noch nicht gemeldet hatte, begann sich Jeanne ernsthaft Sorgen zu machen. Sie fürchtete, er habe vielleicht Probleme mit der Polizei.[84] Es war zwar schon häufiger vorgekommen, dass er sich, ohne eine Nachricht zu hinterlassen, abgesetzt hatte, auch schon während der Zeit in Senlis und Aumont, aber immer nur für ein paar Tage. Aber irgendetwas beunruhigte sie diesmal. Jeanne fuhr zum Büro der *Air France* am Kurfürstendamm, »erhielt aber nur die lapidare Auskunft, er sei gegangen, mehr könne man nicht sagen«. Das blieb Patrick aus späteren Schilderungen seiner Mutter und seiner großen Brüder im Gedächtnis.[85] Weihnachten 1953 verbrachte die Mutter mit ihren vier Söhnen allein in der Wohnung Waidmannslust.

Oben: Hans Wagner und seine Frau Jeanne Weihnachten 1952 in Berlin mit dem zweijährigen Philippe auf dem Schoß. Unten: Wagners Söhne Philippe (rechts) und Patrick, aufgenommen 1954 in der DDR.

Personenfeststellung laut Meldekarte des VPKA-Halle/S.
Wagner, Jean-Hans
geb. am 1. 3. 1908 in Breslau
wohnhaft: Halle/S. Bernburger Str. 9 (b. Fr. Wernow)
Beruf: Ingenieur für Aero-Technik
Staatsangeh.: Dtsch.
Eltern, verstorben.
letzter Wohnsitz: Senlies/Oise bis 3. 12. 53
W. soll die Absicht haben sich mit der Wernow, Frieda später zu
verheiraten. Er ist zur Zeit krank (...)
Er ist Besitzer eines vorläufigen Personalausweises.
(Aktenvermerk Staatssicherheit Halle vom 22. 2. 1954)

Rund zehn Jahre zuvor hatte er bei seinem Umzug von Gorden nach Hamburg seine dortige Familie als Günter Reinemer verlassen, jetzt kehrte er als Hans Wagner in den Osten Deutschlands zurück. Wahrscheinlich war er zunächst mit der S-Bahn nach Ostberlin und von dort mit dem Zug nach Halle/Saale gefahren.

Im HO-Café David in der Innenstadt von Halle, einer renommierten Kuchenbäckerei, in der gelegentlich ein kleines Stehorchester für musikalische Untermalung sorgte, lernte Wagner die dort tätige Küchenleiterin Frieda Wernow* kennen, eine gestandene, groß gewachsene, etwas füllige Frau von fast 50 Jahren, verwitwet, vier Kinder. Er belog sie, auch er sei Witwer, habe einen Sohn, der in der Schweiz aufs Internat gehe. Der Ehemann einer Französin in Westberlin, Vater von zwei eigenen und zwei angenommenen Söhnen und noch eine Woche zuvor leitender Angestellter von *Air France*, laut Pass 45 Jahre, tatsächlich aber erst 35 Jahre alt, erwarb schnell das Vertrauen und wohl auch die Liebe von Frieda. Sie nahm ihn bei sich auf, im Eckhaus Bernburger Straße 9, und er versprach ihr, wie es in einem der Stasi-Protokolle aus jenen Wochen hieß, »in Kürze die Ehe einzugehen«.[86] Die Ehe einzugehen?

»Meine Mutter wurde mit ihm verkuppelt, irgendwie«, kann sich Helga E., die jüngste Tochter von Frieda Wernow, erinnern, doch wer der Kuppler gewesen sein könnte, weiß sie nicht mehr.[87] »Wir begegneten uns im Flur, und Frau Wernow stellte ihn als ihren Bekannten vor«, entsinnt sich der damalige Mitbewohner,

* Nachname geändert

der Sportlehrer Horst Pohlmann, an seine erste Begegnung mit Hans Wagner. Es sei kein Geheimnis im Hause gewesen, »dass er sofort in ihr Schlafzimmer einzog«.[88]

Was wollte Wagner in Halle? Hatte er sich, des Lebens an der Seite von Jeanne überdrüssig, einfach so aus dem Staub gemacht? Handelte er im Auftrag der *CIA* oder der *Organisation Gehlen*? Auch die Staatssicherheit rätselte, was einen »deutschen Franzosen« an die Saale verschlagen habe – und setzte erst einmal mehrere GIs (»Gesellschaftliche Informanten«), wie sie damals hießen, auf Friedas neuen Freund an.

Die Ergebnisse ließen nicht lange auf sich warten: »Wagner soll für eine französische Firma bei *RFT* begründete Aufträge leisten«, hielt der zuständige Stasi-Leutnant am 1. März 1954 in verschrobenem Deutsch fest. Schon wenige Tage darauf wusste er bereits mehr: Wagner sei »bei der französischen Zivilluftfahrtgesellschaft« beschäftigt gewesen und dann »vom Handelsministerium der DDR nach Halle beordert« worden. Er arbeite für eine französische Firma »bei *RFT*«, beziehe weiterhin »sein Gehalt in Höhe von 800 DM aus Frankreich (...) Bei nur konspirativ durchgeführten Ermittlungen äußerte Wagner, dass er über seine Tätigkeit nicht sprechen darf«. Waren die Agenten am Ende hinter einem ihrer eigenen Leute her? Vorsicht schien jedenfalls geboten.[89]

Der *VEB Rundfunk- und Fernsehtechnik (RFT)* in Halle galt als ein durchaus spionagegefährdetes Unternehmen, weil es auch Funkanlagen an die Volksarmee lieferte. Doch bei *RFT* fand offenbar keine Überprüfung der Angaben Wagners statt, jedenfalls ist dies aus den Unterlagen der Staatssicherheit nicht ersichtlich.[90]

Er sagt aus, als Bevollmächtigter der »tir france« hier zu sein, um als Ingenieur Funkfeuerbauten zu beaufsichtigen. Da die Bauten wegen Materialschwierigkeiten stockten, ist er (nach eigenen Aussagen) zur Zeit als Mathematiklehrer (...) angestellt. Dem Kollegen (...) kommt das ganze spanisch vor. Er kennt ihn gut und ist jetzt oft mit ihm zusammen. Er sagte mir wörtlich: »Ob der nicht irgend wie Spionage treibt?! Obwohl er mein Verwandter wird, oder gerade deswegen, kommt er mir nicht geheuer vor. Der Mann muß sehr gut aussehen und sehr intelligent sein.«[91]

(Bericht des GI »Peter«, Staatssicherheit Halle vom 24. 3. 1954)

Eine Überprüfung Wagners durch die Zentrale des Ministeriums für Staatssicherheit (MfS) in Ostberlin ergab wenige Tage nach dem Bericht des Spitzels »Peter«, »daß die genannte Person im Ministerium für Außenhandel und Innerdeutschen Handel nicht bekannt« war. »Im Referat für Auslandsreisen, im Hause, ist ebenfalls kein Wagner, Hans, bekannt, der aus Frankreich zugereist ist«, ließ der zuständige Major die Kollegen in Halle wissen.[92] Hans Wagner war ein Phantom.

Er selbst lag derweil im Diakonissen-Krankenhaus in Halle und erholte sich von den Strapazen einer Operation. Ihm waren zwei Zehen am linken Fuß amputiert worden, die seien ihm erfroren, erzählte er Frieda Wernow und deren Kindern, die ihn in der Klinik besuchten.[93] Tatsächlich handelte es sich um die Spätfolgen jener Schussverletzung, die er sich drei Tage nach Beginn des Russlandfeldzuges, also rund 13 Jahre zuvor, möglicherweise selbst beigebracht hatte, um der Front zu entkommen.

Im Krankenhaus fand er die Zeit, über seine Situation nachzudenken und die nächsten Schritte zu planen. Sobald die Ärzte ihn entlassen würden, wollte er nach Westberlin fahren, um seinen Sohn Philippe nach Halle zu holen. Nur Philippe – an dem er hing. Alain und Gérald waren ohnehin nicht sein Fleisch und Blut, und um den gerade einjährigen Patrick müsse sich eben Jeanne weiterhin kümmern. Frieda hatte sich bereit erklärt, Philippe in der Bernburger Straße aufzunehmen.[94]

Unterdessen wurde Wagner der Staatssicherheit in Halle ziemlich unheimlich. Von mehreren Quellen trudelten immer fantastischer klingende Geschichten ein, die sie von ihm selbst oder von seinem engsten Umfeld erfahren haben wollten. Wer war der Mann? Sollte ihnen da jemand in Sachen Legendenbildung weit voraus sein?

Wagner, Hans war bis 1952 bei der franz. Zivilluftfahrt als Flugzeugführer tätig. Seine Reiseroute war Frankreich – Afrika. Weil er mit seiner Maschine einen Unfall hatte, wurde er laut franz. Vorschrift für 2 Jahre als Flugzeugführer gesperrt. Über seine Vergangenheit habe ich weiteres ermittelt. Wagner war in Frankreich verheiratet. Seine Ehefrau führte mit einer seiner besten Freunde (Flugzeugführer) ein intimes Verhältnis. Dieses Verhältnis führte soweit, dass seine Ehefrau mit ihrem Geliebten auf einen Flug tödlich abstürzte. Weiterhin hörte ich (...), dass Wagner noch außer-

dem eine zweite Frau mit 2 Kinder besitzt. Ob dieses den Tatsachen entspricht, weiss ich nicht.[95]

(Bericht eines Neffen von Frieda Wernow,
Staatssicherheit Halle vom 21. 4. 1954)

Woher Friedas Neffe seine Informationen erhalten hatte, ließ der Bericht nicht erkennen. Kaum vorstellbar, dass Wagner über seine legitime Ehefrau Elisabeth Reinemer und die beiden Kinder Ingetraud und Hans-Hermann ins Plaudern gekommen war. Es gehörte zu den eisernen Grundregeln des Lebens mit neuer Identität, alle Brücken in die Vergangenheit konsequent abzubrechen und sich niemals, weder in alkoholisierter Stimmung noch aus einer sentimentalen Laune heraus, zu irgendwelchen Andeutungen verleiten zu lassen. Und dennoch gab es eine konkrete Gefahr für Hans Wagner, dass seine Legende aufflog: Halle/Saale lag nur etwa 120 Kilometer von Gorden in der Niederlausitz entfernt. Wenn irgendjemand aus seiner alten Heimat und seinem ersten Leben ihm zufällig auf der Straße begegnete und ihn erkannte?

In Gorden machten immer mal wieder Gerüchte über Günter Reinemer die Runde, die sich in den seltensten Fällen bis zu ihrem Ursprung zurückverfolgen ließen. Eines davon blieb den älteren Einwohnern jedoch auf Jahrzehnte hinaus in Erinnerung, schemenhaft zwar, aber doch konkret: Günter Reinemer lebte! Irgendjemand war ihm in Ostberlin, Halle, Leipzig oder sonstwo über den Weg gelaufen und hatte ihn angesprochen. Doch Reinemer sei schnellen Schritts weitergegangen, ohne sich auch nur einmal umzudrehen.[96]

Seine Frau Elisabeth dagegen hielt, wenn sie von Zeit zu Zeit mitfühlend nach ihrem Mann gefragt wurde, beharrlich an ihrer Version fest: Günter sei wahrscheinlich in sowjetische Kriegsgefangenschaft geraten und werde irgendwann heimkehren. Zwar lag das letzte Lebenszeichen von ihm inzwischen mehr als zehn Jahre zurück, doch sie vertraute ihrer Hoffnung, weigerte sich standhaft, ihren Mann für tot erklären zu lassen und verzichtete damit auf den Rentenanspruch einer Kriegswitwe. Stattdessen ließ sie den Namen »Günter Reinemer« auf einer Erinnerungstafel im Dorfzentrum als »Vermissten des Zweiten Weltkriegs« eingravieren.[97]

»Ich konnte mich zwar kaum an meinen Vater erinnern«, sagt Tochter Ingetraud, »aber als junges Mädchen, Anfang der Fünfzigerjahre wollte ich alles über ihn wissen.« Immer wieder sei es des-

Oben: Wagners Verlobte Frieda Wernow in Halle/Saale neben seinem Sohn Philippe (1954).
Rechte Seite: Ermittlungsbericht der Staatssicherheit über den Ende 1953 aus Frankreich zugezogenen Luftfahrtingenieur Hans Wagner.

wegen zu heftigen Streitigkeiten und Tätlichkeiten mit ihrer Mutter gekommen. Ingetraud wandte sich sogar an den Suchdienst des *Deutschen Roten Kreuzes* – ohne Ergebnis. Irgendwann verbrannte Elisabeth sämtliche Papiere und fast alle Fotos von ihrem Mann, »als wolle sie Erinnerungen auslöschen und meine Spurensuche mit aller Gewalt verhindern«, erzählt Ingetraud. Erst viele Jahre später, 1967, als ihre Großmutter, Günter Reinemers Mutter, starb, wurden die jahrelangen Vermutungen schließlich zur Gewissheit: »Auf dem Totenbett hat mir die Oma zugeflüstert, dass mein Vater noch lebt.«[98]

Anfang März 1954 tauchte Günter Reinemer alias Hans Wagner erstmals wieder bei seiner französischen Familie in der Wohnung in Berlin-Waidmannslust auf, stand plötzlich vor der Tür, »genau so unerwartet, wie er Monate zuvor verschwunden war«, erinnern sich Alain und Gérald. Patricks ersten Geburtstag hatte er verpasst, aber er brachte wenigstens ein paar Geschenke mit. Wahrschein-

**Regierung der
Deutschen Demokratischen Republik
Ministerium für Staatssicherheit**

Vertraulich
Nicht durch das
Sekretariat zu schicken

Verwaltung .... H a l l e ....

Abteilung ......VIII 1678|54........

Referat ......II.......

Sachbearbeiter ....

Telefon ....

3.3.54
459|54

An die Abteilung ....II/Holzschumacher......

Verwaltung ....H a l l e .... des Ministeriums für Staatssicherheit

Ermittlungsbericht

Es sollte ermittelt werden: W a g n e r , Hans geb. am 1.3.1908 in Breslau,
wohnhaft in Halle/Saale, ▓▓▓▓▓▓▓▓▓
b. Frau ▓▓▓

- siehe Ermittlungsauftrag v. 15.2.54 Tgb.Nr.: II/288/54/A -

Es wurde ermittelt: W a g n e r , Hans geb. am 1.3.1908 in Breslau,
(Name, Vorname, geboren in, Beruf, wohnhaft)
wohnhaft in Halle/Saale, ▓▓▓▓▓▓▓
Frau ▓▓▓

Der W. ist am 22.12.1953 von Paris nach Halle zugezogen. Er war
in Paris beschäftigt bei der französichen Zivil-Luftfahrtsgesell-
schaft. Er wurde vom Handelsministerium der DDR in Berlin nach
Halle beordert.
Über seine jetzige Tätigkeit (gibt er selbst an) dürfe er nicht
sprechen. Er untersteht direkt dem Handelsministerium Berlin.
Von diesen können Auskünfte über seine Person eingeholt werden.

117

lich versuchte Jeanne nicht einmal, ihn ernsthaft zur Rede zu stellen, sie war einfach froh, dass er wieder da war. Ob er ihr Gründe für seine monatelange Abwesenheit in der DDR nannte, ob er ihr Märchen erzählte – Alain und Gérald, die beiden Ältesten, können sich nicht entsinnen. Doch sie wissen, dass es, wie später so häufig, Diskussionen um Geld und Unterhalt gab.[99] Jeanne fürchtete offenbar, Abstriche von dem so lieb gewonnenen Leben in Berlin machen zu müssen. Dennoch war sie gewillt, Hans in die DDR zu folgen, um die Ehe zu retten. Aber darauf war Wagner gar nicht erpicht. Er hielt sie wahrscheinlich mit Versprechungen hin, gab vor, »drüben« erst als Ingenieur Tritt fassen zu müssen, bevor er die Familie nachholen könne. Und dann, nach etwa einer Woche, war er wieder weg, ohne Abschied, ohne eine Nachricht zu hinterlassen. Den dreieinhalbjährigen Philippe hatte er mitgenommen.[100]

Frieda Wernow in Halle empfing Hans und dessen Sohn mit offenen Armen. »Meine Mutter war ganz vernarrt in den Philippe, und ich sah ihn schon als meinen kleinen Stiefbruder«, weiß Friedas jüngste Tochter Helga, damals elf Jahre alt, noch heute, als wäre es gestern gewesen.[101] Sie hat überwiegend gute Erinnerungen an »den netten Kerl Hans Wagner«; er ging keiner Arbeit nach, sei meist zu Hause gewesen, wenn sie aus der Schule kam, habe sie bei den Schularbeiten unterstützt und nachts an ihrem Bett gewacht, als sie krank gewesen sei. »Darf ich Vati zu dir sagen?«

Als Frieda, vermutlich Mitte März 1954, ankündigte, sie werde sich schon in den nächsten Tagen mit Hans verloben, ganz offiziell, war Helga der glücklichste Mensch. Endlich würde sie wieder einen Vater bekommen. Die Feier fand in der Wohnung Bernburger Straße statt, Freunde und Bekannte kamen, es wurde über den Hochzeitstermin gesprochen, »eine Verlobung war damals ja ein festes Heiratsversprechen«, sagt Helga. Auch Mitbewohner Pohlmann kann sich an die Verlobung genau erinnern, weil er sich um diese Zeit herum selbst verlobte. Als er einige Monate darauf heiratete, begleiteten Frieda und Hans ihn und seine Braut als Trauzeugen zum Standesamt.[102]

Was führte Hans Wagner im Schilde? Rückblickend betrachtet war Halle der Beginn seiner Karriere als Heiratsschwindler. Frieda Wernow schien ihm eine gute Partie, denn sie besaß am Kuttelhof in Halle ein Mietshaus, das zwar teilweise an eine Bank abgetreten war, dennoch eine durchaus interessante Immobilie darstellte. Am 3. März 1954, kurz vor der Verlobung, hatte Hans Wagner beim

Rat des Stadtbezirks Halle eine Auskunft über das Objekt Kuttelhof eingeholt, ob mit oder ohne Wissen von Frieda, lässt sich nicht
feststellen. Dort wurde der Einheitswert vom 1.1.1953 mit
29 200 DM festgelegt. Mit anderen Worten: Das Mietshaus besaß
1954 einen deutlich höheren Schätzwert. Das Original der »Ein-
heitswertbescheinigung« fand sich viele Jahre danach in jenem
Koffer, den Wagner bei einer Freundin deponiert hatte.[103]

Und was war mit seiner Tätigkeit für *RFT*? Die Staatssicherheit
ermittelte und ermittelte gegen Hans Wagner, dennoch ohne Erfolg.[104] Dass sie keine Anhaltspunkte für eine Agententätigkeit
fand, kann angesichts der Unfähigkeit und Naivität ihrer Mitarbeiter kaum verwundern.

*Im Lokal »Bootshaus Rötscher« in Halle-Saale/Trotha, soll ein
Hallenser (zur Zeit noch unbekannten Namens) ein- und ausgehen. Unter den dort verkehrten Gästen wurde bekannt, daß er angeblich bei der französischen Luftflotte (privat) angestellt ist. Er
soll immer gut bei Geld sein und des öfteren ein nicht schul-
pflichtiges Kind bei sich haben, welches nicht deutsch spricht.
Nach seinen Erzählungen ist er bei der deutschen Luftwaffe während des Krieges gewesen und in englischer Kriegsgefangenschaft.«*[105]

(Agentenbericht der Staatssicherheit Halle vom 30. 4. 1954)

Sonntags machten Hans und Frieda ausgedehnte Spaziergänge an
der Saale entlang zum »Bootshaus Rötscher« auf der anderen Fluss-
seite, genau gegenüber dem Klausberg. Einmal war Horst Pohlmann mit von der Partie. Wagner erzählte wieder Fliegergeschich-
ten, prahlte mit den guten Verbindungen, die er zu den Pariser
Flughäfen Orly und Le Bourget besitze. »Er wollte mir da einen Job
vermitteln«, sagt Pohlmann. Könnte es in der Gaststätte konspira-
tive Treffen gegeben haben? Der ehemalige Sportlehrer kann sich
nicht erinnern. »Vielleicht hat er für einen Geheimdienst gearbeitet«, ihm sei damals merkwürdig vorgekommen, dass Wagner auf
Kameras allergisch reagiert habe, sagt Pohlmann, »man durfte nie
ein Foto von ihm machen«.[106]

Am 10. Mai 1954 trat Hans Wagner als Diplomingenieur in die
Dienste des *VEB Kraftwerk Calbe,* rund 80 Kilometer nördlich von
Halle.[107] Durch Beschluss des Zentralkomitees der SED war Calbe

neben Eisenhüttenstadt als zweiter Schwerpunkt für die Stahlproduktion ausgewählt und im Oktober 1951 in Anwesenheit von Walter Ulbricht feierlich eröffnet worden. Bei der Verhüttung einheimischer Erze entstand Gichtgas, das zur Energieerzeugung verbrannt wurde.[108]

Der Tischlergeselle aus Gorden, der nie eine Universität von innen gesehen, geschweige denn einen Abschluss gemacht hatte, konnte in Calbe naturgemäß weder ein Diplom noch andere Studienabschlüsse vorweisen. Die seien, so erklärte er, im Krieg verloren gegangen. Nur die beglaubigte Übersetzung seines Zeugnisses von *Air France* (»Ingenieur für Aerodynamik«) legte er vor, musste deshalb eine eidesstattliche Versicherung abgeben, dass er berechtigt war, den Titel Diplomingenieur zu führen.[109]

Hans Wagner verpflichtete sich, seine Aufgaben als Aufbauleiter für den maschinentechnischen Teil sowie als Hauptmechaniker »in tiefem Verantwortungsbewusstsein gegenüber der Deutschen Demokratischen Republik zuverlässig zu erfüllen«, wurde Mitglied im *Freien Deutschen Gewerkschaftsbund (FDGB)*, der DDR-Einheitsgewerkschaft, und bezog ein monatliches Gehalt von DM 770, das schon nach wenigen Wochen auf DM 850 erhöht wurde.[110] Unter dem 20. März 1954, einem Datum also, an dem er noch gar nicht im Kraftwerk gearbeitet hatte, fälschte Wagner später ein Zeugnis über seine Tätigkeit in Calbe:

Zeugnis.
Aufgrund einer Verordnung des Herrn Ministers für Energie wurde Herr Diplom-Ingenieur Hans Wagner, wohnhaft Halle/Saale, Bernburger Str. 9, geb. am 1. März 1908, als Aufbauleiter des Gichtgaskraftwerkes Calbe, der Energieversorgung Magdeburg/Halle, eingestellt. Herr Wagner kam als Rückwanderer aus Frankreich in die Deutsche Demokratische Republik. Seine vom Minister für Energie gestellte Aufgabe war der Bau eines Gichtgaskraftwerkes nach der Projektierung des VEB Energieprojektierung Berlin. Dieses Projekt umfaßte: 10 Zwangsumlauf-Dampfkessel des VEB Dampfkesselbaus Merane mit 64 t/h, 42 atü, 450 Grad Celsius Leistung pro Kessel, 5 Kondensationsturbinen mit je 12,5 MW installierter Leistung.[111]

(Gefälschtes Zeugnis von Hans Wagner,
vermutlich Ende der Fünfzigerjahre)

Wagner vergrößerte nicht nur die Kapazität des Kraftwerks, sondern auch seine Rolle bei dessen Aufbau.[112] Dabei erwies sich, wie in den folgenden Jahren deutlich werden sollte, Hans Wagner durchaus als fähiger Ingenieur in seinem Aufgabenbereich, »Instandhaltung der Kraftwerksanlagen«. Er war »ein sehr intelligenter, sehr gewandter Mensch, der sich immer zurechtfand«, urteilt Kurt Beyer, damals stellvertretender Betriebsleiter.[113] Und menschlich? »Sehr hilfsbereit, sehr umgänglich, sehr verbindlich, zumindest in der Anfangszeit«, erinnern sich die Kollegen von damals.[114] Allerdings habe er zu Aufschneidereien geneigt, sobald er den Damen des VEB imponieren wollte. »Dann wurde er zum Schauspieler«, erinnert sich Beyer, und Wagners Bruder mutierte »plötzlich zum Oberbürgermeister von New York«.[115] Fast alle kannten seinen Spleen für die Fliegerei. Sobald irgendeine Sekretärin, die es ihm angetan hatte, in Hörweite kam, legte er los, »wie er als Stuka-Flieger über Kreta abgeschossen wurde«. Nur Kurt Beyer habe er offenbar nie etwas davon erzählt, aus gutem Grund, mutmaßt Wagners zeitweiliger Vorgesetzter Herbert Schulz, denn »Beyer war ein wirklich passionierter Flieger«.[116]

Am 23. Juni 1954, sechs Wochen nach Wagners Dienstantritt in Calbe, besuchte DDR-Ministerpräsident Otto Grotewohl das Kraft- und Eisenhüttenwerk. »Fröhlich lachend und winkend begrüßte er unsere Jungen Pioniere und FDJler, die am Straßenrand Spalier bildeten«, schrieb die Werkszeitung, kaum stand »der Wagen unseres Ministerpräsidenten, da war er schon von (...) Kumpels unseres Werkes umringt«.[117] In seiner Rede vor der Belegschaft griff Grotewohl die USA und das »Adenauer-Regime« massiv an. Die Amerikaner wollten Westdeutschland »zu einem einzigen Kasernenhof« machen. Im Bonner »Kriegsministerium« bereiteten »ehemalige Mitglieder der Heeresleitung Hitlers« einen neuen Krieg vor, ständig würden »neue Experimente mit Wasserstoffbomben« durchgeführt. »Jede Tonne Eisen, die in eurem Werk erzeugt wird, ist ein Faustschlag in das Gesicht der Kriegshetzer«, rief der Obergenosse aus Ostberlin den Kumpels unter tosendem Beifall zu.[118]

Wir bescheinigen hiermit, dass Herr Dipl.-Ing. Wagner, Inhaber des Deutschen Personalausweises Nr. 684660 zu dringenden Exportbesprechungen vom VEB INEX, Berlin N 54, Brunnenstr. 19/21 nach Berlin berufen wurde. Er tritt am heutigen Tage seine

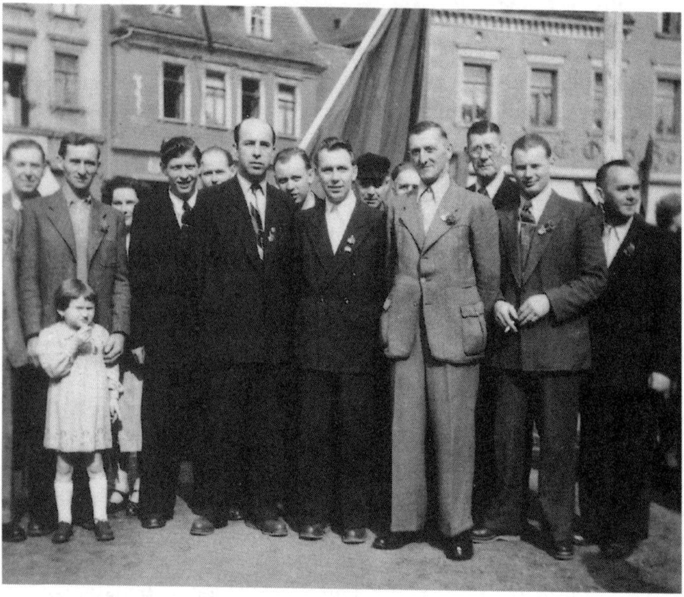

IN ANERKENNUNG DER
HERVORRAGENDEN LEISTUNGEN
WIRD

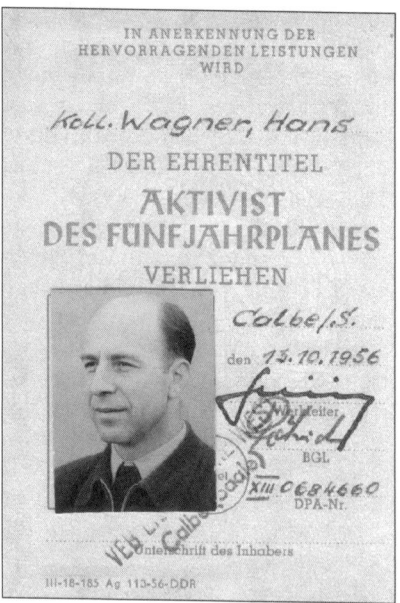

Koll. Wagner, Hans

DER EHRENTITEL

AKTIVIST
DES FÜNFJAHRPLANES

VERLIEHEN

Calbe/S.

den 13.10.1956

Werkleiter

BGL

XIII 0684660
DPA-Nr.

Unterschrift des Inhabers

III-18-185 Ag 113-56-DDR

Oben: Hans Wagner als *FDGB*-Gewerkschafter auf der Veranstaltung zum 1. Mai 1955 in Calbe/Saale.
Links: Auszeichnung des Kollegen Hans Wagner als »Aktivist des Fünfjahrplanes« im Oktober 1956.

Rückreise nach Calbe an. Darüber hinaus wird Herr Wagner ab
Montag, den 4. 10. 1954 wiederum in Berlin benötigt. gez. Spott,
Hauptabteilungsleiter INEX Industrieanlagen-Export.[119]
(Bescheinigung des *VEB INEX* vom 29. 9. 1954)

Die Bescheinigung und weitere Details erwecken den Eindruck,
dass Hans Wagner in dieser Zeit tatsächlich mit einem Exportauf-
trag aus der DDR zu tun hatte. Ging es dabei um die Anlagen
(»Funkfeuerbauten«) von *RFT* für *Air France*, deretwegen er angeblich vor über einem Jahr nach Halle übergesiedelt war?[120]

Seine Visiten in Berlin nutzte Wagner auch, um mit der S-Bahn
in den Westteil der Stadt zu fahren und die Familie kurz zu treffen;
Philippe lebte immer noch bei Frieda Wernow in Halle. Jeanne
hatte die beiden ältesten Söhne Alain und Gérald zwischenzeitlich
nach Frankreich zurückgeschickt, zu ihrer Mutter nach Aumont.
Ihr Vater Gabriel Cailleux war 1953 gestorben. Nach Ankunft der
Söhne in Paris war es zu einem heftigen telefonischen Streit zwischen Jeanne und deren Mutter gekommen, weil die nur mit Alain
gerechnet hatte, dem »Kind der Nation«, das staatlich unterstützt
wurde, weil der Vater für Frankreich im Krieg gefallen war. »Es ging
in der Familie Wagner immer nur ums Geld«, denkt Gérald Wagner resignierend zurück, und er nimmt seine Mutter keineswegs
von diesem Vorwurf aus.[121]

Jeanne bettelte ihren Mann regelrecht an, mit Patrick aus Westberlin nach Calbe übersiedeln zu dürfen, sie schwärmte von einem
glücklichen Familienleben. Doch Wagner vertröstete sie ein weiteres Mal, seine neue Wohnung in der Wilhelm-Pieck-Straße in
Calbe sei noch nicht fertiggestellt. Sie solle sich noch ein paar
Wochen gedulden. Jeanne ahnte, dass es wieder einmal um eine
andere Frau ging. Aber sie war nicht gewillt, Hans freizugeben. Sie
wollte um ihn kämpfen.[122]

In Halle kümmerte sich derweil Frieda Wernow rührend um den
kleinen Philippe. Hans, ihr Verlobter, kam zwar nur am Wochenende, seit er in Calbe Arbeit gefunden hatte, doch die Pläne für die
Hochzeit reiften. Die »närrische Liebe« ihrer Mutter zu dem Wag-
ner-Sohn habe ihr zeitweilig sehr zu schaffen gemacht, sagt Friedas
Tochter Helga, besonders an Weihnachten 1954, »als Philippe so
viele Geschenke auspacken durfte und ich gar nichts bekam, da
habe ich geheult wie ein Schlosshund«.[123]

Wenige Wochen nach dem Jahreswechsel, der genaue Zeitpunkt

ließ sich später nicht mehr ermitteln, klingelte Jeanne eines Tages bei Frieda in Halle an der Tür. Entweder hatte Wagner die Anschrift in der Wohnung in Berlin-Waidmannslust zurückgelassen, oder seine Frau war ihm durch einen Anruf im Kraftwerk Calbe auf die Schliche gekommen. Frieda bat sie herein, hörte sich ihre Geschichte an, von der Ehe, von den anderen Kindern, von der gemeinsamen Wohnung in Westberlin. Beide konnten sich kaum verstehen, denn Jeanne sprach sehr schlechtes Deutsch und Frieda kein Wort Französisch. Doch als am Ende des Gesprächs Wagners Frau zu erklären versuchte, sie werde ihren Sohn Philippe jetzt mitnehmen, verstand auch Wagners Verlobte.[124] Bei der Verabschiedung, schon auf der Schwelle der Wohnungstür, kam Sportlehrer Pohlmann über den Flur. Frieda stellte Frau Wagner vor, sie sei die französische Ehefrau von Hans, lebe aber bereits von ihm getrennt. »Deutsches Blut gehört eben zu deutschem Blut«, dieser Ausspruch von Frieda Wernow blieb Pohlmann bis heute in Erinnerung. Sie sei zwar keine fanatische Nazi-Anhängerin gewesen, sagt er, »aber die neue Zeit seit 1945 hatte sie offenbar noch nicht ganz begriffen«.[125]

Als Wagner am nächsten Wochenende nach Hause kam, erinnert sich Helga, »hat meine Mutter getobt«. Er solle sofort seine Koffer packen und verschwinden. »Ich habe gebettelt, lass mir doch den Papa«, aber ihre Mutter sei standhaft geblieben. Auch Hans Wagner versuchte ein letztes Mal, Frieda umzustimmen: »Du wirst es bereuen, bei der Französin wäre ich nicht geblieben, und dich habe ich mehr geliebt als alle anderen zuvor.« Doch er musste gehen, und »wir haben nie wieder von ihm gehört«.[126]

Betr.: Wagner, Jean-Hans
Der im Vorgang »Aero« verdächtigte Wagner hat Halle verlassen und befindet sich z. Zt. im Stahlwerk Calbe. Nach den erfolgenden Ermittlungen soll W. im Monat August nach Halle zurückkommen. Für die Bearbeitung des W. wurde sein Schwager angeworben. Wenn W. nach Halle zurückkommt soll er kurze Zeit beobachtet werden und dann wird entschieden ob der Vorgang der bisher keinerlei positives erbrachte eingestellt wird oder ob Wagner sich zur Anwerbung eignet. Mit W. wird eine Vernehmung durchgeführt.

(Aktennotiz der Staatssicherheit Halle vom 20. 5. 1955)

Die Staatssicherheit in Halle hatte Wagner die ganzen Monate im Visier behalten, aber mit merkwürdiger Nonchalance und erheblicher Verzögerung Informationen über ihn zusammengetragen.[127] Dabei stand an seinem Arbeitsplatz, dem *VEB Kraftwerk Calbe*, das seit 1. Januar 1955 *VEB Eisenwerke West* hieß, die Warnung vor westlicher Agententätigkeit regelmäßig auf der Tagesordnung. Erst wenige Wochen zuvor hatte der zuständige Bezirksgerichtsdirektor auf einer Belegschaftsversammlung einen engagierten Vortrag »über die verbrecherische Tätigkeit der Organisation Gehlen« gehalten und an die Wachsamkeit der Kollegen appelliert:[128]

Bereits im Jahre 1946 begann der damalige Hitlergeneral Gehlen, seine Spionageorganisation aufzubauen, was ihm ohne Hilfe der amerikanischen Besatzungstruppen niemals möglich gewesen wäre. Seine Zentrale befindet sich in der amerikanischen Kolonie Pullach bei München (...) Wie stark die Amerikaner an dieser Spionage-Organisation interessiert sind, beweisen die großen Zuschüsse aus Amerika, die jährlich 25 Millionen DM (West) betragen. Die Gehlen-Organisation führt gemeinsame Etatbesprechungen mit der amerikanischen Geheimorganisation CIC durch, wo sie Rechenschaft über die Gelder abgeben muß. Für diese Gelder werden von der CIC genaue Aufträge gefordert, die unter allen Umständen durchgeführt werden müssen. Ein großer Teil der Gehlen-Agenten wurde in Amerika geschult. (...) Die Agenten werden von Westberliner Filialen direkt angeleitet. So sollen zum Beispiel Funkstellen eingerichtet werden, die in ständiger Funkverbindung mit den Gegenstellen in Westdeutschland stehen.

CIC? In Amerika geschult? Von Westberliner Filialen angeleitet? Funkstellen? Der Vortrag ließ profunde Sachkenntnis durchblicken. Wenn Hans Wagner auf dieser Betriebsversammlung zugegen war, mag er geschmunzelt haben oder auch besorgt gewesen sein, denn die Richtigkeit der Informationen konnte er wahrscheinlich aus eigener Anschauung beurteilen.

Aus Anlass des 1. Mai 1955, »des internationalen Kampftages aller Werktätigen«, erhielt Dipl-Ing. Hans Wagner erstmals die Medaille »Aktivist des Fünfjahrplanes« verliehen, eine Anerkennung seiner hervorragenden Leistungen für den volkseigenen Betrieb.[129] Keine Frage, der Tischlergeselle aus Gorden legte eine bemerkenswerte Karriere als Ingenieur hin, erwies sich als Fachmann auf den verschiedensten Gebieten. Er kümmerte sich um Rationalisierung und Erfindungen, engagierte sich in der Erwachsenenbildung und hielt vor 200 bis 300 Leuten Vorträge über Kernenergie.[130] Unter skeptischen Kollegen löste der »Hansdampf« mit seinen detaillierten Kenntnissen über die Atomphysik allerdings eher Argwohn aus. Er habe später »manches Mal gedacht, ob der Wagner unser Kraftwerk womöglich als Sprungbrett in die Kernenergie« benutzen wollte, ob die Atomforschung der DDR vielleicht das eigentliche Spionageziel des »Perspektivagenten« gewesen sei, meint Herbert Schulz, zeitweiliger Betriebsleiter des *VEB Eisenwerke West*. Heute ist er sich dessen sicher: »Ich halte Wagner für einen gut ausgebildeten Spion, den man ganz bewusst für bestimmte Aufgaben in die DDR geschickt hat.«[131]

Privat war Hans Wagner inzwischen mit einer Angestellten des Kraftwerkes liiert: Else Zöllner*. Die damals 35-jährige geschiedene Frau lebte mit ihrer Tochter Heidrun* in Barby an der Saale, ein paar Kilometer von Calbe entfernt. Else sollte für fast 30 Jahre die wichtigste Bezugsperson in Wagners Leben werden. Mit ihr blieb er in brieflichem Kontakt, als sie längst getrennte Wege gingen; bei ihr deponierte er später einen Koffer, in dem sich vertrauliche Originalunterlagen vieler Jahre befanden.[132]

Für Else war Hans Wagner die ganz große Liebe. »Sie lag ihm zu Füßen«, erinnern sich die damaligen Kollegen. Einmal sei »Wagner zusammengeklappt und mit Blaulicht ins Krankenhaus eingewiesen worden«. Als Else davon erfahren habe, »rannte sie zu Fuß in die Klinik, den ganzen Weg schreiend«. In Calbe habe man hinterher darüber viel getuschelt. Denn Wagner war – das wussten alle – ein verheirateter Mann. Seine Frau lebte inzwischen mit den beiden Söhnen Philippe und Patrick in der neu erbauten Wohnstadt in der Wilhelm-Pieck-Straße, »mit Bad, elektrischem Licht, Fernheizung« – und »hübschen Grünanlagen«. Letztere existierten allerdings erst auf dem Reißbrett, auf der Baustelle türmte sich noch der Erdaushub.[133] Irgendwann hatte Wagner dem Umzug der Familie aus Westberlin nach Calbe zugestimmt und Jeanne damit Hoffnung gemacht, es würde wieder Harmonie und Ruhe in ihr Leben einkehren.

* Namen geändert.

Das Foto zeigt den Häuserblock, in dem wir wohnen, Richtung Sü-
den. Die Straße ist noch nicht fertig. Alle großen Fenster unten
sind Lebensmittelgeschäfte. Wir haben auch vier Fenster auf der
anderen Seite.
(Von Jeanne Wagner beschriftetes Foto der »Wohnstadt«, ca. Herbst 1955)

Doch Hans Wagner verbrachte die Nächte meist in Barby bei Else
Zöllner. Sogar mit seinen beiden Söhnen Philippe und Patrick
schaute er gelegentlich bei ihr vorbei, als sei es das Selbstver-
ständlichste auf der Welt. Gab es Ärger mit Else, versöhnte sich
Wagner wieder mit seiner Frau. »Ich kann mich erinnern, dass er
nur manchmal kam, nie regelmäßig zu Hause war«, sagt Patrick,
»unsere Mutter entschuldigte ihn dann, er müsse viel für seine
Firma reisen.« Es gab damals viele Tränen, aber immer wenn Hans
wieder auftauchte, war Jeanne bereit, »ihn mit offenen Armen aufzunehmen«.[134]

Im Kraftwerk bot Wagners ausschweifendes Liebesleben Anlass
zu vielerlei Spott und Hohn. Die Kollegen waren sich später nicht
einmal sicher, ob »Monsieur Wagner«, wie sie ihn nannten, in dieser Zeit neben Jeanne und Else nicht noch weitere Affären pflegte.
Aus dem täglichen Anruf seiner Frau im Büro, bei dem diese stets
gleichlautend nachfragte, »mein Mann noch in Betrieb?«, entwickelte sich ein geflügeltes Wort, das wegen seiner Doppeldeu-
tigkeit auch Anwendung fand, wenn der Bonvivant mit Else oder
anderen Frauen beim Austausch von Zärtlichkeiten gesehen
wurde. Wegen seiner bisweilen nervenden Überheblichkeit besaß
Hans Wagner jedoch nicht nur Freunde im Kraftwerk. Viele hielten
den Diplomingenieur, der sein Wissen stets demonstrativ zur
Schau stellte, inzwischen für arrogant; der Kaderabteilung blieb er
wegen seiner rätselhaften Herkunft und dem Fehlen jedes soziali-
stischen Stallgeruchs ohnehin suspekt. Zunächst jedenfalls.[135]

In Halle ließ sich Wagner nicht mehr sehen. Die Ermittlungen der
dortigen Staatssicherheit traten deshalb seit Monaten auf der Stelle.
Der »Verdacht der Agententätigkeit« gegen den »komischen« Hans
Wagner hatte sich bislang nicht bestätigt, allerdings rätselten die
Nachrichtendienstler, warum ihre Zielperson nicht, wie vermutet,
zu Frieda Wernow zurückgekehrt war. Die angekündigte Vernehmung hatte ebenfalls nicht stattgefunden. Anfang Oktober 1955
wurde der »Überwachungsvorgang Aero« eingestellt:

*Die bearbeitung der verdächtigen Person Wagner ergab bisher
keine Anhaltspunkte für eine durchgeführte feindliche Tätigkeit.
Da der Ü-V normalerweise nach 6 Monaten erhoben oder eingestellt werden muß und dieser Ü-V schon fast 2 Jahre läuft wird die
weitere bearbeitung eingestellt und der Ü-V »Aero« in der Abt.
XII zur Ablage gebracht.*

(Aktennotiz der Staatssicherheit Halle vom 3. 10. 1955)

Wurde Wagner stattdessen von der für Calbe zuständigen Staatssicherheit in Magdeburg übernommen? Eine Akte war dort später
nicht auffindbar. Es hätte sie aber geben müssen, denn der Ingenieur sollte noch einmal mit der Staatssicherheit zu tun bekommen.
Wurde das Dossier also vernichtet?[136]

1956 pendelte Hans Wagner zwischen Calbe und Barby, zwischen Jeanne und Else. Mit seiner Freundin schmiedete er Pläne für
ein gemeinsames Leben, mit seiner Frau zeugte er ein weiteres
Kind. Beruflich lief alles wie geplant: Im Kraftwerk bekam er eine
Auszeichnung nach der anderen, am Maifeiertag 1956 »für besondere Leistungen« als »Leiter der technischen Arbeitsgruppe Vor-
schlags- und Erfindungswesen«, ein halbes Jahr später erneut als
»Aktivist des Fünfjahrplanes«. Als Belohnung gab es eine Urkunde
mit dem Namenszug Walter Ulbrichts, außerdem einen Geldpreis
von 150 DM sowie eine Reise nach Moskau, die Wagner noch im
Herbst des Jahres antrat. Der mutmaßliche US-Spion kam auf Besuch in die Hauptstadt des Erzfeindes.[137]

Aber konnte ein Weiberheld und Lebemann wie Hans Wagner
überhaupt einen zuverlässigen Spion abgeben? Oder war gerade das
sein Auftrag, als »Romeo« Kontakte aufzubauen, in sensiblen Be-
reichen der DDR? Seine Karriereplanung ab Mitte 1956 legt diesen
Verdacht nahe: Im Juli verschickte er erste Bewerbungen, an den
VEB Entwicklungsbau Pirna und, der alten Leidenschaft folgend,
an die *Verwaltung der Luftfahrtindustrie* der DDR, beides zweifel-
los Objekte von erheblichem Interesse für die *CIA*.[138]

Wenn es Tarnung war, dann musste sie als nahezu perfekt gelten. Der falsche Diplomingenieur Hans Wagner hatte sich im *VEB
Eisenwerke West* längst als Fachmann unverzichtbar gemacht.
Sein Gehalt war im Oktober in »Anerkennung (...) Ihrer guten
Arbeit« auf 1065 DM erhöht worden.[139] Im Januar 1957 zierte
schon wieder sein Foto im »Blaumann« und mit fescher Schläger-
mütze die Werkszeitung: Kollege Wagner, der Leiter der techni-

Oben: Hans Wagner
mit Kollegen nach
Abschluss der Kundge-
bung zum 1. Mai 1955.
Rechts: Hans Wagner
im Maxim-Gorkij-
Park in Moskau
(1956).

schen Arbeitsgruppe Kraftwerk, hieß es da, sei »einer der besten Rationalisierungsanwälte« des Betriebs.[140] Damit nicht genug: Zusammen mit einem Mitarbeiter des *VEB Görlitzer Maschinenbau* hatte Wagner eine Abdichtung (»Stopfbüchsenpackung«) für Hochdruck- und Heißdampfventile in Kraftwerksturbinen erfunden, die sogar zum Patent angemeldet werden sollte.[141]

Sein Ziel war die Kernphysik, daran ließen seine Bemühungen keinen Zweifel aufkommen. Da traf es sich gut, dass sein ehemaliger Chef Hans B., der ihn 1954 im Kraftwerk Calbe eingestellt hatte, dann nach Eisenhüttenstadt (»Stalinstadt«) gewechselt war, in die Aufbauleitung des ersten Atomkraftwerkes der DDR in Berlin-Niederschönweide berufen wurde.[142] Der frühere Betriebsleiter hielt große Stücke auf Wagner, befürwortete wegen der »fachlichen Qualifikation« dessen Bewerbung nach Berlin, benötigte auch »keine Auskünfte über Ihre Person von dritter Stelle«.[143] Hans B. geriet später selbst in Verdacht, ein Spion für den britischen Auslandsnachrichtendienst *MI6* gewesen zu sein.[144]

Sehr geehrter Herr Wagner!
Ich habe heute Ihren Brief vom 11. d. Mts. erhalten und will ihn sofort beantworten. Auf Ihre Frage, welche neue Tätigkeit ich bekleiden werde, kann ich Ihnen nur mitteilen, daß ich in leitender Funktion in der Aufbauleitung des Kraftwerkes tätig sein werde bezw. schon bin. Sie werden verstehen, daß ich Sie darum bitte, in Ihrer Bewerbung meinen Namen nicht zu erwähnen. Das hat verschiedene taktische Gründe, die ich Ihnen nicht brieflich mitteilen möchte. Auf jeden Fall wird Ihre Bewerbung über meinen Schreibtisch gehen und bei der Begutachtung wird mein Urteil mitentscheidend sein. Aus dem letzten Absatz Ihres Briefes geht hervor, daß Sie sich schon des öfteren um eine Funktion, die Ihrer Qualifikation entspricht, beworben haben. Sie müssen sich darüber im klaren sein, daß bei einem so wichtigen Bauvorhaben, wie es im Werden ist, nur Kader zum Einsatz kommen, die eine gute fachliche sowie gesellschaftliche Vergangenheit haben. Ich hoffe, daß Sie trotzdem Ihre Bewerbung einreichen werden, denn Sie können sich ausmalen, daß in der Perspektive die Kaderfrage für solche Vorhaben eine sehr entscheidende Rolle spielen wird.
Mit vorzüglicher Hochachtung!
(Schreiben von Hans B. an Hans Wagner vom 13. 2. 1957)

Bei aller Kryptik, mit der Hans B. darum bat, offiziell nicht mit der Bewerbung in Verbindung gebracht zu werden, eines lag deutlich auf der Hand: Wagner musste in die Partei! Für die Mitgliedschaft in der SED füllte er mehrere Fragebogen aus.[145] Auch seine offizielle Bewerbung für die Aufbauleitung des *VEB Atomkraftwerk I* brachte er auf den Weg. Die Antwort aus Ostberlin ließ nicht lange auf sich warten:

Wir bestätigen den Eingang Ihrer Bewerbung vom 11. 2. 1957 und freuen uns, daß Sie bereit sind im Bereich unseres Atomkraftwerkes I evtl. mitzuarbeiten. Anbei übersenden wir Ihnen einen Personalbogen mit der Bitte, denselben genauestens ausgefüllt unter Hinzufügung eines ausführlichen Lebenslaufes sowie Zeugnisabschriften uns baldigst zurückzusenden. Nach Eingang dieser Unterlagen erhalten Sie von uns weiteren Bescheid.

(Schreiben der Regierung der DDR/Amt für Kernforschung an Hans Wagner vom 20. 2. 1957)

Zeugnisse? Studiennachweise? Diplom? Drohte so kurz vor dem Ziel alles aufzufliegen? Jetzt hieß es, nicht nervös zu werden. Ihm war klar, dass die Staatssicherheit seine Bewerbung gründlich überprüfen würde. Er durfte keinen Fehler machen. Drei Wochen ließ sich Hans Wagner Zeit, »die gewünschten Unterlagen« bei der Aufbauleitung des *VEB Atomkraftwerk I* einzureichen.[146]

In seinem Privatleben war es in den letzten Monaten drunter und drüber gegangen, das hatte seine nervliche Belastung nicht gerade verringert. Wenn es mit Berlin klappen sollte, das stand fest, würde er Else mitnehmen, nicht Jeanne. Mit der französischen Familie war Schluss, und zwar endgültig.

Am 16. Februar war seine erste Tochter Sabine* geboren worden, doch er hatte sie noch nicht einmal gesehen. Den Kollegen im Betrieb, die ihn darauf ansprachen, sagte er, das Kind sei wahrscheinlich gar nicht von ihm. Damit zog er in der Belegschaft reichlich Unmut auf sich.[147] Tatsächlich lebte er um diese Zeit bereits bei Else Zöllner in Barby, deren Tochter Heidrun, damals 15 Jahre alt, kann sich genau daran erinnern. »Er nannte meine Mutter ›Muckel‹, und ich durfte Vati zu ihm sagen.«[148]

Mitte März 1957, wenige Tage nach Eingang seiner Bewerbungs-

* Vorname geändert

Rechts: Hans Wagner beim Tanz mit der Frau eines Kollegen auf einem Betriebsfest in Calbe/Saale (1955).
Links: Die Aufbauleitung des ersten Atomkraftwerkes der DDR bestätigt die Bewerbung von Hans Wagner (1957).

unterlagen bei der Aufbauleitung des ersten DDR-Kernkraftwerkes, begann sich die Situation für Hans Wagner dramatisch zuzuspitzen. Auch wenn sich die Ereignisse nicht mehr exakt rekonstruieren lassen, so gibt es genügend Anhaltspunkte, die für folgende zeitliche Abfolge sprechen:

Die Kaderleitung des *VEB Atomkraftwerk I* meldete sich bei der Kaderleitung des *VEB Eisenwerke West* in Calbe: Der Bewerber Hans Wagner spreche in seinem Lebenslauf von einem Maschinenbaustudium in Dresden, könne aber keine Dokumente vorlegen, die seien ihm in den Kriegswirren abhanden gekommen. Merkwürdigerweise gebe es in Dresden keine Unterlagen, die seine Angaben bestätigten. Die Kaderleitung in Calbe zog daraufhin den Antrag Wagners auf Mitgliedschaft in der SED aus der Schublade, der einige Wochen zuvor von ihm ausgefüllt worden war, stieß dort auf die Behauptung, er habe in Breslau studiert. Das entsprach seiner Darstellung vom Mai 1954, als er beim damaligen *VEB Kraftwerk Calbe* angefangen und erklärt hatte, seine Papiere seien während einer der Bombennächte von Breslau ein Raub der Flammen geworden. In Calbe wie in Berlin gingen auf einen Schlag sämtliche Warnlichter an.[149]

132

Die Staatssicherheit ließ nicht lange auf sich warten. Sie »stürmte die Verwaltung, durchstöberte Wagners Schreibtisch und versiegelte sein Büro«, erinnern sich die Kollegen von damals, er selbst wurde »verhaftet und zum Verhör abgeführt«.[150] Wagner tischte viele Jahre später, als Kläger im Scheidungskrieg mit seiner französischen Ehefrau Jeanne, dem Landgericht in München eine Variante der Ereignisse in Calbe auf und führte seine Freundin Else Zöllner als Zeugin an. Sie habe »gewisse Kontakte zum Staatssicherheitsdienst« unterhalten und wisse daher, dass Jeanne ihn seinerzeit »der Wirtschaftsspionage und anderer gegen die Gesetzlichkeit der DDR begangener Verfehlungen bezichtigt« habe, »was den Staatssicherheitsdienst tatsächlich dazu veranlaßte, in der Wohnung des Klägers eine Nachforschung anzustellen. Diese falsche Denunziation hat dann auch die Flucht des Klägers aus der sog. DDR verursacht«.[151]

Alles Lüge. Nicht die Anschuldigungen seiner Ehefrau, sondern eigene Fehler bei der Bewerbung brachten die Staatssicherheit auf seine Spur. Die Kollegen sind davon heute noch mehr als damals überzeugt. Und warum, fragen sie, ließen sie ihn schon nach Stunden wieder laufen, obwohl die Biografie doch unzweifelhaft eine Lüge war? Weil er inzwischen auch für sie arbeitete?[152]

Noch am Abend seiner Verhaftung sei Wagner ihm wieder begegnet, das wird Kollege Fritz Drechsel in seinem Leben nicht vergessen. »Er saß im Bus nach Barby, und wie ich ihn ungläubig anstarrte, sagte er nur: ›Mach die Klappe wieder zu, ich bin wieder da!‹«[153] Die anderen ergänzen: »Wen sie sonst holten, der kam so schnell nicht wieder frei. Er muss auf beiden Schultern getragen und auch jemanden bei der Stasi gekannt haben!«[154]

Für ihre Überzeugung spricht, dass es bei der zuständigen Staatssicherheit in Magdeburg offenbar keine Akte über Wagners Zeit in Calbe gibt, auch nicht über die Ermittlungen im März 1957.[155] Wurde sie vernichtet? Viele Jahre später, in den Wendewochen im Herbst 1989, verschwand die gesamte Agentenkartei der Staatssicherheit mit angeblich mehr als 300 000 Namen, in einer Nacht-und-Nebel-Aktion entwendet und in Sicherheit gebracht von Agenten der *CIA* (»Operation Rosenholz«). Die Amerikaner fürchteten die Entlarvung von Spionen, die von der Stasi umgedreht worden waren und als Doppelagenten gearbeitet hatten. Gehörte auch das Wagner-Dossier zu den Rosenholz-Papieren?[156]

Noch in derselben Nacht setzte sich Hans Wagner über Berlin in den Westen ab, reiste erst zu einem Bekannten nach Bremen, kroch danach bei einem Ferdinand B. in Köln unter, in der Plankgasse 7. Ferdinand B. besaß dort ein Elektrogeschäft.[157] Hans Wagner ließ sowohl seine französische Familie als auch seine Freundin in der DDR zurück. Die Staatssicherheit unterzog Jeanne und Else in den folgenden Tagen langen Verhören.[158]

»Wir planten dann so konspirativ wie möglich unsere eigene Flucht«, erinnert sich Heidrun, Elses damals minderjährige Tochter, die sich gerade in der Ausbildung als Drogistin befand und deswegen zunächst in der DDR zurückbleiben sollte, um ihre Lehre zu beenden. Die Möbel in der Wohnung in Barby wurden verkauft, »das Schlafzimmer erhielt ein Polizist aus dem Souterrain. Gut möglich, dass der etwas von der Flucht geahnt, aber geschwiegen hat«.[159]

Am 8. April 1957 betrat Else Zöllner das Postamt in Barby, um ein Telegramm aufzugeben. Sie war sehr nervös.

Oben: Gedenkstein in Gorden mit den Vermissten des Zweiten Weltkriegs, darunter Günter Reinemer. Unten: Passierschein von Jeanne Wagner und ihren drei Kindern für die Rückreise aus der DDR nach Frankreich (1957).

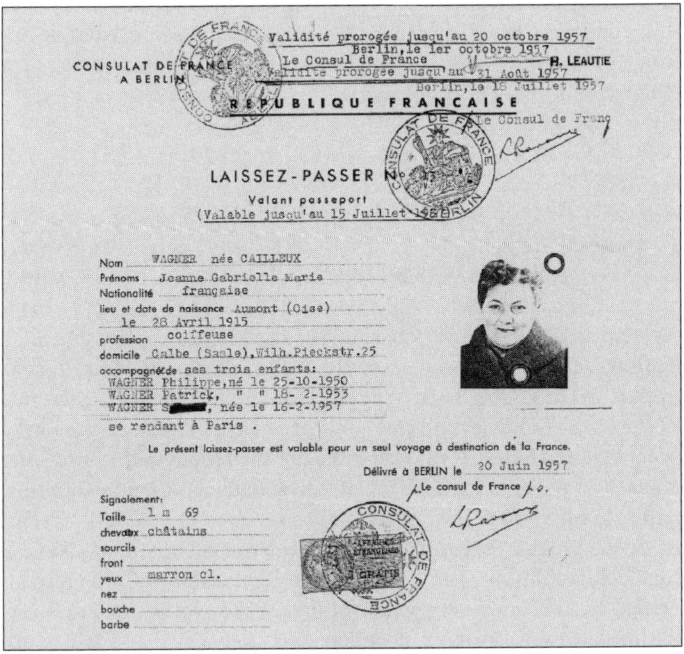

9507 BARBY 15/14 8 1900 HANS WAGNER HAUPTPOSTLA-
GERND KOELN =
BRIEF UNGUELTIG TANTE KOMMT 14. DA KIND ERKRANKT
DEINE MUTTI +

(Telegramm von Else Zöllner an Hans Wagner vom 8. 4. 1957)

Drei Tage später reiste Else Zöllner, ohne eine Nachricht im Betrieb zu hinterlassen, nach Ostberlin, nahm die S-Bahn in den Westen. Dort gab es eine Kontaktadresse, wo sie für einige Tage Unterschlupf fand:

0054 BERLINZEHLENDORF/2 23 11 0915
HANS WAGNER PLANKGASSE 7 BEI B. KOELN
= BIN IN BERLIN ZEHLENDORF WEST SALZACHSTR 19 BEI F.
BITTE ANTWORT UND FLUGKARTE HERZLICHST =
DEINE MUTTI +

(Telegramm von Else Zöllner an Hans Wagner vom 11. 4. 1957)

Am 14. April lag das Ticket endlich am Flughafen Tempelhof bereit. Vielleicht hatte Hans Wagner noch einmal seine alten Beziehungen zu *Air France* spielen lassen. Um 10.15 Uhr setzte Else Zöllner an ihren Geliebten ein letztes Telegramm ab:

0624 BERLINCHARLOTTENBURG/1 15 14 1015
= HANS WAGNER PLANKGASSE 7 BEI B. KOELN
ABFLUG 1900. KOMME BESTIMMT IN SEHNSUCHT =
DEINE MUTTI +

(Telegramm von Else Zöllner an Hans Wagner vom 14. 4. 1957)

An jenem Abend schlossen sich auf dem Kölner Flughafen Else Zöllner und Hans Wagner in die Arme. In der Wilhelm-Pieck-Straße 25 in Calbe/Saale saß die Französin Jeanne Wagner mit ihren zwei Söhnen Philippe und Patrick und der gerade acht Wochen alten Sabine – und verstand die Welt nicht mehr. Ihr Mann Hans hatte sich nach sieben Jahren endgültig von ihr getrennt, hatte sie im Stich gelassen. Was sollte sie noch in der DDR? In den nächsten Wochen begann Jeanne, ihr Leben neu zu ordnen. Am 30. Juni ließ sie Philippe im katholischen Pfarramt von Calbe taufen; etwas, das ihr am Herzen lag.[160] Einige Tage zuvor war sie in Westberlin gewesen, um vom dortigen Konsulat ein »Laissez-Passer«

für die Rückreise der Familie nach Paris zu besorgen, die sich dann mehrfach verzögerte.[161] Der *VEB Deutrans* erhielt den Auftrag, ihre Möbel nach Frankreich zu überführen.[162]

Am 10. Oktober 1957 traten Jeanne und ihre drei Kinder den Heimweg an, 18 Stunden mit dem Zug von Magdeburg nach Paris. Philippe hat den Fahrschein bis heute aufgehoben.[163]

Der Heiratsschwindler
1957 bis 1973

Die Kirchstraße in Ossenberg liegt direkt am Betriebsgelände der Firma *Solvay*. Rheinberg im Süden ist fünf Kilometer, Xanten im Norden 20 Kilometer entfernt, der Rhein zieht fast in Sichtweite gemächlich vorbei.[1] Die Einfamilienhäuser auf der dem *Solvay*-Werkszaun gegenüberliegenden Seite der Kirchstraße sind Anfang der Fünfzigerjahre gebaut und rot verklinkert worden, so wie damals viele Neubauten am Niederrhein.

An einem tristen, regennassen Herbsttag sitzt Hans Wagner in einem karg möblierten Wohnzimmer des Hauses Kirchstraße 19 hinter einer Schreibmaschine und lässt seiner Fantasie freien Lauf. Mit der Begründung, seine persönlichen Papiere, sein Ingenieursdiplom und seine Zeugnisse seien in den Kriegswirren verloren gegangen, gelang es ihm 1954, sich die Anstellung in Calbe/Saale zu erschleichen. Niemand zweifelte an seiner Ausbildung, zumal sich sein Ingenieurswissen sehr bald als profund erwies, doch hier im Westen, im Wirtschaftswunderland, reicht das nicht für eine Karriere, das weiß Wagner. Erschwerend kommt hinzu, dass er wegen seiner Flucht aus der Ostzone natürlich nicht mit einer Beurteilung durch den *VEB Eisenwerke West* rechnen darf. Woher also Zeugnisse nehmen und nicht stehlen? Die Lösung: Er muss sie erfinden und, verbunden mit einer eidesstattlichen Versicherung, als wieder gefundene Abschriften der verschwundenen Originale deklarieren. Diese Vorgehensweise besitzt überdies den Vorteil, dass er seine Qualifikationen den jeweiligen Anforderungen möglicher Arbeitgeber anpassen kann.

Es ist Donnerstag, der 10. Oktober 1957.

Ein halbes dutzend Zeugnisabschriften produziert Wagner wahrscheinlich an jenem Tag über seinen beruflichen Werdegang, mit all jenen Stationen, die ihm vermutlich der US-Geheimdienst *CIC* 1945 in die Legende schrieb, als er ihn auf dem Papier um zehn Jahre altern ließ: für die Zeit 1931 bis 1934 als Ingenieur der *Vereinigten Kraftwerke Dresden* (»überdurchschnittliche Leistung«), die Jahre 1934 bis 1937 bei der *Gonceas Elektrizitäts AG* in Caracas (»ein Mensch mit hohem Wissen, fachlichem Können und [...] Charaktergröße«), die kurze Spanne bei der *Allgemeinen Elektrizitäts-Companie* »in Istambul« (»besonderen technischen Fähigkeiten«) und schließlich seine Tätigkeit im Reichs-Luftfahrtministerium in Berlin:[2]

Reichs-Luftfahrt-Ministerium Berlin
Reichsversuchsanstalt für Luftfahrt-Forschung
Abteilung für Aerodynamik

Akt. Z. RL/LF/A. 275/6   *Berlin, den 14. 10. 1942*

ZWISCHENZEUGNIS

Herr Diplom-Ingenieur Hans Wagner, geb. 1. 3. 1908 in Breslau, zur Zeit wohnhaft in Berlin-Mitte, Prenzlauerberg 172.
Beschäftigt in der Zeit vom 1. 3. 1940 – 15. 10. 1942 als Gruppen-Ingenieur in unserer Abteilung für angewandte Aerodynamik.
Im Rahmen der Forschungsaufgaben wurde Herr Wagner mit der Auswertung von Ergebnissen unserer Abteilung betraut. Die ihm gestellten Aufgaben erfüllte er mit sorgfältiger Gewissenhaftigkeit, die ein beachtliches Wissen in der Materie Strömungs- u. Schwingungstheorie voraussetzt. Am 10. 6. 1941 wurde Herr Wagner zur Überprüfung vorliegender Ergebnisse dem Stab der Abnahme beim RLM unterstellt, sein Arbeitsgebiet verlagerte sich nunmehr auf die Fertigungswerke. Nach Ablegung der Pilotenprüfung am 30. 6. 1941 konnte Herr W. die von ihm und seinen Mitarbeitern erstellten Ergebnisse in der Praxis auswerten.
Auf Grund einer schweren Verwundung in Ausübung seiner Tätigkeit scheidet Herr W. aus unserer Abteilung aus und wird dem Stab der Abnahme und Überführungs-Abteilung unterstellt.
Seine hohen charakterlichen Werte und die gute Zusammenarbeit mit seinen Untergebenen in Verbindung eines beachtlichen Wissens geben Herrn Wagner den Ruf eines ausgezeichneten Mitarbeiters.
Die Ausfertigung dieses Zwischenzeugnisses erfolgt mit Genehmigung seiner vorgesetzten Dienststelle QF 212/3.

Reichs-Luftfahrt-Ministerium
General Flugzeugmeister

139

gez. Wolf
General der Flieger
Chef des Stabes

(Von Hans Wagner gefälschtes Zeugnis, vermutlich 10. 10. 1957)[3]

Zu jener Zeit war Hans Wagner bei der Firma *Wester Maschinen-bau* aus Leverkusen beschäftigt. Er hatte dort im April 1957, kurz nach seiner Flucht aus der DDR über Bremen nach Köln, Anstellung gefunden, zunächst als Schlosser und einige Monate später als Montage-Ingenieur auf einer Baustelle bei den *Solvay*-Werken in Rheinberg-Ossenberg. Dort erweiterte das Unternehmen gerade seine Chemieanlagen.[4]

Am ersten Tag seines Geständnisses in Caracas erzählt Wagner sehr präzise die Details seiner damaligen Beschäftigung in der Bundesrepublik.[5]

WAGNER: *Ich bin also von der Ostzone nach der Westzone gegangen. In der Westzone (…) da bin ich so durch die Gegend gegangen, es war ja alles zerstört, wie man so sagt, durch die Gegend gegangen (…) dann habe ich teilweise gearbeitet in Leverkusen bei der Firma Wester. Von Leverkusen bin ich dann zu einer Firma, Solvay nannte sie sich (…)*
MATSCHKE: *Wie heißt das richtig?*
WAGNER: *Solvay, Sodafabrik, und habe dann in Rheinberg im Rheinland dort gearbeitet. Wir haben da eine Anlage erweitert und aufgebaut. Und so ging es dann …*
KOHLENBERGER: *Bis?*
WAGNER: *Ich bin gerade am überlegen… 1960. Moment, Moment… bis 1960 bei Solvay (…) eine belgische Firma, die (…) also eine Erweiterung durchgeführt hat und zur gleichen Zeit ein PVC-Werk aufbaute …*
KOHLENBERGER: *Als was haben Sie da gearbeitet?*
WAGNER: *Als Mechaniker, Arbeiter (…) Ich war der Leiter von der ganzen Truppe da …*
MATSCHKE: *Vorarbeiter?*
WAGNER: *Ich wurde Meister schon (…)*
MATSCHKE: *Werksmeister?*
WAGNER: *Ja, richtig.*

(Vernehmung von Georg Wagner am 27. 8. 1988)

Am nächsten Tag fragen Klaus-Dieter Matschke und Hans-Georg Kohlenberger erneut, sogar mehrfach nach dieser Zeit in den Fünfzigerjahren. Und sie insistieren, bohren nach. Dabei gerät Wagner mit den zeitlichen Angaben seiner beruflichen Engagements erheblich durcheinander, weil er sich entweder nicht mehr richtig erinnert, oder weil er über die Zeit in der DDR unter keinen Umständen Auskunft geben will. Stattdessen datiert er die Zeit bei *Wester* und *Solvay* nach vorn. Sein Hinweis vom Vortag, er sei aus der Ostzone in die Westzone gegangen, bleibt die einzige vorsichtige Andeutung seiner Zeit in der DDR.[6]

KOHLENBERGER: *Wann nach Leverkusen?*

WAGNER: *1950. Bis dahin nichts gemacht ...*

KOHLENBERGER: *Zu welcher Firma?*

WAGNER: *Firma Wester (...) und die haben uns geschickt für Montagearbeiten nach Rheinberg ...*

KOHLENBERGER: *Wie lange haben Sie da gearbeitet?*

WAGNER: *Zweieinhalb Jahre.*

KOHLENBERGER: *Dann sind Sie 1952 ...?*

WAGNER: *... immer noch bei Wester (...) haben wir für die Solvay das Kunststoffwerk mit aufgebaut (...) bis 1960.*

KOHLENBERGER: *Ich will jetzt wissen, von wann bis wann Sie wo gearbeitet haben! Und wenn Sie mir morgen wieder was anderes erzählen, dann lasse ich Sie fallen wie eine heiße Kartoffel. Sie erzählen mir jeden Tag etwas anderes (...) und ich habe keine Lust, mich hier Stunden mit Ihnen hinzusetzen ...*

WAGNER: *No, no, da haben Sie Recht ...*

KOHLENBERGER: *Ich überprüf das morgen wieder. Also, auf geht's!*

WAGNER: *1950 gearbeitet bei Wester bis 1955 (...) dann van Erp, anschließend beim Breugel in Brüssel (...) bis 1958.*

KOHLENBERGER: *Ich denke Montanunion?*

WAGNER: *... der Breugel gehört zur Montanunion (...)*

KOHLENBERGER: *Von wann bis wann?*

WAGNER: *Da muss ja einer ein Gehirn haben ...*[7]

(Vernehmung von Georg Wagner am 28. 8. 1988)

Über den Erwerb seines Ingenieurtitels hat Wagner offenbar über Nacht eine Story ausgebrütet, um sich nicht über die Jahre in Frankreich und in der DDR zu verplappern, wo er ja bereits als Diplomingenieur aufgetreten war.

KOHLENBERGER: *Wie haben Sie den Ingenieurstitel erlangt?*
WAGNER: *Ich habe in Duisburg meinen Schweißfachmann gemacht ...*
KOHLENBERGER: *Wann war das?*
WAGNER: *(...) bevor ich nach Brüssel ging ...*
KOHLENBERGER: *1953/54?*
WAGNER: *Ja, wenn Sie drei Jahre als Schweißfachmann gearbeitet haben, dann waren Sie Ingenieur ...*
KOHLENBERGER: *Aha. Dann haben Sie da den Ingenieurtitel erhalten?*
WAGNER: *Ja. Schweißfachingenieur für alle Materialien.*[8]

(Vernehmung von Georg Wagner am 28. 8. 1988)

Es waren äußerst magere Jahre damals als Untermieter in der Kirchstraße 19 – für Hans Wagner, seine 38-jährige Freundin Else und deren Tochter Heidrun. Sie hatte einige Wochen nach ihrer Mutter aus Barby in den Westen »rübergemacht«. Das Geld reichte hinten und vorn nicht, an größere Anschaffungen sei nicht zu denken gewesen in der ersten Zeit, erinnert sich Heidrun. »Der Vati«, wie sie ihn nannte, »arbeitete mit der Schippe in der Hand bei der *Solvay*.« Sobald Wagner seinen Tageslohn ausgezahlt bekommen hatte, »stellte er sich auf das Fabrikdach und schwenkte mit seiner Mütze«. Das sei dann für ihre Mutter das verabredete Zeichen gewesen, ans Werkstor zu eilen und sich von ihm die Lohntüte aushändigen zu lassen, »damit abends wenigstens etwas auf dem Tisch stand«.[9] Irgendwann besserte sich die Situation, als Else eine Anstellung in der Buchhaltung eines Kaufhauses im nahe gelegenen Moers fand und Heidrun begann, als Drogistin zu arbeiten.

Und doch waren es auch schöne Jahre, sagt Heidrun. Fotos aus jener Zeit bestätigen das: Am 1. Mai 1958, als das erste warme Frühlingslüftchen den Rhein hinabzog, ging die Familie mit ein paar Freunden am Fluss spazieren, nicht mit roten Fahnen und parolenbemalten Transparenten, wie noch zwei Jahre zuvor, sondern in luftigen Sommerkleidern, die Else selbst geschneidert hatte. Im Frühjahr fuhren sie einige Male in die Niederlande, zur Tulpenblüte. Auf dem Betriebsfest der *Solvay* 1958 leerte Hans Wagner mit seinen Kollegen ein ganzes Bataillon von Weinflaschen, ehe sie mit den Damen des Betriebs per Polonäse durch den Saal zogen. Dem Alkohol wurde ohnehin oft und viel zugesprochen: Wagner liebte seine Stammkneipe gegenüber von *Solvay*, und zu Hause stand häufiger eine Flasche Eierlikör für Else und »Martini« für das Familienoberhaupt und Heidruns Verlobten Gernot auf dem Tisch.[10]

Die beiden Frauen an seiner Seite ahnten keinen Moment, dass Hans Wagner eigentlich Günter Reinemer hieß, dass es neben seiner Familie in Frankreich, die er verlassen hatte, noch eine Familie in Gorden in der Niederlausitz gab, dass er ein Geheimnis mit sich herumtrug über seine Verbrechen in der SS und seine Tätigkeit als amerikanischer Spion. Und dass er womöglich inzwischen sogar als Doppelagent arbeitete, für die *CIA* und für die Staatssicherheit der DDR.[11]

Jeanne nagte seit ihrer Rückkehr aus der DDR regelrecht am Hungertuch. Sechs Jahre nach der Flucht vor den hasserfüllten Landsleuten in Senlis, die ihr die Heirat mit dem deutschen Kriegsgefangenen verübelt hatten, nach dem unbeschreiblichen sozialen Aufstieg zur angesehenen Ehefrau des leitenden *Air France*-Angestellten Hans Wagner in Berlin, nach der bitteren Zeit im trostlosen Calbe, war sie am Ende. In ihre Heimatstadt Senlis wollte sie auf keinen Fall zurück. Zwar hatte die Familie vorübergehend Unterschlupf gefunden im 19. Pariser Arondissement bei einer Madame Dupré, die in den folgenden Jahren eine Art Mittlerrolle zwischen Hans Wagner und seiner Frau übernehmen sollte, aber das war allenfalls eine Notlösung.

Jeannes inzwischen 18-jähriger Sohn Alain (aus der Ehe mit dem Militärpiloten Gustave Mültner), der bei der Großmutter in Aumont lebte, bekam inzwischen keine finanzielle Unterstützung mehr vom Staat und hatte einen Job in der Lokomotivfabrik *Brissoneau & Lotz* in Creil angenommen; er galt damit als unterhaltspflichtig für den Rest der Familie.[12] Auch Sabine lebte bei Jeannes Mutter, während die beiden Brüder Philippe und Patrick auf ein Internat der *Assistance Publique*, der staatlichen Wohlfahrt, gingen, das Waisen oder Kindern bedürftiger Familien vorbehalten war.[13]

Jeanne lag die meiste Zeit im Krankenhaus, litt als Folge häufigen Kontakts mit aggressiven Haarbleich- und Färbechemikalien an einem schweren Hautekzem, das es ihr unmöglich machte, den Beruf als Friseuse wiederaufzunehmen. Und Hans Wagner? Über Madame Dupré kam nur gelegentlich eine Nachricht, Unterhalt

Hans Wagner als Vorarbeiter eines Montagetrupps bei den *Solvay*-Werken (hintere Reihe, Dritter von links).

zahlte er nicht. »Er schickte nicht einen einzigen Centime«, erinnert sich Sohn Patrick an nächtelange Weinkrämpfe seiner Mutter. Wenn er damals, ganz selten, zum Wochenende aus dem Internat nach Hause kam, stand »zum Abendessen nur ein Café au lait auf dem Tisch, sonst nichts«.[14] Seinen herzlosen Vater kümmerte das offenbar nicht:

Ich habe Deinen Brief erhalten und bitte um Entschuldigung, wenn ich Dir meine Adresse noch nicht gebe, denn ich weiß wohl, daß Du mich von der Polizei oder anders verfolgen lassen willst.[15]
(Brief von Hans Wagner an seine Frau Jeanne vom 2.4.1958)

Ende 1958 saß Hans Wagner auf der Straße. Die Arbeiten auf der Ossenberger Baustelle bei der *Solvay* waren abgeschlossen, und die Firma *Wester* hatte für ihn und seinen Arbeitstrupp keine weitere Verwendung. Morgens zog er seinen Zweireiher an, in dem er obenherum wie ein Gentleman aussah, unten indes wegen der zu kurzen Hosenbeine immer etwas linkisch, und traf sich mit den Kollegen in der Stammkneipe. Nachmittags setzte er sich dann an die Schreibmaschine, schickte Bewerbungen ab mit den Lebensläufen und Zeugnisabschriften, in denen kein Wort der Wahrheit entsprach.

Erst zum 1. Mai 1959 fand Hans Wagner eine neue Stellung, als technischer Betriebsleiter der *A. Kroog KG*, Ingenieurbüro und

Hans Wagner
Dipl. Ingenieur
Osenberg Kr. Moers (Rhld)
Gürlichstr. 13.

Lebenslauf.
Hans Georg Friedrich Wagner, geb. 1.3.1908 in Goslar.
Sohn des Dr. Chemie Georg Leonardo Wagner und dessen
Ehefrau Margarete von Gültzingslöwen. Auswanderung
der Eltern 1912 nach den U.S.A. Seine Erziehung erfolgte durch den Großvater meiner Mutter, den Chirurgen
Prof. Dr. von Gültzingslöwen.
Von 1913 bis 1925, Besuch des K. Bernard Gymnasiums
in Goslar, Abschluss Abitur.
Von 1925-1931, Studium Maschinenbau an der TH Dresden,
Abschluss Dipl. Ingenieur.
1931-1934, Betriebs-Ingenieur im Kraftwerk Dresden-
Nord.
1934-1937, Betriebs-Ingenieur bei der Firma Genssen
in Caracas, Gouv. Venezuela, Allgem. Maschinenbau.
1937-1940, Ingenieur für Aerodynamik bei der Bills-
versuchsanstalt für Luftfahrtforschung.
1940-1944, Abnahme Ingenieur beim ehemaligen R.L.M.,
Berlin, Leipzigerstr.
1944-1948, Kriegsgefangenschaft (Amerikaner u. Franzosen)
1948-1953, Spezial-Ingenieur einer zivilen Luftfahrts-

Handgeschriebener Lebenslauf von Hans Wagner mit Ingenieurslegende und
Luftfahrtskarriere (wahrscheinlich 1957/58).

Rohrleitungsbau, in Bremen. Es schien zunächst eine interessante Aufgabe, entpuppte sich dann aber als verheerende Katastrophe. Schon nach wenigen Monaten zeichneten sich erhebliche finanzielle Probleme des Unternehmens ab, die Anfang 1960 immer bedrohlicher wurden.[16] Als der Gang zum Konkursrichter anstand, übernahm Hans Wagner die Firma von deren Besitzern – samt deren Schulden. Er zeichnete sogar eine Bürgschaft über 10 000 DM beim Bremer *Bankhaus Neelmeyer*, offenbar ohne sich ein Bild von der tatsächlichen finanziellen Lage zu machen. Als offenstehende Rechnungen von den Kunden der *A. Kroog KG* nicht beglichen wurden, forderte das Kredithaus im Juni 1960 die verbürgte Summe von Wagner. Ein letzter Versuch seines Anwalts, den Übernahmevertrag mit den alten Gesellschaftern anzufechten, »hilfsweise den Rücktritt wegen Fehlens bzw. Wegfalles der Geschäftsgrundlage« zu erklären, scheiterte kläglich. Das Geldinstitut ließ nicht locker, das Finanzamt verlangte nicht gezahlte Gewerbesteuern, und überdies stellten mehrere Anwälte ihre Rechnungen. Wagner war in erheblichen finanziellen Schwierigkeiten.

Da er über keinerlei Rücklagen verfügte und wohl auch nicht zu zahlen gewillt war, entzog er sich seinen Gläubigern, wie später so häufig, durch Flucht. Er wechselte seine Anschrift, was in der Regel mit dem Wechsel einer Frauenbekanntschaft einherging.[17] In Bremen hatte der Schwerenöter zunächst bei der Witwe Elisabeth M. eine Bleibe gefunden, danach bei der Witwe Erika M. Doch als die Gerichtsvollzieher ab Mitte Juli 1960 schließlich an deren Tür klopften, war Wagner schon wieder verschwunden. Neue Anschrift: bei Familie B. in Essen.[18]

Zwischendurch und an manchen Wochenenden ließ sich Hans bei Else in der Kirchstraße in Ossenberg sehen, schwindelte ihr vor, sie sei die einzige Frau in seinem Leben. Doch Else ahnte längst, dass es Wagner mit der Treue nicht sehr ernst nahm. Sie hatte zu oft und hautnah erlebt, wie leicht es ihm mit seiner charmanten Art fiel, ihre Geschlechtsgenossinnen um den Finger zu wickeln.[19]

Und dann war da ja auch noch seine französische Ehefrau Jeanne, »Madame«, wie er sie abfällig nannte. Mit ihr hatte er 1960 wieder Kontakt aufgenommen, ohne allerdings seiner Unterhaltspflicht nachzukommen. Von Else wurde er immer wieder gedrängt, sich von Jeanne scheiden zu lassen, sie sei auch bereit, seine beiden Söhne aufzunehmen, die sie aus der Zeit in Calbe kannte. Doch Hans Wagner fand immer die gleiche Ausrede, »eine endgültige

Trennung sei schwierig, weil Jeanne zu viel über ihn wisse«. Daran kann sich Elses Tochter Heidrun erinnern.[20] War es eine Ausrede oder entsprach es der Wahrheit?

Über den Jahreswechsel 1959/60 reiste Wagner aus Bremen nach Paris. Und bei dieser Gelegenheit, so hatte er Else versprochen, wolle er mit einem Anwalt konkret über die Scheidung sprechen.

Du meinst, weil meine Reise nach Paris zu teuer geworden ist soll ich Dir kein Geld schicken, das dürfte doch wohl ein Witz sein. Gewiß hat es eine Kleinigkeit gekostet aber auf keinen Fall soviel daß ich euch ohne Geld lasse. Ich kam erst sehr spät hier aus dem Laden und konnte nicht den Zug nehmen den ich wollte war also erst am Neujahr früh um 8.00 Uhr in Paris, sodaß Mr. B. bei dem ich wohnte sehr lange auf mich warten mußte. (...) Am Samstag früh sind wir dann zu einem Notar sprich Maitre gegangen und haben das Wichtigste besprochen, am Samstag nachmittag haben wir dann die Jungen besucht und ich muß sagen ich war erstaunt sie in einer so guten Verfassung zu sehen, sie waren sauber und gut genährt. Was Madame anbelangt so war sie sehr vernünftig wenn auch skeptisch, ansonsten war alles sauber und ordentlich. Über das Päckchen mit Lekerein und Spielsachen haben sie sich riesig gefreut. Ansonsten waren sie sehr traurig das ihr Vati wieder wegfuhr. Eine Hergabe der beiden Jungen lehnt Madame nicht gerade ab, aber es würde eine schöne Summe kosten (...) Die Aussprache in Duisburg ist auf einen späteren Tag verschoben worden (...) Was die Erklärungen anbelangt, so werden wir darüber sprechen, wenngleich ich darauf weniger Wert lege, aber es muß ja sein. So sei für heute herzlichst gegrüßt und geküßt.[21]
(Brief von Hans Wagner an Else Zöllner vom 9.1.1960)

Schon als sein finanzieller Offenbarungseid durch die Übernahme der bankrotten *A. Kroog KG* in Bremen absehbar gewesen war, hatte Hans Wagner begonnen, Stellenanzeigen zu studieren und Bewerbungen zu schreiben.

WAGNER: *(...) dann bin ich nach Essen. Da habe ich bei der Rohrleitungsfirma Hirsch gearbeitet. Von Hirsch wurde ich dann von Essen aus nach Hamburg versetzt zur Niederlassung in Hamburg, habe dort gearbeitet (...)*
(Vernehmung von Georg Wagner am 28.8.1988)

Mitte Juli 1960 fing er bei der Firma *Fritz Hirsch Rohrleitungsbau* in Essen an, bezog dort eine Zweitwohnung.[22] Er betreute verschiedene Projekte, den Bau von Pipelines, auch im Ausland.[23] Im Oktober 1961 versetzte ihn sein Unternehmen in die Filiale nach Hamburg, stellte ihm dort sogar eine Werkswohnung zur Verfügung. Und diesmal bat er, ganz entgegen der sonstigen Gepflogenheiten, seine Ossenberger Familie, Else, deren Tochter Heidrun und den Schwiegersohn Gernot, mit ihm nach Hamburg überzusiedeln.[24]

Fast 20 Jahre nach seiner Zeit in Hamburg, in der er sich mit seiner damaligen Freundin Grete verlobt hatte, obwohl er mit Elisabeth in Gorden verheiratet war, kehrte Günter Reinemer als Hans Wagner in die Hansestadt zurück. Und wenn ihn jemand wiedererkannte?

»Die Werkswohnung im Korverweg in Billstedt war sehr komfortabel und schön«, erzählt Heidrun. Ihrem Mann Gernot vermittelte der »Vati« einen Job bei *Hirsch*, er verdiente damals »gutes Geld«, es seien zunächst harmonische Monate gewesen in Hamburg. Elses Tochter »genoss das Leben in der Großstadt«. Erst als sie 1962 Zwillinge zur Welt brachte – Mädchen –, sei es häufig zu Streitereien gekommen, vor allem zwischen Wagner und ihrem Mann. Es waren »Hahnenkämpfe«, einmal seien sie sich sogar »fast an die Gurgel gegangen«. Gernot fühlte sich bevormundet.[25] Doch es ging wohl auch um krumme Geschäfte, in die Hans Wagner verstrickt war.

Gernot zog kurze Zeit danach aus und ging nach Rheinberg zurück. Heidrun und die Zwillinge blieben zunächst in der Wohnung in Hamburg-Billstedt. Doch es kehrte kein Familienfrieden mehr ein. Aus der Nähe und doch mit der nötigen Distanz beobachtete damals Irmgard J., Elses Schwägerin aus Hamburg-Lohbrügge, das Familienleben im Korverweg. Sie macht keinen Hehl daraus, dass ihr Hans Wagner schon damals sehr suspekt gewesen sei. »Ich hielt ihn für einen Betrüger und Hochstapler«, sagt sie, »er spielte immer irgendwelche Rollen, mal brüstete er sich als ehemaliger Pilot, mal als Projektleiter in der Dritten Welt.« Das habe offenbar auf die Frauen großen Eindruck gemacht, denn »man munkelte über viele Geschichten«.[26]

Eines Tages stand in Billstedt eine von Wagners Freundinnen aus Bremen vor der Haustür, sie wolle sich die »Wagner-Sippe« einmal anschauen, sagte sie zunächst sehr selbstbewusst. Auf irgendeinem Weg hatte sie offenbar seine Anschrift ausfindig gemacht. Sie habe ihre Mutter ins Altersheim gebracht und ihr Haus verkauft, um mit Wagner zusammenleben zu können, erfuhr Else von der unerwarteten Besucherin, die dann laut schluchzend wieder abzog und ihr, schon auf den Treppenstufen, zurief: »Sagen Sie ihm, ich werde ihn als Heiratsschwindler anzeigen!«[27]

»Er war ein menschliches Ekel«, empört sich Irmgard J. noch heute. Einmal habe Else ihr gegenüber sogar Andeutungen gemacht, dass »sein Name vielleicht nicht stimmt, weil er bei der SS war«.[28]

Pflegte Wagner in diesen Jahren noch Umgang mit ehemaligen SS-Offizieren, auch in Hamburg? Bei den Vernehmungen in Caracas ging er zweimal auf die geheimnisvolle *Organisation der ehemaligen SS-Angehörigen (Odessa)* ein, die vielen Kriegsverbrechern zur Flucht aus Deutschland verhalf:[29]

MATSCHKE: *Wie kann man den Kontakt aufnehmen mit der Gruppe der Ehemaligen?*

WAGNER: *Da gibt es in Hamburg einen Dr. Kretzschmar, ehemaliger SS-Gruppenführer (...) mit Vorname Rudolf (...)*

MATSCHKE: *Was macht der in Hamburg jetzt?*

WAGNER: *Er ist der Verbindungsmann, er ist zu alt, um irgendetwas zu tun (...) er ist nur der Verbindungsmann, der den ganzen Haufen da zusammenhält.*

MATSCHKE: *Wie heißt denn die Organisation konkret?*

WAGNER: *Vereinigung ehemaliger SS-Angehöriger (...)*

MATSCHKE: *Und wen gibt es noch in Deutschland?*

WAGNER: *Obersturmbannführer Herbert Hübner, da müssen Sie einen Doktor vorsetzen, der war nicht Arzt, der war (...) beim Volksgerichtshof.*

KOHLENBERGER: *Wo wohnt der?*

WAGNER: *In Ulm (...)*

MATSCHKE: *Mit wem hatten Sie denn Kontakt in der Gruppe? Sie hatten doch Kontakt (...)*

WAGNER: *Ein einziges Mal (...) und das war mit dem Hübner.*

MATSCHKE: *Und warum haben Sie Kontakt gehabt?*

WAGNER: *Ich hatte eine Möglichkeit gesucht, aus Deutschland rauszukommen, und das machen die ja.*[30]

(Vernehmung von Georg Wagner am 28. 8. 1988)

Anfang 1963 steckte Hans Wagner in massiven Schwierigkeiten – wieder einmal. Die Hintergründe sind auch im Rückblick nicht klar erkennbar, Irmgard J. hält »kriminelle Machenschaften« für wahrscheinlich, Stieftochter Heidrun immerhin »für nicht ausgeschlossen«.[31] Jedenfalls hob sein Arbeitgeber Fritz Hirsch den gut dotierten Vertrag erst »einvernehmlich« auf, kündigte ihm danach jedoch fristlos. Sein Anwalt riet ihm, dass »Sie eine entsprechende Klage gegen die Firma *Hirsch* führen müssen, schon um Ihre Rehabilitierung herbeizuführen«.[32] Doch Wagner hatte sich bereits abgeseilt, arbeitete bei einem Konkurrenzunternehmen in Rheinhausen, bezog ein paar Monate später wieder ein Zimmer in Ossenberg, in der Kirchstraße 19.[33] Und zu alledem legte er sich auch noch mit seinem Hamburger Anwalt an, der ihn vor dem Arbeitsgericht vertreten sollte. Der gab das Mandat mit erheblicher Empörung zurück: »Ein Anwaltsvertrag (…) beruht (…) auf beiderseitigem Vertrauen; wenn dieses Vertrauen zerstört wird – und das ist vorliegend bei mir der Fall – ist es auch nicht wiederherzustellen.«[34]

Auch in der Familie gab es Krach. Else und deren Tochter Heidrun konnten nicht verstehen, dass Wagner keine Miete zahlte, seinen Job durch eigenes Verschulden verloren hatte und dann auch noch Hals über Kopf aus Hamburg verschwunden war, als säße ihm die Polizei im Nacken. Zum Glück verfügte Else inzwischen über eigenes Einkommen, als Prokuristin der *Norddeutschen Gewürzmühle*. Deren Seniorchef vermittelte ihr, der Tochter und den beiden Zwillingen im September 1963 eine neue Wohnung im Grevenweg, kleiner zwar als die vorherige und »längst nicht so schön«, erinnert sich Heidrun, »aber die Werkswohnung am Korverweg war uns natürlich sofort gekündigt worden«.[35]

Wagners Rauswurf bei *Hirsch Rohrbau* und seine Flucht bedeutete das Ende der Liebesbeziehung zu Else Zöllner, mit der er sich sechs Jahre zuvor aus der DDR abgesetzt hatte, auch wenn er sie später schamlos auszunutzen wusste, auch wenn er noch ein paar Mal unangemeldet in Hamburg auftauchte und in ihr Bett zurückkehrte. Bis 1984, weitere 20 Jahre lang, blieb Wagner mit Else in Kontakt, versprach ihr immer wieder die Rückkehr und Heirat, sogar noch aus Caracas, als er längst mit Rosa Rabinowicz zusammenlebte.[36] In Hamburg ließ Hans Wagner Ende 1963 jenen Koffer mit Unterlagen, Papieren und Fotos zurück, der später von Heidrun in Elses Nachlass gefunden und aufbewahrt wurde.[37]

Im Herbst 1963, als Wagner wieder allein in der niederrheinischen Provinz lebte, in Ossenberg gegenüber der *Solvay*, besann er sich seiner französischen Familie, verabredete sich einige Male mit Jeanne und seinem Stiefsohn Alain, der zu jener Zeit in der französischen Armee Dienst tat und in der *Bellevedere*-Kaserne in Trier stationiert war. Einmal habe Wagner ihn, seine Freundin und seine Mutter erst nach Saarbrücken in ein teures Hotel und dann ein paar Tage nach Österreich eingeladen, erinnert sich Alain. »Als ich ihm meine Elisabeth vorstellte, reagierte er ganz sonderbar und geistesabwesend: ›Ach so, Elisabeth heißt sie.‹« Der Grund sei ihm erst jetzt klar geworden, als er erfahren habe, dass Wagners damalige Ehefrau in der DDR ja auch Elisabeth hieß.

Auf der Fahrt in die Alpen wollte er von Alain wissen, welchen Beruf er nach der Militärzeit zu ergreifen gedenke. Als der ihm antwortete, Fernmeldetechniker könnte ihm Spaß machen, platzte es aus Wagner heraus. Das sei »kein Problem« für ihn, er könne eine Stelle in Köln besorgen. »So war er, immer der Mann mit den angeblich so guten Beziehungen«, sagt Alain, der dann keinen Gebrauch von dem Angebot machte: »Was sollte ich als Franzose in Köln?«[38]

Kurz vor Weihnachten 1963 stellte sich Hans Wagner bereits wieder bei einer neuen Firma vor, der *Gottfried Bischoff KG* in Gelsenkirchen, einem Unternehmen, das Gasanlagen produzierte.[39] Der Kontakt war von seiner neuen Lebensgefährtin hergestellt worden: Luise Schneider*, damals bereits 56 Jahre alt; er hatte sie kurz zuvor über eine Kontaktanzeige kennen gelernt.[40] Sie verliebte sich auf den ersten Blick – und Wagner taxierte sie als lohnende Partie: Liesel, wie er sie nannte, war eine vermögende Geschäftsfrau mit eigenem Juwelierladen, einer schmucken Wohnung hinter den Verkaufsräumen und einem Ferienhäuschen im Schwarzwald. Zu Weihnachten zog er bei ihr in die Alemannenstraße ein, längst war sie seinem Charme erlegen. Sie kaufte ihm neue Anzüge, lud ihn zu Urlaubsreisen ein, kochte ihm Reis mit brauner Butter (sein Lieblingsessen), wies die Mutter ihrer Schwiegertochter energisch zurecht, als diese äußerte, sie traue Wagner nicht über den Weg, seit sie ihn einmal auf dem Postamt erwischt habe, wo er postlagernde Sendungen abholte. »Warum lässt er sich

* Nachname geändert

seine Briefe nicht in die Alemannenstraße schicken?«, fragte sie, doch Luise ignorierte das.[41]

Durch sein sicheres Auftreten wuchs Wagner schnell in die Familie hinein, alle waren glücklich, dass Liesel auf ihre Tage noch einmal das Glück einer neuen Partnerschaft gefunden hatte. Ihr Mann war ein paar Jahre zuvor verstorben, und Manfred, ihr erwachsener Sohn aus erster Ehe, wusste Liesel, war »kein großes Licht«, hinterließ überall »Saufschulden«. Liesel litt an Herzschwäche, »ich war damals sehr krank« durch das »viele Leid im Leben«, doch »du hast mich wieder froh und glücklich gemacht«. Als sie sich den Beginn ihrer Liebe zu Hans Wagner sechs Jahre später noch einmal in Erinnerung rief, war sie wieder gesund, aber ihr Herz gebrochen.[42]

Else in Hamburg erfuhr nichts von seiner neuen Freundin, mit ihr wollte er es sich nicht verscherzen. Ihre Tochter Heidrun und deren Mann Gernot erinnern sich allerdings, dass Wagner in dieser Zeit irgendwann »mit einer Schmuckkollektion« unterwegs war und private Geschäfte zu machen versuchte. Tatsächlich hatte Liesel ihm den Warenkoffer anvertraut, er könne ja etwas an seine Kollegen bei der *Gottfried Bischoff KG* verkaufen.[43]

Um Else in Hamburg hinters Licht zu führen, mietete sich Wagner in der Gelsenkirchener Mühlbachstraße ein möbliertes Zimmer, tauchte dort aber nur selten auf, wie sich seine damaligen Vermieter Adolf und Margarete C. erinnern. Sie hielten ihn für einen etwas sonderbaren Mitmenschen, nannten ihn den »verdrehten Vertreter«, der meist auf Touren war. Erst als er später heimlich wieder auszog, ohne die letzte Miete zu zahlen, stattdessen die Matratze mitgehen ließ und kurze Zeit später »die Polizei vor der Tür stand, um sich nach Herrn Wagner zu erkundigen«, wurde ihnen klar, dass es sich bei ihrem Mieter »offensichtlich um einen Kriminellen« gehandelt hatte.[44]

Else tischte er eine geheimnisvolle Geschichte auf, schrieb von einer »Tarnadresse« in Gelsenkirchen, als seien wieder einmal Gläubiger, Staatsanwälte oder Ganovenfreunde hinter ihm her.

Ich wollte Dir Muckel noch mitteilen, wenn Post für mich da ist schicke sie Gelsenkirchen postlagernd wie immer, schicke die Post aber nicht an die Gelsenkirchner Adresse die in meinem KFZ-Brief steht, daß ist nur eine Tarnadresse, ich habe da zwar ein Zimmer gemietet aber gesagt daß ich in Lybien bin und vorerst

Oben: Wagner mit seiner
Lebensgefährtin Else (Mitte),
deren Tochter Heidrun (links)
und einer Freundin (wahr-
scheinlich 1961).
Rechts: Vom Bezirksamt
Hamburg-Mitte ausgestellter
Pass von Hans Wagner (1963).

153

nicht da bin. Sollte Dich irgendwer befragen so sagst Du immer
ich bin noch in Lybien und komme in diesem Jahr nicht zurück,
du weißt ja warum! Nun habe ich ein besonderes Anliegen mein
Muckel, wäre es Dir möglich für Sabine ein Kleid zu nähen? Ich
möchte der Madame dafür kein Geld schicken, denn das ginge
unter für anderen Kram, da die Kleine ein Kleid braucht möchte
ich ein fertiges schicken. Wenn Du alles dazu kaufen kannst und
es nähen, wäre ich Dir sehr dankbar, das Geld dafür würde ich Dir
schicken. Sabine ist jetzt 8 Jahre. Nun Du überlegst es Dir bitte
und gibst mir Bescheid (...) Nun will ich für heute schließen und
umarme Dich herzlichst, liebe Grüße und Küsse, Dein Hans.
(Brief von Hans Wagner an Else Zöllner vom 28. 3. 1965)

Der Anflug von väterlicher Sentimentalität kam nicht zufällig:
Hans Wagner hatte kurz zuvor ein Foto seiner achtjährigen Tochter erhalten. »Für meinen Papa, den ich liebe«, stand auf der Rückseite von Kinderhand geschrieben. War ihm das etwa doch zu Herzen gegangen?[45]

Im Mai 1965 feierte Sohn Patrick in der Kirche von Nanterre, östlich von Paris, die Erstkommunion. Dorthin war Jeanne mit ihren
Kindern inzwischen verzogen. Wagners Söhne Philippe und Patrick
gingen nach wie vor ins Internat für Bedürftige. Die Familie lebte
von der Fürsorge. »Wir konnten nur dank finanzieller Unterstützung durch die Stadt Nanterre überleben, und mithilfe der Wohlfahrt, die einen Teil der Miete übernahm und uns ein bisschen Geld
für Essen und Heizung gab«, erinnert sich Patrick, der damals zwölf
Jahre alt war.[46] Alain und Gérald, die beiden älteren Brüder, beide
inzwischen berufstätig, gaben etwas von ihrem Lohn ab.[47]

Und der Vater? »Er kam ein einziges Mal nach Nanterre in all
den Jahren, für einen einzigen Tag, das Auto voller Geschenke«,
entsinnt sich Philippe, »und dann saßen wir um den Mittagstisch,
und keiner sagte etwas, das war schlimm.« Nach zwei, drei Stunden war Wagner auch schon wieder weg, ohne sich zu verabschieden. Ließ er Geld zurück? Philippe zuckt mit den Schultern: Vielleicht ein wenig.[48] Sein Bruder Patrick ist überzeugt, dass der Vater
mit der Stippvisite und den Geschenken nur sein Gewissen beruhigen wollte, »wenn er denn überhaupt ein Gewissen besaß«. Als
Patrick nach der Abreise das Gespräch mit seiner Mutter auf
»Vater Wagner« gelenkt habe, wie sie ihn nannte, sei sie »wieder
in Tränen ausgebrochen«.[49]

Alain und Gérald sehen das Verhältnis ihrer Mutter zum Geld deutlich nuancierter. Nach der Zeit in Berlin, wo sie als »große Dame« und angesehene Gattin des *Air France*-Mannes Hans Wagner ihre Rolle in der Gesellschaft gespielt habe, sei es ihr sehr schwer gefallen, auf Luxus zu verzichten. »Sie liebte vornehme Kleider und kaufte vieles nur auf Pump«, erinnert sich Alain und erzählt sein Schlüsselerlebnis: Er habe damals seine *Märklin*-Eisenbahn, die ihm von Wagner geschenkt worden war, zufällig im Schaufenster eines Ladens in Nanterre entdeckt und dann herausgefunden, »dass unsere Mutter sie versetzt hatte, eingetauscht gegen teure Unterwäsche«. »Mutti ging es immer ums Geld«, bestätigt auch Gérald.

Regelmäßig schrieb Wagner von seinen Reisen durch Europa Ansichtskarten an sein »Muckel« Else in Hamburg, meist nur aus wenigen Worten bestehende Lebenszeichen. Für die Gelsenkirchener *Gottfried Bischoff KG* war er 1964 mit einem Projekt in Zürich-Schlieren beschäftigt gewesen (»Hotel Salmen«), im Sommer hatte er am Bodensee Ferien gemacht (»Hotel Bad Schachen, Lindau«), wahrscheinlich mit Liesel.[50] Er entwickelte eine geradezu virtuose Fähigkeit, mit einer Frau in den Urlaub zu verreisen und seinen anderen Frauen von dort Kartengrüße zu schicken, um vorzugaukeln, er sei wieder einmal geschäftlich unterwegs.

Ab Mitte 1965 kamen verschiedentlich Ansichtskarten aus Belgien, aus Antwerpen, Brüssel und Gent in Hamburg bei Else an. In einer sprach er von »Überraschungen«, offenbar wieder einmal ein neuer Job:[51]

Herzliche Grüße von hier mit Überraschungen davon später im Brief sendet Dir Hans.
(Ansichtskarte von Hans Wagner aus Brüssel
an Else Zöllner vom 15. 10. 1965)

Hans Wagner war damals nach eigener Darstellung bei einer Firma *Breugel* in Brüssel beschäftigt, die ihrerseits für die *Montanunion* arbeitete.[52] Es ging um den Bau eines Stahlwerks, und der falsche Diplomingenieur, der eigentlich nur Tischlergeselle war, hatte eine Schlüsselposition in der Branche in Aussicht.

Philippe und Patrick Wagner erinnern sich an einen dreitägigen Besuch in Brüssel bei ihrem Vater, wahrscheinlich in den Som-

Oben: Wagner zu Besuch bei seiner ehemaligen Lebensgefährtin Else Zöllner in Hamburg (1965). Unten: Brief Wagners an Else Zöllner (»Liebes Muckel«) auf Papier der Firma *Martin van Erp* (1967).

MARTIN VAN ERP

MASCHINEN- UND APPARATEBAU G.M.B.H.

MARTIN VAN ERP GmbH. · 422 Dinslaken · Thyssenstraße Tor 1 · Postfach 106

Fernsprecher Dinslaken 4481/82/83
Bankkonto: Deutsche Bank AG., Dbg.-Hamborn
Postscheckkonto: Essen Nr. 823 31
Bahnstation: Dinslaken/Ndrh., Anschlußgleis

422 DINSLAKEN/NDRH.,
Thyssenstraße Tor 1, Postfach 106

| Ihre Zeichen | Ihre Nachricht | Unser Zeichen | Tag 3.6.1967. |

Liebes Muckel.

Heute nur ein paar Zeilem,da ich sehr wenig Zeit habe.Bitte sei so
gut und schicke die Briefe von dort aus weg.
Dann kannst du ja ein kurzes Telegramm an Madame schicken,mit dem
Text: Herr Wagner zur Zeit nicht in Deutschland:
Dann möchte ich einmal grundsätzlich zu den Telegrammen der Madame
Stellung nehmen.Wenn sie schreibt "mille baisers" so mag das wohl
ihr stiller Wunschtraum sein,aber es ist keine Realität für mich,
denn von meiner Seite aus auch für fernerhin hat diese Dame von mir
keinerlei Gunstbeweise zu erwarten,weil sie mir zum Halse heraushängt und ich in jedem Falle pleite gehen würde.Ich habe mir bis
heute 70.000.-DM erspart,glaubst Du daß ich mir meine Zukunft von
der vermauern lassen würde? Ich will mit 65 Jahren mein"Hotel Garni"
im Schwarzwald haben und dabei beißt die Maus keinen Faden ab,und
ich weiß daß es bei Dir in den richtigen Händen ist,deshalb wird es
von vornherein auf Dich übertragen.So nun habe ich Dir einmal klar
die Fronten abgesteckt und ich wünsche und hoffe,daß Du nunmehr auch
Dein Teil dazu beiträgst,damit wir dann ohne viel Schulden anfangen
können.Du kannst ja einmal dazu Stellung nehmen.So nun muß ich für
heute Schluß machen.Entschuldige bitte die Maschinenschrift!

In tiefster Liebe Dein J. Hpuns

merferien 1965. »Wir haben eine Stadtbesichtigung gemacht und das Atomium besichtigt«, kann sich Patrick entsinnen, »er hat uns gezeigt, wo er arbeitet, und abends durften wir mit ihm ins Restaurant gehen, so etwas kannten wir ja gar nicht.« Nach drei Tagen ging es aus Brüssel mit dem Zug wieder zurück nach Nanterre.[53]

Dort hatte Jeanne noch immer nicht die Hoffnung aufgegeben, Hans werde eines Tages zu ihr zurückkehren. »Sie war immer bereit, ihm zu verzeihen, dass er die Familie im Stich gelassen hatte, damals in der DDR, und seine zahllosen Affären, einfach alles«, sagt Patrick. Und sein Halbbruder Gérald sieht das ebenso: »Sie himmelte ihn noch immer an.« Ihre Lieblingsschallplatte sei damals »Sag warum?« gewesen, ein aufs Gemüt schlagendes Chanson, fällt Alain ein, und wenn es im Radio lief, habe »unsere Mutter am Fenster gestanden und mit feuchten Augen hinausgeschaut«, als müsse *er* gleich um die Ecke kommen. Und »alles würde wieder gut«.[54]

Irgendwann Mitte 1967 schien es sogar, als habe Hans Wagner tatsächlich vor, sich mit Jeanne zu versöhnen. »Der Champagner war schon kalt gestellt«, sagt Alain. Doch die Euphorie verflog schnell, er kam nicht am verabredeten Tag, stattdessen traf wieder eines seiner gehässigen Telegramme ein, aufgegeben von dieser Frau Zöllner in Hamburg, »und es war wie immer«.[55]

Liebes Muckel, (..) bitte sei so gut und schicke die Briefe von dort aus weg. Dann kannst du ja ein kurzes Telegramm an Madame schicken, mit dem Text: Herr Wagner zur Zeit nicht in Deutschland! Dann möchte ich einmal grundsätzlich zu den Telegrammen der Madame Stellung nehmen. Wenn sie schreibt »mille baisers« so mag das wohl ihr stiller Wunschtraum sein, aber es ist keine Realität für mich, denn von meiner Seite aus auch für fernerhin hat diese Dame von mir keinerlei Gunstbeweise zu erwarten, weil sie mir zum Halse heraushängt und ich in jedem Falle pleite gehen würde. Ich habe mir bis heute 70 000,- DM erspart, glaubst Du daß ich mir meine Zukunft von der vermauern lassen würde? Ich will mit 65 Jahren mein »Hotel Garni« im Schwarzwald haben und dabei beißt die Maus keinen Faden ab, und ich weiß daß es bei Dir in den richtigen Händen ist, deshalb wird es von vornherein auf Dich übertragen. So nun habe ich Dir einmal klar die Fronten abgesteckt und ich wünsche und hoffe, daß Du nunmehr auch Dein

Teil dazu beiträgst, damit wir dann ohne viel Schulden anfangen können. (...) Es grüßt Dich, D. Hans.[56]

(Brief von Hans Wagner an Else Zöllner vom 3. 6. 1967)

Else in Hamburg wurde immer wieder eingespannt, wenn es irgendwelche Durchstechereien zu arrangieren gab. Und sie arrangierte, wurde zum Dank mit Versprechungen bei Laune gehalten, er werde schnellstmöglich zurückkommen und sie heiraten, sobald er geschieden sei. Tatsächlich lebte Wagner wochentags in Brüssel und am Wochenende bei Liesel in Gelsenkirchen. Sein Zimmer in der Ossenberger Kirchstraße, das er nach wie vor gemietet hatte, diente ihm als Rückzugsraum für alle Fälle.[57] Von Zeit zu Zeit traf er sich mit Heidrun, die mit den Zwillingen wieder nach Rheinberg zu ihrem Mann Gernot zurückgekehrt war.

Durch seine Kontakte zur *Montanunion* hatte Wagner inzwischen die Stellung als Projektleiter bei der Montagefirma *Martin van Erp* in Dinslaken angetreten, die er von Belgien aus führte. Dem Unternehmen war von Wagner der Auftrag zugeschanzt worden, im Rahmen des internationalen Konsortiums *Aubelac* ein Stahlwerk bei Charleroi zu bauen. »Wagner wurde mir eines Tages von einem unserer Mitarbeiter vorgestellt«, erinnert sich Dr. Friedrich Vissmann*, der damalige *Van-Erp*-Geschäftsführer. »Er besaß offenbar exzellente Beziehungen in Belgien, knüpfte die Vermittlung des Auftrags an die Forderung, dass er die Bauleitung übernehmen kann.«[58] Für Gernot, Elses Schwiegersohn, fiel ebenso ein Job bei *Van Erp* ab wie für Liesels Filius Manfred. Im Verlauf des zweiten Halbjahrs 1967 bereitete Wagner das Projekt in Antwerpen vor, danach übernahm er an der Baustelle in Montigny-sur-Sambre bei Charleroi die Bauleitung als Chef des 35-köpfigen Montagetrupps von *Van Erp*.[59]

Einen herzlichen Gruß von hier, auf der Fahrt nach Charleroi, sendet Dir D. Hans.

(Ansichtskarte von Hans Wagner aus Waterloo
an Else Zöllner vom 13. 9. 1967)

* Name geändert

Recht herzliche Grüße von hier sendet Dir D. Hans. Morgen geht es
weiter nach Chalons s. Marne, Rückreise am 18. 12. 67, Anruf folgt.
(Ansichtskarte von Hans Wagner aus Paris/Gare du Nord
an Else Zöllner vom 11. 12. 1967)

Einen herzlichen Gruß aus der Champagne sendet Dir D. Hans.
(Ansichtskarte von Hans Wagner aus Chalons-sur-Marne
an Else Zöllner vom 13. 12. 1967)

Wenn sie ihn auch kaum noch zu Gesicht bekam – Else war immer
auf dem Laufenden. Allerdings ahnte sie nicht, dass Hans sich mit
Jeanne in der Champagne traf, mit Liesel in den Harz in Urlaub
fuhr oder nach Wien reiste, zu seinem 60. Geburtstag, Ende Februar
1968. Natürlich schickte er Else eine Ansichtskarte aus der Do-
naumetropole: »Wien bei Nacht.«

Nach seinem Geburtstag, den er, weil es ja eigentlich erst sein
50. war, bei guter Gesundheit und in bester Kondition beging – was
die Frauen natürlich bewunderten –, begannen für Hans Wagner
aufregende Jahre. Vielleicht war es die berüchtigte Krise in der Le-
bensmitte, vielleicht auch nur das Übermaß an Gelegenheiten: Ab
Mitte 1968 baute der notorische *Ladykiller* für das gesetztere Alter
so viele »feste« Beziehungen auf, ging so viele Verlobungen ein,
gab so viele Heiratsversprechen ab, dass ihm fünf Jahre später die
Übersicht abhanden kommen und er die Flucht nach Südamerika
ergreifen sollte. Auf ihn warteten am Ende in chronologischer Reihenfolge: Elisabeth in Gorden, die längst wusste, dass ihr Mann,
Günter Reinemer, noch lebte; Jeanne Wagner, seine Ehefrau in
Nanterre bei Paris, die er 1950, als Bigamist, geheiratet hatte; Else
in Hamburg, Liesel in Gelsenkirchen, bald auch Maria in Ingolstadt und schließlich Johanna im österreichischen Kallham; sowie
die eine oder andere Affäre zwischendrin.

Im Herbst 1968 begann in Charleroi die heiße Phase für den Bau
des Stahlwerks. Hans Wagner mietete im nahe gelegenen Ham-sur-
Heure einen Flachdachbungalow, direkt an einem Wäldchen gelegen, mit herrlichem Blick ins Grüne.[60] Nach dem Einzug hatte er
Else, Heidrun, Gernot und deren beiden Zwillinge für Mitte August zu einem Urlaub in seine belgische »Villa« eingeladen; er
ahnte wohl, dass es allerhöchste Zeit für ein Wiedersehen war,
wollte er Elses Gunst nicht ganz verlieren. Doch dann war ihm

159

irgendeine schöne Belgierin dazwischengekommen, also schrieb Hans aus seinem Büro an Else:

Liebes Muckel! Ich habe in dieser Woche Heidrun geschrieben und sie gebeten mit Dir zu vereinbaren, daß ihr euren Besuch auf 14 Tage später verschiebt und zwar aus folgendem tatsächlichen Grunde. Ich bekomme meine Villa erst am 8. September, da der Inhaber ein Professor aus Brüssel zu diesem Zeitpunkt seinen Urlaub darinnen verbringt. Ich hatte mir gedacht, ich hole euch am 9. 9. 1968 in Rheinberg ab und bringe euch nach hier und ihr könntet dann 14 Tage hierbleiben, sodaß Du am 23. September wieder arbeiten gehen kannst. Du müßtest also Deinen Urlaub wenn irgend möglich auf den 31. 8. verschieben (...) Ich würde mich wirklich freuen wenn es klappen sollte, dann haben wir doch auch 14 Tage und das Haus ist wirklich eine Wucht (...) ein großes Wohnzimmer (Livingroom) mit Fernseher und Telefon (...) Ich habe Heidrun gesagt, die Kinder kommen aber nur mit wenn sie sich auch artig aufführen, sonst müssen sie daheim bleiben (...) Bitte überlege Dir die Sache und gib mir Bescheid damit ich disponieren kann. Für heute sei herzlichst gegrüßt und geküßt. D. Hans.

(Brief von Hans Wagner an Else Zöllner vom 2. 8. 1968)

Aus dem Besuch wurde natürlich nichts, Else konnte ihren Urlaub nicht verschieben – und vielleicht wollte sie es auch nicht.[61] Liesel in Gelsenkirchen fühlte sich schon seit längerem vernachlässigt, bei ihr musste er allerdings gelegentlich vorbeischauen, schon weil seine Anzüge, Hemden und Krawatten dort hingen und seine schmutzigen Unterhosen eine Wäsche benötigten.[62] Aber damit war er nicht ausgelastet. Da erregte erneut eine Kontaktanzeige in einer deutschen Tageszeitung seine Aufmerksamkeit: Sie lebe in Scheidung und suche einen netten Herrn als Bekanntschaft, schrieb die 44-jährige Maria Zapp* aus Ingolstadt unter Chiffre.[63] Wagner antwortete noch am selben Abend, er sei 60 Jahre alt, geschieden und zurzeit sehr einsam; er schlug ihr ein Treffen in Brüssel vor, wollte ihr sogar das Flugticket von München spendieren.

Maria reagierte innerhalb weniger Tage. Dann gingen einige Briefe hin und her, bevor sie sich schließlich in Brüssel verabrede-

* Nachname geändert

Oben: Hans Wagner
mit seiner Freundin
Luise Schneider im
Harz an der Zonen-
grenze (1965).
Rechts: Wagner mit
Luise Schneider
und deren Enkel
(1967).

ten. Er holte sie vom Flughafen ab und zeigte sich von seiner stärksten Seite, ganz Kavalier der alten Schule: Anzug mit Stecktuck, gute Manieren, charmantes Lächeln. Marias Herz flog ihm in Windeseile zu.

Nach einer Stadtbesichtigung fuhren sie abends in seine »Villa« in Ham-sur-Heure, »in dem Alter will man ja keine Zeit verlieren«. Maria Zapp erinnert sich noch gern an die »erste wunderschöne Nacht«. Sie habe sich später immer wieder gefragt, was das Besondere an Wagners »Liebeskünsten« gewesen sei, vielleicht ein anatomisches Detail, wie sie in großer Offenheit bekennt, »weil er beschnitten war«.[64]

Auf der Baustelle des Stahlwerks in Montigny-sur-Sambre bei Charleroi hinterließ Hans Wagner anfänglich den Eindruck eines »umsichtigen und cleveren Organisators sowie eines loyalen Partners«, erzählt Erwin Schramayr. Er war von der *VÖEST* in Linz seinerzeit als Chef des Konsortiums *Aubelac* abgestellt worden und damit Wagners direkter Vorgesetzter. Allerdings, so Schramayr, »musste Wagner nicht unbedingt mit Ingenieurwissen glänzen, er hatte ja Fachleute unter sich«.[65] Fotos von damals zeigen den Herrn Diplomingenieur in seinem Containerbüro auf der Baustelle, immer akkurat, immer ganz Gentleman, im blütenweißen Hemd mit Krawatte und adretten Hosenträgern, der wie eine Art jovialer Patriarch über die »Familie« der Spezialisten von *Van Erp* wachte.[66]

Das Verhältnis zu Schramayr war gut. Zunächst jedenfalls. Schon bald nach Beginn der Zusammenarbeit hatte Wagner den jungen Österreicher angesprochen, ob er Interesse habe, sich zwecks Karriereplanung einmal mit seinem Vater zu unterhalten. Der sei bei einem britischen Industrieunternehmen in leitender Position, ein betagter Herr zwar inzwischen, aber noch sehr wach im Kopf. Was sollte Schramayr dagegen haben?[67]

Der Kontakt kam natürlich nicht zu Stande, denn die Geschichte mit seinem »einflussreichen alten Herrn« entsprang lediglich Wagners Fantasie. Ende November 1968 beklagte sich der *VÖEST*-Manager, er warte »bis heute auf die von Ihnen verläßlich (...) zugesagte Mitteilung, die Sie mir nach dem Zusammentreffen mit Ihrem s.g. Herrn Vater geben wollten«.[68] Das Verhältnis verschlechterte sich danach rapide.

Auch privat stand Wagner Ärger ins Haus. Ende November traf

ein Brief seiner Lebensgefährtin Liesel, der Schmuckhändlerin aus Gelsenkirchen, auf der Baustelle ein.[69]

Lieber Hans! Herzlichen Dank für Deinen Brief und die Pralinen. Aber Du weißt doch ich darf keine essen. Es gefällt mir gar nicht immer allein zu sein. Du hättest die Arbeit in Belgien nicht annehmen sollen. Wenn es Dir hier nicht mehr gefällt, hättest Du es mir sagen sollen. Ich glaube Du hast es in Deinem Leben nirgens lange ausgehalten. Jetzt sind es fünf Jahre, für Dich sicher zu lange? Denn sonst hättest Du Deine Sache schon in Ordnung gebracht (...) Ich habe oft keine Lust mehr. Immer nur (...) Sorgen. Das Weihnachtsgeschäft ist noch garnicht angelaufen. So kann ich auch nicht nach Raesfeld (...) Wenn ich ganz ehrlich bin eigentlich sollte ich das Haus verkaufen (...) An Dir habe ich keine Stütze. Du hast genug mit Deiner Arbeit zu tuen. Also müßte ich mir einen netten anderen Herrn suchen, der auch Zeit für mich hat. Oder wartest Du schon darauf? Mein Hans, was soll ich noch alles schreiben. Ich habe Dich noch sehr lieb und große Sehnsucht. Aber ich kann mich auch damit abfinden, wenn es sein muß (...) Lieber Hans ich wünsche Dir alles Gute bleibe gesund und arbeite nicht so viel. Ich gebe dem Manfred das Geld (...) mit und alles andere auch. Ich hoffe Du verkaufst gut. Es grüßt Dich herzlich, Deine Liesel.
(Brief von Luise Schneider an Hans Wagner vom 24. 11. 1968)

Ende November heiratete in La Garenne, einem Vorort von Paris, Wagners 23-jähriger Adoptivsohn Gérald. Und, zur großen Überraschung der ganzen Familie, kam »Mutti zusammen mit Monsieur Wagner, um zu gratulieren«, entsinnt sich Gérald. Sie schenkten »ziemlich geschmacklose Tischdecken«, das wird er nie vergessen.[70] Es kam in jener Hochzeitsnacht des Sohnes, so formulierte später Jeannes Anwalt im Scheidungskrieg »Wagner gegen Wagner«, »zur letzten lebhaften Verbindung der Parteien«, also dem letzten ehelichen Verkehr. Es habe bei der Gelegenheit zudem eine Aussprache gegeben, von Wagner sei geäußert worden, er wolle »das gemeinsame Leben« wiederaufnehmen. Wagners Rechtsbeistand dementierte das sofort in einem Schriftsatz.[71]

Fest steht, dass Hans Wagner für seine Familie bis 1964 gar nicht und danach eher sporadisch und zu wenig Unterhalt gezahlt hatte.[72] Seine Frau war deshalb bereits mehrfach bei der deutschen

Hans Wagner mit seiner Freundin Maria Zapp auf einer Reise durch die Alpen
(1969).

Botschaft in Paris vorstellig geworden und hatte nach Erinnerung
der Söhne sogar *Interpol* eingeschaltet, um seinen Aufenthaltsort
ausfindig zu machen. Da Wagner jedoch regelmäßig seine Anschriften wechselte, zeitweilig sogar nach eigenem Bekenntnis mit
»Tarnadressen« arbeitete, waren alle Bemühungen ergebnislos geblieben. Bis er bei Géralds Vermählung wie der Blitz aus heiterem
Himmel wieder auftauchte.[73]

Ob Wagner tatsächlich einen einzigen Moment daran gedacht
hatte, in den Schoß seiner französischen Familie zurückzukehren,
muss bezweifelt werden. Am Tag nach der Feier reiste er, wie
immer ohne Verabschiedung, aus Paris ab und war fortan verschwunden. Alle vier Söhne versichern gleichlautend, dass sie
ihren Vater danach nie mehr gesehen hätten. Mit Jeanne gab es
noch das eine oder andere Wiedersehen – vor Gericht, über mehrere Jahre und Instanzen.[74]

Der leitende Ingenieur Hans Wagner (links) auf der Baustelle des Stahlwerks in Charleroi mit einem Mitarbeiter (1969).

Mit Maria Zapp führte Wagner seit Anfang 1969 eine Art Wochenendbeziehung: Alle 14 Tage nahm sie das Flugzeug nach Brüssel oder er fuhr mit seinem Citroën Pallace die lange Strecke nach Ingolstadt. »Es war eine wunderschöne Zeit, ich war verrückt nach ihm«, erinnert sie sich. Sie reisten an die belgische Nordseeküste oder nach Paris – wie zwei Verliebte im Frühling. Einmal habe sie sogar ihren Heimweg auf dem Brüsseler Flughafen abgebrochen, sich bei ihrem Arbeitgeber, einem Kaufhaus in Ingolstadt, krank gemeldet, um zu ihm zurückkehren zu können. In den zwei Wochen, die sie daraufhin blieb, trafen in seiner »Villa« Anrufe ein, anonym, am anderen Ende wurde sofort wieder aufgelegt. Das hinterließ »vorübergehende Irritationen« bei ihr, sagt Maria, die er jedoch charmant zerstreute, »Liebe macht blind«.[75]

Auf einem Betriebsfest bei *Van Erp* erdreistete sich Hans Wagner, den geladenen Gästen Maria Zapp als seine zukünftige Ehefrau vorzustellen, obwohl Gernot D., der Schwiegersohn seiner lang-jährigen Verlobten Else Zöllner ebenso daneben stand wie Man-fred, der Sohn von Luise Schneider. Als Elses Tochter Heidrun da-von erfuhr, fiel sie »aus allen Wolken«, weigerte sich aber, »meiner Mutter reinen Wein einzuschenken, weil wir sie nicht beunruhi-gen wollten«.[76]

Und dann kam die Romanze mit Johanna. Sie begann mit Rosen – und endete mit einem Rosenkrieg. Wagner lernte die Anwältin Johanna Liebherr*, damals zwischen 40 und 45 Jahre alt, Anfang Februar 1969 in Österreich kennen, als er in Linz zu Besprechun-gen bei der *VÖEST* weilte. Am Valentinstag fand Johanna, als sie aus der Kanzlei heimkam, auf einer Bank vor ihrem Häuschen in Kallham, »einen wunderschönen Strauß roter Rosen«, von dem sie noch heute schwärmt. Auf einer Karte stand ein Gruß »von einem Hans Wagner, ich hatte keine Ahnung, wer das war«, erzählt sie.[77] Zwei Wochen später, zu ihrem Geburtstag, trafen erneut Rosen ein. Johanna war noch immer ratlos, doch dann kam sein Anruf: Er habe ihr einmal im Zug gegenübergesessen und dann alles daran gesetzt, sie kennen zu lernen. Ob sie sich nicht einmal treffen könnten?

Johanna war streng katholisch erzogen und gewiss keine Frau für ein amouröses Abenteuer. Sie zögerte, seine Einladung anzu-nehmen, sie zierte sich. Woher wusste er überhaupt ihren Namen? Ihren Geburtstag? Ihre Adresse? Und doch willigte Johanna schließlich ein, »ich war neugierig auf ihn«. Sie verabredete sich mit Hans Wagner zu einem diskreten Rendezvous in Mattsee nörd-lich von Salzburg. Er kam mit seinem Citroën aus Belgien, schenkte ihr einen Brillantring, »ich war sehr verwundert, alles ging so schnell«. Wagner erzählte, er sei verwitwet, habe Vermö-gen und ein großes Haus in der Nähe von Charleroi, seine drei Kin-der lebten in der Schweiz. Seine Worte klangen in ihren Ohren so »seltsam und geheimnisvoll«, fast wie aus einem Märchen. Sie ver-abredeten ein Wiedersehen in Salzburg.[78]

Zurück in Charleroi, auf der Baustelle, zeichneten sich derweil er-hebliche Probleme am Horizont ab. »Es braute sich etwas zusam-men«, kann sich Erwin Schramayr erinnern, »und Wagner stand mittendrin.« Seniorchef Martin Van Erp hatte die Firmenleitung des

* Name geändert

166

Unternehmens schon vor längerer Zeit an Dr. Friedrich Vissmann übergeben, einen »eingebildeten jungen Mann«, der für »jede Gaunerei« gut war, sich seinen Doktortitel in England gekauft hatte und »lauter schräge Dinge wie zum Beispiel Bestechungsversuche« machte, versichert Schramayr, damals Chef des Stahlwerkkonsortiums *Aubelac*. Vissmann weist diese Vorwürfe zurück. Überall wurde über Zahlungsschwierigkeiten bei *Van Erp* getuschelt, es gab Unruhe; Wagners Montageleute reagierten verständlicherweise sehr empfindlich auf das Gerücht, fürchteten um ihren Lohn.[79]

Er habe dann das Gespräch mit Hans Wagner, dem Repräsentanten von *Van Erp* gesucht, erzählt Schramayr, und »der behauptete, Vissmann habe ihn in der Lagerhalle mit einer Pistole bedroht, es dürfe von den Zahlungsschwierigkeiten nichts bekannt werden«. Wenig später stellte sich heraus, dass Vissmann mithilfe eines Privatdetektivs die Büros in der Zentrale in Dinslaken verwanzt hatte und sämtliche Gespräche und Telefonate mitschnitt. »Er hat mir die Bänder dann sogar leichtsinnigerweise vorgespielt«, erinnert sich Schramayr, der heute überzeugt ist, dass Vissmann auch die Baustelle in Charleroi abhören ließ.[80]

Gemäß Bescheid des Amtsgerichtes in Wesel wurde gegen die Firma Martin van Erp am 18. 4. 1969 das Konkursverfahren eröffnet. Darüberhinaus läuft gegen den Geschäftsführer des Unternehmens (...) die Anzeige wegen unberechtigter Führung des Doktortitels (dieser wurde in England erkauft). Darüberhinaus droht ihm die Anzeige wegen betrügerischer Handlung.
(Aktenvermerk von Erwin Schramayr vom 8. 5. 1969)

Der April 1969 hatte es in sich: Auf der Baustelle nichts als Ärger mit Vissmann und Schramayr, fast täglich überstürzten sich die Ereignisse. Und überdies drohte Hans Wagner die Koordinierung seiner Beziehungen zu fünf Frauen, die alle ihr Recht verlangten, aber nichts voneinander wissen durften, zu entgleiten. Schon diese Sache mit Jeanne war ein Reinfall gewesen: Maria aus Ingolstadt, wieder einmal ein paar Tage zu Gast in Ham-sur-Heure, hatte einen Brief seiner französischen Frau geöffnet, in dem Jeanne ankündigte, sie werde an einem bestimmten Tag in einem bestimmten Hotel auf ihn warten. Sie sterbe vor Sehnsucht. Doch die Nebenbuhlerin hatte den Brief der Ehefrau unterschlagen. »Jeanne wartete also in jenem Hotel vergeblich«, lächelt Maria verschmitzt, »es gab großen Ärger, als es hinterher aufflog.« Offenbar nicht so sehr, weil Hans das Tête-à-Tête mit seiner Gattin versäumt hatte, sondern weil er sich »von mir hintergangen fühlte«.[81]

Und dann kam, nach einem beleidigenden Anruf Wagners, der Trennungsbrief von Liesel aus Gelsenkirchen:

Lieber Hans! Es ist schon spät aber ich muß noch kurz schreiben. Es war nicht richtig, mir heute am Telefon zu sagen, Manfred soll seine Saufschulden bezahlen. Jeder hat das Recht über ihn zu meckern. Ich werde meinen Sohn, wenn ich ruhiger geworden bin, schon zur Rede stellen. Am besten weg von van Erb (...) Danke Gott wenn Dein Sohn anders ist. Bitte denke fünf Jahre zurück. Was warst Du denn da? Auch immer gearbeitet und hattest doch auch kein Geld. Habe ich Dir nicht geholfen, ganz gleich was es war? Bitte wo ist denn Dein Geld geblieben? (...) Bitte bleib Du in Belgien, wir trennen uns (...) Deine Sachen kannst Du nach und nach abholen lassen. Ich werde nicht den gleichen Fehler machen wie bei Herrn Schneider. Ich weiß mein Sohn ist kein großes Licht, vielleicht nur ein ganz kleines. Aber Leid haben wir schon mehr als genug gehabt, nicht nur ich, sondern beide. Allein hat er das Geld nicht vertrunken (...) Bitte rege Dich nicht groß auf, Du wirst es auch nicht, Du hast doch ein dickes Fell. Bitte nicht anrufen. Liesel.

(Brief von Luise Schneider an Hans Wagner vom 6. 4. 1969)

Hans Wagner regte sich nicht auf. Liesel würde er keine Träne nachweinen. Als ihr Brief eintraf, war er gerade zu Johanna für ein paar Tage nach Salzburg gereist, zum Ausspannen von der Hektik des *Van-Erp*-Konkurses. Sie holte ihn vom Flughafen ab und entführte ihn ins Hotel *Seewirt* am Mondsee. Es war eine romantische Nacht, Hans schenkte ihr eine Weißgold-Armbanduhr mit Brillanten – und dann machte er ihr einen Heiratsantrag.[82] Wagner hatte die Anwältin, die ihm intellektuell weit überlegen war, in dem Glauben gelassen, er sei längst geschieden. Im *Seewirt* schwindelte Hans ihr auch noch vor, er werde die Anullierung seiner französischen Ehe beim Vatikan »in Rom« durchsetzen, damit er seine fromme Johanna, so wie von ihr gewünscht, vor den Traualtar führen könne, »in Salzburg«.[83] Bei der Abreise aus dem Hotel ließ Wagner eine Hose zurück, die er im Schrank vergessen hatte. Monate später forderte er sie brieflich beim *Seewirt* ein:

Im April dieses Jahres war ich für einen Tag Gast in Ihrem werten Hotel, als Begleitung war eine Dame aus Kallham Oberösterreich mit, welche auch die Zimmer bestellt hatte. Wir waren zu dieser Zeit die einzigen Gäste in Ihrem werten Hause. Während des Aufenthaltes habe ich bei Ihnen eine graue Hose vergessen. Leider kann ich dieses Objekt erst heute reklamieren, da ich bis jetzt in Kanada war (...)[84]

(Brief von Hans Wagner an das Hotel *Seewirt* vom 26. 8. 1969)

Wenige Tage nach seiner Abreise vom Mondsee formulierte Hans Wagner einen Heiratsvertrag. Allerdings war der nicht für Johanna aus Österreich bestimmt, sondern für Maria aus Bayern. Und die Schreibmaschine, auf der er sein »Eheversprechen« tippte, stand nicht in Ham-sur-Heure, sondern in Ingolstadt. Dort hatte Wagner auf dem Rückweg von Linz nach Belgien Station gemacht.

Maria war eine resolute Frau, verliebt bis über beide Ohren, aber dennoch selbstbewusst. Das sollte sich später noch erweisen. Sobald ihre eigene Ehe geschieden sei, diktierte sie ihm in die Tasten, werde er, »Hans Georg Friedrich Wagner, geboren am 1. 3. 1908 in Breslau«, mit ihr »unmittelbar die Ehe eingehen (...) und die gesamten Lebensunterhaltskosten übernehmen«; sie könne daher »einer beruflichen Tätigkeit entsagen«; er verpflichtete sich zudem »ein monatliches Nadelgeld in Höhe von DM 500 für ihre persönlichen Zwecke oder Verwendung« zu zahlen.[85] Der Verlobungstermin sollte Anfang Juli sein. Was Maria nicht ahnte: Hans Wagner konnte sich gar nicht verloben, er war selbst noch verheiratet, besaß mehrere unterhaltspflichtige Kinder. Weder Alain und Gérald, Jeannes erwachsene Söhne, noch seine minderjährige Tochter Sabine wurde in dem »Ehevertrag« erwähnt; Philippe und Patrick mutierten sogar zu *einem* Kind: »Der Sohn Philipp-Patrik Wagner wurde aus dem Vermögen mit 30 % (dreißig Prozent) abgefunden, seine Ansprüche sind somit erloschen.«[86] Natürlich war alles eine Lüge.

Wenige Tage nach dem Aufsetzen des Ehevertrags unterstrich Hans Wagner seine festen Heiratsabsichten mit einem Gang zum Notar. Er kaufte ein Haus im ruhigen Stadtteil Ingolstadt-Unsernherrn für Maria und sich zum Preis von 125 000 DM. Die Übergabe und damit auch die Zahlung des Kaufpreises wurde auf den 1. August festgelegt, drei Wochen nach der geplanten Verlobung.[87] Das sollte Maria von seinen guten Absichten überzeugen.

Für Wagner stand fest, dass in Frankreich dringend für klare Verhältnisse gesorgt werden musste. Er schrieb einen boshaften Brief an Jeanne, seine französische Ehefrau, forderte sie unmissverständlich auf, endlich in eine Scheidung einzuwilligen.

Ich gebe Dir einen Rat, lasse mich in Ruhe, Du weißt ich bin untreu und ich lüge mehr als ich die Wahrheit sage und ich schlief mit vielen Frauen und von allen Rassen. Du sagst, ich brauche ein Heim, da ich bald 65 Jahre werde, Du weist, das interessiert mich nicht, denn ich habe ein Heim in Österreich, das gefällt mir gut.[88]
(Brief von Hans Wagner an Jeanne Wagner vom 16. 4. 1969)

Wagners private Zwischenbilanz Ende April 1969: Jeanne – Scheidung beantragt; Else – abgemeldet (sie erhielt schon seit Monaten keine Ansichtskarte mehr); Liesel – auf Eis gelegt; Maria – hingehalten; schließlich Johanna – sie stand auf seiner Liste zurzeit ganz obenan, denn sie war ihm hörig.[89]

Du mein liebster, inniggeliebter Hans! Heute erhielt ich Deinen Brief vom 25. 4., und ich kann es Dir nicht schildern, wie bitterlich geweint ich habe aus Sorge um Deine Gesundheit; ich kann mir nicht helfen, aber bei dem leisesten Gedanken, daß Dir etwas geschehen könnte, breche ich in Tränen aus. Du darfst mich nicht mehr verlassen, wie sollte ich denn ohne Dich noch leben können. (...) Es sind zwei Dinge, um die ich Dich bitte: Sollte es ein grausames Schicksal fügen, daß wir das Ziel unserer Liebe nicht erreichen, dann sorge dafür, daß du mir nah bleibst, hier in Salzburg, wo Du so glücklich warst und wo ich dann darauf warten würde, daß Du mich bald zu Dir holst; das zweite ist, daß ich Deinen Ring bekomme und immer tragen darf als Zeichen unserer Zusammengehörigkeit nicht nur für dieses kurze, vergängliche Leben (...) Vielleicht auch rät Dein Arzt Dir von einem ehelichen Leben ab, damit Du Dich nicht zu sehr erregst – auch das würde meine Liebe zu Dir nicht ändern (...) Ich habe so unermeßliche Sehnsucht nach Dir, ich möchte Dein so gutes Gesicht mit den zärtlichen Augen in meine Hände nehmen und Dich innig küssen. (...) Liebster Hans, nun bin ich wieder viel zuversichtlicher, daß Deine Gesundheit sich bessert, unsere Liebe ist doch von Gott bestimmt und von einer wunderbaren Vorsehung geführt (...) Deine Johanna.
(Brief von Johanna Liebherr an Hans Wagner vom 29. 4. 1969)

Als Hans Wagner Anfang Mai aus dem Wochenende auf die Baustelle bei Charleroi zurückkehrte, standen die Montagearbeiter von
Van Erp mit fertig gepackten Koffern in seinem Büro, wollten sofort
abreisen, weil sie um ihren Lohn fürchteten. »Ich konnte sie wahrscheinlich besser verstehen als der Wagner«, ruft sich Erwin Schramayr die Ereignisse an jenem Tag in Erinnerung, »denn ich hatte ja
erlebt, was von dem Vissmann aus der Firma gezogen worden war:
Geld für ein pompöses Haus, das von Perserteppichen strotzte und
Wohnungen und Autos für Prokuristin und Sekretärin, die er sich
als Mätressen hielt.«[90] Und Hans Wagner steckte nach Schramayrs
Einschätzung mit Vissmann unter einer Decke: Zwar verstand der
es »sehr gut, sich als Opfer (...) darzustellen«, heißt es in einem Vermerk des damaligen *VÖEST*-Managers, tatsächlich jedoch habe sich
Wagners Zusammenarbeit mit Vissmann längst »auf eine kriminelle Basis verlagert«. Und irgendwann »verstärkte sich (...) der
Verdacht, daß Herr Wagner durch manipulierte Baustellenabrechnungen Geld für sich abzweigen wollte«.[91] Die Facharbeiter von
Van Erp wurden von einer Duisburger Firma übernommen, ein
zweites Unternehmen stellte zusätzliches Personal, denn der Bau
des Stahlwerks war durch die Pleite erheblich in Verzug geraten.[92]

Abends in seiner »Villa« in Ham-sur-Heure fand Wagner in diesen Wochen fast täglich einen Liebesbrief aus Kallham in Österreich vor:

*Mein liebster, bester, geliebter Hans! Wie glücklich ich über Deine
lieben Briefe und die Karte und das wunderschöne Kreuz mit dem
Kettchen bin! Ich danke Dir innigst für all die große Liebe, die Du
mir schenkst. Das Kreuz wird mich immer an den größten, wun-
derbarsten Beweis Deiner Liebe mahnen, daß Du meinetwegen
Katholik werden willst. Im gemeinsamen Glauben und der gemeinsamen Ausübung des religiösen Lebens wird unser tiefstes
Glück beschlossen und begründet sein. Ich werde morgen eine
Wallfahrt zu einer besonderen Gnadenstätte machen und sehr be-
ten, daß uns eine katholische Ehe ermöglicht werden kann (...)
und daß Du mit mir in Salzburg leben willst, wie glücklich Du
mich damit machst (...) Ich werde noch vor Pfingsten an einem
Wochentag nach Salzburg fahren und die »Realitätenbüros« auf-
suchen. Du mußt mir nur nochmals schreiben, was das Haus kosten kann und über die Art der Bezahlung (...)[93]*

(Brief von Johanna Liebherr an Hans Wagner vom 2.5.1969)

171

E H E V E R S P R E C H E N - E H E V E R T R A G

Ich, Hans Georg Friedrich W A G N E R , geb. am 1.3.1908 in Breslau,
wohnhaft z.Zt. wie oben; Sohn des Dr. Chemie George Leonardo W A G N E R
und dessen Ehefrau Margarethe Eugenia von B U L T Z I N G S L Ö W E ,
wohnhaft in Kirkwood, USA, Missouri, gebe vor Herrn Rechtsanwalt und Notar Dr. jur Ralph ████████ in Hamburg, folgendes EHEVERSPRECHEN ab:

1. Nach erfolgter Ehescheidung der Frau Maria Sabina ████████
    ████████ geb. am 24.11.1923 in Ingolstadt, wohnhaft in Ingolstadt,
    ████████████, werde ich mit der Genannten unmittelbar die Ehe ein-
    gehen.

2. Das Eheversprechen soll sicherstellen, daß ich nach der Eheschlie-
    ßung die gesamten Lebenshaltungskosten übernehme und die Genannte
    einer beruflichen Tätigkeit entsagt.

3. Die Eheschließung erfolgt ausschließlich aus gegenseitiger tiefer
    Zuneigung, keinesfalls jedoch aus materiellen Motiven.

4. Mit der Eheschließung gehen alle Rechte meinerseits, einschließlich
    der vermögensrechtlichen, in eine zum beiderseitigen Nutzen geschaf-
    fene Gütergemeinschaft ein, womit Frau Maria ████████ voll ver-
    fügensberechtigt wird.

5. Wie unter 2 genannt, lehnt der Unterzeichnete eine berufliche Tätig-
    keit der Ehefrau ab und erklärt sich allein zuständig für alle in
    der Ehe entstehenden Kosten, soweit sie für die Ehegemeinschaft er-
    forderlich sind.

Ehevertrag (Ausriss), den Maria Zapp von Wagner aufsetzen ließ, ohne zu ahnen, dass dieser bereits zweifach verheiratet war (1969).

Jene Wochenenden, die Wagner nicht mit Maria verbrachte, abwechselnd in Ingolstadt und in Belgien, flog er von Brüssel nach
Salzburg zu Johanna, rechtfertigte die Reisen vor Maria damit, dass
er wichtige Besprechungen bei der *VÖEST* in Linz habe, »wegen
der *Van-Erp*-Geschichte«. Für den 13. bis 15. Mai hatte er erneut
seinen Besuch in Salzburg angekündigt. Johanna wollte Karten für
einen Opernabend besorgen.[94]

Die Anwältin wähnte sich im siebten Himmel. Sie hatte kein
leichtes Leben gehabt, zeitweise an schweren Depressionen gelitten. Nur durch ihren starken Glauben war ihr immer wieder ein
Weg aus dem seelischen Tief gewiesen worden. In der Kindheit »erhielt ich kaum Liebe und Wärme«, schrieb sie Wagner in einem
ihrer zahllosen Liebesbriefe. Ihre Eltern hätten sicherlich »vieles
gut gemeint, aber nicht besser verstanden«, formulierte sie sprach-
gewandt. »Materielle Opfer« der Eltern seien eben nicht gleichbe-

Verlobungsfoto von Hans Wagner und Maria Zapp in Ingolstadt (1969).

deutend mit »wirklicher Liebe«. Sie erlebe in ihrem Beruf sehr häufig, dass »Kinder aus den besten Verhältnissen sehr liebesbedürftig und sehr dankbar sind für persönliches Verständnis und menschliche Kontakte«. Deswegen konnte Johanna ihr »großes Glück (...) nicht fassen«, nun von Hans Wagner endlich das zu bekommen, »was ich mein Leben lang vermißt habe«.[95]

Johanna war bereits Großmutter; ihre Tochter hatte vor wenigen Jahren den kleinen Christopher zur Welt gebracht. Trotz der gefühlsarmen Kindheit kümmerte sie sich rührend um ihre inzwischen sehr betagten Eltern, die in der Nähe von Salzburg lebten; sie wollte auch deshalb in die Mozartstadt ziehen, vor allem aber, um der stockkonservativen Provinz zu entfliehen. In Kallham wurde zu viel getuschelt über ihre »unschickliche Beziehung«, was sie nicht unberührt ließ. Der Segen der katholischen Kirche zu ihrer Heirat mit Hans lag Johanna deshalb sehr am Herzen.[96]

Mein liebster, liebster Hans! (...) Bitte vergiß nicht, Deinen Ent-
wurf für die Verlobungs-Karten mitzunehmen. Müssen wir diese
überhaupt haben? Heute macht man das bei uns in Öst. kaum
noch. Auf alle Fälle nicht zu früh, sonst wird immer gefragt:
Warum heiraten sie denn so lange nicht? Die offizielle Verlo-
bungszeit soll nur kurz sein, höchstens 1/2 Jahr (...) Doch ist in
diesem Fall Dein Wunsch maßgebend (...) es wäre mir eben am
liebsten, könnte ich ohne weiteren Kommentar sagen: Ja, wir hei-
raten röm. kath. (in Salzburg). Ich bitte Dich sehr darum, das ab-
zuwarten, denn Du ersparst mir damit viel Schwierigkeiten, Ärger
und unangenehme »Verhöre« und Vorhaltungen. Dr. Z. in Linz
sagte mir am Tel., wenn nicht ohnehin eine Möglichkeit zur ka-
thol. Eheschließung besteht, müßte man den Antrag auf Nichtig-
keitserklärung Deiner damaligen Ehe in Rom (...) einbringen, was
in diesem Fall nicht aussichtslos wäre (...)

(Brief von Johanna Liebherr an Hans Wagner vom 5. 5. 1969)

Ende Juni 1969, nach einem Wochenendtrip mit Maria nach Paris,
zur internationalen Flugshow von Le Bourget, nahm Hans Wagner
eine Woche Urlaub, fuhr von Charleroi nach Ingolstadt, um seine
Verlobung mit Maria vorzubereiten, die zwischenzeitlich auf den
5. Juli festgelegt worden war. Er holte beim Juwelier die Ringe mit
der Gravur ab und vereinbarte einen Termin bei *Foto Wagner* in der
Mauthstraße für das offizielle Verlobungsporträt. Auch eine Feier
mit Freunden sollte es geben.[97] Dann setzte er sich bei Maria zu
Hause an die Schreibmaschine und verfasste einen Brief an den
Privatdetektiv Adulf T. in Ingolstadt. Denn es war etwas Merk-
würdiges vorgefallen, das ihn beunruhigte:

Ich wende mich in einer vertraulichen persönlichen Angelegen-
heit an Sie mit der Bitte eine Beobachtung durchzuführen und mir
darüber einen schriftlichen Bericht zu erstatten. Wie Ihnen sicher
bekannt ist, werden ich und Frau Maria Zapp noch in diesem Jahr
die Ehe eingehen. Nun ist folgendes vorgefallen: Am vergangenen
Sonntag am 29. 6. 1969 früh um 6.30 Uhr erschien in der Wohnung
von Frau Zapp (...) ein Herr R. zur Zeit wohnhaft im Donauhotel
in Ingolstadt um mit ihr zu sprechen. Ich weiß nicht, worum es in
diesem Gespräch ging, möchte es aber gern wissen. Am Abend des
gleichen Tages gegen 19.00 Uhr habe ich veranlaßt, daß wir zu
diesem Herrn fahren und ihm mitteilen, daß seine weiteren

Bemühungen fehl am Platze sind und er sich nicht weiter bemühen sollte. Nun erhalte ich heute von unbekannter Seite einen Anruf mit dem Vermerk, daß sich der Herr und Frau Zapp wieder getroffen hätten. Da diese Angelegenheit meine weitere Zukunft und meine künftige Ehe betreffen, bitte ich Sie um einige Beobachtungen in dieser Richtung über Zweck und Treffen der Vorgenannten. (...) Der Herr stammt aus Berlin und soll sich mit dem Gedanken tragen, sich in Ingolstadt niederzulassen. Es besteht aber eine Verbindung zwischen ihm und Frau Zapp. Hochachtungsvoll, Hans Wagner.

(Brief von Hans Wagner an Detektei Adulf T. vom 1. 7. 1969)

War der notorische Fremdgänger eifersüchtig? Oder fürchtete er, der mysteriöse Gast in Marias Wohnung könnte eigentlich auf seiner Spur sein?[98] Denn er wurde damals gesucht, daran kann es keinen Zweifel geben. Immer wieder tauchte in seinen Wohnungen oder unter seinen ehemaligen Adressen die Polizei auf, um ihn festzunehmen, zumindest aber um Erkundigungen einzuholen.[99] Es ging um Betrügereien, in die er verwickelt war, sowie um die Unterhaltsverpflichtungen gegenüber seiner französischen Familie. Handelte es sich am Ende vielleicht sogar um Nachforschungen bezüglich seiner Vergangenheit – als SS-Mann mit neuer Identität und als amerikanischer Spion, der 1957 von der Staatssicherheit der DDR »umgedreht« worden war?

Zurück in Ham-sur-Heure, nach der Verlobungsfeier in Ingolstadt, fand Wagner einen Brief von Liesel aus Gelsenkirchen vor, bei der noch immer ein halber Schrank voller Anzüge und längst gewaschener und gebügelter Wäsche auf ihn wartete. Auch Liesel hatte die Hoffnung noch nicht völlig begraben, ihren »geliebten Hans« doch noch zurückgewinnen zu können.

(...) Die letzten Wochen waren kaum auszuhalten, keinen Gruß, keinen Anruf. Ist tatsächlich alles zu Ende? (...) Du sollst es wissen ich liebe Dich trotzallem. Wenn Du willst, Du hast nach wie vor bei mir ein zu Hause. Es ist für mich unerträglich zu glauben Du willst mich nicht mehr. Bitte sei nur einmal im Leben ehrlich und sage mir, was werden soll? (...) Ich habe die ganzen Jahre gefühlt, Du verschweigst mir was. Vielleicht steht doch eine Frau zwischen uns? Vielleicht gehst Du zu Deiner Familie zurück? (...) Ich weiß nur eines, die Jahre mit Dir waren für mich die schöns-

*ten. Du warst immer gut und lieb zu mir. Denn 1963 war ich noch
sehr krank, aber ich wollte es nicht wissen. Du hast mich froh und
glücklich gemacht (...) Du hast bestimmt die Rechnung vergessen
zu bezahlen, sie ist für den Augenarzt in Hamburg. Ich habe einen
Scheck geschickt (...) Bitte Hans, mein Sparbuch von der Volks-
bank kannst Du mir gelegentlich schicken und wenn Du nicht
mehr kommst auch meine Schlüssel. Ich wünsche Dir alles Gute
bleibe gesund und denke ab und zu auch an mich. Herzliche
Grüße, Liesel.*[100]

(Brief von Luise Schneider an Hans Wagner vom 29. 6. 1969)

Liesel ging ihm auf die Nerven. Offenbar hatte er ihr am Telefon
nicht genügend klar gemacht, dass sie sich zum Teufel scheren
solle. Etwas anderes bereitete Hans Wagner weitaus größeres Kopf-
zerbrechen: Wie trieb er das Geld für den Kauf des Hauses in Ingolstadt auf? Der Preis von 125 000 DM war Ende Juli fällig, und
die Finanzierung stand in den Sternen. Seine Bank schrieb ihm, bei
einer Anzahlung von 20 000 DM sei, inklusive Grunderwerbs-
steuer, eine Belastung von 114 000 DM zu erwarten, das »würde
weit über den üblichen Beleihungsrahmen hinausgehen«.[101] Aber
Wagner verfügte über keine ausreichenden Sicherheiten, er besaß
noch nicht einmal das zugesagte Eigenkapital.[102]

Deshalb nahm er eines Feierabends auf der Baustelle des Stahlwerks in Charleroi ein paar Blankobriefbögen und einen Stempel
der inzwischen abgewickelten Firma *Van Erp* an sich und ließ sie
in seiner Aktentasche verschwinden. Zu Hause setzte er sich an
seine Schreibmaschine, formulierte eine rückdatierte Bescheinigung zu seinen Gunsten. Sie sollte als fingierte Sicherheit für die
Bank dienen.[103]

*Sehr geehrter Herr Diplom Ingenieur Wagner, vereinbarungsgemäß
teilen wir Ihnen mit, daß die an Sie auszuzahlende Leistungsprämie (...) die Summe von DM 65 000 beträgt. Wie Ihrem Vertrag zu
entnehmen, wird Ihnen diese Summe in zwei Tratten ausgezahlt
(...) auf ein noch von Ihnen anzugebendes Konto bei einer deutschen Bank (...) Wir danken Ihnen für Ihre Mitarbeit und die bisher
erbrachten hervorragenden Leistungen und erhoffen uns eine weitere gute Zusammenarbeit, auch für unsere weiteren Projekte (...)*

(Von Hans Wagner gefälschter Brief der Firma
Martin Van Erp vom 14. 5. 1969)

Weitere Projekte? Gute Zusammenarbeit? Bei einer Firma, die vier Wochen vor dem angegebenen Datum aufgelöst worden war? Ob die *Deutsche Bank*, der er wenige Tage später »die Fotokopie eines an mich gerichteten Schreibens über eine Leistungsprämie« zuschickte, darüber stolpern würde?[104] Und »Tratten«? Ob das Kreditinstitut bemerken würde, dass hier jemand mit Begriffen um sich warf, deren Gebrauch er offensichtlich nicht kannte?[105] Die Bankfiliale in Ingolstadt, die sich inzwischen mit der Finanzierung des Wagnerschen Hauses befasste, hakte nach, verlangte eine »unwiderrufliche Zahlungsanweisung« der Firma *Martin Van Erp* zu ihren Gunsten.[106]

Also spannte Hans Wagner erneut einen Bogen mit dem Briefkopf von *Van Erp* in die Maschine, um zu fabulieren. Die Firma, die längst aufgehört hatte zu existieren, bestätigte ihm in dem gefälschten Schreiben vom 22. August 1969, dass »wir unsere Buchhaltung veranlaßt« haben, »den Betrag einer Leistungsprämie in Höhe von DM 65 000,– DM, zahlbar in zwei Tratten, unwiderruflich gegen jede Anweisung, auf Ihr Konto bei der Deutschen Bank AG Filiale Ingolstadt (…) einzuzahlen (…) Diese Ausnahme haben wir nur auf die bisher sehr gute und lukrative Zusammenarbeit erlaubt (…)«[107] Damit war das Geldinstitut zufrieden. Fürs Erste jedenfalls; es zahlte die bewilligte Kreditsumme an den Verkäufer des Hauses aus.

So klamm, wie Hans Wagner war, konnte er sich keine kostspieligen Nebenbeziehungen, keine teuren Flüge nach Salzburg mehr erlauben. Zwar hatte er offenbar diverse Privatreisen aus dem Spesenetat des *Aubelac*-Konsortiums bestritten, dessen Verwaltung ihm oblag, zum Glück war das bislang unentdeckt geblieben. Doch das Risiko, wegen Unterschlagung angezeigt zu werden, ließ ihn zögern; außerdem schritt der Bau des Stahlwerks in Charleroi seinem Ende entgegen, lange hätte er sich ohnehin nicht mehr bedienen können. Und seine Zukunft lag im Ungewissen. Vielleicht ein Job bei *VÖEST* in Linz? Erwin Schramayr, sein Chef, hatte so etwas angedeutet.[108]

Das Eigenkapital von 20 000 DM, die Summe hatte er schließlich doch noch bei einem Freund aufgetrieben, war inzwischen bei Maria in Ingolstadt gebunden.[109] Johanna im österreichischen Kallham, mochte sie ihm noch so ergeben sein, musste deshalb im Rennen um seine Gunst ausscheiden. Ende Juli bereits hatte er die Entscheidung getroffen und ihr geschrieben, ihm läge ein Angebot vor, für *Van Erp* nach Kanada zu gehen. Das war natürlich wieder gelogen. Aber Johanna, so vermutlich seine Überlegung, würde schon wegen ihrer kranken Eltern nicht mitkommen können, und dann wäre er sie los.[110]

Doch er hatte sich getäuscht. Johanna ließ sich nicht so leicht abschütteln.

Liebster Hans, ich verstehe vollkommen, daß Du mich nicht heiraten kannst, und ich will es auch auf keinen Fall mehr, weil Du mich nicht mehr liebst. Aber geh nicht so weit weg nach Kanada, wie soll ich leben können ohne die Hoffnung, Dich noch einmal sehen zu dürfen! So kann ich das Leben hier nicht ertragen, bitte hol mich fort von hier, ich muß irgendwo ganz allein für mich leben können, allein mit den Gedanken an Dich und der Sehnsucht nach Dir – und vielleicht mit einem Kind, das in meinen Gedanken schon als unser Kind seinen Platz hatte. Ich habe fast die ganze Nacht über Deinen Brief geweint, ich muß Dich öfter sehen dürfen, sonst werde ich nicht fertig damit, Deine Liebe verloren zu haben. Wenn wir auch nicht heiraten können und nicht wollen, so muß doch nicht auch die Liebe getötet werden und an den äußeren Umständen zerbrechen (...) Ich bin ganz überzeugt davon, wenn wir uns heute wiedersehen würden, wäre vom ersten Augenblick an alles Böse zwischen uns ausgelöscht und unsere Liebe (...) stärker als je zuvor. (...) Ich grüße Dich wie immer als Deine Johanna.

(Brief von Johanna Liebherr an Hans Wagner vom 28. 7. 1969)

Anfang August nahmen die privaten Komplikationen für Hans Wagner weiter zu. Eine Katastrophe bahnte sich an. Maria war für ein paar Tage aus Ingolstadt gekommen und, während er auf der Baustelle arbeitete, in seinen Unterlagen auf eine Abrechnung der belgischen Telefongesellschaft vom 24. Juli 1969 gestoßen, die ihre Neugier geweckt hatte. Außer ihrer eigenen standen diverse Rufnummern in Österreich und Deutschland auf der Liste. Sie habe schon davor »den Verdacht gehabt, dass bei ihm noch etwas mit anderen Frauen läuft«, erinnert sich Maria, »wegen der häufigen anonymen Anrufe«. Damals wollte sie Klarheit: Sie wählte die angegebenen Anschlüsse und hatte Johanna in Kallham und Liesel in Gelsenkirchen in der Leitung.[111]

Wagner, noch am selben Abend von seiner Verlobten zur Rede gestellt, versuchte zunächst sich herauszureden, räumte dann aber seine Beziehungen zu anderen Frauen ein. Ein Wort ergab das andere, »Ja«, sagte er, »ich bin noch verheiratet, in Frankreich«. Es folgte eine lautstarke Auseinandersetzung, und am nächsten Morgen reiste Maria vorzeitig aus Ham-sur-Heure ab.[112]

Eine Woche später, am 15. August, wurde Johanna Liebherr nach einem schweren Nervenzusammenbruch und wegen akuter Suizidgefahr in stationäre Behandlung nach Bad Hofgastein eingeliefert.[113] Drei Tage später schrieb sie Hans einen verzweifelten Brief:

(...) Ich habe mich mühselig etwas beruhigt. Die Frage, ob ich mit Dir nach Kanada gehen werde, kann ich Dir erst nach einem Wiedersehen beantworten, wenn ich sicher weiß, daß Du mich noch liebst und ich nicht nur ein Spielball Deiner Launen bin (...) Ich mache dieses Spiel nicht mehr mit, mein Gesundheitszustand ist nicht der beste, und ich war nahe dran, eine nicht wieder gut zu machende Kurzschlußhandlung zu begehen (...) Es wird schwer sein, jemals zu vergessen, was Du mir angetan hast (...) und dann monatelang die Vermutung, ein Kind zu bekommen und dazu die Angst, verlassen zu werden von dem Mann, der mir einfach alles bedeutet hat (...) Ich weiß nicht, bist Du so verständnislos oder kannst Du wirklich so hart und gefühllos gegen eine Frau sein, die Du doch auch geliebt haben mußt?! (...) Ich denke immerzu an Dich und gebe die Hoffnung nicht auf, Dich eines Tages doch wiederzusehen und grüße Dich herzlich als Deine Johanna.
(Brief von Johanna Liebherr an Hans Wagner vom 18. 8. 1969)

Hans Wagner ließ das kalt.[114] Er musste in Ingolstadt retten, was noch zu retten war. Und diesmal besann er sich einer für ihn ganz ungewöhnlichen Möglichkeit. Er versuchte es mit der Wahrheit – oder jedenfalls einem Teil davon. Es war 23.00 Uhr am 25. August 1969, so steht es in seinem langen Brief, an Maria, in dem er ihr reinen Wein einschenkte, über seine Ehe in Frankreich, sein Leben, seine vielen Beziehungen und seine Fehler. Oder was er dafür hielt:

Meine geliebte Maria! Ich weiß nicht wie Du diesen Brief aufnehmen wirst, aber was sein muß, muß sein und ich habe es Dir ja versprochen. (...) Ich habe im Juni 1949 geheiratet und zwar die Französin Jeanette Cailleux aus Aumont im Department Oise, die Ehe wurde in Senlis (...) geschlossen. Diese Ehe war von Anfang an ein Fehler, da Madame nicht mit dem Geld umgehen konnte

*und außerdem Männerbekanntschaften engroß hatte. Aus dieser
Ehe stammt der Sohn Philipp-Patrik, geboren im gleichen Jahr.*[115]
*1952 haben wir uns getrennt, weil ein Zusammenleben nicht
mehr möglich war, ich habe also Frankreich verlassen. Ich ging
also nach Deutschland und habe in Rheinberg am Niederrhein
Arbeit als Montageingenieur aufgenommen und habe in Finnland
ein Kraftwerk gebaut (...) und bin nach Abschluß der Arbeiten zu
einer Hamburger Firma gegangen, wo ich wiederum im Ausland
eingesetzt wurde, in Rotchina, Rußland und Japan.*[116] *Nach meiner Rückkehr lernte ich in Hamburg eine Frau kennen, 36 Jahre
alt, jeder wohnte jedoch getrennt, wir verstanden uns sehr gut, in
der Unterhaltung, Bücher, Musik, Theater.*[117] *Meine Bemühungen
auch körperlich einen Ausgleich zu finden schlugen fehl, bis ich
dahinter kam, daß diese Frau lesbisch war und auch nicht bereit
war dieses Hobby aufzugeben. Wir haben uns kurz noch gesehen
und dann getrennt. Ich ging dann wieder ins Ausland nach Südamerika wo ich eine Papierfabrik gebaut habe. Nach meiner
Rückkehr 1963 ging ich dann (...) nach Gelsenkirchen, wo ich später (...) Frau Schneider kennenlernte.*[118] *Wir haben uns zusam-
mengetan und etwas aufgebaut, aber es fehlte der Ausgleich im
körperlichen, trotzdem war ich bereit Frau Schneider zu heiraten.
Diesbezüglich begann ich 1964 meine Scheidung zu betreiben, ich
mußte also über einen Anwalt mit meiner ehemaligen Madame
Kontakt aufnehmen, da jedoch Madame mehrfach verzogen ist,
war es nicht einfach und 1965 endlich hatten wir sie. Nun da sie
feststellte, daß sie die Möglichkeit fand, leicht an Geld zu kommen, forderte sie für die Scheidung 70 000 DM als Abfindung und
eine 1/4 jährliche Pauschale von 4500 DM. Wir haben dem nicht
zugestimmt und haben eine einmalige Summe von 50 000 DM geboten, was sie wiederum ablehnte. Sie lebte mit 2 Männern in
Konkobinat (wilde Ehe). So habe ich bis zum vergangenen Jahr um
die Scheidung gerungen. Dabei ist auch das Verhältnis zu Frau
Schneider in die Brüche gegangen, es flammte zwar kurz noch einmal auf, ist aber seit März 1969 endgültig vorbei, da sich Frau
Schneider anderweitig gebunden hat. Da inzwischen wir uns ken-
nenlernten, so glaube ich jedenfalls, daß nun unser beider Leben
in geregelte Bahnen kam (...) Ich war schnell überzeugt, meine
Maria, daß es auch Deinerseits eine feste Liebe war und ist. Ich
bedaure deshalb das Treffen mit einer anderen Frau in Salzburg
und habe, nach Deiner Reaktion und dem nun endgültigen Wis-*

sen um Deine ehrliche Liebe, auch diese Brücke abgebrochen und lebe nur noch einzig und allein für Dich.

Doch daß war nur eine kurze Abschweifung: Ich habe nun im März nochmals wegen der Scheidung meinen Anwalt (...) bemüht und er hat erreicht, daß die Madame geneigt ist bei Zahlung von 60 000 DM in die Scheidung einzuwilligen. Gut ich habe im Interesse unseres Lebens das Geld auf ein Notarkonto eingezahlt, es wird in Aumont ausgezahlt, wenn die Scheidung ausgesprochen ist, Ende September 1969, deshalb dieser Termin.[119] Nunmehr ist die Scheidung sicher, denn das Geld liegt ja in Griffnähe. Weitere Zahlungen gibt es dann nicht mehr (...) Bedauerlicherweise hat sich mein Sohn insofern inkorrekt benommen, als er ohne mein Wissen Kontakt mit der Mutter hat und sie auch bei seiner Eheschließung war, er hat sich also gegen mich gestellt, und ich wurde schon oft enttäuscht, aber es ist eben nur einmal mehr, aus Schluß.[120] Ich habe mir bisher in meinem Leben immer nur käufliche Liebe (besser gesagt Entspannung) nehmen können und bin nunmehr glücklich die echte tiefe Liebe gefunden zu haben, dafür bin ich Dir von Herzen dankbar.

Doch nun muß ich weiter berichten und Du wirst auf eine harte Probe gestellt. Im Jahre 1956 auf einem Urlaub vom Ausland, habe ich Madame wiedergesehen und mit ihr geschlafen nicht ohne Folgen, daraus wurde ein Mädchen mit Namen Sabine, sie lebt in einem Internat in Frankreich, ihr Unterhalt ist gedeckt, sie ist heute 12 Jahre alt, ein hübsches Ding. Es wäre mir sehr lieb, wenn wir sie einmal zu uns nehmen könnten, aber es muß nicht sein.[121] Mein eigenes noch verbliebenes Kapital beläuft sich auf 100 000 DM Wertpapiere und 40 000 DM Barkapital, dazu Anteile an einem Geschäft.[122]

So meine Maria nun ist mir leichter, wenn ich auch sehr bedaure, Dir solch einen Schlag versetzen zu müssen. Solltest Du daraus für mich nachteilige Konsequenzen ziehen, so kann ich es Dir nicht verübeln, ich würde dann jedoch nach Asien gehen, weil ich hier ohne Dich nicht leben kann. Ich möchte Dir mein Liebstes jedoch nochmals sagen – ich liebe Dich mehr als mein Leben – und ich werde Dich heiraten, wenn Du es nunmehr noch willst (...) ich werde Dir ein treusorgender liebender Mann sein (...) Verzeih mir, wenn ich nicht aufrichtig war, aber Angst, etwas sehr wertvolles zu verlieren tut weh und die Lüge sollte helfen, mir das Schönste, Dich mein Ein und Alles, zu erhalten (...) Was nun

unsere Verlobung anbelangt, so habe ich mich vorher mit meinem Anwalt unterhalten der nach dem Gesetz folgendes sagt: Wenn eine Ehescheidung beantragt ist und das Verfahren läuft, dann ist eine Verlobung gestattet, wenn (...) nachgewiesen werden kann, daß beide Partner, nach erfolgter Scheidung, eine gemeinsame Ehe eingehen werden (...) Unsere Ringe sind kein Talisman sondern ein echtes Eingeständnis der Zusammengehörigkeit.
So nimm all meine Zärtlichkeit, nimm meinen Körper als den Deinen, immer Dein Hans.

(Brief von Hans Wagner an Maria Zapp vom 25. 8. 1969)

An den Rand notierte Wagner noch: »Darf ich Weihnachten daheim sein?« Der gewisse Hang zur Theatralik verfing bei Maria nur zum Teil. Natürlich war »ich bereit, ihm zu glauben, ihm zu verzeihen«, wie sie sagt, aber Skepsis sei damals doch geblieben.[123]

Zwei Tage später gab Hans Wagner, als wolle er Maria noch einen weiteren Beweis seiner Aufrichtigkeit liefern, Liesel in Gelsenkirchen endgültig den Laufpass: Er werde jemanden »mit 3 Koffern vorbeischicken, der (...) meine restlichen Sachen (...) wie Anzüge, Mäntel, Wäsche, Bücher und Papierkram (...) abholt«; der Mann werde auch, wie gefordert, Schlüssel und Sparbuch mitbringen. Eigentlich stehe ihm eine lange Liste von Gegenständen aus Liesels Haushalt zu, meinte er, darunter ein Wohnzimmerschrank (»Stilmöbel«), ein Marmortisch, vier Anzüge (Firma *Oeben und Thoben*), sechs Oberhemden, zehn Bücher, ein Perserteppich (3 x 4 Meter), ein Satz Jenaer Schüsseln (»feuerfest«) und sechs Likörgläser (»Kristall«). Doch wolle er darauf verzichten.[124]

Zum Schluss bedankte er sich bei Liesel »für die Jahre, sie waren doch in ihrer Art schön«.[125] Luise Schneider starb siebeneinhalb Jahre später, am 17. April 1977, ohne jemals wieder etwas von Hans Wagner gehört zu haben.[126]

Auch mit seiner österreichischen Affäre machte er Anfang September 1969 endgültig Schluss. Bei Johanna schlug die abgöttische Liebe sofort in blanken Hass um. Die Anwältin aus Kallham, die sich noch zwei Wochen zuvor das Leben nehmen wollte, aus Verzweiflung über das Ende ihrer Beziehung, sah die Chance, sich mit einer Eigentumswohnung in Salzburg, bezahlt von Hans Wagner, dem Heiratsschwindler, über den Verlust hinwegzutrösten:

*Lieber Hans! (...) Durch Deine wiederholten mündlichen und be-
sonders schriftlichen Eheversprechen (...) sind mir gesetzlich klar
umrissene Ansprüche erwachsen (...) Ersatz aller mir im Hinblick
auf das Eheversprechen (...) erwachsenen Auslagen, (...) Ersatz der
Arztkosten (...) Abgeltung der erhaltenen schweren gesundheitlichen Schädigung (...) Abgeltung der Berufsbehinderung (...) Abgeltung der Schädigung des beruflichen und privaten Ansehens
(...) Ich erwarte Deinen diesbezüglichen Vorschlag, möchte aber
vorausschicken, daß ich mindestens auf den Gegenwert einer ein-
gerichteten Eigentumswohnung in Salzburg Anspruch erhebe (...)
Halte mich nicht für weiter hinterwäldlerisch dumm, Du hast
mich herausgefordert, Ideale zu begraben und nunmehr so wie Du
realistisch und hart in Zahlen zu denken. Besten Gruß Johanna.*
  (Brief von Johanna Liebherr an Hans Wagner vom 12. 9. 1969)

Wagner antwortete, er halte die Forderung für »direkt absurd«.
Wäre sie mit ihm nach Kanada gegangen, hätte er sie auch geheiratet. »Ich habe nach Deiner Ablehnung, bei meinem Besuch in
Schweden eine Frau kennengelernt und sie ist bereit mit mir nach
Kanada zu gehen.«[127] Schließlich drohte er ihr sogar: »Ich habe mir
die letzten Telefongespräche mit Dir auf Tonband aufgenommen,
wollte sie erst verbrennen aber ich behalte sie doch. Du musst doch
selbst zugeben, daß Du die meiste Schuld doch selbst zu tragen
hast.«[128]

Jeanne in Nanterre bei Paris erhielt Anfang Oktober ebenfalls Post
von ihm, in der er sie noch einmal bekniete, die Scheidung zu akzeptieren. Diesen Kampf musste Wagner noch führen, denn eine
Vereinbarung mit seiner französischen Frau zur Auflösung der Ehe,
wie er gegenüber Maria behauptet hatte, lag noch in weiter Ferne.
Er ahnte, Jeanne würde sich ihre Zustimmung zur Scheidung nur
mit viel Geld abkaufen lassen; mit Geld, das er nicht besaß. Auf
seinen Brief teilte ihm die »Madame« postwendend mit, dass er
mit seiner Befürchtung richtig lag.[129]

*Lieber Hans! Du weißt nicht, was Du willst – entweder Du be-
zahlst mir ein Haus, damit ich ein Dach für mich und unsere Kinder habe (...) oder Du bezahlst eine Rente für mich und die Kinder. Ich verlange nicht beides. (...) Wenn Du Deine Freiheit haben
willst, müssen wir uns vorher gut einigen, denn ich habe mir*

MARTIN VAN ERP

ociation momentanée   Martin van Erp   Chantier Aubelac Rue Gillot
Montigny sur Sambre

errn
ans W A G N E R
,Rue du petit Bois
A M   S U R   H E U R E

service Montage

v/Réf	N/Réf	Montigny sur Sambre
Ref/car 24-38	v.E/dIII	22.8.1969

Betr.: Ihr Schreiben vom 12.8.1969

Sehr geehrter Herr Diplom Ingenieur Wagner!

Ihr wertes Schreibens betreffend, haben wir unsere Buchhaltung veranlaßt, den Betrag einer Leistungsprämie in Höhe
von 65.000.-DM, zahlbar in zwei Tratten, unwiderruflich gegen
jede Anweisung, auf Ihr Bankkonto bei der

Deutschen Bank AG
Filiale Ingolstadt
807 Ingolstadt/Donau
Ludwigstr. 24
Kto.Nr. 24/20 081

einzuzahlen.

Die Zahlungen erfolgen jeweils,am 10.1. und 15.3.1970 mit
Banküberweisung der Bank de Bruxelles auf das angegebene Konto
in Deutschland.

Wir möchten jedoch betonen, daß wir im üblichen Fall, derartige Abtretungen nicht durchführen, da es für unsere Verrech-
nungen technische Schwierigkeiten gibt.

Diese Ausnahme haben wir nur auf die bisher sehr gute und
lukrative Zusammenarbeit erlaubt.

Wir sind der Meinung daß mit diesem Schreiben auch Ihre Bitte,
der Bank diese Vereinbarung zu bestätigen, entfällt, da wir die
Unwiderruflichkeit darin bestätigen.

Associat... ...anée
Martin ... Erp
...
Chevalier ...belac Rue Gillot
Montigny sur Sambre

Téléphone: Charleroi 07/31 60 16-12 · Telex: 51 391

Von Hans Wagner gefälschtes Schreiben, mit dessen Hilfe er sich einen Bank-
kredit erschlich (1969).

184

Hans Wagner in seinem Container-Büro auf der Baustelle in Charleroi mit einem Mitarbeiter (1969).

nichts vorzuwerfen. Überlege Dir alles gut und teile mir Deine Entscheidung mit. Das einfachste ist, Du nimmst Dir einen Advokat, der sich mit meinem in Verbindung setzt (...) dann werden wir gemeinsam sehen, wie Du das Haus zahlst, denn auch ich möchte, daß alles schnell geht (...) Im übrigen erinnere ich Dich daran, daß am 25. Oktober der Geburtstag Deines Sohnes (Philippe) ist.
Jeanne.

(Brief von Jeanne Wagner an ihren Mann Hans vom 22. 10. 1969)

Natürlich ignorierte Wagner Philippes 19. Geburtstag ebenso wie die Aufforderung, Jeanne ein Angebot zu unterbreiten. Warum stellten alle Frauen überhaupt so unverschämte Forderungen, wenn die Flamme der Liebe nicht mehr brannte?

Unterdessen hatte sich in Ingolstadt die Sache mit der Hypothek für das Haus zugespitzt, in dem er seit August mit Maria lebte. Der *Deutschen Bank* war zu Ohren gekommen, dass »*Van Erp* am 18. 4. 1969 aufgelöst« worden sei. Also konnten seine Bescheinigungen nicht echt sein. Die Fälschungen drohten aufzufliegen, und Kreditbetrug war alles andere als ein Kavaliersdelikt. »Wir wären Ihnen dankbar, wenn Sie uns hierzu (...) eine Stellungnahme abgeben würden«, ließ die Filiale Wagner unmissverständlich wissen.[130]

Hans Wagner, ein erfahrener Lügner seit Jahren, ließ sich nicht aus der Ruhe bringen, konterte zehn Tage später, es habe schon alles seine Richtigkeit. Und, kaum mochte er es selbst glauben, die Bank gab sich mit der fadenscheinigen Erklärung tatsächlich zufrieden.

Es ist richtig daß die Firma Van Erp aufgelöst wurde, jedoch nur als Arbeitsgemeinschaft. Ich arbeite nach wie vor auf freier Basis für diese Leute und war diesbezüglich in der vergangenen Woche in Kanada, wo ein weiteres Projekt entsteht. Sie brauchen also um Ihr Geld wirklich nicht bangen, es wird termingerecht bezahlt, darüber sollten Sie sich wirklich nicht den Kopf zerbrechen (...)

(Brief von Hans Wagner an die *Deutsche Bank* Ingolstadt vom 27. 9. 1969)

Sechs Wochen später sollte die Auflassung, die Eintragung der Immobilie im Grundbuch, erfolgen, zu Gunsten von Hans Wagner. Doch der teilte der *Deutschen Bank* zuvor mit, er »habe das Eigentum an meine zukünftige Gattin übereignet«.[131] Da Maria bei Hans Wagner immer wieder finanzielle Löcher stopfen musste, wegen »momentaner Engpässe«, wie er sich auszudrücken pflegte, hatte sie Wagner zu der Abtretung gedrängt. »Außerdem trug ich ja auch die Hypothekenzinsen von meinem Gehalt«, sagt Maria, als bedürfte es dieser Begründung noch.[132] Doch tatsächlich war ihr Hans Wagner schon wieder einen Schritt voraus.

Haus und Grundstück sollten zum 1. Januar 1970 in das Eigentum seiner zukünftigen Ehefrau übergehen. Das hatte Wagner so verfügt, »weil (er) bis dahin (...) das Grundstück noch belasten wollte«; er habe schon die Vormerkung verpfändet, als Sicherheit für einen Überziehungskredit der Bank.[133] Sie übernehme mit der Immobilie also auch Wagners Schulden, warnte der mit der Abwicklung beauftragte Rechtsanwalt Maria in einem Brief, den sie allerdings erst viel später zu Gesicht bekommen sollte.[134] Das Schreiben war nämlich an ein Sanatorium in Bad Mergentheim gerichtet, in dem Maria gerade zur Kur weilte. Wagner reiste ihr nach. »Er quartierte sich in meiner Pension ein, um mir nah zu sein, wie er behauptete«, empört sie sich noch heute. Doch tatsächlich führte er, wie sie später herausfand, etwas anderes im Schilde: Morgens drückte er sich in der Eingangshalle herum, wartete auf den Briefträger, um die Post für seine Verlobte in Empfang zu nehmen. »Dabei muss er das Schreiben des Notars abgefangen und unterschlagen haben«, sagt Maria, »damit ich nicht erfahre, dass er mich schon wieder hintergangen hatte.«[135]

Ärger, nichts als Ärger. Bei seiner Rückkehr nach Ham-sur-Heure am 31. Oktober 1969 erfuhr Hans Wagner auf dem Postamt, dass ein Einschreibebrief für Frau Wagner vorliege. Absender: Johanna Liebherr, Kallham. Er war verwirrt: An Frau Wagner? Wusste Johanna von Jeanne? Oder hielt sie Maria für seine Frau? Wahrscheinlich. »Da es noch keine Frau Wagner gibt (...) habe ich veranlaßt, daß der Brief zurückgesandt wird«, schrieb er hämisch an seine Ex-Geliebte in Kallham, »dem Umfang und der Dicke nach zu schliessen hast Du sicher vorgehabt (...) meine Briefe an meine zukünftige Frau zu schicken.«[136] Und da er gerade in Schwung war, teilte Hans Wagner gleich richtig aus:

(...) Ich habe versucht, mit Dir gütlich auseinander zu kommen, aber ich stelle fest, daß Du sogar die Mittel der Denunzation anwendest (...) Du hast Dich zu sehr an Deiner Religion festgeklammert an alten verstaubten Vorurteilen, die einem Menschen mehr schaden können als nutzen (...) Ich habe immer versucht, Dich zu verstehen und war bereit sogar Deine Religion anzunehmen, aber wenn ein Pfarrer mehr zählt als ein normaler Mensch, dann mußt Du Dich über die Folgen nicht wundern. Ich könnte jetzt diverse Verse des neuen Testaments zitieren oder aus den 10 Geboten, aber es wäre sicher vergebens. Warum sagst Du mir nicht einfach, es war eine schöne Zeit und sie wird in meiner Erinnerung bleiben (...) bist Du am Ende doch anders als Du Dich gegeben hast (...) aus Dir spricht doch nunmehr nur noch Hass und ein guter Christ sollte doch nicht hassen. Mit besten Grüßen, Hans.

(Brief von Hans Wagner an Johanna Liebherr vom 31. 10. 1969)

Das musste sie sich nicht bieten lassen, diese Gemeinheit! Diese Boshaftigkeit! Johanna schäumte vor Wut. Sie fühlte sich ausgenutzt und weggeworfen. Erst dieser unverschämte Brief und dann auch noch der freche Anruf seiner Frau. Nach Beratung mit einem Anwaltskollegen in Linz setzte sie einen Brief an »Herrn Dipl.-Ing. Hans Wagner« auf, ohne Anrede und in geschäftsmäßigem Ton:[137]

Da Sie verhindert haben, daß Ihre Gattin die von mir an Sie ge-
richteten Briefe erhalten hat, habe ich Ihnen folgendes mitzutei-
len: Am 27. Oktober 1969 rief mich Ihre Gattin an und teilte mir
unter schweren Beschimpfungen und Androhung von Tätlichkei-
ten mit, daß Sie verheiratet sind und drei Kinder haben. Sie haben
mir gegenüber behauptet, seit mehr als 20 Jahren rechtsgültig ge-
schieden zu sein und daß auch Ihre kirchlich geschlossene Ehe im
Jahre 1956 wegen der Wiederverheiratung Ihrer geschiedenen Frau
von der Kirche als ungültig erklärt wurde, und Sie haben mir
die Ehe versprochen, und zwar standesamtlich und kirchlich. Soll-
ten Sie mir nicht <u>binnen einer Woche</u> für die mir aus dem Eheversprechen erwachsenen Ausgaben und Schädigungen Ersatz lei-
sten, haben Sie eine Anzeige wegen Heiratsschwindel und
Hochstapelei zu gegenwärtigen mit entsprechender Schadenser-
satzklage (...) Ich bin nicht gewillt, Heiratsschwindel und Hoch-
stapelei, grobe Beschimpfungen und Verleumdungen, Androhung
von Tätlichkeiten und Ehrabschneidung klaglos hinzunehmen
(...) Sie werden außerdem ersucht, <u>sofort</u> Namen und Aufenthalts-
ort (mit genauer Adresse) Ihrer Frau mitzuteilen, welche in Un-
kenntnis des wahren Sachverhalts gegen mich Anzeige wegen
Ehestörung einbringen will. Sollten Sie die Adresse verweigern
(...) müßten polizeiliche Erhebungen eingeschaltet werden, was
zu einer für Sie sehr ungünstigen Aufdeckung des ganzen Falles
führen dürfte (...) Meine Forderungen an Sie werden mit 5000 DM
als nicht zu hoch beziffert, sondern liegen weit unter meinen Wün-
schen. Sagen Sie auch Ihrer Frau, daß Sie hier nicht herumzulau-
ern hat. Johanna Liebherr.[138]

(Brief von Johanna Liebherr an Hans Wagner vom 5.11.1969)

Das war ziemlich starker Tobak, ohne Frage! Wie hatte er sich in
dieser Frau so irren können. Hatte er ihr nicht Rosen geschenkt
und Juwelen? Hatte er ihr nicht die Welt zu Füßen gelegt? Ermittlungen wegen Heiratsschwindel, so viel stand fest, konnte er sich
nicht erlauben. Aber meinte Johanna es tatsächlich ernst? Es wäre
doch auch für sie eine Schmach, wenn ihr Missgeschick bekannt
würde. Andererseits: Enttäuschte Frauen sind unberechenbar. Da
kannte er sich aus. Wagner zog deshalb vor, seine Lügen diploma-
tisch zu servieren, mit einem Schuss Sentimentalität vielleicht
und ein paar versteckten Drohungen:

Ich habe also am vergangenen Ende der Woche mit der bewußten Frau eine wenige angenehme Aussprache gehabt, wegen der Äußerungen Dir gegenüber, sie behauptet dieß sei nicht wahr. Nun das Endresultat ist wir haben uns getrennt, denn die unwahren Behauptungen und die Handlungsweise kann ich nicht gutheißen. Also bin ich halt wieder allein, nun was macht es schon, Schluß aus, reden wir nicht mehr darüber. Was Deine Forderung angeht, so werde ich (...) die Summe zahlen, aber bitte nicht von heute auf morgen. Ich habe in letzter Zeit sehr viel Geld verloren (...) Von Dir nun möchte ich eine Erklärung, daß Du von weiteren Erhebungen usw. absiehst, wenn die Summe wie vereinbart gezahlt wird. Da Du einen Anwalt mit der Sache beauftragt hast, sollte diese Erklärung (...) von ihm verfaßt und von Dir unterschrieben sein und zwar rechtsgültig. Ich erkläre Dir nochmals, daß meine Heiratsabsichten in jeder Beziehung ehrlich gemeint waren (...) in dieser Hinsicht kannst Du mich nicht mit einem Heiratsschwindler oder Hochstapler auf eine Stufe stellen, denn ich habe (...) nie und nimmer (...) auf Dein Eigentum spekuliert. Du glaubst doch nicht im Ernst, daß ich Bigamie betreiben will, warum eigentlich gibt es doch Frauen die für weniger als 5000 DM ihre Liebe geben und noch nicht einmal auf eine Ehe drängen (...) Ich bin von den Frauen restlos bedient und ich sage es Dir ganz offen, nun kaufe ich mir die Liebe daß ist weniger aufregend und kostspielig. So Du kennst nun meinen Standpunkt, Johanna, es tut mir leid aber es mußte mal heraus, ich ersticke sonst daran. Sollte ich aber von irgendwelchen Behörden oder anderen offiziellen Stellen befragt werden, dann liebe Johanna weiß ich Bescheid und werde die Zahlung stoppen (...) Mit besten Grüßen, Hans.

(Brief von Hans Wagner an Johanna Liebherr vom 13. 11. 1969)

Nach diesem Schreiben schlug auch Johanna Liebherr wieder einen versöhnlicheren Ton an, kehrte zum »Du« zurück. In jenem dicken Briefumschlag für »Frau Wagner«, der aus Ham-sur-Heure retourniert worden war, hatte sie ihm auch eines seiner Geschenke, »das Kreuzlein«, zurückschicken wollen. »Nun ist es zu mir zurückgekehrt und ich sehe das als gutes Zeichen an. Ich will alles Böse, auch die Beleidigungen in Deinem letzten Brief vergessen (...) vielleicht kannst Du ein guter Katholik werden, dann sind wir uns nicht umsonst begegnet«, schrieb die gläubige Christin. »So wollen wir im Guten voneinander Abschied nehmen und unser

Schicksal dem barmherzigen Gott anheim stellen (...) Er soll Dich beschützen und Dir seine liebreiche Güte und seinen Segen schenken.« Kurz darauf teilte Wagner Johannas Linzer Anwaltskollegen kurz und bündig mit, er sehe sich »außerstande, irgendetwas zu bezahlen (...) da ich mich des Gefühls nicht erwehren kann, daß ich geschröpft werden soll«.[139]

Am 4. Dezember 1969 erschien Hans Wagner auf der israelischen Botschaft in Brüssel, um sich Visum Nr. 998 abzuholen; es war für drei Monate gültig. Damit wollte er Maria zu Weihnachten überraschen: zwei Wochen Besichtigungs- und Badeurlaub in Netanya, Tel Aviv, Jerusalem und Eilat.[140] Wagner hatte die Pauschalreise gebucht und auch schon bezahlt. Der Urlaub sollte der Versöhnung dienen, denn seit der Geschichte mit der Telefonrechnung in seiner »Villa«, auf der Maria die Rufnummern seiner Freundinnen entdeckt hatte, und dem unterschlagenen Brief des Notars, hing in Ingolstadt der Haussegen schief. Sie habe in diesen Wochen mehrfach »die feste Absicht gehabt, ihn zum Teufel zu schicken«, sei dann aber wieder schwach geworden, entsinnt sich Maria. »In meinem Herzen wollte ich ihn behalten, und wenn er gesagt hätte, es tut mir Leid, ich habe keinen Pfennig, hätte ich ihn trotzdem genommen«, schwärmt sie noch heute, »er war eben so ein Mann.«[141]

Warum ausgerechnet Israel? Weshalb gerade in das Land der Juden? Sollte es für Hans Wagner eine Versöhnungsreise ganz anderer Art sein? Galt sein Interesse der jüdischen Religion und Kultur? Oder war das Land, viel banaler, lediglich ein attraktives Ferienziel? Aber warum ging er das Wagnis ein? Fürchtete er nicht, als ehemaliger SS-Kriegsverbrecher Günter Reinemer entlarvt zu werden? Alle vor 1928 geborenen Jahrgänge aus Deutschland wurden, bevor sie ein Visum erhielten, intensiv überprüft, welche Rolle sie im »Dritten Reich« gespielt hatten.[142] Offenbar vertraute Günter Reinemer, Jahrgang 1918, darauf, dass seine Legende als Hans Georg Wagner, Jahrgang 1908, einer Überprüfung durch die israelischen Sicherheitsdienste standhielt.

Am 20. Dezember 1969 bestiegen Hans und Maria in Frankfurt eine *El Al*-Maschine nach Israel.[143] Zwei Tage später reichte Wagners Anwalt in München eine Scheidungsklage gegen seine französische Ehefrau Jeanne ein. Das war das zweite Weihnachtsgeschenk für Maria.[144]

190

Fast 20 Jahre später. In dem karg möblierten Büro in der Villa der Firma *Venergia* im Campo Allegre von Caracas erzählt Georg Wagner bereits den dritten Tag aus seinem bewegten Leben. Es ist Sonntag, der 28. August 1988. Über die Fünfziger- und Sechzigerjahre geht er immer wieder zügig hinweg, vermeidet zu viele konkrete Angaben, vor allem über sein Privatleben, als habe seine Biografie für diese Zeitspanne nicht viel zu bieten. Gewiss, er gibt wahrheitsgemäß berufliche Stationen wieder, wenn auch mitunter die Zeiträume nicht stimmen: für die *Solvay* in Rheinberg, für *Hirsch* in Gelsenkirchen und Hamburg, für die *Montanunion* und für *Van Erp* in Belgien. Auf hartnäckiges Nachfragen erwähnt er die Heirat »mit einer gewissen Jeanette Durand in Charleroi, 1963 oder 1964« – aber 1963/64 war er nicht in Charleroi und eine Jeanette Durand ist als seine Ehefrau nirgendwo identifizierbar.[145] Mit einer einzigen Bemerkung, die er ohne jede Abweichung mehrfach wiederholt, geht er auf seine Reisen nach Israel ein, erzählt, wie er dort Rosa kennen lernte – lässt vier Jahre in nicht einmal so vielen Sätzen Revue passieren:

WAGNER: *So hab ich mich dann durchgestochert bis 1968, wo ich also dann das erste Mal nach Israel gereist bin, mit meiner neuen Identität, mit einem entsprechenden Pass. Dort habe ich also meine Rosa kennen gelernt, und ich dann fragte »wo wohnst du?« »Ich wohn in Venezuela!« Und dann haben wir uns eine ganze Zeit nicht gesehen, bis 1972 haben wir uns nicht gesehen. 1972 haben wir uns noch mal getroffen. Da kam sie von Besuch aus Polen, sie stammt ja aus Polen, aus der Gegend von Krakau, und da haben wir vereinbart: »Du kommst rüber nach Venezuela!«[146]*
(Vernehmung von Georg Wagner am 28. 8. 1988)

Mit Maria über Weihnachten ins Heilige Land; die erste Station war Jerusalem. Alles ging schief: Sie landeten in einem falschen Hotel, lagen schon in den Betten, mussten wieder alles zusammenpacken und umziehen, ins *Panorama Jerusalem* auf dem Ölberg, genau gegenüber dem Felsendom, im arabischen Ostteil der Stadt. Sie kamen spät aus den Federn am nächsten Morgen, der Blick aus dem Fenster auf die Altstadt entschädigte für die Unbill der Nacht. Der Blick in die englischsprachige *Jerusalem Post* dagegen verhieß alles andere als ruhige und besinnliche Ferien: Es gab Kämpfe an allen Waffenstillstandslinien des Sechstagekrieges von

Hans Wagner mit Maria Zapp in Paris (1969).

1967, die israelische Luftwaffe flog Angriffe gegen ägyptische und jordanische Militärobjekte, und aus dem Südlibanon beschossen palästinensische Freischärler israelische Siedlungen mit Panzerfäusten und leichten Waffen.[147]

Das deutsche Liebespaar bekümmerte das zunächst wenig. Schon am ersten Tag besuchten sie die Altstadt, die Grabeskirche, die Klagemauer, das Rockefeller-Museum. Und Hans kaufte sich gleich »dieses Käppchen, damit er die Synagogen besichtigen durfte«, erinnert sich Maria. Sie hat die Kipa bis heute aufbewahrt. Ein paar Tage später mieteten sie ein Großraumtaxi für eine mehrtägige Rundfahrt zu den Attraktionen des Landes. Zwei andere Touristen aus der Reisegruppe schlossen sich ihnen an. Ihr deutschsprachiger Führer, Gedaljahu Gustav Hecht, den alle bald nur noch Gustav nannten, hatte zur Sicherheit eine Maschinenpistole dabei, sie lag meist griffbereit auf dem Beifahrersitz des gestreckten Daimler-Benz. »Wir mussten mit Überfällen rechnen«, erzählt Maria, »es war ja kein friedliches Land damals.«[148]

Wagners erste Reise nach Israel: Zusammen mit Maria stellt er sich vor dem Felsendom in Jerusalem einem Fotografen. Links ihr Touristenführer Gustav Hecht (1969/70).

Gustavs Tour führte sie unter anderem zu einer Orangenplantage, in einen Kibbuz, zum »Schrein des Buches«, wo die 1948 von einem arabischen Hirtenjungen in Qumran gefundenen ältesten Textauszüge der Bibel aufbewahrt werden, sowie in eine Baumschule der *Keren Kayemeth Leisrael*. Dort pflanzten Hans und Maria »mit eigenen Händen« ein Bäumchen, zu Ehren von Marias verstorbenem Vater.[149]

Fragt man Maria heute, ob ihr damals in Israel etwas an Wagner aufgefallen sei, eine besondere Verbindlichkeit im Umgang mit den Menschen, die sich vielleicht als Reue deuten ließe, immerhin kam er als Täter des SS-Regimes, als Kriegsverbrecher, mit falscher Identität in das Land der Opfer, schüttelt sie den Kopf. »Höflich, freundlich und zurückhaltend wie immer« sei er gewesen. Es ließ ihn offenbar unberührt.[150]

Weiter ging es in Gustavs Stretchlimousine Richtung Süden zum berühmten Donnerstagsmarkt von Beer Sheva in der Wüste Negev, 80 Kilometer südlich von Jerusalem. Von weither kommen

193

die Beduinen mit Eseln und Kamelen, manche zu Fuß oder mit schrottreifen Lastwagen, um ihre Waren an den Kunden zu bringen: Bekleidung, Schmuck, Teppiche, Felle, aber auch Ziegen und Hühner. Das bunte Treiben auf dem Basar mit schreienden Verkäufern, fliegenden Händlern und schwitzenden Touristen ist seit jeher eine beliebte Zwischenstation für Urlauber, die nach Süden, ans Rote Meer, reisen.[151]

Im hektischen Gewirr des Beduinenmarktes war Wagner plötzlich verschwunden. Maria hatte ihn aus den Augen verloren. Doch dann fand Gustav ihn wieder, und sie setzten die Fahrt entlang der jordanischen Grenze bis nach Eilat am Golf von Akaba fort. Die Ankunft war enttäuschend: Eilat sei damals kaum für den Fremdenverkehr erschlossen gewesen, sagt Maria, und ein Blick in ihr Fotoalbum bestätigt das: einfache Holzbaracken mit primitiven Betten, rot-brauner, zum Teil sehr steiniger Strand, »kein Ferienparadies, wie wir es heute kennen«, meint sie. Eines der Bilder zeigt Hans Wagner im Liegestuhl, wie üblich eine filterlose Zigarette zwischen den Fingern, wie üblich trotz Badehose mit Strümpfen und Schuhen bekleidet, wegen der am linken Fuß amputierten zwei Zehen.[152]

In der Barackensiedlung oder am Strand von Eilat muss es seinerzeit zu einer Begegnung Wagners mit einer »reizenden Jüdin« gekommen sein, die Maria allerdings verborgen blieb. Wenige Wochen nach der Rückkehr aus Israel erwähnte Wagner die junge Frau in einem Brief an Heidrun D., Else Zöllners Tochter, der er seit langer Zeit zum ersten Mal wieder schrieb, von neuen beruflichen Aufgaben in Israel berichtete, obwohl er eigentlich mit Maria, einer von Elses Nachfolgerinnen, dort Ferien gemacht hatte. Oder schnitt er mit der hübschen Israelin am Ende wieder nur auf?[153]

(...) dort lernte ich auch eine reizende Jüdin kennen 38 Jahre alt und wohnt in (...) Bersheba, nun ich bin ja auch nicht aus Holz, es war jedenfalls sehr nett, ausserdem sprach die Flamme des Landes ein sehr gutes Deutsch und kam von Norden 4mal 520 km mit dem Wagen nach Elat im Süden. Nun zum Heiraten ist dass auch nichts, aber man ist eben nicht so allein und fremd (...) Meine Bekannte dort unten hat einen Basar in Bersheba und ist regelrecht verknallt in den Saudeutschen und Judenmörder, nun ich habe keinen umgebracht und die die mich daraufhin ansprachen habe ich kurz abgefertigt (...)[154]

(Brief von Hans Wagner an Heidrun D. vom 18. 3. 1970)

194

Nach den Erholungstagen in Eilat ging es im Großraumtaxi zurück nach Norden: Jerusalem, Bethlehem, See Genezareth. Als die vierköpfige Touristengruppe schließlich in Haifa eintraf, beherrschte gerade ein Thema die Schlagzeilen der israelischen Presse: die heimliche Lieferung von fünf französischen Raketenschnellbooten aus Cherbourg, die angeblich für Norwegen gebaut worden waren.[155] Wagner habe damals »ein auffälliges Interesse« an der Geschichte gezeigt, erinnert sich Maria. Sobald etwas darüber in den Rundfunknachrichten gesagt wurde, musste Gustav »haarklein ins Deutsche übersetzen«. Als die Reisegruppe später in Haifa, an den Hängen des *Karmels*, zu einem Erinnerungsfoto stoppte, konnte sie die fünf Kriegsschiffe auf Reede liegen sehen.[156]

Der Urlaub endete schließlich in Netanya, 35 Kilometer nördlich von Tel Aviv, direkt am Mittelmeer gelegen. Hans und Maria stiegen im Hotel *Orly* ab, direkt an der Promenade oberhalb des weißen Sandstrandes, und genossen dort über den Jahreswechsel noch ein paar erholsame Tage zum Abschluss ihrer Reise.[157] Am 2. Januar 1970 kehrten sie nach Frankfurt zurück. Es war ein aufregender Flug, denn wegen einer Bombendrohung musste die *El Al*-Maschine auf dem Flughafen Zürich zwischenlanden. Nach ein paar Tagen in ihrem Häuschen in Ingolstadt, voller frischer Erinnerungen an »einen wunderschönen Urlaub«, hing wieder alles im Lot, wie Maria noch weiß. Dann machte sich Hans Wagner auf den Weg nach Belgien. Das Stahlwerk stand kurz vor der Vollendung, er musste die Baustelle abwickeln, nur noch für einige Wochen.

Noch unter dem Eindruck seiner ersten Israelreise schrieb er Mitte März 1970 jenen Brief an Heidrun D., in dem er von seiner neuen Eroberung, der schönen Jüdin aus Beer Sheva, berichtete. Offensichtlich war das Verhältnis zu Heidruns Mutter Else zwischenzeitlich so stark abgekühlt, dass er sich erlauben konnte, diese Eskapade zu erwähnen – oder zu erfinden. Aber er beeindruckte Heidrun noch mit weiteren Details seiner Urlaubsreise mit Maria, die er sich aus den Fingern sog:

(...) neidisch werden brauchst Du nicht auf meine Fernreisen es wird mir dabei nichts geschenkt, ich muss also ganz schön ran, hinzu kommt das Klima und der ewig dauernde Krieg dahinten, also hat man die Hitze nicht nur von oben, sondern auch noch von vorn, versetzt mit Granaten und Bomben sowie Kugeln, aber was solls (...) es ist nun mal mein Job (...) So hoffe ich dass ich eine

*schöne Zeit verbringen werde, hart und gefährlich aber (...) das
Wort Angst hat für mich noch nie Bedeutung gehabt (...) Ich besitze auch schon ein Käppi was man an den Samstagen tragen
muss, na wenn ich das aufhabe bin ich von einem wirklichen Juden nicht zu unterscheiden hab ich ehrlich noch nicht gewusst.
Als ich in Jerusalem war wohnte ich ja im ehemals jordanischen
Araberviertel ausserhalb der Stadtmauern von Alt-Jerusalem, da
ich ja nun die arabische Sprache auch sehr gut beherrsche habe ich
viele Freude gehabt, jeden Tag früh, wenn mich mein Fahrer abholte standen schon ein gutes Dutzend bettelnde zerlumpte Ara-
berkinder am Auto und verlangten ihren Haschich (Bettelgeld),
ich war also dort wie zuhause und mich hat auch kein Araber be-
klaut, wie die anderen Ausländer (...) Aber wenn ich bedenke dass
wenn ich dort fertig bin ca. 245 000 DM verdient habe ist dass
doch zu etwas Nutze wenn man sich plagt (...) Meine neue Baustelle in Israel beginnt auch schon Ende April sodass ich um den
20. 4. rum nach Israel abreise (...)*[158]

(Brief von Hans Wagner an Heidrun D. vom 18.3.1970)

Welch kühne Fantasie! An jenem 20. April 1970 saß Hans Wagner
nicht im Flugzeug nach Israel, sondern in Ingolstadt an der Schreibmaschine, schrieb Bewerbungen. Wieder einmal, denn seit Ende
März war er arbeitslos. Die restlichen Tätigkeiten auf der Baustelle
in Charleroi waren erledigt, Mitte April hatte er von seiner
möblierten »Villa« in Ham-sur-Heure Abschied genommen und
war nach Ingolstadt zu Maria umgezogen, in das Haus, das *er* gekauft hatte, das inzwischen aber *ihr* gehörte.

*Maschinenbau-Ingenieur (älterer) mit langj. Erfahrung im Indus-
trieanlagenbau, nach langem Auslandsaufenthalt zurück, sucht
freie Mitarbeit od. als Kundenberater, auch Vertretung in geeigneter
Branche. Büro, Tel., PKW und Räume vorh. Fremdsprachen: Engl.,
Franz., Span., Arabisch, Japanisch. Angebote unter A 391371.*[159]

(Stellenanzeige von Hans Wagner in der *Süddeutschen Zeitung*
vom 18. und 25. 4. 1970)

Doch auf lukrative Traumangebote zu warten konnte sich Wagner
nicht leisten. Die Israelreise, die von ihm bezahlt worden war – als
Investition in Maria gewissermaßen –, hatte ein dickes Loch in
seine ohnehin notorisch leere Kasse gerissen. »Außerdem trafen

unentwegt Rechnungen irgendwelcher Anwälte, Mahnungen und Zahlungsbefehle für ihn ein«, entsinnt sich Maria. Sie hatte bereits die Hypothekenzinsen übernommen, »weil es bei ihm ja nichts zu holen gab«. Und dann war noch das Schreiben der *Deutschen Bank* gekommen: Wo denn die Erfolgsprämie seines ehemaligen Arbeitgebers in Höhe von 65 000 DM bleibe, die verbindlich für den 15. März zur teilweisen Tilgung des Kredits zugesagt war, auf dem Schreiben mit Briefkopf, Stempel und Unterschrift von *Van Erp*, hatte die Bank sehr bestimmt angefragt. Ob sie etwas von dem Kreditbetrug ahnte?

Noch einmal versuchte Wagner, mit einer Lüge über die Runden zu kommen: Die Auszahlung werde sich wegen noch nicht abgeschlossener Planungsarbeiten »bis zum 15. 5. 1970« verzögern, man solle sich aber keine Sorgen machen, schließlich sei er ein gefragter Ingenieur, sein »Arbeitsvolumen in der Planung von kompletten Industrieanlagen« sei schon jetzt auf fünf Jahre »bis 1975 ausgebucht«.[160] Doch diesmal ließ sich das Bankhaus nicht mehr erweichen: Sein Schreiben gebe »der Abwicklung des von uns zur Verfügung gestellten Kredits eine Wendung, die (...) nicht gewollt war«.[161] Kurzum: kein weiterer Aufschub! Was tun? Er versuchte es bei einem privaten Münchner Geldverleiher, offenbar erfolglos. Also konnte er nur noch auf Zeit spielen, ließ sich am Telefon verleugnen, sobald die *Deutsche Bank* anrief.[162]

Als schließlich auch die Nachfrist am 15. Mai verstrich, ohne dass die Summe eingegangen war, kündigte das Geldhaus den Kredit, drohte die Zwangsversteigerung des Hauses an.[163] Nun nahm Maria die Sache in die Hand, wie gewöhnlich sehr resolut; sie verlangte und bekam eine »Vollmacht« von Hans Wagner, handelte mit der Bank eine Umschuldung aus.[164] Die Konsequenz allerdings war bitter: Um ihr Eigentum nicht zu verlieren, musste sie das Haus vermieten, um mit der Miete die Zinsen von jährlich 10 000 DM tragen zu können. Sie selbst zog in eine kleine, billigere Wohnung um, Hans Wagner inklusive. Warum sie sich »alle diese Erniedrigungen gefallen ließ«, kann sich Maria heute nicht mehr erklären. Aber so habe sie wenigstens das Haus retten können. Und Hans war um eine Anzeige wegen betrügerischer Krediterschleichung und Urkundenfälschung herumgekommen.[165]

Die Rollen hatten sich vertauscht: Hans Wagner musste sich von Maria sogar 400 DM borgen, um seiner französischen Ehefrau Jeanne die Bahnfahrt von Paris nach München zum Gerichtstermin vorstrecken zu können – sonst wäre sie nicht gekommen und der Scheidungstermin geplatzt. Und Maria ließ sich dafür, welche Demütigung für ihn, einen Schuldschein und eine eidesstattliche Versicherung unterschreiben, dass er sie »innerhalb von 4 Wochen nach meiner erfolgten Scheidung heiraten bzw. das Aufgebot bestellen« werde.[166]

Hans! Ich hoffe noch immer, dass Du das Erforderliche unternommen hast, um mir die 3 Monate Unterhalt, die jetzt in Verzug sind, zu schicken, wie auch die 400 DM, die das Gericht Dich bittet, mir als Reisekosten zu schicken (...) Wir werden uns ja am 23. Juli sehen (...) wenn ich da runter komme, werde ich zu Dir nach Hause kommen, denn wir sind nicht geschieden und Du hast eine Wohnung (...) Solltest Du es ablehnen, werde ich einen Polizeiwachtmeister holen, um dagegen anzugehen! Ich werde bleiben, bis Du mir die 3 Monate Unterhalt vollständig gezahlt hast (...) Du musst mir zudem für Deine Tochter eine Ausreisegenehmigung aus Frankreich machen lassen, die vom französischen Konsulat München visiert sein muss, damit sie für die Ferien nach Deutschland kommen kann (...) also, denke an sie! Ich glaube doch nicht, dass Du ein Monstrum an Egoismus bist (...)
(Brief von Jeanne Wagner an ihren Mann Hans vom 20. 6. 1970)

Zu allem Überdruss verlangte auch sein ehemaliger Arbeitgeber, der österreichische Stahlkonzern *VÖEST*, hohe Beträge zurück, warf Wagner kaum verklausuliert vor, auf der Baustelle in Charleroi Gelder unterschlagen zu haben. Man erwarte umgehend »eine ordnungsgemäße Abrechnung«, hieß es in einem Schreiben aus Linz, »das nach dem Konkurs der Firma *Van Erp* in Sie gesetzte Vertrauen« sei »in keiner Weise gerechtfertigt« worden.[167] Wagner versuchte es mit der Mitleidsmasche, er sei »an dem auf der Baustelle geholten Leiden sehr stark erkrankt«, durch die Anstrengungen habe er seine »Gesundheit aufs Spiel gesetzt, was ich heute noch büßen muß«.[168] Doch die *VÖEST* ließ sich von derlei Ausreden nicht beeindrucken, drohte immer massiver, »die Angelegenheit unserer Rechtsabteilung zu übergeben«.[169] Es ging um mehrere tausend Mark, für die Wagner keine Belege vorlegen konnte. Doch irgendwann schlief die Sache ein, und er war wieder einmal um eine Anzeige wegen Unterschlagung herumgekommen.[170]

Natürlich hatte ihn die *VÖEST* mittlerweile wissen lassen, sie

Oben: Hans Wagner und Maria Zapp pflanzen ein Bäumchen in Israel. Unten: Immer in Strümpfen und Schuhen, immer eine filterlose Zigarette zwischen den Fingern: Hans Wagner am Strand von Eilat (1969/70).

sei »nicht mehr daran interessiert, in irgendeiner Form mit Ihnen zusammenzuarbeiten, obwohl dies einmal beabsichtigt war«.[171] Er bekam nicht einmal mehr ein Zeugnis, auf das er so angewiesen war, denn er besaß ja keine einzige Urkunde, die ihn als Diplomingenieur auswies. Als Wagner seinen damaligen Vorgesetzten Erwin Schramayr inständig um eine entsprechende Bestätigung bat, zeigte der ihm die kalte Schulter: »Da hab ich mir gedacht, hoppla, der will sich Papiere erschleichen«, erinnert sich Schramayr, »der will sich am Ende noch eine Basis schaffen für etwas, was er gar nicht ist.«[172]

Ein neuer Job für den welterfahrenen, weitgereisten Diplomingenieur war nicht in Sicht. Dabei hatte er in die Ausschmückung seines Lebenslaufs, den er mit diversen Bewerbungen verschickt hatte, so viel Mühe gesteckt. Bis zur Kriegsgefangenschaft in Frankreich 1945 blieb alles beim Alten: Geburt in Breslau, Grundschule in Bad Flinsberg im Isergebirge, Gymnasium in Breslau, Studium in Dresden, Kraftwerksingenieur in Dresden, Caracas und Istanbul. Doch dann folgten Betätigungsfelder, bei denen er einen guten Atlas zurate gezogen haben musste:

1957–1960 Ingenieur Kraftwerksbau, Kraftwerk Jelec (Russland)
1960–1964 Ingenieur Chemie Anlagebau bei Kawasaki (Osaka Japan)
1964 – 1970 Freischaffender Ingenieur für Industrie-Anlagenbau der Montan-Union, Kraftwerke, Hüttenwerke, Chemiebetriebe (Frankreich, Belgien, Luxemburg, Tunesien).[173]
(Lebenslauf von Hans Wagner vom 27. 4. 1970)

Am Ende seines Lebenslaufs fügte der offiziell 62-jährige, tatsächlich jedoch zehn Jahre jüngere Hans Wagner noch einen Satz an, der Ironie erkennen lässt, auch wenn damals niemand den Hintersinn verstehen konnte: »Ich bin kerngesund und jeder Aufgabe gewachsen, meine Freunde behaupten ich sei erst 50 Jahre.«

Mitte Mai 1970 unterschrieb Hans Wagner, der begnadete Hochstapler und Heiratsschwindler, einen Vertrag bei der Firma für *Industrie- und Baubedarf Wilhelm Manger* in München-Unterhaching, als »kaufmännischer Angestellter für die Lagerverwaltung«.[174] Zu seinen Aufgaben zählte es, Betonfertigteile für den Gartenbau, die mit Sattelschleppern angeliefert wurden, mit einem Gabelstapler zu entladen.[175] Der Diplomingenieur als Handlanger: Sein monatliches Bruttogehalt betrug 1000 DM, als Bauleiter in Belgien hatte er, inklusive Zulagen, noch 4000 DM im Monat verdient.[176] Der Lohn reichte nur für ein spärlich möbliertes Zimmer im Haus seines Chefs.

Es war ein Knochenjob in Unterhaching.[177] Der Ingenieur, der in Belgien ein ganzes Stahlwerk hochgezogen hatte, der Mann von Welt, der mehr Frauen gleichzeitig haben konnte als Finger an einer Hand, war als Lagerverwalter in einem Baustoffgroßhandel gelandet. Das musste ihn fatal an Arbeitsdienst und Tischlerlehre erinnern, und solche Erinnerungen behagten Hans Wagner sicherlich nicht. Wie hatte es nur so weit kommen können?

Meistens schuftete er sogar an den Wochenenden, schwarz natürlich, um sein Einkommen aufzubessern, für 7,50 DM die Stunde.[178] »Wir haben erst später festgestellt, dass Wagner damals Ware geklaut und nach Feierabend oder am Wochenende bei Privatleuten eingebaut hat«, kann sich Gunther Manger, sein damaliger Chef, erinnern.[179] Wagner machte Schulden über Schulden, immer wieder versuchte er, Kollegen oder Bekannte anzupumpen.[180]

Und dann saß ihm auch noch Jeanne mit ihren ewigen finanziellen Forderungen im Nacken. Seinen Anwalt wies Wagner an, das Gericht zu leimen, mit einer »Notlüge«, wie er fand: Sein Mandant sei »ja z. Zt. mittellos, da er keine Anstellung finden« könne, schrieb der Rechtsbeistand daraufhin an die Kammer. Da er zudem »irgendwelche Rücklagen« nicht besitze, habe er »ja mit Recht den Antrag gestellt, den Kläger von der Zahlung eines Prozesskostenvorschusses zu entbinden«.[181] Für den bevorstehenden Termin am Landgericht München machte er seinem Klienten allerdings wenig Hoffnung: »Hätten wir das neue Scheidungsrecht schon, (...) dann wären Sie längst geschieden«, teilte er Hans Wagner mit, »aber mit den alten Paragraphen wird das schwer sein, weil Sie ja angeblich Ihrer Frau in die Ostzone davongelaufen sind. Außerdem sollen Sie Ihre Frau laufend mit anderen Frauen betrogen haben.«[182]

Und Maria? Sie liebte ihn noch immer, trotz allem, mochte er nun Chefingenieur in Belgien oder Stapelfahrer in Unterhaching sein. Aber im Rückblick sei sie damals schon »vorsichtig geworden, sehr vorsichtig«.[183] Der *Deutschen Bank* Ingolstadt jedenfalls hatte sie unmissverständliche Anweisungen gegeben:

Ich muß Ihnen nochmals schriftlich bekanntgeben, daß ich nicht gewillt bin, für irgendeine Summe, die Ihnen H. Wagner persön-

lich schuldet, oder für einen erneuten Kredit, den Sie ihm geben, in irgendeiner Weise zu haften. Ich habe H. W. mehr als genug geborgt, seit ich ihn kenne.

(Brief von Maria Zapp an die *Deutsche Bank* Ingolstadt vom 30. 8. 1970)

Als Maria ihrem Verlobten das Schreiben hinterher zur Kenntnis gab, malte der vier Fragezeichen hinter ihren letzten Satz, empörte sich in einer Randnotiz: »Wann? Wieso? Umgekehrt klingt es besser.« Wie lange sollte er sich das noch bieten lassen?[184]

Maria hielt ihn auf Distanz, unterstellte ihm, er habe in München schon wieder eine neue Liaison.[185] In ihr hatte der Weiberheld Hans Wagner endlich seinen Meister gefunden. Er stand unter ihrem Pantoffel, und doch gab es für ihn keine Alternative. Momentan jedenfalls nicht.

Anfang 1971 war ihre Beziehung auf dem Tiefpunkt angelangt. Am 26. Januar wies das Landgericht München die Klage von Hans Wagner auf Scheidung seiner Ehe von Jeanne Wagner ab. Die Eheleute hatten sich beim Termin in Zimmer 12 des Justizgebäudes in der Münchner Denisstraße voller Hass gegenübergestanden. Jeannes Argumente waren bei den Richtern jedoch auf offene Ohren gestoßen, sie nahmen den dreifachen Familienvater in die Pflicht, für den Unterhalt seiner Familie aufzukommen. Und zwar regelmäßig, nicht nur gelegentlich.[186]

Maria war frustriert, dass sie Hans noch immer nicht heiraten konnte – und sie ließ ihn das spüren, wollte die Verlobung auflösen, vollzog die Trennung von Tisch und Bett. Hans Wagner reagierte wie gewohnt, bösartig und primitiv:

Meine liebe Maria! Ich kann mich auf die Dauer nicht immer selbst befriedigen, so wie ich es all die Zeit getan habe, es geht auf die Nerven. Ich habe bis zum heutigen Tage keine andere Frau oder auch die Pariserin nicht angerührt und das ist eine Tatsache, sondern ich habe mich eben selbst befriedigt, oder wie es die Sexblätter nennen, ich habe onaniert. Das ist aber keine Lösung, denn ich habe Sehnsucht nach Dir Maria und das fühlst Du auch (...) Wenn Du meinst, ich könnte mich von der Pariserin oder einer anderen Frau nicht trennen, so bist Du gewaltig im Irrtum, denn ich empfinde außer zu Dir für keinen anderen Menschen etwas, weil ich eben nur Dich liebe (...) Laß Dir dazu noch eines gesagt sein, meine liebe Maria, Du brauchst mir dieses Miststück nicht jeden Tag vorhalten, ich empfinde nichts für Die, aber auch nicht den geringsten Funken, wenn sie wirklich mal käme, dann würde ich sie sicher so verprügeln, das sie monatelang nicht mehr gehen kann oder gleich ganz liegen bleibt, aber es gäbe in jedem Falle nur unsagbar harte Prügel. Ich habe noch nie eine Frau geschlagen aber bei der, das weiß ich, würde ich nicht mehr aufhören, so hasse ich dieses elende Miststück, es ist ein Hass, der in Worte noch Keinesgleichen gefunden hat (...) Was ich will, das bist nur Du (...) Ich bin immer bereit die Schulden für das Haus mit zu tilgen, aber ich muß klarsehen können, das es sich auch lohnt, das ich später wenn wir wieder einziehen können auch dabei bin (...) Wenn Du mir vorwirfst, ich hätte Läuse und (...) Syphilis, was soll dieser Quatsch, ich war noch nie Geschlechtskrank (...) Was den Verlobungsring anbelangt, so nehme ich Dir Deine Entschuldigung nicht ab, es wird wohl eher so sein, (...) das das Verlöbnis aufgelöst ist (...) Ich werde den Ring wieder tragen, wenn Du auch Deinen wieder trägst (...) Ich nehme an das Du in dieser Woche wo ich nicht da bin fleisig dem Karneval zusprichst, denn darauf bist Du doch immer erpischt, sei vorsichtig, wie leicht kannst Du da an Läuse kommen oder an andere Dinge (...) immer Dein Hans.

(Brief von Hans Wagner an Maria Zapp vom 30. 1. 1971)

Hans Wagner bat und bettelte, und irgendwann gab Maria ihren Gefühlen nach, verzieh ihm sogar seine ungehobelten Bemerkungen. Noch einmal versöhnten sie sich, zum letzten Mal. Und als Zeichen seiner Läuterung setzte er einen handschriftlichen Vertrag auf: »Nach Aussprache habe ich mich entschlossen, (...) das Zimmer in München aufzugeben« und die Beziehung zu Maria »wieder aufzunehmen«. Er wolle sogar »monatlich 850,– DM in die gemeinsame Wirtschaftskasse« einzahlen, »ab Mai 1971 bzw. Ende April«.[187]

Ernst gemeint war die Abmachung auch diesmal nicht. Weder gab Hans Wagner seine Wohnung in Unterhaching auf noch seine neue Freundin »Helga« in München, mit der er offenbar seit einigen Wochen liiert war.[188] Und wie eh und je verschwand er von einer Minute auf die andere, ohne eine Nachricht zu hinterlassen. Kurz vor Ostern 1971 verließ er die Wohnung in Ingolstadt, als ginge er nur eine Schachtel Zigaretten holen. Erneut packte Maria Eifersucht und Wut. Als er ebenso überraschend nach den Feiertagen wieder auftauchte, gab es eine hässliche Szene mit vielen

Tränen. Wagner gab vor, Leopold König*, einen Bekannten in Wien, besucht zu haben. Das konnte Maria ihm nicht mehr glauben, rief den Österreicher an. Natürlich war Hans nicht in Wien gewesen, jedenfalls nicht bei Herrn König. In ihrer Verzweiflung schüttete sie dem nahezu wildfremden Mann postalisch ihr Herz aus.

Sehr geehrter Herr König! Herr Wagner ist über Ostern ohne nähere Angaben heimlich abgehauen und später nach seiner Rückkehr sagte er, er wäre bei Ihnen gewesen. Da er seine Anzughose vom Pepita-Anzug nicht mehr mit heimbrachte, dachte ich, er hätte sie eben bei Ihnen vergessen. Nachdem sich nun herausstellt, daß er gar nicht bei Ihnen war, ist wohl alles klar! Auch warum er sich am Mittwoch früh heimlich davonmachte. Am Abend habe ich wie immer mit dem Essen gewartet, vergebens. Nach Ostern kam er dann, als ob nichts gewesen wäre! (...) Nach seiner Rückkehr aus Belgien war er arbeitslos, meldete sich aber nicht auf dem Amt, denn er wollte ja gar nicht in Ingolstadt arbeiten. Dazu fuhr er noch jeden Tag mit seinem Auto weg und kam erst kurz vor meiner Rückkehr vom Dienst wieder nach Haus zurück. Das Benzin ließ er bei meiner (...) Tankstelle aufschreiben und ich mußte bezahlen. Das Haus war überschuldet (...) dazu die Rechnungen und Telefonate und Anzeigen (...) alles in allem, wir pfiffen aus dem letzten Loch. Für ihn kam ein Zahlungsbefehl nach dem anderen und ich wußte nicht, ob ich meinen Lohn nun für das Essen oder für die Zinsen für das Haus geben sollte (...) Bald werde ich allein sein, denn W. hat Aussichten auf eine bessere Partie. Wenn es damit nicht klappt, wird er wohl wieder zu Frau Schneider zurückgehen, die hat doch mehr Geld wie ich als Geschäftsfrau und das allein zählt in seinem Alter. Ich selbst werde dann allein sein (ich habe mich scheiden lassen wegen ihm, ohne Unterhalt, nur weil es ja schnell gehen mußte). Mit freundlichen Grüßen, auch an Ihre werte Familie, Ihre Maria Zapp.[189]
(Brief von Maria Zapp an Leopold König vom 4.6.1971)

Was Maria Herrn König in Wien nicht schreiben mochte: Sie hatte kurz zuvor, als sie einmal früher als geplant nach Hause gekommen war, Hans mit einer anderen Frau »in unserem Ehebett er-

---

* Name geändert

wischt«, offenbar dieser »Helga« aus München. Und sie hatte ihm auch diesen Seitensprung wieder verziehen.[190] Doch jetzt war Schluss.

Monatelang erhielt sie kein Lebenszeichen von Hans Wagner. Was dieser zwischen Mitte 1971 und Frühjahr 1972 trieb, lässt sich nicht rekonstruieren. Sicher ist jedoch, dass er nach wie vor für die Firma *Manger* in Unterhaching arbeitete und mit »Helga« zusammenlebte.[191]

Am 16. Mai 1972 lehnte auch das Oberlandesgericht München als Revisionsinstanz die Scheidung des Ehepaars Wagner ab, dem Kläger, also ihm, wurden die Kosten aufgebürdet. Zwar müsse »die Ehe der beiden Parteien auf Dauer und unabänderlich als erschüttert« gelten, hieß es im Urteil, gleichwohl sei »der Ehemann (...) verantwortlich, weil er den gemeinsamen Haushalt 1957 verlassen hat und trotz seiner Versprechen nicht wieder zurückgekommen ist«.[192] Die Entscheidung war absehbar gewesen, seit sich die Kammer, Monate zuvor, Wagners finanziellen Verhältnisse von dessen Anwalt bis ins Kleinste aufschlüsseln ließ. Dabei hatte er wiederum sein Gehalt bei *Manger* unterschlagen. Er sei vermögenslos und verdiene »als Berater in Montagefragen (...) bestenfalls 620 DM im Monat«. Davon zahle er 90 DM für den Unterhalt seiner Tochter Sabine und 120 DM für sein Zimmer, sodass ihm »zum eigentlichen Leben knapp 400 DM« blieben; weitere Zahlungen an seine Ehefrau in Höhe von 300 DM seien undenkbar.[193] Die Kammer schloss sich dem an – und Jeanne stand weiterhin mit leeren Händen da.

Am 26. August 1972 begannen in München die 20. Olympischen Sommerspiele. Eine Woche zuvor – in der bayerischen Landeshauptstadt war bereits überall hektische Vorfreude auf das sportliche Großereignis zu verspüren – steckte Hans Wagner in Unterhaching eine Ansichtskarte des Olympiaparks München in den Briefkasten, adressiert an Else Zöllner in Hamburg. Mit ihr hatte er sich 1957 aus der DDR abgesetzt, einige Jahre in Rheinberg und in Hamburg gelebt, sie dann aber verlassen, mit ihr hatte er kurz zuvor wieder brieflichen Kontakt geknüpft und ein Treffen in Hamburg vereinbart:

Liebes Muckel! Herzliche Grüße aus der Stadt mit Herz, bis auf unser baldiges Wiedersehen, Dein Hans.
(Ansichtskarte von Hans Wagner an Else Zöllner vom 17. 8. 1972)

Zehn Tage später – inzwischen hatte sich Hans mit Else getroffen, um über alte Zeiten und neue Perspektiven zu sprechen und um wieder anzubändeln – schickte er ihr einen ausführlichen Brief. Das Wiedersehen war nicht ungetrübt verlaufen, Else war ihm nach all den verflossenen Jahren, nach all den Enttäuschungen, nicht um den Hals gefallen, wie er gehofft hatte – und wie er es gewohnt war:

Für mich waren die Tage in Hamburg eine wirkliche Erholung, wenngleich ich über Deine Rede (...) nicht gerade erbaut war, obwohl ich Dich verstehen kann. Ich habe jedoch die Hoffnung nicht aufgegeben das wir doch noch heiraten und wenn es Dir zuviel Arbeit macht, wenn ein Mann daheim ist, nun ich kann ja wieder ins Ausland gehen (...) Aber das sollst Du selbst entscheiden, nur hätte ich natürlich gern gewußt ob Du grundsätzlich damit einverstanden bist, oder ob Du wirklich allein bleiben willst. Überleg es Dir also bis zu meinem nächsten Besuch im Oktober wenn ich zurück bin (...) ich mache jetzt meinen Bauteil fertig und die Inbetriebnahme wird von einem anderen Kollegen gemacht der heute Abend mit mir rausgeht (...) Hier in München ist nun allerhand Trubel los, es wird direkt zu eng, aber mich kann es ja nicht mehr erschüttern, denn ich muß ja weg (...) Falls etwas passieren sollte, was man ja beim Russen nie wissen kann, Du bekommst auf alle Fälle Bescheid (...) die Nummer und das Chiffre meines belgischen Bankkontos hast Du, Du müßtest dann selbst dahin fahren und die Nummer mit den beiden Buchstaben vorlegen, sowie Deinen Pass und erhälst dann die Summe. Außerdem meine Unfallversicherung, da wirst Du automatisch angeschrieben. So mein Muckel, ich freue mich auf die Rückkehr und unser Wiedersehen. Ich grüße und küsse Dich innig, Dein Hans.[194]
(Brief von Hans Wagner an Else Zöllner vom 27. 8. 1972)

Else Zöllner konnte nur den Kopf schütteln über den Brief aus Unterhaching. Das war ihr Hans, der Lügenbaron, wie er leibte und lebte. Der Hochstapler und Heiratsschwindler hatte bei Else, auf vertrautem Terrain gewissermaßen, zu seiner alten Form zurückgefunden. Seine zeitweiligen Depressionen, ausgelöst durch harte körperliche Arbeit und Marias Diktate, schienen überwunden. Der Löwe konnte wieder brüllen.

Auch Maria erkannte sofort, dass Hans wieder auf der Pirsch war und nach neuen Opfern suchte, die ihm sein Leben finanzieren sollten. Sie hatte die Schlösser ihrer Ingolstädter Wohnung ausgetauscht, fürchtete seine überraschenden Besuche, bei denen sie oft wieder schwach geworden war. Zu oft.[195]

In seinen Unterlagen stieß Maria auf einen anonymen Brief, den Wagner auf seiner Schreibmaschine an den Rechtsanwalt F. in Gelsenkirchen geschrieben hatte. Ihm schuldete er noch das Honorar aus irgendeiner juristischen Auseinandersetzung.[196] Sie mochte ihren Augen kaum trauen. Da unternahm Wagner den infamen Versuch, seine Schulden auf Jeanne abzuwälzen, offenbar aus Rache, weil sie im Scheidungskrieg obsiegt hatte:

Sehr geehrter Herr F.! Entschuldigen Sie, daß ich Ihnen schreibe. Wir sind uns nicht bekannt, doch vielleicht kann ich Ihnen einen Rat geben. Ich habe zufällig Ihren Brief an Herrn Wagner wegen der Forderung von ca. 2000,- DM gelesen. Warum kommt der Gerichtsvollzieher immer zu den Anschriften, wo er nur einen Anzug hängen hat? Warum wenden Sie sich nicht an seine Frau? W. gibt zwar überall an, daß er geschieden sei, was aber nicht der Wahrheit entspricht. Ein paarmal wird alle Jahre die »Ehe« aufgefrischt, wahrscheinlich auf beiderseitigem Wunsch. Die Anschrift seiner Ehegattin lautet: Mme Jeanne Wagner, F 92 Nanterre/Seine. Mit freundlichen Grüßen.
(Anonymer Brief an Rechtsanwalt F. in Gelsenkirchen, ca. Oktober 1972)

Das infame Schreiben habe ihr den Rest gegeben, erinnert sich Maria, »er war ein menschliches Schwein«, kommt ihr noch über die Lippen. Sie habe 1972 »alles, was zu versetzen war, ins Leihhaus getragen«, sie habe »samstags und sonntags gearbeitet, um das Haus nicht zu verlieren« und sie habe von »Kartoffeln im Keller und Äpfeln im Garten« gelebt, sie habe ihm immer wieder verziehen und geholfen. Und die blanke Wut steht ihr auch 30 Jahre danach noch ins Gesicht geschrieben.[197]

Am 19. Oktober 1972 schrieb sie ihm mehrere Abschiedsbriefe. »Du wolltest mal wieder einem Menschen das friedliche Leben zerstören«, hieß es in einem, »es ist Dir auch wieder mal gelungen«.[198] Wenn sie heute an diese Zeit zurückdenkt, dann war der Schlussstrich, den sie damals zog, »wie eine innere Befreiung« – nach langen Qualen:

Daß Du wieder als Heiratsschwindler unterwegs bist, ist ja nichts Neues. Alle 2 bis 3 Jahre wechselst Du ja Deine Firmen und die Frauen. Man braucht nur die letzten 15 Jahre Deines Lebens anschauen. Und wenn Dir die Schulden und das Gericht einmal zu viel wird, dann hast Du Deine Frau in Frankreich als Ausweichmanöver. Bedenke nur, daß Du nicht jünger wirst! Hoffentlich ist es diesmal die Richtige. Die Reisen zu diesen Damen und vor allem die Geschenke kosten natürlich viel Geld, wenigstens am Anfang, denn als Ing oder Direktor oder was Du Dich ausgibst, muß man auch entsprechend bei Kasse sein! Da reicht es dann weder für die Frau mit Kinder, noch für die Verlobte! Nun, vielleicht hast Du diesmal wirklich das »große Glück« und wieder einmal ein »mein Ein und Alles« gefunden. Fragt sich nur, wie die Dame reagiert, wenn sie einmal auf Deine wahren Spezialitäten kommt. Ich wollte damals der Frau Schneider nicht glauben, als sie mir anhand der Auskünfte nachwies, daß Du ein Betrüger bist. Erst, als ich Deine Heiratsschwindelei und Urkundenfälschungen schwarz auf weiß vor meinen Augen hatte, glaubte ich es. Bis dahin war auch das »glückliche Leben«, das Du mir bieten wolltest unwirklich geworden. Deine Lügen kamen täglich zum Vorschein und Dein Vorschlag, daß ich auf den »Strich« gehen sollte, war das Letzte. Dazu kam noch die ewige Belästigung durch den Gerichtsvollzieher und die Mahnschreiben. Aber das Schlimmste ist, daß Du immer wieder neue Schulden machst und auch wieder neue Urkundenfälschungen, sogar dem Gericht legst Du sowas vor. Eigentlich sollte man Deiner Frau den wahren Sachverhalt erklären, aber Du willst ja nicht, daß sie Dich besucht hier und die Sache endlich geklärt wird. Auch hier wieder Lügen, nichts wie Lügen. Nun, ändern kann man Dich nicht mehr (...)[199]

(Brief von Maria Zapp an Hans Wagner vom 19.10.1972)

Am 23. Dezember saß Hans Wagner in einer Maschine auf dem Flug nach Tel Aviv. Über die Weihnachts- und Neujahrsfeiertage ging es, wie drei Jahre zuvor mit Maria, in den Urlaub nach Israel. Diesmal sogar für drei Wochen. In seiner Begleitung, so darf man annehmen: »Helga«, jene Unbekannte aus München, die er 1971 kennen gelernt hatte.

Auf der Besichtigungstour durchs Heilige Land, wiederum mit Gustav, der schon 1969/70 sein Reiseführer gewesen war, konnte Wagner, die historischen Stätten noch in frischer Erinnerung, als polyglotter Kenner glänzen. Das mag »Helga« imponiert haben, denn so einen lieben die Frauen.

Ihre Route führte zunächst von Jerusalem und Bethlehem aus (24. 12.) in den Norden nach Nazareth (27. 12.), Haifa (30. 12.), nach Nahariya (31. 12.), dem beliebten Badeort an der libanesischen Grenze.[200] Dort stiegen Hans und »Helga« für den Jahreswechsel im Hotel *Carlton* ab.[201] Am 2. Januar 1973 holte Gustav sie mit seinem Großraumtaxi für eine mehrtägige Fahrt in den Süden des Landes ab. Erste Station, wie schon drei Jahre zuvor, der Beduinenmarkt von Beer Sheva. Während »Helga« in den Basaren nach Souvenirs und Geschenken Ausschau hielt, setzte sich Hans Wagner in ein Straßencafé und schrieb Ansichtskarten: jeweils die Gleiche an Elses Tochter Heidrun und deren Familie in Rheinberg (»Wie geht es euch, mir geht es gut«) und an Maria in Ingolstadt (»Ist Dir der Ort noch bekannt?«). Der Unterton sollte seine Ex-Verlobte verletzen, weil er ihr vor Augen führte, dass er jetzt mit einer anderen Frau der gleichen Route folgte wie drei Jahre zuvor mit ihr.[202]

Am immer noch unattraktiven Strand von Eilat machten Hans und »Helga« sofort kehrt und fuhren Richtung Norden zurück nach Haifa und Nahariya. Dort stand noch eine Woche Badeurlaub auf dem Programm, offenbar ein Zugeständnis an seine neue Freundin, denn Hans Wagner war kein Sonnenfan.

Mein liebes Muckel! Nun ist die Zeit bald um und am 20. 1. geht es wieder zurück. Es waren Tage anstrengender Arbeit und doch konnte man auch viel sehen. Ich freue mich Dich bald wiederzusehen. Innige Grüße, Dein Hans.
(Ansichtskarte von Hans Wagner aus Nahariya an Else Zöllner vom 5. 1. 1973)

In diesen Tagen Anfang Januar 1973 machte Hans Wagner offenbar Ausflüge ins südlich gelegene Tel Aviv – allein, davon darf man ausgehen.

Mein liebes Muckel! Von einer Besprechung bei der Deutschen Botschaft hier in Tel Aviv sendet Dir die herzlichsten Grüße, Dein Hans.
(Ansichtskarte von Hans Wagner aus Tel Aviv an Else Zöllner vom 12. 1. 1973)

Anstrengende Arbeit? Deutsche Botschaft? Wieder mal nichts als Lügen.[203] Bei seinen Stippvisiten in Tel Aviv hatte er anderes im Sinn: Im Café *Mersand*, keine hundert Meter vom Strand entfernt, Ecke Rehov David Frishmann und Rehov Ben-Yehuda, in dem viele europäische Juden verkehrten, traf Hans Wagner die in Polen geborene Jüdin Rosa Rabinowicz.[204] Es war keine Zufallsbegegnung, Rosa hatte sich dort mit ihrer in Brasilien lebenden Schwägerin verabredet. »Deren Freundin kannte ihn und brachte ihn mit«, erinnert sich Rosa an ihr erstes Zusammentreffen mit Hans Wagner, »sie hat uns vorgestellt, und er hat genau gefragt, von wo ich bin, und hat gleich gesagt, er will heiraten.« Sie habe nur gelacht, denn ihr sei sehr schnell klar geworden, »dass er schon mit jemand in Beziehung stand dort«.[205]

Rosa, damals 54 Jahre alt, zwei Söhne, eine wohlhabende Witwe aus Caracas, war nach Israel gekommen, um, wie alle Jahre, Verwandte und Freunde zu besuchen. Sie fragte ihn, ob er Jude sei. Wagner habe das bestätigt, »ja, seine Mutter sei Jüdin gewesen«, und sie fand das »normal, dass er als Sohn einer jüdischen Mutter in Israel lebt und arbeitet, viele deutsche Juden waren ja weg aus Deutschland«.

Sie fanden sich sympathisch, daran konnte es keinen Zweifel geben. Nach kurzer Zeit schon waren sie in ein Gespräch vertieft. Rosa erzählte aus ihrem Leben, der Flucht vor den Nazis in die Sowjetunion, dem Tod eines Großteils ihrer Verwandtschaft in Auschwitz, der Auswanderung mit ihrem Mann nach Venezuela, von dessen Tod einige Jahre später; er schilderte sein – natürlich erfundenes – Leben, dass ihn sein damaliger Chef 1934 vor der Gestapo gewarnt und zur Ausreise geraten habe, von seinem Exil in Kanada, seiner weltweiten Tätigkeit als Ingenieur, neuerdings in Haifa bei einer Raffinerie.[206] Nach zwei Stunden trennten sie sich freundschaftlich, und Rosa fand, dass sie einen »anregenden Nachmittag« mit einem »kulturellen Deutschen« verbracht hatte.[207]

Sie trafen sich dann in der gleichen Woche noch ein- oder zweimal in Tel Aviv, während sich »Helga« in Nahariya am Strand sonnte: »Er kam für zwei Stunden und fuhr wieder zurück nach Haifa«, erinnert sich Rosa, »aber was er dort tatsächlich gemacht hat, das weiß ich bis heute nicht.«[208] Sie werde in ein paar Tagen nach Wien fliegen und von dort nach Polen reisen, nach Krakau, in ihre alte Heimat, um dort Familienangehörige zu treffen, erzählte Rosa ihm beim letzten Rendezvous in Tel Aviv. Was für ein Zufall,

vielleicht sei das ein Wink des Schicksals, er habe auch in Wien zu
tun, sprudelte es aus Wagner heraus. Ob sie sich dort nicht wiedersehen könnten? Rosa hatte keine Einwände. »Ich war recht arglos,
dachte damals noch nicht an eine Bindung oder gar Heirat«, bekennt sie rückblickend, »obwohl ich in Caracas sehr unter dem
Alleinsein litt, nachdem meine Söhne ausgezogen waren.«[209]

Zurück in Unterhaching begann Hans Wagner, seine nächsten
Schritte sorgfältig zu organisieren. Rosa war keine besonders attraktive Frau, aber äußerst vermögend, das hatte er schnell heraus-
gehört. Ein Leben in Venezuela, weit weg von Gläubigern und
Schulden, von Ehefrauen, Kindern und verflossenen Liebschaften,
das stellte für ihn eine äußerst verlockende Perspektive dar. Er
hatte sich Rosa als Jude vorgestellt, als Sohn einer jüdischen
Mutter, und jeder Sohn einer jüdischen Mutter ist ein Jude. So war
es ihm möglicherweise damals von seinem Führungsoffizier des
Counter Intelligence Corps (CIC) empfohlen worden, wobei der
vermutlich eher an eine Flucht vor seinen Häschern gedacht hatte,
sicherlich nicht an schnöden Heiratsschwindel.[210]

Aber was wusste er schon vom Judentum? Weder kannte er
die jüdische Religionsgeschichte noch Sitten und Gebräuche. Er
sprach nicht ein einziges Wort Hebräisch, obwohl er doch behauptet hatte, seit langem in Israel zu leben und zu arbeiten. Keine
Frage: Wenn er nicht gewaltige Anstrengungen unternahm, seine
Defizite zu beseitigen, würde seine falsche jüdische Identität in
Rosas Umgebung vermutlich innerhalb kurzer Zeit auffliegen.

Sein Plan war, einige Wochen in einem Kibbuz zu arbeiten.[211]
Zuvor musste er jedoch das Wiedersehen mit Rosa in Wien über die
Bühne bringen. Ihm war auch schon eine Idee gekommen, wie
er sie beeindrucken konnte, und zwar eigentlich wie immer: mit
Charme, guten Manieren und kleinen Geschenken – Investitionen,
die sich sicherlich rechnen würden. Rosa hatte in Tel Aviv beiläufig erwähnt, sie und ihre Freundin wollten in Wien ins Theater
gehen, sie liebe »die Burg«. Also reiste Wagner ein paar Tage vor
Rosas Ankunft an die Donau, um »für die ganze Woche, für jede
Abendvorstellung, Karten zu besorgen«. Bei Rosa hinterließ das
nachhaltigen Eindruck. Bis heute.[212]

Die Tage in Wien verliefen sehr zu Wagners Zufriedenheit, es gab
keine Situation, in der er nicht Herr der Lage gewesen wäre. Und
Rosa stellte zum Glück keine weiteren Fragen zu seiner jüdischen
Herkunft. Sie reiste dann von Wien mit dem Zug nach Krakau und

ließ ihre Koffer in der Gepäckaufbewahrung des Hotels zurück, da sie über Wien nach Venezuela zurückkehren wollte. »Er flog dann wieder nach Israel, aber als ich nach zwei Wochen aus Krakau ankam, erwartete er mich schon am Bahnhof.« Rosa weiß noch genau, wie er sie zur Begrüßung in die Arme genommen und ihr ins Ohr gesäuselt habe: »Die Koffer sind schon auf *unserem* Zimmer.«[213] Das Wiedersehen war überwältigend, und als Rosa ihn zum Abschied fragte, ob er nicht Lust habe, sie in Caracas zu besuchen, vielleicht im September, wusste der Heiratsschwindler, dass er, wieder einmal, fast sein Ziel erreicht hatte.

Tatsächlich hatte sich Hans Wagner, während Rosa in Polen weilte, nicht in Israel, sondern in Unterhaching aufgehalten, um weitere Vorbereitungen für seinen Abgang aus Europa zu treffen. Nach der Rückkehr aus Wien verlangte er von Maria einen dringenden Termin, um seine Sachen aus der Wohnung in Ingolstadt abholen zu können. Sie solle schon einmal seine »Unterhosen und Hemden sowie Strümpfe (...) in den großen gelben Koffer packen, den Rest, Plattenspieler, Platten, Fernseher, Werkzeugkasten, Getränke, Papiere usw.« könne er im Kofferraum seines Wagens verstauen. Schließlich teilte er ihr noch mit, dass »ich ab 21. 2. bis 7. 3. nicht in München bin (...) und im September ganz von München weggehen« werde, »nach Südamerika (...) für immer«.[214]

Am 22. Februar 1973 passierte Hans Wagner erneut die strenge Grenzkontrolle des internationalen Airports Lod nahe Tel Aviv: Hans-Georg Friedrich Wagner legte seinen deutschen Reisepass vor und erhielt nach wenigen Minuten seinen Einreisestempel.[215] Es war der dritte Israelaufenthalt des ehemaligen SS-Mannes Günter Reinemer, der sich später bekennen sollte, ein hundertfacher Judenmörder gewesen zu sein. Diesmal kam er allein. Vermutlich befand er sich auf dem Weg in einen Kibbuz. Auf jeden Fall sollte es eine Bildungsreise sein, um seine jüdische Legende abzusichern und Rosa in Caracas hinters Licht führen zu können.

Gleich nach der Ankunft, so viel Zeit musste sein, schrieb er aus Jerusalem eine Karte an Else in Hamburg:

Liebes Muckel! Die herzlichsten Grüße von hier sendet Dir Dein Hans. Wenn Alles klappt, bin ich Anfang April wieder in Deutschland und melde mich.

(Ansichtskarte von Hans Wagner aus Jerusalem an Else Zöllner vom 22. 2. 1973)

Danach verlieren sich seine Spuren in Israel. Offenbar hatte er vorgehabt, länger im Land zu verweilen als jene zwei Wochen, die er dann tatsächlich blieb.[216] Hatte Wagner dort noch ein zweites Eisen im Feuer? Gab es zwischen Haifa und Eilat eine Nebenfrau?[217]

Vielleicht war es die »schöne Jüdin« aus Beer Sheva, von der er in einem Brief geschwärmt hatte.[218] Wer auch immer die Frau war, ihr erzählte er beim Wiedersehen im Februar wahrscheinlich, er sei Chef eines Baustoffgroßhandels in der Nähe von München, nannte auch den Namen »Manger«. Sie rief später in Unterhaching an, um sich nach Hans zu erkundigen, und »fiel aus allen Wolken, als ich ihr versicherte, Wagner sei nur einfacher Lagerarbeiter, keineswegs der Firmeninhaber«, erinnert sich Gunther Manger. Die Dame sei »regelrecht geschockt« gewesen, habe dann aufgelegt.[219]

Doch Manger konnte den notorischen Lügner nicht mehr zur Rede stellen. Einige Tage vor dem Anruf aus Israel, Ende März 1973, war Wagner über Nacht verschwunden. Zurück blieben in dem möblierten Zimmer in Mangers Haus ein alter Koffer, offenbar einer von denen, die er Tage zuvor von Maria aus Ingolstadt abgeholt hatte; darin befanden sich, wie Manger feststellte, »Unterlagen und Schuldbriefe«, die er später vernichtet habe.[220] Wagners Auto, der schöne Citroën, stand noch wochenlang bei Manger vor der Tür, wurde irgendwann von der Polizei abgeschleppt.[221]

Wo sich Wagner danach aufhielt, bei »Helga« in München oder bei Else in Hamburg, ist unklar.[222] Am 18. April 1973 jedenfalls stellte die israelische Botschaft in Bonn Hans Wagner das dritte Touristenvisum innerhalb von eineinhalb Jahren aus, das vierte insgesamt; die Einreise erfolgte am 2. Mai, die Ausreise am 22. Mai.[223] Was er in diesen drei Wochen unternahm, lässt sich nicht mehr herausfinden. Möglicherweise belegte er einen Sprachkurs für Hebräisch in Jerusalem, wie er später einmal gegenüber einem Kollegen erwähnte.[224] Wahrscheinlich ist jedenfalls, dass die Briefe, die er Rosa aus Israel schickte, um sie in dem Glauben zu bestärken, er lebe dort, sie schließlich davon überzeugten, seinen für September geplanten Besuch in Caracas vorzuverlegen.

Am 29. Juni 1973 landete der 65-jährige Hans Wagner auf dem Flughafen Maiquetia an der Küste Venezuelas, 28 km außerhalb der Hauptstadt Caracas. Er hatte zwei Koffer mit dem Nötigsten bei sich, einen Pass, einige wenige Papiere – und kein Rückflugticket. Es gab für ihn offenbar nicht den geringsten Zweifel, dass er in Caracas bleiben würde. Bei Rosa.[225]

Der Hochstapler
1973 bis 1988

»Entschuldigen Sie bitte, dass ich Sie anspreche, aber wie ich höre, sind Sie aus Deutschland!« Der ältere Herr wendet sich von seiner ihm gegenüber sitzenden Gattin ab, hin zum Nachbartisch, wo das Ehepaar Winkler gerade mit dem Dessert beschäftigt ist und den offensichtlichen Versuch des Landsmanns, mit ihm ins Gespräch zu kommen, als ein wenig unpassend empfindet. Deutsche und Deutschstämmige sind in der 1900 Meter hoch in den venezolanischen Bergen gelegenen *Colonia Tovar* nicht gerade eine Seltenheit, kein Grund jedenfalls für die Winklers, von liebgewonnenen Gewohnheiten wie dem ungestörten Abendessen im Hotel *Freiburg* abzuweichen.[1] Schlimm genug, dass die Mitte des 19. Jahrhunderts von Einwanderern aus dem Kaiserstuhl gegründete Siedlung seit der Eröffnung einer asphaltierten Straße 1963 zu einer Attraktion für deutsche Südamerikatouristen avanciert ist, gerade um die Weihnachtszeit.[2]

Doch der Mann von nebenan lässt nicht locker. »Ich bin erst seit einem halben Jahr in Venezuela«, setzt er wieder an, als seine erste Bemerkung unbeantwortet im Raum stehen bleibt, »leben Sie hier oder machen Sie Urlaub?«

Nun empfände es Peter Winkler seinerseits als Affront, auf die Frage des Tischnachbarn nicht zu reagieren. Und so schildert er in knappen Worten, bevor der Kaffee kommt, er lebe in Caracas, sei Direktor für Lateinamerika des Schweizer Konzerns *Société Générale de Surveillance (SGS)*, eines weltweit operierenden Unternehmens, das Industrieanlagen baue und abnehme. Das findet Georg Wagner, wie er sich inzwischen mit seinem zweiten Vornamen anreden lässt, spannend und interessant, steigert seine Neugier erheblich, schließlich ist auch er ein weltweit operierender Ingenieur, nur leider seit seiner Ankunft in Venezuela ohne Arbeit.

Es ist Samstag, der 22. Dezember 1973.

Wie in jedem Jahr ist Rosa über die Feiertage und den Jahreswechsel in die deutschtümelnde Kolonie gefahren, von der ein Reiseführer schreibt: »Auf sauberen Wegen hüpfen blondgezopfte

Mädchen übers Seil.«[3] Die polnische Jüdin hat diese unerklärliche Schwäche für diese vermeintlichen deutschen Tugenden, die unter den etwa 4000 »Tovianern« weit verbreitet sind. In deren Enklave zog sich nach dem Krieg deshalb auch mancher Täter des untergegangenen »Dritten Reiches« zurück.[4] Das Dorf bietet Schwarzwaldromantik pur, eine anheimelnde Umgebung, die zum Vortrag deutschen Liedguts animiert, aus voller Kehle und reinem Herzen.

»Wir waren dann ein paar Tage da oben, haben ein paar Spaziergänge zusammen unternommen«, erinnert sich Peter Winkler, so sei man »sich näher gekommen, der Georg war ja ein sehr umgänglicher Mensch«.[5] Es ist der Beginn einer seltsamen Freundschaft zwischen Wagner und dem 20 Jahre jüngeren deutschen Manager. Irgendwann in diesen Tagen in den Bergen traut sich Rosas Lebensgefährte die Frage zu stellen, die ihm unter den Nägeln brennt, ob er denn, im neuen Jahr, vielleicht einmal bei ihm im Büro vorbeischauen dürfe, ganz unverbindlich sozusagen. »Gerne«, erwidert Winkler. Und inzwischen klingt es nicht mehr wie eine höfliche Unverbindlichkeit.

WAGNER: *1974 lernte ich Herrn Winkler kennen in Colonia Tovar, Weihnachten war das, weil wir jede Weihnachten da oben waren. Und der hat dann gesagt, also er braucht einen Mann, (...) der intelligent ist, routiniert, und ob ich Interesse daran habe. Ich hatte Interesse daran, und habe angefangen zu arbeiten. Meine erste Arbeit war (...) in einer Salzraffinerie in Cumaná, die ich also zur Zufriedenheit gelöst habe. Und dann sagte er, ich habe nicht genug Arbeit. Sie müssen also schon mal (...) etwas Nachtarbeiten leisten. Was ist das für eine Nachtarbeit? Das heißt Röntgen von Schweißnähten in einer Firma in La Victoria. Sind wir also abends mit noch einem Röntgenspezialisten (...) nach La Victoria gefahren, haben die Nacht durchgeröntgt, teils mit Röntgenröhren, teils mit Iridium-192, bis früh um 6.00 Uhr (...) zurückgefahren nach Caracas, etwas gegessen, eine halbe Stunde geschlafen, dann zum Büro und dann heißt es, ja ihr müsst heute wieder hin. Also sind wir wieder hin. Bis sich so peu à peu, sagt man, herausgeschält hat, dass man mich also auch für andere Sachen einsetzen kann. Zum Beispiel für reine Inspektionen in Industriefirmen.*[6]
MATSCHKE: *Was heißt das?*
WAGNER: *Reine Inspektionen. Also eine Firma, die hier in Venezuela sich aufbaut, Maschinen gekauft hat, die Maschinen instal-*

liert, und wir haben sie in Betrieb genommen, wurden sie inspektioniert, ob sie das arbeiten, was vorgeschrieben ist.
(Vernehmungen von Georg Wagner am 26. und 27. 8. 1988)

Es war die erste ernsthafte Beschäftigung, die Georg Wagner nach seiner Übersiedlung bekam – ein harter Job zwar, aber einer mit Perspektive. Nach seiner Ankunft in Venezuela, im Juni 1973, hatte er zunächst versucht, »als freelancer zu arbeiten«, als beratender Ingenieur – mit mäßigem Erfolg.[7] Rosa musste ihn deshalb finanziell unterstützen, was ihr nicht schwer fiel. Sie verwaltete das Erbe ihres verstorbenen Mannes, der den Lebensmittelkonzern *La Vienessa* in Venezuela auf die Beine gestellt hatte.[8]

Als er an jenem 29. Juni mit seinen zwei Koffern vor Rosas Tür stand, gab sie sich zunächst zurückhaltend, fast abweisend, obwohl doch alles verabredet schien. »Vielleicht hatte ich nicht ernst genommen, dass er tatsächlich nach Venezuela kommen würde«, meint sie rückblickend, »aber als er nun schon einmal da war und ich gerade in eine neue Wohnung im *Jastol Park* umziehen wollte, konnte er sich gleich nützlich machen«.[9]

Rosa war damals des Alleinseins überdrüssig. Nach dem Tod ihres Mannes habe sie keine Bindung eingehen wollen, solange die Kinder im Hause leben, »obwohl ich viele Angebote hatte«, erinnert sie sich. Doch als der jüngere Sohn schließlich heiratete, begann sie, nach geeigneten Kandidaten Ausschau zu halten. War Georg Wagner ein Mann, der sie beeindruckte? Den sie lieben konnte? Sie lässt die Frage offen, was angesichts der weiteren Entwicklung und seinem späteren Geständnis verständlich ist.[10]

»Ich kleidete ihn ein, denn er war ja nur mit einem Anzug und fast ohne jeden Groschen gekommen«, kann sie sich entsinnen. Wagner zeigte keine Probleme, sich schnell einzuleben, sowohl in Caracas als auch in Rosas jüdischem Umfeld. Offenbar hatte er in Israel seine Studien über die jüdische Religion und Geschichte erfolgreich absolviert, kannte sich mit den Gebräuchen aus und konnte zumindest einige Brocken Hebräisch. An einem Sabbat, vermutlich Mitte 1973, wagte er sich erstmals in die Synagoge der *Unión Israelita*, die nur einen Fußmarsch von drei Minuten vom Apartmentkomplex *Jastol Park* entfernt liegt.

Die Gemeinde begegnete dem Neuankömmling zunächst mit Zurückhaltung, vielleicht sogar Skepsis. »Sie wollten ihn erst gar nicht hineinlassen«, erzählt Rosa, aber dann habe ihn »ein Freund meines Sohnes erkannt«, und dem Rabbi versichert, er sei ein deutscher Jude aus Israel, ein Bekannter von Rosa Rabinowicz, der seit kurzem bei ihr lebe. Der Rabbiner nickte schmunzelnd und hieß Georg in der *Unión Israelita* herzlich willkommen. Danach habe man ihm »nie wieder Fragen gestellt, er war mein Mann, das genügte!«[11]

Keine Probleme gab es auch Anfang August 1973, als Georg Wagner auf der israelischen Botschaft in Caracas vorsprach, um sich ein neues Visum zu besorgen.[12] Warum wollte er schon wieder nach Israel? Auch Rosa stellte ihm diese Frage. »Ich muss fahren, sonst bekomme ich Ärger«, habe sie als Antwort erhalten. Doch Ärger bekam Georg Wagner offenbar, weil er tatsächlich nach Tel Aviv flog. Denn schon zwei Tage nach seinem Reiseantritt kehrte er wieder nach Venezuela zurück, erweckte den Eindruck, »dass er dort keinen angenehmen Aufenthalt hatte«, wie sich Rosa entsinnt.[13] Am Flughafen Lod wurde ihm offenbar die Einreise nach Israel verweigert, sein Visum »ungültig« gestempelt und er mit der nächsten Maschine wieder nach Hause geschickt. War seine Legende aufgeflogen? Hatte er sich bei seinen Reisen zuvor irgendetwas zu Schulden kommen lassen? Waren israelische Polizeibehörden oder Sicherheitsdienste auf seiner Spur?[14]

In einigen Situationen der ersten Monate des Zusammenlebens kamen auch Rosa Zweifel, ganz leise nur, ob mit seiner Vergangenheit alles stimmen konnte, aber es gelang ihm sofort, sie wieder zu zerstreuen. Sie sprach ihn zum Beispiel auf die zwei fehlenden Zehen an seinem linken Fuß an und bekam ein orientalisches Abenteuer aus Wagners Märchenreich geboten: Wie er als Ingenieur in Afrika eines Abends vor dem Schlafengehen vergessen habe, die Stiefel auf den Kopf zu stellen, wie er am nächsten Morgen von einem riesigen Skorpion gestochen worden sei, der sich in das Schuhwerk zurückgezogen hatte, wie nur das beherzte Eingreifen eines Kollegen, der ihm die Zehen mit einem stumpfen Messer kurzerhand abtrennte, seinen sicheren Tod verhinderte.[15]

Rosa empfand die Geschichte »als lächerlich«, sie ließ sich nur ungern auf den Arm nehmen. Und nach mehreren Versuchen, seine Episode durch zusätzliche, mit nordafrikanischem Lokalkolorit angereicherte Informationen glaubwürdiger erscheinen zu lassen, gab Wagner sich geschlagen: Es sei eine Kriegsverletzung räumte er kleinlaut ein, es habe doch jeder in Deutschland zum Militär gemusst. Aber hatte er ihr nicht seinerzeit in Tel Aviv be-

Oben: Jüdische Hochzeit in der Synagoge von Caracas mit dem Oberrabiner Pynchas Brener (rechts). Unten: Georg Wagner mit der Kipa, der traditionellen jüdischen Kopfbedeckung, in Rosas Apartment (1974).

richtet, er habe als Jude 1934 vor den Nazis nach Kanada fliehen müssen? Rosa sah den Widerspruch nicht – oder ignorierte ihn. »Ich akzeptierte, dass er verwundet wurde und dass es ihn viel Geld gekostet hatte, um wieder gehen zu können.«[16]

Irgendwann Ende 1973 heiratete die polnische Jüdin Rosa Rabinowicz den ehemaligen SS-Mann Günter Reinemer alias Georg Wagner in der Synagoge von Caracas. Vieles sprach später dafür, dass beide tatsächlich den Bund fürs Leben eingegangen waren und der Rabbi ihn auch abgesegnet hatte, auch wenn Widersprüche nicht ausgeräumt werden können.[17] Jeden Sabbat und an jüdischen Feiertagen »zog er seinen besten Anzug an und ging, die Kipa auf dem Haupt, in die Synagoge«, lässt Rosa keine Zweifel aufkommen. Er sei viel gläubiger gewesen als sie: »Er war ein Jude, ich sage Ihnen, er war ein guter Jude!«[18] Wagner lebte unter Juden, als habe er nie etwas anderes getan, niemand zweifelte seine Geschichte als Flüchtling aus Nazi-Deutschland an; er wurde Mitglied im jüdischen Club *Hebraica* (Ausweis Nr. 2066) und im Club *Puerto Azul* (Ausweis Nr. 5824) am Meer, wo er mit Rosa meist die Wochenenden verbrachte, weil die Familie Rabinowicz dort ein Apartment besaß; und zwischendurch ging es zwei-, dreimal im Jahr in die *Colonia Tovar*.[19] So auch zu Weihnachten 1973.

Peter Winkler, der Lateinamerika-Direktor von *SGS*, lernte Georg Wagner in den ersten Monaten des Jahres 1974 als »sehr peniblen Ingenieur« mit »wirklich fundiertem Wissen« kennen; er sei »sehr exakt in der Arbeit« gewesen, nur bei den schriftlichen Berichten habe es mitunter gehapert, »aber dafür gab es ja Sekretärinnen«. Noch heute kann Winkler nicht nachvollziehen, dass Wagner »überhaupt nie studiert haben soll«, vielleicht »bin ich damals bescheuert gewesen, als ich ihn ab Mitte 1974 regelmäßig als Beratungsingenieur« auf Honorarbasis bei der *SGS* einsetzte.[20] Oder Wagner war ein perfekter Blender.

Natürlich wusste Winkler längst, dass Wagner Jude war und mit Rosa, der polnischen Jüdin, »zumindest in einer eheähnlichen Beziehung« lebte. Irgendwann hatte ihm Georg seine Lebensgeschichte erzählt, die alte Legende eben, von den Eltern, die in die Vereinigten Staaten auswanderten und ihn mit Kinderlähmung in Breslau zurückließen, von seinem Onkel, dem berühmten Chirurgen, der ihn aufzog, von seinem Studium und von seinem Exil in Kanada.[21] Doch anders als Rosa ist ihm Wagner »nicht gerade als ein gläubiger Jude« in Erinnerung geblieben, eher das Gegenteil: Er habe sich über das »jüdische Brimborium (...) ein bisschen lustig gemacht und das sehr ins Lächerliche gezogen«, als nehme er das alles nicht sehr ernst.

Zielstrebig, Schritt für Schritt, nutzte Wagner seine jüdischen Kontakte, die er im *Hebraica*, im *Puerto Azul* oder über Rosas Beziehungsgeflecht knüpfte, um seinen sozialen Aufstieg zu organisieren. Als Inspekteur und Berater der *SGS* kam er im Land herum, reiste sogar durch Südamerika oder in die USA. Er war wieder wer. Seine Entscheidung, Europa den Rücken zu kehren, dem miesen Job als Lagerarbeiter in Unterhaching, den Schulden und den penetranten Frauen, mochten sie nun Jeanne, Maria oder Johanna heißen, hatte sich als goldrichtig erwiesen. Sicherlich, Rosa mochte keine weibliche Offenbarung sein, doch sein maskuliner Tatendrang war in den letzten Jahren ohnehin etwas erlahmt, er flirtete, was ihn womöglich beunruhigte, immer seltener mit jungen Frauen.[22] Gewiss auch, Rosa war geizig, wie er bald feststellte, behandelte ihn zeitweise von oben herab, aber die finanzielle Basis, die sie ihm bieten konnte, sollte allemal für ein Leben in Wohlstand reichen, für ein bisschen Luxus sogar.[23]

Als Mitarbeiter eines Weltkonzerns mit der Zentrale in Genf verdiente er schließlich auch sein eigenes Geld, nicht viel zwar, aber, gemessen an den Lebenshaltungskosten in Venezuela, ein im Vergleich zu Unterhaching geradezu üppiges Gehalt. Und wer sagte denn, dass er mit seinen nominell 65 Jahren schon am Ende seiner Karriere sein musste?

Ende 1974 entschloss sich Georg Wagner, den Briefkontakt zu Else Zöllner in Hamburg wieder zu intensivieren. Hatte er Heimweh? Gab es sentimentale Anwandlungen? Sein »Muckel« hatte er fast 20 Jahre zuvor in der DDR kennen gelernt, mit ihr hatte er sich später in den Westen abgesetzt, sie sollte die einzige Verbindung in die Vergangenheit bleiben. Alle anderen Brücken für einen eventuellen Weg zurück waren längst abgebrochen worden, wie schon 1945, als er von den Amerikanern seine neue Identität erhalten hatte. Niemand in Deutschland wusste, wo er sich aufhielt, Maria in Ingolstadt nicht, Jeanne in Paris mit den drei Kindern schon gar nicht. Nur eben Else. Ihr hatte er schon gleich nach seiner Ankunft in Caracas einen herzlichen Kartengruß zukommen lassen, »aus dieser wunderbaren Weltstadt mit dem ewigen Hochsommer« – allerdings ohne Anschrift.[24] Im November 1974 schrieb er ihr einen ausführlichen Brief:

Mein liebes Muckel! (...) Wie ich sehe warst du ganz schön krank und hattest eine Nierenkolik, Du solltest doch etwas weniger arbeiten nicht soviel rauchen und Dich vorallem warm anziehen, also bitte sei vorsichtig denn wir wollen doch noch einige Jahre gemeinsam unseren Weg gehen also müssen wir auch etwas für unsere Gesundheit tun (...) Wie wir hier hörten habt ihr in Deutschland keinen Sommer gehabt (...) ach wenn es doch hier einmal etwas kälter würde, jeden Tag bis 35 Grad Wärme ist ja auch nicht immer ein Vergnügen. Am Wochenende war ich im Klub Puerto Azul, es war ein Betrieb wie auf dem Jahrmarkt aber das Meer war doch schön (...) ich habe 3 Stunden Tennis gespielt und bin dann mit einem Motorboot aufs Meer gefahren (...) Ich habe doch ein wenig Heimweh, na die Zeit geht hier auch um und im kommenden Jahr bin ich ja in Europa das gleicht dann alles aus. Hier geht alles gut voran und die Kollegen (...) sind sehr nette Kerle (...) heute kann uns nichts mehr aus der Ruhe bringen unsere Nerven sind mehr als Drahtseile geworden. Im kommenden Monat (...) fahre ich dienstlich für 8 Tage nach der Dominikanischen Republik nach Santa Domingo mit unserer kleinen Privatmaschine eine zweimotorige Beachcraft, natürlich haben wir einen Piloten (...) Mit dieser Maschine werde ich immer hin und her geflogen, von Caracas nach Puerto Ordaz (...) oder Guyana (...) So will ich für heute schließen und wünsche Dir eine bessere Gesundheit und denke daran dass wir zwei noch eine Weile zusammen leben wollen. Sei von ganzem Herzen gegrüßt und auch geküsst mein Muckel als immer Dein Hans.

(Brief von Georg Wagner an Else Zollner vom 4. 11. 1973)

Auch an Elses Enkelinnen, Heidruns Zwillinge in Rheinberg, schickte er in dieser Zeit einen Brief, erzählte, was ihm nicht schwer fiel, als Märchenonkel aus Übersee von seinen Abenteuern im venezolanischen Urwald, von einer »im Baum hängenden Grossschlange Aconda«, einem »schwarzem Puma« und einer »Kobacspinne, Beine von 1 Meter Länge und einem behaarten Körper von 50 cm im Durchmesser, sie frisst hauptsächlich Tiere (...) mein Indio wurde auch mit diesem lieblichen Tier fertig, indem er ihr die Beine mit einer Machete abschlug«.[25] Eigentlich ging es in dem Brief jedoch um eine Einladung an die zehnjährigen Mädchen nach Caracas:

Wenn ich im nächsten Jahr nach Europa komme um in Genf bei
meiner Firma etwas zu tun, komme ich ja anschliessend bei euch
vorbei, wenn ich zur Omi nach Hamburg fahre und wenn ich dann
wieder nach hier zurückfliege dann könnt ihr ja mitkommen für
4 Wochen, was meint ihr? Vielleicht kommt Omi oder Mutti mit?
Dann könnt ihr das Land und die Leute kennenlernen und alles
sehen was ich euch geschrieben habe, wäre das ein Vorschlag?
Natürlich würde ich alles bezahlen, sodass ihr kein Geld brau-
chen würdet, dafür könnt ihr mir dann in meiner Wohnung ein
bischen sauber machen, denn die Negerin die sauber machen soll
macht es nicht gerade sehr gründlich und auserdem stiehlt sie
auch noch (...)

(Brief von Georg Wagner an Elses Enkelinnen vom 3. 10. 1974)

Zu Weihnachten 1974 schickte er seiner Else und deren Familie ein
Paket, jedenfalls kündigte er, nun auch der reiche Onkel aus Übersee, großzügige Geschenke an. Inhalt der Postsendung zum Fest:
»(...) ein indianischer Teppich (...) waschecht, ich habe ihn selbst
bei den Indianern bestellt und dafür 2.800 Bolivares bezahlt (...)
4 Goldfiguren aus der Inkazeit (...) auserdem 2 Ketten aus der Inkazeit (...) weiter 1 Kiribu (Vogel) aus Feingold mit wunderbaren
Federn (...) Ich hoffe doch daß das Paket ankommt.«[26] Es kam nicht
an, war wahrscheinlich niemals abgeschickt worden. Der Baron
konnte das Lügen nicht lassen. Er selbst sei übrigens, ließ er Else
wissen, Weihnachten »nach der deutschen Kolonie *Colonia Tovar*
gefahren«, und zwar mit seinen Mitarbeitern von der *SGS*, »es gab
eine echt deutsche Weihnachtsfeier mit Weihnachtsmann, Tannenbaum (aus Kanada) und Putenbraten (...) es waren fast nur
Deutsche dort, es gab viel Heimwehtränen und es wollte so recht
keine Stimmung aufkommen«.[27] Natürlich hatte er die Feiertage
in den venezolanischen Bergen wieder mit Rosa verbracht und den
Winklers, aber das durfte Else natürlich nicht erfahren, vielleicht
wollte er irgendwann doch noch einmal zu ihr zurückkehren. Man
konnte nie wissen.

Mitte 1975, etwa ein Jahr nachdem ihre Zusammenarbeit bei der
SGS begonnen hatte, erhielt Peter Winkler ein interessantes beruf-
liches Angebot aus Deutschland; er nahm es an, verließ Caracas
und erkor Georg Wagner zu seinem Nachfolger. »Ich schätzte ihn
als Ingenieur und als Mensch«, sagt Winkler, »da lag es nahe, ihm
die Verantwortung für die Arbeit anzuvertrauen.« Er sei rück-

Oben: Georg Wagner im vertraulichen Gespräch mit seinem Freund Peter Winkler (1975). Unten: Ingenieur Wagner bei der Inspektion einer Industrieanlage (1979).

blickend auch nicht enttäuscht worden, Wagner habe in den folgenden Jahren ohne jeden Zweifel »viele neue Aufträge für die *SGS* beigebracht«.[28]

WAGNER: *Und dann ging der Winkler weg, ging er nach Bad Homburg (...) ich wurde also eingesetzt als technischer Direktor (...)*
KOHLENBERGER: *Winkler ist weggegangen zur Varta wann?*
WAGNER: *Meiner Ansicht nach war es 1975, nach Bad Homburg ist er gegangen, ging erst zur Quandt-Gruppe (...) da ist er ausgesucht worden, von Herbert Quandt persönlich ...*
KOHLENBERGER: *Und nach Hannover ist er?*
WAGNER: *... ist er dann versetzt worden zur Varta ...*
KOHLENBERGER: *76?*
WAGNER: *... ja, genau weiß ich das heute nicht mehr ...*
KOHLENBERGER: *Und Sie sind Direktor geworden?*
WAGNER: *Ich bin dann an seine Stelle gerückt, ich wurde dann also fest angestellt mit einem Monatsgehalt von 3250 Bolivaros (...) und habe dann den technischen Direktor gemacht.*[29]
KOHLENBERGER: *Danach ist der Kontakt abgerissen zu Winkler?*
WAGNER: *Nein, nein, Briefkontakt, Geburtstagskarten, Weihnachtskarten.*
KOHLENBERGER: *Telefoniert auch?*
WAGNER: *Ich nicht, er hat mal telefoniert, aber sehr selten.*
                    (Vernehmungen von Georg Wagner am 26. und 27. 8. 1988)

»Herr Direktor Wagner« – das klang gut, damit konnte er Rosa beeindrucken. Und Else in Hamburg. Dank seiner neuen Stellung, die auf gewisse Weise eine Schlüsselfunktion darstellte, weil die *SGS* für fast alle großen Industrie- und Raffinerieprojekte im Land gebraucht wurde, erlebte der falsche Ingenieur, obwohl eigentlich schon im Pensionsalter, seinen zweiten Frühling. Und Wagner spielte seine Rolle perfekt. Er setzte sich für seine Mitarbeiter ein, galt als umgänglicher Chef, genoss Anerkennung in seiner Abteilung und Ansehen in den venezolanischen Fachkreisen. Im November 1975 wurde er zum »Miembro Activo Asociado« der renommierten *Asociation Venezolano De Ejecutivos*, der »Vereinigung venezolanischer Führungskräfte«, ernannt – Rosa ließ die gerahmte Urkunde bis heute in Georgs Zimmer hängen; er lernte den damaligen Präsidenten des Landes, Carlos Andrés Pérez, kennen, entwickelte über die Jahre sogar ein fast freundschaftliches Verhältnis zu ihm – Rosa hat sofort das Foto zur Hand, das Georg mit Pérez zeigt.[30] Wagner bekam sogar einen Verdienstorden der *Universidad Central de Venezuela* umgehängt, für seine Leistungen als Ingenieur.[31] Damals habe sie ihn »sehr bewundert, dass er so schnell Freundschaften schließt und Kontakte bekommt«, bekennt Rosa.[32]

Die Bewunderung färbte aufs Privatleben ab. Es waren, rückblickend betrachtet, vielleicht die einzigen Jahre, in denen Georg Wagner den uneingeschränkten Respekt seiner Frau und deren Familie genoss. Er verdiente sein eigenes Gehalt, beteiligte sich an den Haushaltkosten. Der Rabinowicz-Clan, den Wagner zeitweilig hinter vorgehaltener Hand und wenig charmant als »polnische Mischpoke« beschimpft hatte, stieg im gleichen Maß in seiner Achtung wie er, vor allem von seinen Stiefsöhnen, als dessen Mitglied anerkannt wurde.[33]

Regelmäßig flog er in die Vereinigten Staaten, legte oft auf dem Rückweg einen Zwischenstopp in Miami ein, er war ja nicht mehr der Jüngste; dort hatte Rosas Sohn, der Bauunternehmer, gerade ein Apartment erstanden. Auch seine Ansichtskarten, die er ab Frühjahr 1976 wieder regelmäßig an Else schickte, geben Auskunft über das gestiegene Selbstbewusstsein, auch wenn er mit der Wahrheit noch immer auf Kriegsfuß stand:

Liebe Else! Lebst Du noch, meine Briefe blieben ohne Antwort. Fliege am Freitag in die USA (…) Innigen Gruß, Dein Georg. Verlobt oder verheiratet bin ich noch nicht!!
(Ansichtskarte von Georg Wagner aus Guadeloupe an Else Zöllner vom 28. 7. 1976)

Liebe Else! Die herzlichsten Grüße aus dem schönen Florida auf dem Wege nach Canada sendet Dir Hans.
(Ansichtskarte von Hans Wagner aus Miami an Else Zöllner vom 22. 8. 1976)

Liebe Else! Wieder einmal auf der Durchreise in New York sende ich Dir meine herzlichsten Grüsse und K… Dein Hans-Georg.[34]
(Ansichtskarte von Hans-Georg Wagner aus New York an Else Zöllner vom 9. 10. 1976)

Noch dicker trug Wagner auf, wenn er Elses Zwillingsenkelinnen schrieb, als heische er Anerkennung – selbst bei den 12-jährigen Mädchen.

(...) da ich jetzt zum technischen Direktor aufgestiegen bin habe ich natürlich noch mehr zu tun. Auserdem bin ich sehr viel unterwegs, bin eben erst aus Canada zurückgekommen und fliege am Freitag nach der Insel Guadeloupe in der karibischen See, habe dort eine grosse Fabrik zu kontrollieren. Dann geht es weiter nach Peru und Kolumbien. Inzwischen habe ich mir ein eigenes Flugzeug gekauft, damit ich unabhängiger bin. Es ist eine amerikanische Maschine vom Typ Cessna und ich muss schon sagen ich bin ein guter Pilot (...) Grüsse an alle von Opi.

(Brief von Georg Wagner an Elses Enkelinnen vom 15. 9. 1976)

Wie kann man die Verhaltensstruktur eines Mannes erklären, der glaubt, seine Stiefenkelinnen damit beeindrucken zu müssen, er sei ein guter Pilot, obwohl er niemals einen Steuerknüppel in der Hand gehalten hatte; so wie damals in Frankreich, als er seine Tätigkeit als Ingenieur für *Air France* um die eines Flugzeugführers erweiterte; so wie seinerzeit in der DDR, als er behauptete, von den Nazis zum Jagdflieger ausgebildet und über Kreta abgeschossen worden zu sein; so wie in seinen späteren Lebensläufen, in denen er immer wieder Fliegerlegenden erfand. Bedeutete die Fähigkeit, ein Flugzeug zu beherrschen, in seinen Augen die höchste Stufe auf der Skala sozialer Anerkennung? Ein Ziel, das er anders nie zu erreichen glaubte?

Seine steile Karriere als Ingenieur in jenen Jahren in Venezuela, verbunden mit einem Aufstieg in die besseren Kreise, verknüpft mit der gestiegenen Wertigkeit in seiner angeheirateten jüdischen Familie, habe nichts daran geändert, dass Georg Wagner »letztendlich ein Biedermann« geblieben sei, urteilt Peter Winkler, der das Treiben seines ehemaligen Mitarbeiters und jetzigen Freundes seinerzeit aus der Distanz verfolgte.[35] Hinter der Maske, die er sich in seinem Leben so oft aufgesetzt hatte, als Hans, »Jean« oder Georg Wagner, als Ingenieur, als Jude, verbarg sich ein sehr schlichter, fast einfältiger Charakter. Er saß wohl nur deshalb noch nicht im Gefängnis, weil es ihm immer wieder so leicht gemacht worden war, mit plumpen Schwindeleien zum Erfolg zu kommen, weil die Welt belogen und betrogen werden wollte.

Ab 1976 kamen regelmäßig Briefe bei Else Zöllner und deren Tochter Heidrun an. Immer mehr steigerte er sich in seine Schein- und Fantasiewelt hinein, als glaube er selbst, was er sich ausdachte, dabei wurden seine Lügen immer leichter durchschaubar, selbst aus der Entfernung von Hamburg oder Rheinberg. Vornehmlich ging es um materiellen Wohlstand, um sein angebliches Vermögen, das er für Else und deren Familie angespart haben wollte.

Du weisst sicher, das Mutti mir auch wieder schreibt (...) ich hoffe dass sich alles wieder gut einrenkt und wir am Ende doch noch zu-sammenkommen werden damit einmal mein ganzes zusammen-gearbeitetes Zeugs nicht vor die Hunde geht. Was Mutti allerdings dann mit einem Flugzeug anfangen wird ist mir noch nicht ganz klar (...)

(Brief von Georg Wagner an Heidrun D. vom 10. 11. 1976)

Am Karfreitag war ich in Miami Florida USA und habe mir dort ein Appartment gekauft mit 1 Hauptschlafzimmer, 2 Gästezim-mern, 1 grossen Wohnraum (...) mit Swimmingpool, Sauna und al-len Drum und Dran. Die Wohnung wird durch eine Agentur wäh-rend meiner Abwesenheit vermietet und wenn ich mich anmelde wird sie frei gemacht, das ist für mich nur eine steuerfreie Geld-anlage.

(Brief von Georg Wagner an Else Zöllner vom 14. 4. 1977)

Ich persönlich gönne mir nicht sehr viel, ausser meinen Klub, gut essen und mal einen guten Wein trinken, oder wenn ich in den USA bin, daß ich mir eine gute Kleidung kaufe (...) auserdem habe ich ja fast alles frei, da ich fast immer unterwegs bin bezahlt ja die Firma alles, na und mein Flugzeug kostet mich auch nicht soviel. Ich kann also sagen daß es mir mehr als gut geht. Nun habe ich mir ja auch in der Schweiz ein sehr schönes Haus gekauft in einer der schönsten Gegenden in der Nähe von Genf am See, mit 1. 500 Quadratmeter Garten und viel Bäumen, das soll mal mein Alter-ruhesitz werden, habe auch die Wohnberechtigung bekommen und dort werden (...) Mutti und ich (...) 6 Monate sein und die rest-lichen Monate hier und in den Staaten.

(Brief von Georg Wagner an Heidrun D. vom 3. 6. 1977)

Im Herbst 1977 begann Georg Wagner mit Planungen für eine gigantische Industrieansiedlung. Es sollte sein größter Coup werden. In Puerto Cortés an der karibischen Nordküste von Honduras, im Mündungsdelta des Ulúa, so seine Idee, könnten mit amerikanischem Kapital mehrere große Fabriken entstehen, mit einem eigenen Kraftwerk als Herzstück und einer großen Papierfabrik (Zellulose). Geschätzter Wert: zwischen 600 und 700 Millionen Dollar.[36]

Sein Chef bei der *SGS* in Caracas, ein Schweizer namens René Schiesser*, war sofort begeistert, denn Wagner behauptete, auch einen Investor für das Projekt an der Hand zu haben: die *WAHO*-Gruppe mit Sitz in Missouri/USA, Ottawa/Kanada und Haifa/Israel. Man ahnt es schon: Es handelte sich um ein riesiges Luftschloss. *WAHO* stand für *Wagner Holding*, einen weltweit operierenden Konzern des deutschstämmigen, jüdischen Chemikers George Leonardo Moises Wagner aus Breslau, seines Vaters also, der inzwischen zwar schon 100 Jahre alt sei, wie er Schiesser wissen ließ, aber die Zügel seines Imperiums noch straff in der Hand halte.[37]

Nun liegt das Wesen und der Zweck von Hochstapelei nicht nur darin, Mitmenschen gewissermaßen aus intellektueller Befriedigung an der Nase herumzuführen, um sich dann klammheimlich an deren Naivität und Leichtgläubigkeit zu berauschen, sondern dahinter steckt vielmehr die durchaus konkrete Absicht, aus den Windeiern profitablen Nutzen zu schlagen. Für Georg Wagner besaß dieses Motiv sogar Priorität, als er seine Geschichte mit dem greisen »Daddy« aus Missouri aus dem Hut zauberte. Denn sein Märchen verschaffte ihm für einige Zeit nicht nur reichlich Gelegenheit, Firmengelder für Reisen und Einladungen auszugeben, um das vermeintliche Projekt unter Dach und Fach zu bringen, es bescherte ihm zudem – als eine Art Balsam für sein Ego – jene Anerkennung der *SGS* und der Familie, die er so sehr begehrte.

Knapp zwei Jahre später, im Juli 1979 – inzwischen liefen die weltweiten Vorbereitungen für das *WAHO*-Projekt auf Hochtouren, unter größtmöglicher Geheimhaltung natürlich, da die Konkurrenz, wie Wagner immer wieder betonte, nicht schlief – zog er Else in Hamburg erstmals ins Vertrauen. Doch sie wusste die Geschichte wahrscheinlich besser einzustufen als sein Chef Schiesser

---

* Nachname geändert

in Caracas. Wohlweislich verschwieg er ihr, dass es sich bei dem Finanzier angeblich um seinen eigenen Vater handelte.

Inzwischen habe ich schon wieder ein neues Projekt am Hals und zwar für runde 650.000.000,- US$ es handelt sich dabei um 4 Fabriken, 1 Kartonfabrik, 1 Büchsenfabrik, für Bier usw., 1 Zelulosefabrik und eine Zementfabrik sowie dazu ein komplettes Dampfkraftwerk mit 400 Megawatt Leistung (Kraftwerk sagt Dir ja auch was nicht?). Der Kunde ein Miliadär aus Israel will dies unbedingt von mir gebaut haben, also er will den Schlüssel in die Hand haben, gebaut wird dies alles in Honduras an der Grenze zu Guatemala und Nicaragua, also in unserem Südamerikanischen Gebiet und damit bin ich zuständig. Also einen neuen Batzen Arbeit, na ja ich bin nur froh, das mir diese Art der Arbeit sehrviel Spass macht und mich immerhin fit hält. Denn wenn ich so denke Muckel was wohl aus mir geworden wäre wenn ich in Deutschland geblieben wäre, na dann wäre ich heute höchstens Halbkreis Ingenieur (Strassenfeger). Also war der Weg schon richtig, denn heute bin ich wer, kann mir vieles leisten und bin zufrieden.[38]
(Brief von Georg Wagner an Else Zöllner vom 12. 7. 1979)

Von seinem Boss hatte Georg Wagner schon Anfang 1978 freie Hand erhalten. »Der Schiesser vertraute ihm einhundertprozentig«, erinnert sich Rolf Kaufmann*, seinerzeit Wagners rechte Hand bei der *SGS*, »es wäre ja auch ein Riesengeschäft gewesen mit vielleicht fünf Prozent Gewinn für die Schweizer, also mehr als 30 Millionen Dollar«.[39] Wäre. Zur Realisierung des Projekts, das nie eines werden konnte, flog Georg Wagner in die Vereinigten Staaten, nach Kanada und nach Europa, übernachtete in den besten Hotels, lud manchmal sogar Rosa ein, ihn zu begleiten, »auf Kosten der Schweizer Firma«, nicht auf ihre, wie sie glaubhaft versichert.[40] An zwei Geschäftsreisen erinnert sie sich besonders lebhaft: mit der Concorde von Caracas nach Paris und zurück.[41] Das erste Mal seien sie »in einem sündhaft teuren Hotel direkt vis-à-vis vom Elysée-Palast« abgestiegen, mit »blauer Seide an den Wänden«, und »nur ein paar Schritte« entfernt von den Adressen »der großen Couturiers«. Das imponierte Rosa. Bei der zweiten Reise ging es von Paris weiter nach Genf, wo Wagner offenbar sein Hon-

* Nachname geändert

durasprojekt in der Konzernzentrale der *SGS* vorstellen durfte, dann nach Italien, »alles im Leihwagen«. Das »hat er für mich gemacht«, lässt Rosa, die Italien liebte, keinen Zweifel aufkommen, »das war eine schöne Zeit«.[42]

Natürlich konnte er bei diesen Europareisen, die ihn auch nach Deutschland führten, weil er, wie Rosa sich entsinnen kann, »dort manche Fabriken« besuchen musste, vermutlich um von ihnen Angebote für das *WAHO*-Projekt einzuholen, keinen Abstecher nach Hamburg machen, zu Else, oder nach Rheinberg, zu Heidrun und deren Familie. Aber er ließ sie wenigstens brieflich teilhaben an seinem phänomenalen Aufstieg als Direktor eines Schweizer Konzerns, dem als Projektleiter einer gigantischen Industrieansiedlung in Honduras überall der rote Teppich ausgerollt wurde:

Ich war ja wieder mal in den USA und vorher in Kanada, also ein richtiger Weltenbummler, aber es macht mir Spass noch dazu weil ich immer in der 1sten Klasse fliege, wo man ja so richtig verwöhnt wird, meistens steige ich am Ziel aus und bin halb betrunken, denn in der 1sten Klasse wird man ja mit Champagner regelrecht traktiert und das alles im Preis inbegriffen, na dafür zahlt man ja auch das doppelte vom Touristentarif.
(Brief von Georg Wagner an Elses Enkelinnen vom 2. 5. 1979)

Die komplette Abteilung bei der *SGS* wurde zeitweise für das »Projekt *WAHO*« eingespannt, »wir arbeiteten damals einen detaillierten Studie« aus für die Errichtung des Industrieparks an der Küste von Honduras, die jede Bauphase zwischen 1978 und 1981 beinhaltete, erinnert sich Rolf Kaufmann. Es habe sich um exakte Finanzberechnungen gehandelt, »wohl 500 bis 600 Seiten umfassend«. Die Kosten, die in dieser Zeit angefallen seien, durch Vorstudien, zusätzliches Personal, vor allem jedoch durch Wagners Luxusreisen, beziffert Kaufmann auf »annähernd eine halbe Million Schweizer Franken«.[43]

norddeutsche gwuerzmuehle hamburg bitte fra zöllner uebergeben entschuldige bitte aber es ist unmoeglich zu telefonieren (...) allein schon die internationale vermittlung zu erreichen ist ein lotteriespiel warscheinlich trinken die hier den ganzen tag kaffee (...) es war nichts besonderes aber ich wollte mal mit dir sprechen (...)
(Telex von Georg Wagner an Else Zöllner vom 18. 8. 1979)

Oben: Georg Wagner auf einem Empfang des venezolanischen Präsidenten Carlos Andrés Pérez (1976). Unten: Direktor Wagner unterwegs im Flugzeug des Schweizer Konzerns *SGS* quer durch Südamerika (1978).

Als Georg Wagner an diesem Samstag im August, nach den vergeblichen Versuchen, eine Telefonverbindung mit »Muckel« in Hamburg zu Stande zu bringen, frustriert das Büro der *SGS* verließ, nahm er, weil »in diesem Bordell der Fahrstuhl fast immer defekt ist«, das Treppenhaus, übersah eine Stufe, stürzte unglücklich auf Hinterkopf und Schulter und zog sich schwere Prellungen zu.[44] Der Vorfall wäre nicht weiter erwähnenswert, hätte er nicht in den folgenden Wochen eine Kette von Ereignissen zur Folge gehabt, an deren Ende die Entlarvung des Schwindlers Georg Wagner bei der *SGS* stehen sollte.

Als die Schmerzen am Montag noch nicht abgeklungen waren, schickte Rosa ihn zum Arzt ins *Centro Medico*. Es stellte sich heraus, dass »irgendetwas im Kopf sein mußte was man aber hier nicht lokalisieren konnte, sondern nur in den USA«, hieß es in einem Brief, den Wagner später an seinen Freund Peter Winkler in Deutschland schickte.[45]

Also bin ich mit Rosa nach Miami geflogen und wurde im Jackson Memorial Hospital hospitalisiert. Dort stellte man also fest (...) das eine Vene im Kopf gerissen ist (Vaso). In diesem Hospital bin ich bald ganz abgetreten und zwar wollte man mir mittels eines Schnittes in der Leistengegend eine Sonde einführen (...) jedoch auf einmal bekam ich weder Luft noch konnte ich sehen und meine Pumpe wollte rausspringen und ich merkte jetzt geht es zu Ende, also hat man sofort mit diesem Spass aufgehört und mich mit Eiltempo unter ein Sauerstoffzelt gefahren und 1 Stunde beatmet (...) Also habe ich gesagt daß ich schnellstens wieder raus will, da ich hier in Miami noch keinen Dauerplatz auf dem Friedhof ausgesucht habe (...)[46]

(Brief von Georg Wagner an Peter Winkler vom 1. 11. 1979)

Rosa war die ganze Zeit in der Klinik nicht von seiner Seite gewichen, hatte sogar im Krankenzimmer übernachtet. Doch nach der Entlassung aus der Klinik – ob im Zorn nach einem ärztlichen Versagen oder in aller Freundschaft nach Abschluss einer Routineuntersuchung, lässt sich nicht mehr feststellen – verzögerte sich der Rückflug nach Caracas, weil der Hurrikan »Frederico« im Anmarsch war. Das Ehepaar Wagner stieg deshalb für eine Nacht im berühmten Hotel *Fontainebleau* an der Collins Avenue ab, direkt am Strand vom Miami, um in angenehmer Umgebung darauf zu warten, dass der Sturm vorüberzog.

Einige Tage später zurück in Caracas, baute Georg Wagner seine frische Erinnerung an die Luxusherberge in Miami unverzüglich in seine nächste Geschichte ein: Das Hotel *Fontainebleau* gehöre zur *WAHO*-Gruppe, erzählte er seinen Kollegen eher beiläufig, um die Bedeutung der Holding zu unterstreichen, für die sie gerade mit viel Geld und Engagement das Hondurasprojekt planten. Der Schwabe Rolf Kaufmann, Wagners Mitarbeiter, »schluckte zweimal«, wie er sich entsinnen kann, und erlitt dann einen Lachkrampf, womit er Wagner äußerst irritierte. »Ich hatte schon vorher erhebliche Zweifel an der ganzen Story gehabt, mit seinem 100-jährigen Vater und dessen geplanter Investition in Mittelamerika«, erzählt er, »aber nun wusste ich definitiv, dass er log, denn das *Fontainebleau* gehörte ohne jeden Zweifel zu *Hilton*!«[47]

Kaufmann setzte Wagners Chef über seine Befürchtung in Kenntnis, konnte ihn aber nicht überzeugen. Entweder glaubte Schiesser noch immer an den Erfolg des *WAHO*-Projekts, oder er wollte nicht einräumen, dass »die Investitionen von mehreren hunderttausend Franken unwiderruflich in den Sand gesetzt waren«. Letzteres kam Kaufmann allerdings sehr viel wahrscheinlicher vor.[48]

Doch Wagners Mitarbeiter ließ nicht locker, begann mit eigenen Recherchen, nahm verschiedene Fernschreiben der *WAHO* unter die Lupe, in denen das Interesse an dem Vorhaben in Puerto Cortés bekundet und eine Verabredung über die Projektplanung getroffen worden war. Kaufmanns Befund: Irgendjemand hatte die Telexe von unterschiedlichen Flughäfen in den Vereinigten Staaten und Europa abgesetzt. Ein Komplize? Die Lösung des Rätsels erwies sich als noch simpler: Sein eigener Chef, der technische Direktor selbst, war an den entsprechenden Tagen auf den jeweiligen Airports zwischengelandet. »Wagner schrieb an Wagner«, ging Kaufmann ein Licht auf, »das ganze Projekt entpuppte sich als eine riesige Luftblase.«[49]

Doch die Argumente des eifrigen *SGS*-Mannes zogen noch immer nicht. René Schiesser weigerte sich standhaft, sein eigenes Versagen einzugestehen. »Mit Verlaub, Herr Schiesser«, warf ihm Kaufmann daraufhin an den Kopf, »Sie sind ein Arschloch!« Das war natürlich das Ende seiner Karriere bei der *SGS*.[50]

Die ganze Abteilung habe dann den Job bei der *SGS* geschmissen, aus Solidarität, schmunzelt Kaufmann, »der Kollege Eberhard Burk, unsere ausgezeichnete Sekretärin Frederike P. und sogar der

Wagner selbst«. Das sei zugegebenermaßen ziemlich absurd gewesen, »denn Wagner war ja irgendwie der Auslöser des Ganzen, obwohl er die Hintergründe nie erfuhr«. Aber womöglich hatte sich bei dem auch sein siebter Sinn gemeldet, vielleicht hatte der Betrüger gespürt, dass es höchste Zeit war, die Reißleine zu ziehen und zu kündigen, bevor er rausgeschmissen wurde. Schiesser und die Genfer Zentrale würden nichts gegen ihn unternehmen, sondern die Kosten des Projekts abbuchen, schon um dem Spott der Branche zu entgehen, da war er ziemlich sicher. Und hatten ihm die Ärzte nicht ohnehin nahe gelegt, etwas kürzer zu treten, mit seinen 70 Jahren? Sicherlich konnte er einige seiner *SGS*-Kunden mitnehmen, sie fortan in neuer Funktion beraten, er als Chef sowie Kaufmann, Burk und Frederike P. als seine Mitarbeiter. Musste Rosa eben auf den Titel »Director« verzichten, »Presidente« einer eigenen Firma klang auch nicht schlecht.

In seiner unnachahmlichen Art setzte Georg Wagner seinen Vorgänger bei der *SGS* und jetzigen Freund in Deutschland, Peter Winkler, über den Ausstieg in Kenntnis. René, »der Schnarchsack«, trage die Schuld, habe ihm die Lust an der Arbeit genommen, schimpfte er. Von dem *WAHO*-Projekt übrigens hatte er Winkler bis dahin mit keiner Silbe geschrieben.

Ich muss Dir ehrlich sagen hier macht es wirklich kaum noch Spass, denn der René kommt aus seinem Buchhaltermilieu nicht raus und dann seine dauernde Angst vor Genf, na da ich auch nach Genf muss werde ich denen mal den Marsch blasen (...)
(Brief von Georg Wagner an Peter Winkler vom 1. 11. 1979)

Ich werde meinen Dienst (...) am 22. 2. 1980 beenden (...) nun wirst Du sicher wissen wollen wieso das gekommen ist, nun das ist sehr einfach, der Schiesser will also den Laden allein schmeissen und dabei treten wir uns immer auf die Füsse, er will jedes Papier sehen, macht private Post auf, hört Telefone ab und lauter solche Scherze, also haben wir uns mal die Meinung gegeigt und Feierabend (...)
(Brief von Georg Wagner an Peter Winkler vom 25. 1. 1980)

Am 27. Februar 1980 erschien Hans Georg Wagner de Bulzingslowen auf dem Handelsregister von Caracas, um seine neue Firma *Supervise* eintragen zu lassen;[51] der Mädchenname seiner »Legendenmutter« war von ihm in falscher Schreibweise angefügt worden, als er 1974 seinen deutschen gegen einen venezolanischen Pass eingetauscht hatte.[52] Zu den Gründern von *Supervise* gehörten neben ihm selbst die venezolanischen Ehefrauen seiner Ex-Mitarbeiter bei der *SGS*, Rolf Kaufmann und Eberhard Burk.[53] Warum beteiligte sich Kaufmann an dem Unternehmen, obwohl er Wagner gerade als Lügner und Betrüger entlarvt hatte? »Ich schätzte ihn immer noch als kompetenten Fachmann«, lässt Kaufmann keinen Zweifel, wenn er auch äußerlich bei den Kunden mit seinen »ewig karierten Hemden, die er nur zweimal in der Woche wechselte, und seinem abgewetzten Anzug« nicht gerade einen übermäßig seriösen Eindruck hinterließ.[54]

Wagner hatte seine Abfindung von der *SGS* in Höhe von 50 000 US-Dollar in die neue Firma gesteckt und Räume im Bürokomplex *Edificio Lijak* besorgt, der Rosas Sohn gehörte, »keineswegs zur Vorzugsmiete«, wie sich Kaufmann erinnern kann.[55] »Was die Arbeit anbelangt«, schrieb Wagner an seinen Freund Winkler, »so haben wir ein ganz schönes Volumen, da sich eben Qualität doch verkaufen lässt.«[56] Einen Brief und sechs Wochen später, inzwischen hatte *Supervise* den Geschäftsbetrieb aufgenommen, wurde er sogar konkreter: »Natürlich müssen wir straks arbeiten und vor allem eine gute saubere fachmännische Leistung erbringen. Zur Zeit ist Auftragsvolumen für dieses Jahr, ohne das Projekt der *WAHO* Gruppe, 1,6 Mio Bolivanos«, umgerechnet rund eine Million DM.[57] Das Projekt der *WAHO*-Gruppe? Hielt Georg Wagner immer noch an dem Fantasievorhaben fest? Seine Äußerungen machten Winkler offenbar nicht stutzig.

Mein liebes Muckel (...) Die Situation hat sich ergeben, daß ich persönlich sehr viele Kunden habe die nur mit mir arbeiten wollen, dazu kommt das grosse Projekt für Honduras, sodass ich gefragt wurde warum ich das nicht selbst machen will, also habe ich nun meine eigene Firma (...) wir haben unser eigenes Büro wunderbar eingerichtet (...)
(Brief von Georg Wagner an Else Zöllner vom 4. 2. 1980)

Mein liebes Muckel! (...) Nun werde ich wegen des Kaufes von Maschinen für einen Kunden Anfang Mai 80 in Hannover und Wuppertal sowie Rotterdam sein, Reisedauer ca. 18 Tage, zurück muß ich über Madrid. Meine Frage dazu um meinen Plan zu machen,

kann ich bei Dir wohnen oder muss ich ins Atlantic ziehen. In Hannover werde ich im Intercontinental wohnen, in Wuppertal werde ich nicht logieren sondern in Düsseldorf im Breidenbacherhof absteigen, genaues darüber teile ich Dir Ende März mit, nur hätte ich gerne Deinen Standpunkt zu meiner Frage gehört (...)
(Brief von Georg Wagner an Else Zöllner vom 8. 2. 1980)

Die Reiseroute musste dann noch einige Male geändert, der Termin auf Ende Juni verschoben werden, aber ein Abstecher nach Hamburg stand ohnehin nicht zur Debatte. Denn Rosa war mit von der Partie, sie dürfte sogar den Europatrip bezahlt haben, da das üppige Spesenkonto der *SGS* inzwischen nicht mehr zur Verfügung stand und in der Reisekasse der jungen Firma *Supervise* weitgehend Ebbe herrschte.[58] Nach dem Flug mit *KLM*, Touristenklasse, nach Amsterdam, wo Wagner »ein paar Besprechungen wegen Verpackungsmaschinen führen« musste, sollte es mit dem Leihwagen weiter für ein paar Tage nach Hannover zur Familie Winkler gehen; danach stand Baden-Baden auf dem Programm, Rosa liebte die vornehme Kurmetropole, hatte sich im Hotel *Europäischer Hof* mit ihrem Schwager aus Rio de Janeiro verabredet, sodass sie »Gesellschaft hat«, während »ich auf Achse bin«, denn er habe unterdessen in Sindelfingen und Augsburg Termine wahrzunehmen, kündigte Georg seinem Freund Peter an.[59]

Winkler erinnert sich noch gut an den Besuch der beiden Wagners in seinem Bungalow bei Hannover. Denn es habe immer mal wieder, »zwischen Georg und Rosa heftig gekracht«. Und eigentlich sei es immer ums Gleiche gegangen: »Auf der einen Seite Rosa mit viel Geld, aber knauserig und auf der anderen Seite Georg, der längst wieder von der Hand in den Mund lebte.« Rosa habe ihn manches Mal »sehr runtergemacht, das war uns unangenehm, weil er sich nicht wehrte«, erzählt sein jahrelanger Freund, doch »Georg nahm mich dann hinterher zur Seite und erklärte mir, diese Donnerwetter liefen an ihm ab wie das Wasser an einem Regenmantel«.[60]

Georg Wagner war wieder einmal sehr klamm. Seine Beratungsfirma *Supervise* warf kaum die Gehälter der Mitarbeiter ab, litt zudem an der »südamerikanischen Krankheit«: einer katastrophalen Zahlungsmoral. Wagner und seine Kollegen erhielten zwar Aufträge, aber kaum Gutschriften auf ihrem Konto. Rechnungen wurden von den Kunden oft über Monate nicht beglichen, Mahnungen konnte man sich eigentlich sparen, sie landeten regelmäßig im

Papierkorb oder im Reißwolf; oft halfen nur schlagkräftige Argumente. Da traf es sich gut, dass eines Tages, Mitte 1980, ein amerikanischer Geschäftsmann in den Büros der *Supervise* erschien und sehr schnell den Wunsch äußerte, lieber die persönliche Liquidität der Firmeninhaber als die Bilanz der Firma zu verbessern. »Der Mann brauchte ein bestimmtes Gutachten für eine Geschichte in Kolumbien«, erinnert sich Rolf Kaufmann, »und Wagner war bereit, es ihm zu liefern«. Anspornend sei damals ein Blick gewesen, den der Amerikaner in seinen Aktenkoffer gewährte, denn da habe »neben dicken Geldbündeln auch eine Pistole gelegen«.[61] Er wisse das noch so genau, »weil der Wagner eine höllische Angst vor Waffen besaß, obwohl fast in jedem Büro in Venezuela eine Knarre in der Schublade lag«, versichert Kaufmann.[62]

Und noch ein anderes Erlebnis aus diesen Monaten kommt Wagners Ex-Mitarbeiter in den Sinn: Sein Chef habe damals engen Umgang mit der kalifornischen *Bechtel Corporation* gepflegt, die stark »im venezolanischen Erdöl- und im Stahlbusiness« engagiert gewesen sei. Deren Präsident »war niemand anderes als George P. Shultz«, Richard Nixons Finanzminister der Jahre 1972 bis 1974 und spätere Außenminister unter Ronald Reagan. Shultz und Wagner hätten sich mehrfach getroffen.[63]

Nachdem der Amerikaner im Juli 1982 als Außenminister vereidigt worden sei und dann irgendwann Venezuela einen offiziellen Besuch abgestattet habe, »erhielt Wagner eine offizielle Einladung zum Bankett«, weiß Kaufmann noch.[64] Geschäfte entwickelten sich aus der Beziehung allerdings nicht, wie überhaupt in jener Zeit viele Pläne »Totgeburten« gewesen seien. So auch die Geschichte mit den »Panamerikanischen Spielen« in Venezuela: Wagner wollte zusammen mit einem französischen Baumagnaten für 2,5 Milliarden Dollar ein olympisches Dorf hochziehen. Es fand ein Treffen im *Hilton Anauco* von Caracas statt, »mit dem Franzosen, Wagner, mir und einem Repräsentanten der Regierungspartei *Acción Democrática (AD)*«, erinnert sich Rolf Kaufmann.[65] Den habe Wagner über seine Beziehung zu Ex-Präsident Carlos Andrés Pérez angesprochen, der später wegen Korruption verurteilt wurde.[66] »Als der Parteibonze, ein schleimiger Typ, eine Bestechungssumme von zehn Prozent verlangte, war das Meeting schnell zu Ende«, erzählt Kaufmann. Hinterher habe ihn der Bauunternehmer gefragt, wie er wohl zehn Prozent Schmiergeld zahlen solle, wenn sein eigener Gewinn nur bei fünf Prozent läge.[67]

Im Herbst 1980 ging es mit der *Supervise* zu Ende. Es gab Streit. Die Sekretärin, Frederike P., war in seinem Schreibtisch auf ein Testament gestoßen, in dem stand, dass Rosa seine Firmenanteile erben solle und nicht seine Partner, wovon diese ausgegangen waren.[68] Wagner behauptete in seinem Geständnis in Caracas, Kaufmann und Frederike P. hätten Geld unterschlagen, sprach von 180 000 DM, was diese jedoch zurückweisen.[69] Er ließ damals auch Peter Winkler in Hannover an seiner Empörung teilhaben:

Zur Zeit habe ich (...) einen schönen Ärger am Hals und zwar mit meiner Firma Supervise (...) Ich will Dir auch den Grund nennen. Bitte jedoch bei Briefen die auch Rosa betreffen nichts davon zu erwähnen, denn das ist allein mein Geschäft, Du verstehst mich, ja! Also die Fakten: Wie Du weisst sind mit mir noch 3 Andere Gesellschafter und zwar die Frauen der Mitarbeiter (...) Nun ist während meiner Abwesenheit für die Erledigung der geschäftlichen Dinge, der Herr Kaufmann und unsere Säkretärin Frl. P. zeichnungsberechtigt gewesen, denn es müssen ja die Zahlungen gemacht werden. Nun habe ich feststellen müssen das von einem Kunden eine Zahlung von Bs. 160.000,- auf das Privatkonto des Herrn Kaufmann transferiert wurden, wobei Kaufmann und die Säkretärin den eingegangenen Scheck für die Firma dosiert und auf das Privatkonto Kaufmann überwiesen haben, auserdem wurden Entnahmen gemacht wobei keinerlei Belege vorhanden sind, unser Buchhalter war auf einem Lehrgang und ist nun bei der monatlichen Bilanz darauf gestossen. Der Herr leugnet es glattweg ab obwohl von der Bank klar bezeugt wird das der Transfer so wie geschildert getätigt wurde (...)[70]
(Brief von Georg Wagner an Peter Winkler vom 21. 8. 1980)

»Die *Supervise* wäre glücklich gewesen, wenn sie so hohe Außenstände gehabt hätte«, sagt Kaufmann. Er verweist die ganze Affäre in den Bereich der Fabel. Die Sache sei »nun Gott sei Dank erledigt«, schrieb Wagner Anfang Dezember 1980 an Peter Winkler, Kaufmann gehe »für 2 1/2 Jahre in den Kasten, die Sekretärin für 10 Monate«.[71] Das sei geradezu aberwitzig, hält Kaufmann dagegen, schon wegen seiner venezolanischen Ehefrau, die über beste Beziehungen in Caracas verfügte, hätte er »nie und nimmer« ins Gefängnis gehen müssen, selbst wenn es so gewesen wäre, wie von Wagner behauptet.[72] Was auch immer war, Wagner und sein treuer

Vasall Eberhard Burk trennten sich sowohl von Kaufmann als auch von Frederike P.[73]

Hatte Georg Wagner wieder einmal eine Geschichte erfunden, um seinen Zahlungsunfähigkeit zu erklären? Sollte Rosa nichts davon erfahren, weil er eine finanzielle Bruchlandung hingelegt hatte und ihre Häme nicht ertragen konnte? Im gleichen Brief von Anfang Dezember erinnerte er seinen Freund Peter auch an die Mehrwertsteuer, die von Rosa im Juni bei ihren umfangreichen Einkäufen in Deutschland gezahlt worden war und die sie, mit Winklers Hilfe, von den deutschen Finanzbehörden erstattet haben wollte: »Bitte schreib ihr darüber damit ich Ruhe bekomme (...) Du kennst ja Rosas Leidenschaft fürs Geld!«[74]

Im Frühjahr 1981 fiel Georg Wagner in ein tiefes seelisches Loch: Die Geschäfte liefen schlecht, er musste seinen letzten noch verbliebenen Mitarbeiter, den Stuttgarter Eberhard Burk, vor die Tür setzen. »Burk verkörperte den unverbesserlichen Alt-Nazi, der auf blond und blauäugig steht«, kann sich Kaufmann erinnern, »und Wagner hatte sich ja nun mit der Rolle des guten Juden besetzt«.[75] Und doch verband die beiden ein eigenartiges Verhältnis. Der Schwabe war zuverlässig und fleißig, und wahrscheinlich hielt Wagner ihn für seinen Bruder im Geiste.

Frederike P. geht sogar noch weiter: »Burk war unzweifelhaft ein ehemaliger SS-Mann, er machte auch keinen Hehl daraus, dass er sich nach dem Krieg nach Südamerika abgesetzt hatte«; er sei zudem ein Frauenheld und Lebemann gewesen, er, nicht Wagner, der war doch »nur Mitläufer, ein armes Häschen«.[76] Tatsächlich diente der Stuttgarter Burk, Jahrgang 1914, in der SS-Einheit 8/13.[77]

Da hatten sich also in Caracas zwei ehemalige Kameraden des Hitler-Faschismus getroffen, arbeiteten Seite an Seite, und der eine ahnte nichts davon, dass der andere sich nur als Jude ausgab und seine Tarnung um keinen Preis aufgeben durfte. Und doch blieb Wagner keine andere Wahl, als sich von Burk zu trennen, die finanzielle Lage war »unter aller Sau«, er sei jetzt wieder als »Einzelkämpfer« tätig, habe sein Büro in Rosas Apartment im *Jastol Park* aufgeschlagen, schrieb er an seinen Freund Peter.[78]

(...) Ich schreibe Dir das extra so, dass mein General nichts davon weiss, denn sonst geht der Himmel unter und die Herren Stiefsöhne würden sich ins Fäustchen lachen, also bleibt es unter uns (...) Ja es ist kein Lachen mehr in Venezuela und wenn Du einen

guten Job für mich hast so teile es mir mit (...) wenn Du schreibst
so füge als Allgemeines einen Extrabrief hinzu, da ich die Post
noch selber abhole besteht keine Gefahr das der General alles
sieht. Es grüsst Dich herzlichst Dein Freund Georg.

(Brief von Georg Wagner an Peter Winkler vom 10. 8. 1981)

Wagners Pläne, zusammen mit einigen venezolanischen Ex-Generälen das Projekt einer Müllverbrennungsanlage zu realisieren,
waren auf Eis gelegt – wenn solche Pläne überhaupt existierten.
Noch wenige Wochen zuvor hatte er Winkler angekündigt, »in
Begleitung von 2 Militärs« nach Zürich zu kommen, um dort eine
Pilotanlage der *Von Roll AG* zu begutachten, »das genaue Programm geben wir noch durch«. Doch dann war die »Lustreise (...)
bezahlt vom Militär« offenbar gestrichen worden. Das Projekt
werde »erst in ein bis eineinhalb Jahren zur Durchführung kommen, da eben in Venezuela zur Zeit kein Geld vorhanden ist«.[79]
   Und auch das Zusammenleben mit Rosa stürzte ihn in tiefe Depressionen. Über Monate hinweg beklagte er sich bei Winkler über
die »Familienmafia«, die im Geld schwimme, aber ihn auf dem
Trockenen sitzen lasse. Auch eine Reise mit Rosa im November
1981 nach Paris, Kopenhagen und Stockholm, mit einem Besuch
bei den Winklers in Hannover sowie einem Kuraufenthalt in Bad
Karlsbad, hatte ihn nicht aus seiner Lethargie herausgeholt.[80] Die
Lebensunterhaltskosten in Venezuela stiegen von Woche zu Woche, doch seine Frau hielt ihn kurz, manchmal musste er sich das
Geld für seine Zigaretten von den Stiefsöhnen leihen, die waren
großzügiger als ihre Mutter.[81]

Der Ärger ist immer noch derselbe. Aber was soll es ich habe
schon zuviel in diese Familie investiert, na und etwas heraus zu
bekommen, da bricht eher die Welt zusammen. Allein M. hat vor
1/2 Jahr in Miami ein Terreno gekauft unmittelbar neben dem
berühmten Hotel Fontainbleu, der Preis war 1,5 Millionen Dollar,
(...) da aber die Baubedingungen in Miami infolge einer örtlichen
Mafia sehr streng sind (...) hat man das Gelände wieder verkauft
wobei die Familie (dazu gehöre ich nicht) nur kleine 2,5 Millionen
Dollar verdient hat. Der einzige der der Meinung war das auch ich
dazugehöre war E. der Professor, aber er wurde überstimmt und
am Ende gab es wieder einmal den bekannten Krach wobei ich
mal meine Meinung klar und deutlich zum Ausdruck gebracht

Oben: Georg Wagner und Rosa mit Christina Winkler und deren Tochter in einem Park in Hannover (1980). Unten: Wagner mit seinem Mitarbeiter Eberhard Burk, einem ehemaligen SS-Mann wie er selbst (1981).

habe. Aber was solls, ich bin eben sehr schweigsam geworden, so haben die ihren Willen und ich meine Ruhe. Ansonsten lebe ich in den Tag hinein wobei ich nur noch für das Militär arbeite und zwar an den Projekten die infolge Geldmangel nun erst 1984 sicher in Angriff genommen werden sollen (...)[82]

(Brief von Georg Wagner an Peter Winkler vom 1. 2. 1982)

Diese Larmoyanz! Da beschwerte sich ein ehemaliger SS-Mann und Kriegsverbrecher, der in Caracas an der Seite einer wohlhabenden Jüdin einen angenehmen Lebensabend zu verbringen gedachte, dass ihn diese jüdische Familie nicht an ihrem Vermögen beteiligte; da beklagte sich ein unverbesserlicher Hochstapler und Heiratsschwindler, der zahlreichen Opfern finanziellen und seelischen Schaden zugefügt hatte, dass Rosa in ihrer Lebensgemeinschaft die Hosen anhatte. Womöglich hielt er das Verhalten seiner Familie für einen Teil der »jüdischen Verschwörung«, wie er es einst als Nazi gelernt hatte. In seinen Briefen an Peter Winkler gab es immer wieder unterschwellige Klagen über die jüdische Geldgier, mitunter auch offenen Antisemitismus, aber allzu deutlich durfte er seinem Freund gegenüber natürlich nicht werden, ohne seine Legende aufs Spiel zu setzen.

Peter Winkler in Hannover, dem er jetzt regelmäßig im Abstand von höchstens einigen Wochen sein Herz ausschüttete, empfand damals Mitleid für Wagner, weil er den Hintergrund nicht kannte: »Ich habe ihn ein bisschen bedauert auf die große Entfernung, denn aus meiner Sicht war er ein armer Schlucker.«[83]

Rosa, seine Witwe, sieht das lange nicht so dramatisch: Wagner habe bei der *SGS* zunächst »ganz gut verdient« und ihr »für den Haushalt etwas dazu gegeben«. Später dann, als er nicht mehr so üppig einnahm, habe sie ihm unter die Arme gegriffen, dabei »schon ein bisschen darauf geachtet«, was er mit ihrem Geld anstellt, »er ging ja so locker damit um, wenn es nicht ihm gehörte, wie bei diesen teuren Reisen auf Kosten der *SGS* damals.«[84]

Georg Wagner war Anfang 1982 wieder einmal ganz unten, am Ende, wie damals 1970, als er für 1000 DM im Monat Betonteile bei *Manger* in Unterhaching schleppen musste und Maria in Ingolstadt ihn aushielt. Doch jetzt war er zwölf Jahre älter, und es fiel ihm weitaus schwerer, dem Leben überhaupt noch eine positive Perspektive abzugewinnen. Sogar das venezolanische Klima hatte sich für ihn ins Gegenteil verkehrt: Die Wärme empfand er inzwi-

schen nicht mehr als angenehm, sondern als unerträglich. Und
dann kam auch noch der Herzinfarkt.

*(...) Es war am 18. Februar, wo ich wieder einmal meine soge-
nannte Betteltour gemacht habe und überall vergebens nach Geld
angeklopft habe und immer die gleichen Ausreden hören musste
wie immer zuvor. Ich bin also vormittags gegen 11 Uhr 30 heim-
gekommen und Rosa war noch nicht zurück, sie war im Centro
Medico San Bernardino um sich an der Nase eine Kleinigkeit raus-
operieren [zu lassen], ich bin also zu den verschiedenen Stellen ge-
rannt um zu wissen ob Rosa noch da ist oder nicht, zum Schluss
hiess es sie ist noch im Operationssaal, also habe ich mit M. draus-
sen gewartet. So gegen 1 Uhr Mittag kam sie dann raus und wir
haben uns auf eine Bank gesetzt, auf einmal merkte ich das es mir
sehr schlecht wurde und von diesem Moment an weiss ich nichts
mehr. Ich habe dann nachdem ich für ein paar Minuten bewusstlos war, mich in der Intensivstation wiedergefunden, wo man mir
mitteilte das es ein Herzinfarkt ist, nicht sehr schwer aber immerhin ein Infarkt. Ich war dann 8 Tage in der Klinik und dann
nach Hause und nicht rühren. Auch jetzt darf ich noch nicht weit
gehen sondern nur 200 Meter in unserem Park (...)*[85]
(Brief von Georg Wagner an Peter Winkler vom 2. 4. 1982)

Bald nach seiner Genesung meldete sich Georg nach längerer brief-
licher Abstinenz wieder bei Else in Hamburg, um auch ihr die bit-
tere Neuigkeit mitzuteilen – Mitleid konnte er jetzt von allen Seiten gebrauchen. Und seine alte Freundin war tatsächlich besorgt.
Auch wenn die Gefühle für »ihren Hans« mit den Jahren erkaltet
waren, es genügten offenbar ein paar Zeilen, um sie wieder zu er-
wärmen. Und in dieser für ihn so misslichen Lage musste sie ihm
Mut machen, wenigstens aus der Distanz. 62 Jahre alt war sie inzwischen, ein Vierteljahrhundert lag es zurück, dass sie ihrer großen
Liebe aus der damaligen DDR in den Westen gefolgt war, und nie
hatte sie die Hoffnung aufgegeben, er werde vielleicht für den gemeinsamen Lebensabend zu ihr nach Hamburg zurückkehren. Von
seiner Ehe mit Rosa ahnte sie nichts. Ihre von Sorgen und Erinnerungen durchtränkte Antwort schickte Else ihm per Eilboten nach
Caracas, er sollte möglichst schnell von ihrem Mitgefühl erfahren.[86]
Auf Else war eben noch Verlass! Er schrieb dankbar zurück, ihr
Brief habe ihn »wieder aufgerichtet«, es gehe inzwischen schon

»einigermassen bis auf die Schmerzen in den oberen Armen, was eben auf die verstopften Venen zurückzuführen« sei. Er lasse sich aus Deutschland dieses »einmalige Medikament« *Mexitil* schicken, »jeweils 100 Kapseln kosten 180 DM«, zudem habe er »das Rauchen bis auf 5 Zigaretten zurückgeschraubt« und seine Ernährung auf Diät umgestellt; nur auf den Alkohol brauche er auf ärztlichen Rat nicht zu verzichten, »denn ein Herzkranker soll jeden Tag bis zu 3 Glas Whisky trinken«; im Januar 1983 wolle er »nach Houston reisen und die Venen auspusten lassen«, von einem Spezialisten, auf dessen Intensivstation »du meinst, Du bist im Nasacenter wo man die Raketen abschiesst«. Schließlich fragte Wagner noch vorsichtig an, ob sie ihn begleiten könne, wenn er zur »restlosen Wiederherstellung« nach Davos komme.[87] Elses Reaktion ist nicht überliefert, aber er würde ohnehin nicht in die Schweiz reisen, nicht zur Kur jedenfalls.

Ende August war Georg Wagner immerhin so weit genesen, dass er seine nächste Geschäftsreise planen konnte, aber vielleicht dachte er sich auch nur wieder etwas aus, er musste sich ja beschäftigen. Eigentlich hätte er schon im Juli fliegen wollen, über Paris erst nach Tel Aviv, dann nach Zürich, Frankfurt, Düsseldorf und Hannover, insgesamt sechs Wochen.[88] Nach Israel? War ihm nicht 1973 die Einreise verweigert worden? Der Termin wurde dann immer wieder verschoben, da seine Generäle, »für welche ich nach Israel und Europa soll noch nicht so weit gediehen sind«. Ging es noch immer um die Müllverbrennungsanlage? Oder um andere Geschäfte?[89]

Else teilte er eine etwas andere Reiseroute mit, ohne Tel Aviv: von Paris nach Zürich, Stuttgart, Bremen, Hamburg, Kopenhagen, Oslo, Bern und Amsterdam. Die Nachfrage aus Hamburg kam prompt und klang sorgenvoll: Wäre es nicht besser, nach dem Infarkt etwas kürzer zu treten? Er könne sich mit seinem »Mitarbeiter die Zeit einteilen, (...) Hauptsache ist das die Endabnahme von Maschinen ordnungsgemäss gemacht wird, na und dabei kann mein Kunde das Militär sehr beruhigt sein«. Leider fliege »die Concorde nicht mehr von Caracas aus«, das hätte ihm Zeit erspart.[90] Außerdem habe er noch dringend etwas in der Schweiz zu erledigen:

Mein liebes Muckel! Da ich die Absicht habe (...) mich für 3 Monate in Europa zu erholen will ich meine Hütte (...) zwischen Zürich und Bern (...) nunmehr auf Vordermann bringen, damit

man gut und bequem leben kann. Wenn ich nach Hamburg
komme so werde ich mit Sicherheit im Reichshof wohnen, da ich
noch einen Mitarbeiter mitbringe, auserdem ist es ein Steigenber-
ger Hotel wo ich mit wenigen Prozenten Aktionär bin und im-
merhin nur 50% des Preises zahlen muss obwohl mein Kunde voll
zahlt, also Geschäftssinn muss man schon haben, wenn es Dir
passt kannst Du ja an den Tagen bei mir wohnen, da ich immer
eine Suite bewohnen muss (...) innigste Gruesse verbunden mit
vielen Kuessen, stets Dein Vati.[91]
(Brief von Georg Wagner an Else Zöllner vom 30. 9. 1982)

Da war er wieder, ganz unverkennbar der Aufschneider wie ehedem, Felix Krull erwachte zu neuem Leben. Die seelische und gesundheitliche Krise schien überwunden, er hatte es wieder einmal geschafft, sich, wie weiland der Lügenbaron von Münchhausen, am eigenen Schopf aus dem Schlamassel zu ziehen. Gesundheitlich fühlte er sich im Frühjahr 1983 »wieder auf dem Damm«, nachdem er »dem Sensenmann noch mal von der Schippe gesprungen« war, wie er an seinen »lieben Peter und Familie« in Hannover schrieb. Und mit Rosa habe er einen »Teilfrieden« geschlossen, »damit fallen die nervlichen Belastungen flach, was gesundheitlich besser ist«.[92]

Günter Reinemer alias Hans Wagner alias Georg Wagner, der SS-Mann mit der falschen jüdischen Identität, ließ sich ab 1983 häufiger in der *Unión Israelita* sehen, nur ein paar Schritte von Rosas Apartment im *Jastol Park* entfernt. Die jüdische Gemeinde besitzt dort ein von hohen Mauern umgebenes Zentrum mit Innenhof, das, außerhalb der Gottesdienste in der Synagoge, nur uber eine streng bewachte Pforte neben der Einfahrt zum Hotel *Avila* zu betreten ist.

»Ich bin so gut wie nie in die Synagoge gegangen«, bekennt Rosa, es gebe viele jüdische Emigranten in Venezuela, »die sind so fortschrittlich wie ich«. Doch Wagner ließ sich nicht von seinem »Glauben« abbringen. Alles Tarnung. »Er hat mich überredet, zu einer Versammlung der Gemeinde zu gehen, ich wollte nicht, aber er hat gesagt, no, wir gehen.« Irgendwelche Zweifel seien ihr nicht gekommen, sagt sie, er habe sich verhalten »wie ein guter Jude!«.[93]

Auch im *Hebraica*, dem am Berghang gelegenen, den Mitgliedern der *Unión Israelita* vorbehaltenen exclusiven Club mit 50-Meter-Schwimmbecken, Sonnenterrasse, mehreren Restaurants, mit eigener Schule und Sporthalle, tauchte Georg Wagner in-

245

zwischen häufiger auf, wenn er nicht gerade irgendeiner Beratertätigkeit nachging, was immer seltener vorkam. Dann faulenzte er bei einem Drink am Pool, las einheimische Zeitungen und hin und wieder einen Kriminalroman, etwas Unterhaltendes, nichts mit literarischem Anspruch jedenfalls. Im Club trafen sich spätvormittags die oft etwas gelangweilt wirkenden Männer, die entweder bereits Rente bezogen oder deren Vermögen ohne eigenes Zutun weiterwuchs, auf eine Partie Bridge oder zu einem Gespräch im Schatten der Bäume, gestört allenfalls durch das Gequake aus den Funkgeräten der allgegenwärtigen Sicherheitskräfte oder durch die lärmenden Kinder auf dem nahe gelegenen Schulhof des *Hebraica*.

Georg Wagner fühlte sich dort wohl, erfuhr viel, baute Verbindungen auf, die sich noch einmal als nützlich erweisen konnten; vor allem aber durfte er sicher sein, dass niemand indiskrete Fragen stellen würde; alle wussten, er war Rosas Mann und das schon seit zehn Jahren, das genügte. Die angenehmen Seiten des Lebens bauten ihn im Lauf des Jahres 1983 langsam wieder auf, körperlich wie seelisch. Vor allem aber regten sie offenbar seine Fantasie an. Dass er unter all den wohlhabenden Juden im *Hebraica* verkehren durfte, gab ihm das Gefühl von Bedeutung. Und die musste legitimiert werden, und sei es lediglich vor sich selbst, vor seinem zweiten Ego.

In Ermangelung konkreter Arbeit, die ihm damals als *SGS*-Direktor tatsächliche Bedeutung und wichtige Freunde beschert hatte, investierte er jetzt viel Zeit in den Bau neuer Wolkenkuckucksheime, mit immer dem gleichen, erprobten Fundament von Vaters *WAHO* in Missouri, die nunmehr sehr bald in seinen Besitz übergehen werde; er setzte Stein auf Stein aus Informationen zusammen, die er den Tageszeitungen entnommen hatte, verblendete das ganze durch wechselnde, in jedem Fall kreative Fassaden. Seine Betrügereien und Täuschungsmanöver nahmen spätestens 1983 pathologische Züge an. Georg Wagner begann in einer Scheinwelt zu leben, die er sich zurechtgezimmert hatte. Die alten Lügen zogen neue Lügen nach sich, und als das Gebäude am Ende zusammenstürzte, wäre um Haaresbreite auch Peter Winkler, der beste Freund, den er in all den Jahren gehabt hatte, von den Trümmern begraben worden.

Doch zunächst plante Georg Wagner, ins Immobiliengeschäft einzusteigen. So wie Rosas Sohn, allerdings nicht, wie jener in den Vereinigten Staaten, sondern in der Schweiz. Winkler, im Chefmanagement des Batteriekonzerns *Varta AG*, so sein Plan, sollte nebenbei für ihn tätig werden.

Ich habe nun gerade heute einen Brief erhalten von Rechtsanwalt C. aus Zürich worin er mir mitteilt (...) das bis Juni 1984 der zweite Bauabschnitt begonnen werden muss, das heisst die Pläne vorliegen müssen (...) So bin ich nun der Meinung das bei unserem Besuch im Januar 84 einige Tage für uns abfallen um die Angelegenheit endgültig zu einem Resultat zu bringen, dies habe ich dem Rechtsanwalt heute mitgeteilt. Was das bauen anbelangt so ist das ein Problem da alle Pläne bereits fertig sind, da es ja dieselben Einheiten werden die bereits dastehen. Es besteht nur der zwingende Unterschied das aus steuerlichen Gründen zwischen beiden Einheiten eine sichtbare Grenze gezogen werden muss, andernfalls werden die beiden Einheiten steuerlich gemeinsam veranlagt, sodass die Bau-Anderkosten nicht abgesetzt werden können. Und nach dem Gesetz reicht es aus zwischen beiden Baueinheiten in der Mitte ein Ziermäuerchen zu stellen und Streucher anzupflanzen. Ich schätze das wir immerhin wenigstens 1 volle Woche zum regeln benötigen, und da ja die Milis siwoso nach der Schweiz wollen kann man das gut zusammenlegen, einverstanden!!!! (...) Desweiteren hat er mir ein Angebot mitgesandt, für ein Projekt in Davos, ein Rohbau fertiges Reihenhaus mit 18 Wohneinheiten sowie ein Schlösschen (...) es hat 16 Räume und einen Park von 14 000 m2 mit Treibhäusern etc. Preis des gesamten Komplexes 4,2 Millionen SF. Habe mir Bedenkzeit bis Anfang Oktober erbeten. Kein schlechtes Geschäft!!! Ich habe ihm auch mitgeteilt das ich bereits jemanden habe welcher meine Angelegenheiten übernehmen soll (...) [94]*

(Brief von Georg Wagner an Peter Winkler vom 9. 9. 1983)

Ganz ähnlich klangen die Briefe an Else Zöllner. Doch ihr versprach er noch mehr: seine Rückkehr nach Hamburg, als gemachter Mann, der es in Südamerika zu Ansehen und Wohlstand gebracht hatte, der nunmehr seinen Lebensabend in der alten Heimat verbringen und dann dort unter die Erde kommen wollte.

Mein inniggeliebtes Muckel! Wenn Gott will werde ich Anfang Dezember in Europa sein um nunmehr endlich meine Hütte in der Schweiz fertig zu machen und dann im kommenden Jahr dort für

$^1/_2$ Jahr wohnen zu können. Auserdem habe ich ja in Schlieren bei Zürich auf einem Gelände von 8000 m² zwei Reihenhäuser stehen welche verwaltet werden müssen (...) Eine meiner Ängste die ich habe, was wird mal wenn ich nicht mehr bin, wer wird mein erarbeitetes verwalten nach mir, schön erst bis Du ja dran, aber nachher!! Ich habe hier gearbeitet wie ein Sklave, habe Tag und Nacht geschafft und sehr viel dabei erreicht, habe heute Vermögenswerte von mehr als US$ 2,5 Millionen, habe Wohnungen hier in Caracas, in Miami, in Toronto und in der Schweiz, wer kann das zusammenhalten!!! Ich bin ein angesehener Mann geworden (...) aber ich möchte ja auch noch einige Jahre mit Dir leben (...) Ich möchte in Hamburg eine schöne Wohnung kaufen und habe mir ein Angebot schiecken lassen mit einer Wohnung in der Elbchaussee (...) in einem grossen Park (...) 210 m2, hat 4 Schlafzimmer mit eingebauten Bad/Toilette, Einbauküche, Esszimmer mit Durchreiche (...) Teppichböden und Parkettboden versiegelt (...) Preis liegt bei 540 000,- DM, Verhandlungssache (...) ich habe einen Makler angeschrieben und postwendend Antwort erhalten (...) mit 3 Villen in der Elbchaussee (...) und zwar zur Elbseite hin, eine davon muss dem ehemaligen Werftboss Schlicker gehört haben, ich habe um Fotos gebeten (...) na nun warte ich mal was kommt (...)[95]

(Brief von Georg Wagner an Else Zöllner vom 23. 9. 1983)

Mein inniggeliebtes Muckel! (...) ich habe ja den Immobilienverband in Deutschland angeschrieben, die das warscheinlich an verschiedene Makler in Hamburg weitergegeben haben (...) ich habe den Preis genannt den ich eventuell anlegen will, es liegt so zwischen DM 700 000,- bis 850 000.- (...) Angebote in dieser Grössenordnung sind vorhanden. Alsterufer, Elbchaussee etc. sind dafür die idealen Wohngebiete auch Blankenese ist nicht schlecht. Nun werde ich prüfen und vergleichen, aber wenn Du mir zwecks der Preise für sehr gute Möbel und die anderen Dinge, helfen kannst danke ich Dir schon heute. Du brauchst Dich nicht nach preiswertem Ramsch umsehen sondern Preise exclusiver Möbel, wobei ich auf die modernen Sachen absolut keinen Wert lege sondern Du kennst ja unseren Stil, Stilmöbel oder guten Altdeutschen Stil. Da ich wegen der erforderlichen Devisen vorplanen muss benötige ich baldmöglichst Angaben, denn ich will die Dinge im kommenden Jahr realisieren, dass heisst aber Februar 84 (...) Ich

nehme an das es ungefähr DM 350 000.- sein werden oder mehr
(...) Natürlich werden auch Tapeten, Gardinen etc. dabeisein müs-
sen (...) Ich werde ja nicht umhin können öfter für mich wichtige
Leute einladen müssen, Amerikaner, Kanadier, Venezolaner und
Japaner, sodass ich dass heist wir gut repräsentieren können (...)
(Brief von Georg Wagner an Else Zöllner vom 19. 10. 1983)

Da war der »Prahl-Hans« ganz in seinem Element. Else mochte es
nicht glauben, las seine beiden Briefe mit den halsbrecherischen
Schwindeleien wieder und wieder, legte sie dann traurig zu all den
anderen, die sie von ihm über die Jahre erhalten hatte. Dieses im-
pertinente Imponiergehabe! Warum nur glaubte er noch immer,
den Gockel spielen zu müssen, der seine Henne betören muss?
Weshalb ließ er sie nicht endlich mit diesen Lügengeschichten in
Ruhe? Dabei wäre sie doch bereit gewesen, ihm auf ihre alten Tage
ein Nest zu bieten, wenn er es gewollt hätte. Der Mann war ja eine
tragische Gestalt! Wagner schickte zu Weihnachten 1983 noch
eine schöne Karte aus Caracas (»Felices pascuas y próspero año nu-
evo«) und Anfang Januar einen Gruß aus Miami, doch Else antwortete nicht mehr.[96]

Diese angeblichen Immobiliengeschäfte in der Schweiz, »bei
denen ich ihm ja helfen sollte«, seien ihm seinerzeit zwar merkwürdig vorgekommen, sagt Peter Winkler, doch die Geschichte,
die ihm Freund Georg kurz danach auftischte, schien ihm zunächst
durchaus plausibel[97]: Sein inzwischen 105-jähriger Vater, Eigentümer und Chef der *WAHO*, eines weltweiten Firmenimperiums mit
Sitz in Missouri, habe sich nach Jahren mit ihm versöhnt, schrieb
Wagner. Dessen Holding umfasse »Warenhäuser, Hotels, Fabriken«, sie halte zudem Aktienpakete bei »*Texaco* und *Exon*«.

Winkler las einmal, las zweimal, glaubte seinen Augen nicht zu
trauen. Er konnte sich zwar erinnern, dass »Georgs Vater nach
Amerika ausgewandert« war, irgendwann Anfang des Jahrhunderts, aber dass er in dem biblischen Alter noch lebte, und sein
Freund bis zu diesem Zeitpunkt nie auch nur ein Wort darüber verloren hatte, »überraschte ihn damals doch sehr«. »Täglich 8 dicke
Zigarren und 5 Gläschen Zwetschgenschnaps« hätten seinen Vater
jung gehalten, rundete Georg das Bild ab. »Lache nicht (...) aber
auch meine Mutter hat 98 Jahre.«[98]

Die Wende in dem Wagnerschen Familiendrama war angeblich
völlig unerwartet für Georg gekommen, denn er habe seinen Eltern

nie verziehen, dass sie ihn als vierjährigen Knaben mit Kinderlähmung in Breslau zurückgelassen und »sich nie um mich gekümmert hatten, bis sage und schreibe 1968, obwohl ich von 1934 bis 1952 in Kanada« lebte. Doch nun habe man sich ausgesprochen, und »der Alte« wolle ihm, obwohl »ich inzwischen selbst ja schon 75 Jahre alt bin«, die Holding überschreiben, sodass er für das operative Geschäft einen Generalmanager benötige, deutete er Peter in Hannover an: »Na, vieleicht wäre das was für Dich mein Freund.«[99]

Winkler hob die entscheidenden Passagen in Wagners Brief mit blauem Marker hervor, als habe das Angebot durchaus Eindruck bei ihm hinterlassen. Die dezente Offerte, die Leitung des internationalen Konzerns *WAHO* zu übernehmen, klang verlockend, ohne Frage, zumal Georg in seinem nächsten Brief konkreter wurde. Aber war das alles ernst zu nehmen?

Nun war ich vom 30. 10. bis 3. 11. 1983 in den USA und zwar in Jacksonville sowie in Nashville Tennesi, wo ich mich mit dem Alten getroffen habe, anschliessend in Miami (...) sodass wir uns recht ausführlich unterhalten konnten, die Mutter war auch dabei, ja es ist schon so das der Alte nunmehr sein Herz für den Dickkopf Georg gefunden hat (...) und mich innig gebeten hat, seine Interessen ab kommenden Jahr Juni 84 warzunehmen, damit er endlich mal ausruhen kann. Ich habe ihm klar zu verstehen gegeben das ich mein erarbeitetes Vermögen nicht in die Holding einbringe (...) Die weitere Frage war wen ich nun empfehle der den Laden führt, technisch wie kaufmännig, er will nur alle 6 Monate in Kirkvood oder Israel persönlichen Bericht haben, sich aber in keiner Weise einmischen (...) So und ich habe ihm also klar gesagt das ich einen Dipl. Ing. Winkler an der Hand habe der gegen entsprechend abgesicherte Kodicionen, den Laden mit einigen Mitarbeitern eventuell machen würde. So war er sehr zufrieden und erwartet numehr baldigst eine Nachricht ob Du daran interessiert bist oder nicht. Ich habe ihm gesagt das die Konditionen (...) bei einer monatlichen Zahlung von US$ 25 000,- liegen sowie Steuerfreiheit auf Firmenkosten, sowie Wohnung nach Wahl, sowie die Versicherungen, alle erforderlichen Reisekosten uneingeschränkt, sowie die Jahresprämie, umfassen müssten. So nun bist Du dran und musst nochmals Luft holen, aber eine bessere Chance wird es kaum wieder geben (...)[100]

(Brief von Georg Wagner an Peter Winkler vom 9. 11. 1983)

Winkler reagierte postwendend, ließ vorsichtiges Interesse an dem offerierten Job erkennen, ohne sich allerdings zu weit aus dem Fenster zu lehnen, man wusste ja nie. Der Gedanke, dass Wagner sich gerade in einer Scheinwelt austobte, war Winkler zwar kurz gekommen, er hatte ihn jedoch beiseite geschoben. Das sei ja »ein Thriller in Fortsetzungen«, den er da von ihm geboten bekomme, schrieb er an seinen »Freund Georg« zurück.[101] Der empfand das Kompliment für seine dichterischen Qualitäten als durchaus angemessen: »Ja Du hast Recht (...) es ist wie ein Thriller.« Und flugs schob er noch ein Kapitel nach.

Mein lieber Herr Bruder der in Boston lebt und während des Krieges als Offizier und dann als Besatzungsoffizier in Frankfurt war und der mir immerhin an die US$ 150 000,- schuldete die ich ihm vor dem Krieg geliehen habe, der mir dann sagte dies Geld sei als Feindvermögen beschlagnahmt, dann kann einfach keine Bindung mehr bestehen die als Familiär zu bezeichnen ist. Also war für mich die Sippe dann gestorben und ich habe meinen Weg allein gefunden. Jetzt wo also das Alter sich bemerkbar macht denkt man warscheinlich logischer und auf Grund seiner Religion (Jüdisch) hat man sich auf die Fehler besonnen und kommt nun angekrochen. Wie dem auch sei unsere Köpfe sind nun mal aus einen besonders harten Holz (...) Der Bruder Robert hat also seinen Teil erhalten (...) und keinen »Cent« mehr zu bekommen, auch nicht von der Mutterseite (...) So nun mache ich Schluss und kann Dir versichern das der Thriller vorerst zum Nachdenken eine Zwischenpause hat. Ich erwarte mit Vorfreude die Dinge die Du mir angekündigt hast, die ich als Geschenke an meine Kunden weitergeben kann. So grüsse ich Dich mein lieber Freund Peter für heute sehr herzlich, Dein Freund Georg.[102]
(Brief von Georg Wagner an Peter Winkler vom 28. 11. 1983)

Bei den Geschenken, die er in dem Brief ansprach, ging es um Werbepräsente der *Varta AG* wie Taschenkalender, Kugelschreiber und Feuerzeuge, mit denen er seine Freunde beim Militär beglücken wollte. »Meine Militärleute sagen das ich damit noch eine gute Propaganda für *Varta* mache und sie schon gespannt sind wie gross die Firma sei«, bedankte sich Wagner nach der Lieferung aus Hannover.[103] Auch die *Varta AG* besaß Interessen und entsprechende Kontakte im Land, es ging um Großbatterien für die venezolani-

Supervise srl

Asesoramiento Técnico. Control de Calidad. Evaluaciones. Supervision Técnica

Haifa Israel. Obwohl wir beide absolut nicht zusammen konnten, da wir
beide einen harten Kopf hatten und haben und ich die Alten seid 1912
als wie auswanderten erstmals 1962 wieder gesehen hatten, gab es immer
nur bei den von ihm oder mir absolvierten kurzen Besuchen, nur Krieg.
Dazu muss ich sagen das der Alte Chemie Doktor in Deutschland war und
1912 einen Ehrenhandel mit einem Kolegen hatte und der wurde nach damaliger Sitte noch mit der Waffe ausgetragen, na und dabei hat der Alte
den anderen umgepustet, sodass er auswandern musste. Ich selbst hatte
1912 die spinale Kinderlaehmung und durfte nicht mit nach den USA, so
wurde ich bei einem Bruder meiner Mutter grossgezogen einem kaisertreuen
Generaloberstarzt judicher Abstammung Prof. Dr. Alfons von Bultzingis-
lowen, der dann auch von Deutschland wegmusste und nach Australien ging
wo er 1948 verstorben ist, auch meine Tante ist dort verstorben. Ich
habe durch die Pflege unter Hinzuziehung anderer Spezialisten meine
Kinderlaehmung mit 16 Jahren verloren, na und da wollte der Prof.nicht
das ich auch nach den USA bin, so bin ich erst 1934 nach Deutschland ging
wandert da ich ja auch bei der Gestapo erwartet wurde.Mein ehemaliger
Chef bei der WUMAG hat dann dafuer gesorgt das ich aus Deutschland her-
auskam, es war Prof.Dr.Ing.Achenbach. Du siehst also man macht shcon
was mit. So und nun will der Alte der mit einemmal sein Herz entdeckt
hat, das ich ihm helfen soll. Na was soll man da machen. Widerum zum
Glueck will er von der hiesigen Sippe auch nichts wissen, so stehe ich
also vor einem weiteren Problem. Na wir werden sehen was sich machen laess
er hat ja sehr gute Mitarbeiter sodass es ja nicht heute oder morgen
sein muss, aber in 1 1/2 Jahren muss es dann sein. Der Alte heisst
Georg Leonardo Moises Wagner. Ja dann benotige ich ja einen guten ver-
trauenswuerdigen Freund der mir hilft. Der jetzige Geschaeftsfuehrer
der auch schon 67 Jahre hat hoert dann auch auf. Der hat zur Zeit einen
monatlichen Salaer von US$ 18.000,--, plus eine Jahrespraemie von im-
merhin ca. US$ 350.000,--, auch nicht schlecht. Der Alte will die ge-
samte Holding nach Lichtenstein verlegen um Steurn zu sparen, ja ein
typishcer Wagner. Lache nicht aber der ist schon eine Nummer fuer sich,
meine Mutter hat 98 Jahre, mein Bruder Robert hat jetzt 77 Jahre und
lebt in Boston, hat dort eine chemische Fabrik fuer pharmazeutische
Oele, vom Schwiegervater uebernommen. Na vieleicht waere das was fuer
Dich mein Freund . Ich soll dann voll beteiligt sein. So nun kannst Du
das mal verdauen. Vileicht finden sich dann bei der Varta einige Mitarbeiter, aber darueber werden wir uns speziell persoenlich unter Aus-
schluss Anderer unterhalten. So will ich fuer heute Schluss machen und
wuensche mir auch die 105 Jahre des Alten, bei taeglich 8 dicke Zigarren und ebenfalls taeglich 5 Glaeschen Zwetschgenschnaps, dann muesste
das Alter zu ereichen sein, es sei denn das der Aeger ein frueher ins
Jenseits befoerdert.

So sei mein lieber Freund fuer heute herzlichst gegruesst, auch die
lieben Damen
                          von Deinem Freund
Denke bitte an meine Schnuersenkel, bitte nicht lachen aber wir sind ja
immerhin ein Petroleumland -nd keine Schnuersenkelfabrik, ha, ha, ha.
Dafuer reisen unsere Admirale aus reiner Freude am Dienzt und ihr habt
dann den Spass.

Brief von Georg Wagner an Peter Winkler, in dem er ihm erstmals die Lüge von
seinem noch lebenden 105-jährigen Vater auftischte (1983).

sche Kriegsmarine, insbesondere die drei aus Deutschland geliefer-
ten U-Boote: Admiral Pulido galt als Winklers guter Bekannter,
und Georg Wagner wusste von der Beziehung.[104] Er habe demnächst
»mit der Marine hier in San Bernardino eine Besprechung«, ob er
den Kontakt zu Pulido erwähnen dürfe, fühlte Georg bei seinem

Georg Wagner mit Geschäftspartnern und venezolanischen Ex-Militärs auf einer Party in Caracas (1984).

Freund vor, »oder willst du das nicht?«[105] Der hatte keine Einwände: »Kontakt *Varta* Pulido kann erwähnt werden!« Doch weil der Brief nach Deutschland lange unterwegs gewesen war, traf Winklers Antwort in Caracas zu spät ein.[106]

Ende 1983 wurde in Venezuela gewählt, bis zur Bildung einer neuen Regierung war deshalb nicht mit der Europareise der Ex-Offiziere in Sachen »Müllverbrennungsanlage« zu rechnen, die Wagner seit Monaten angekündigt hatte.[107] Der Wahlsieg der »Adecos« über die bis dahin regierenden »Copeianern« werde jedoch zum Gelingen des Projekts beitragen, schrieb Wagner: »Meine Militärs sind jetzt in einer ausgezeichneten Stimmung, da man sie streichelt und verwöhnt.« Sobald der neue Präsident Anfang Februar 1984 sein Amt übernommen habe, sei mit dem Besuch seiner »Delegation« in der Schweiz zu rechnen.[108]

Was nun Deine Planung anbelangt, so hatte ich gestern eine Besprechung mit den Kameraden von der Fuerza Area, es sieht nun folgendermaßen aus: Es wird vorerst der Regierungswechsel am

*4. 2. 84 abgewartet, sodass es erst Mitte März zu der Reise kom-
men wird, da dann (...) die Finanzen geklärt sind. Die vorauskal-
kulierte Summe beläuft sich auf 145.000.000,- (...) wobei eine Bat-
teriefabrik für (...) Haushaltsbatterien vorgesehen ist. Zum
zweiten kommt die Müllverbrennungsanlage mit einer Stromer-
zeugungsanlage (...) Was die neue Regierung bringt hört sich gut
an aber ob es gelingt ist eine andere Sache. Meine Kameraden sind
jedoch sehr zuversichtlich und sehr gut gelaunt (...)* [109]
(Brief von Georg Wagner an Peter Winkler vom 17. 1. 1984)

Immer wieder trug er dick auf, auch gegenüber Günter Röhn aus
Bad Oeynhausen, mit dem er seit längerem in Verbindung stand.
Wagner hatte den Anlagebauer und Beratungsingenieur im November 1981 auf einer Deutschlandreise kennen gelernt. Er »war eines
Tages in mein Büro geschneit und hatte erzählt, er sei auf der Suche
nach einem Partner für seine in Venezuela tätige Consultingfirma«,
kann sich Röhn erinnern. Eine Kooperation schien durchaus reiz-
voll – für beide Seiten. »Als er sich verabschieden wollte und schon
in der Tür stand«, habe Wagner versucht, ihm eine Zusammenarbeit noch einmal schmackhaft zu machen mit dem Hinweis, »er sei
Jude und wisse daher, wie man Geschäfte zu führen habe«. [110]

Erst im Februar 1983 waren die Pläne gereift: Röhn flog als Mitglied einer deutschen Wirtschaftsdelegation nach Caracas, im
Gepäck hatte er einen ledernen Aktenkoffer, »nicht gerade Billig-
ware«, wie er sich entsinnen kann, »gedacht als Geschenk für
einen von Wagners Generälen«. Der hatte ihm das Präsent empfohlen, gewissermaßen als Entree für gemeinsame Projekte bei den
Militärs. Viel später erst sollte der Verdacht auftauchen, Wagner
habe den Aktenkoffer für sich selbst benötigt. [111]

Die Wirtschaftsdelegation stieg damals im *Tamanaco* ab, dem
besten Hotel in Caracas. Wagner kümmerte sich rührend um die
Herren Manager, »vor allem um den Mann von *Rheinmetall*«,
weiß Röhn noch, lud zu einer Besichtigungstour ein, zu den Se-
henswürdigkeiten von Caracas und, das lag nahe, in die *Colonia
Tovar*. Und nie habe er mit dem Hinweis gegeizt, »dass der größte
Teil der Privataufträge in Venezuela vom Militär vergeben wird,
dass er da eben beste Verbindunge habe«, weiß Röhn noch; er
kenne sogar die Kanäle, durch die dann die Bestechungsgelder zu
seinen »Kameraden« flössen. Erste Projekte, über die gesprochen
wurde: eine Müllverbrennungs- und eine Milchpulveranlage. [112]

Doch die geplante Europareise der Ex-Offiziere zur Besichtigung von Pilotanlagen in der Schweiz und in Deutschland, in die *Varta* und Winkler gewisse Hoffnungen setzten, wurde erneut verschoben: Er stehe »stand by«, schrieb Wagner Anfang April, »da erst mehr Geld in die Kasse muss um die Projekte zu verwirklichen welche die Herren Militärs verwirklichen wollen«. Die letzte von der *COPEI* geführte Regierung habe »die Kassen leer gemacht und sogar das Mobiliar geklaut«.[113]

Verzögerungen, immer wieder Verzögerungen, die Verhandlungen dürfen nie zu einem Ende kommen. Denn die Kunst des eleganten Wirtschaftsbetrugs besteht darin, die schönsten Hoffnungen des Opfers zu wecken, sie immer wieder aufs Neue anzuheizen, sie aber nie zu erfüllen. Der Geschäftspartner ist bereit, alles zu glauben und viel zu investieren, solange der Weg nach oben führt, stetig und langsam, solange der Gipfel im Blick liegt, weil die Chance auf einen ganz großen Abschluss blind, taub und dumm macht.

Im Jahre 1984 entwickelte Georg Wagner die Fertigkeit, seinen Geschichten Dynamik zu verleihen, sie immer weiterzutreiben, zu einer bemerkenswerten Perfektion, sowohl was seine Projekte mit den venezolanischen Militärs als auch die Übernahme der väterlichen Holding einschließlich der neuen beruflichen Aufgaben für Peter Winkler betraf. Zwar hatte der *Varta*-Direktor auf Wagners Ankündigung vom Januar, der Boss in Missouri würde ihn gerne »Ende Mai 84 zu einer persönlichen Aussprache« empfangen, Familie inklusive, nicht gleich die Koffer gepackt, aber die neue Lage, die sein Freund dann Anfang April skizzierte, hinterließ gleichwohl eine gewisse Enttäuschung: »Nach einer weiteren Sitzung mit dem Alten Wagner und mir wurde nunmehr festgelegt, das die (...) Übergabe erst im kommenden Jahr also 1985 durchgezogen wird und zwar aus steuerlichen Gründen.«[114]

Winkler hakte vorsichtig nach, ob denn der neue Termin sicher sei. Danach traf ein weiteres Schreiben von Georg ein, das zur Beruhigung dienen und wie ein Trostpflaster wirken sollte. Wagner junior erhöhte im Vorgriff auf seine künftigen Vollmachten in Wagner seniors Holding schon einmal kräftig das Gehalt des neuen Chefmanagers aus Hannover:

Zu Deiner Hauptfrage betreffs Übergabe, so hatte ich ja eine weitere sehr ausführliche Besprechung mit dem Alten, es ist nun soweit das er im August 1985 endgültig übergeben will (...) Ich habe *ihm klipp und klar gesagt das ich mit keinem anderen Mann als mit Dir in das Geschäft gehe und zwar ohne Ausnahme und ohne jegliche Einmischung (...) nun er hat das geschluckt und hat zugesagt das alles schriftlich mit Notar festgelegt wird (...) Gelacht habe ich bei der Frage (...) wiviel Gehalt der Hauptgeschäftsführer der Holding bekommen soll, ich habe ihm geantwortet (...) das eine derartige Zahlung bei monatlich US$ 35.000,- liegt plus der Jahresprämie von US$ 350.000,- (...) auserdem Wohnung frei sowie alle Kosten einschliesslich der Steuern, Vertrauensspesen etc. etc. (...) So nun weisst Du ungefähr Bescheid. Wegen Deiner Kündigung warte das Gespräch ab und Deine Vertragsunterzeichnung, sodass alles klar ist.*[115]

(Brief von Georg Wagner an Peter Winkler vom 21. 5. 1984)

Was bezweckte Georg Wagner mit dieser Lügengeschichte gegenüber seinem Freund, aus der es längst keinen geordneten Rückzug mehr gab? Welchen Nutzen versprach er sich? Anders als seinerzeit die *SGS* finanzierte ihm weder die *Varta AG* noch deren Direktor teure Luxusreisen in alle Welt. Natürlich schnorrte Wagner in Hannover wie ein König: Werbegeschenke, Batterien en gros, Schnürsenkel (die *er* in Venezuela nicht bekam), Haarfärbemittel für Rosa (die *sie* in Venezuela nicht bekam) – aber das war, wie auch die regelmäßige Lieferung von Herzmedikamenten in wattierten Umschlägen, ein Freundschaftsdienst.[116] Winkler konnte später »keine Erklärung dafür finden«, ob Motive hinter »Georgs Fantasiewelt« steckten oder ob er schlichtweg psychisch krank war.[117]

Doch es gibt durchaus Anhaltspunkte in Wagners Briefen, die Gründe für sein Handeln erkennen lassen: Winkler besaß ausgezeichnete Kontakte zu südamerikanischen Militärs, da flossen möglicherweise auch Zuwendungen abseits offizieller Zahlungswege. Wagner versprach sich womöglich, von diesen ausgezeichneten Beziehungen zu profitieren. Ob Winkler »nicht mal ein freundliches Schreiben« an seinen Freund, Admiral Pulido, richten könne, »denn so komme ich nur bis zu den Adjudanten und dann ist Schluss«; er wisse, dass »da einiges für mich interessantes läuft und ich möchte da einsteigen«[118] Pulido habe bei der Lieferung von Batterien an die venezolanische Marine sicherlich »ganz schön abgesahnt oder???«[119] Winkler ließ die Frage unbeantwortet, erfüllte ihm aber den Wunsch. Tatsächlich kam später ein Privatissime bei dem Admiral zu Stande.[120]

Irgendwann im Sommer 1984, das genaue Datum ließ sich später nicht mehr ermitteln, tauchte Wagner bei der Firma *Saviram* in Maracay auf, einer Industriestadt 70 Kilometer westlich von Caracas. Das Unternehmen hatte sich auf die Fertigung von Tuben spezialisiert.[121] Er vertrete eine jüdische Investorengruppe namens *WAHO* aus »Kirkvood/Missouri«, erzählte Wagner dem *Saviram*-Chef Miguel Rivas die alte Geschichte. Der Konzern, der von seinem Onkel George Leonardo Wagner geführt werde, beabsichtige, sich bei einigen venezolanischen Industrieprojekten zu engagieren, darunter eben bei der Fertigung von Tuben. Wieso plötzlich sein Onkel? Wie auch immer – Rivas, der eine Kapitalspritze gut gebrauchen konnte, war entzückt, stellte Wagner einen Wagen mit Privatfahrer für diverse Besprechungen in Maracay und Caracas zur Verfügung und übernahm die Kosten für oppulente Geschäftsessen. Für die weiteren Vorbereitungen wurde der Unternehmensvertreter Paul Halpern aus Caracas hinzugezogen, der komplette Anlagen für die Tubenfabrikation liefern konnte.[122]

Halpern, ein Schweizer Jude, lebte seit 1953 in Caracas und vertrat eine Reihe internationaler Industrieunternehmen in Venezuela. »Ich fuhr dann zu einem Treffen mit dem geheimnisvollen Investor Georg Wagner nach Maracay«, erinnert er sich, »und als Wagner hörte, dass ich in der Schweiz gebürtig bin, sprach er sofort Deutsch mit mir und fragte, ob ich Jude sei. Als ich dies bestätigte, sagte er: ›Wir Juden müssen uns gegenseitig helfen, nicht wahr?‹«[123] Es wurden Angebote eingeholt, doch das Projekt scheiterte schließlich, sehr zum Verdruss von *Saviram*, angeblich weil *WAHO* für die Beteiligung eine Aktienmehrheit verlangte.

In weiteren Gesprächen mit Halpern stellte Wagner in Aussicht, seine Gruppe, die *Wagner Holding*, wolle nunmehr eigene Tubenfabriken bauen, nicht nur in Venezuela, sondern auch in Saudi-Arabien und in Südafrika. Er habe bereits den Manager Ruben Venegas von *Saviram* abgeworben und mit der Koordination betraut, ihm eine großzügige Provision von drei Prozent in Aussicht gestellt, schätzungsweise zehn Millionen Dollar, plus einer Dienstvilla in Maracay. Tatsächlich hatte Venegas in der Überzeugung, dieses Angebot nicht ausschlagen zu können, bei *Saviram* gekündigt und einen Vertrag mit Wagner unterschrieben.

Doch dann verzögerte sich das Projekt – aus Gründen, die nicht in seiner Verantwortung lägen, wie Wagner versicherte. Venegas bedauerte sehr bald, seinen Job quittiert zu haben, und Paul Halpern befielen »erhebliche Zweifel an der Seriosität« seines jüdischen Glaubensgenossen. »Immer wieder wurden Treffen anberaumt und verschoben, immer wieder wurden Angebote eingeholt und verworfen, doch es ging keinen Schritt vorwärts.«[124]

Wagners Luftschlösser waren komplizierte Gebilde, er agierte immer auf verschiedenen Ebenen zur gleichen Zeit. Parallel zur Tubenfabrikation mit Venegas und Halpern musste er sich um den Tubeninhalt kümmern, ein Projekt, das er für seine Offizierskameraden zu realisieren und für das er *Varta* einzuspannen gedachte. »Lache nicht«, bat er Peter Winkler in Hannover, aber es gehe »nicht um Schiesspulver, sondern um Milchpulver«.[125] Tatsächlich schienen die Pläne sehr weit gediehen, denn er machte nicht nur detaillierte Angaben, sondern nannte auch die Namen seiner Hintermänner, zur Hälfte Militärs, zur Hälfte Zivilisten.[126] Die Anlage mit 20 000 Tonnen Jahreskapazität solle in den Anden gebaut werden, nicht weit von der *Colonia Tovar*, es stünden »12 000 Stück Rindviecher« zur Verfügung.[127] Das Milchpulver solle dann als »süße Paste« in Tuben gepresst werden, das würden »venezolanische Kinder gerne lutschen«.[128] Ob *Varta* Interesse habe, dabei mitzumischen? *Varta* hatte. Winkler schickte umfangreiche Fragebogen, mehr als zweieinhalb Jahre lang wurden Angebote ausgearbeitet, »wir investierten einiges Geld für technische Studien der Tubenproduktion«, doch letztendlich schlief das Vorhaben ein.[129] Wieder einmal.

Auch von der *WAHO*-Übernahme und der geplanten Europareise seiner uniformierten Geschäftspartner war in seinen Briefen keine Rede mehr. Peter Winkler erkundigte sich Ende 1984 noch einmal vorsichtig, warum die schon mehrfach zugesagte Einladung seines Vaters noch nicht eingegangen sei, doch Wagner erwies sich weiterhin als Meister des Hinhaltens:

Ich habe ihm nun klipp und klar gesagt das er nunmehr den Herrn Winkler anschreibt und einen Termin vereinbart, ihm dann die Passagen schickt um alles klar zu machen. Er meint das er das bis Februar 1985 machen wird, da auch seine Auskünfte sehr gut ausgefallen seien, worauf ich ihm wieder mal den Marsch geblasen habe, mit dem Erfolg das er sich entschuldigte, ha, ha, ha habe ich noch nie erlebt von dem sturen Alten (...)

(Brief von Georg Wagner an Peter Winkler vom 8. 12. 1984)

Im Februar 1985 traf weder ein Brief von Vater Wagner aus Missouri noch von dessen vermeintlichem Sohn aus Caracas ein. Im Mai dann schrieb Georg, seine Reise nach Europa, zusammen mit den Militärs, gehe definitiv »Ende Juni Anfang Juli über die Bühne«.[130] Die nächsten Nachrichten gingen erst ein halbes Jahr später ein – und sie erklärten die erneute Verzögerung sofort.[131]

An einem Sonntag im Juli 1985 hatte Georg Wagner im Club *Puerto Azul* an der venezolanischen Küste, wo er mit Rosa häufig das Wochenende verbrachte, einen zweiten Infarkt erlitten, in einem kleinen Wäldchen am Strand. Er konnte gerade noch zum Arzt gebracht werden.[132]

Ja nun musste man ja Rosa verständigen, also ausrufen, aber in unserem Wald hört man das nicht und jemand schicken auf die Idee kam der vor Schreck garnicht. Er ging kurz weg und ich auf und Rosa Bescheid gesagt (...) sie kam dann ganz bedrückt und nun wollten alle Bekannten wissen was los sei. Also hat sich dann einer aufgemacht und mich sowie Rosa in die Klinik nach Caracas gefahren.

(Brief von Georg Wagner an Peter Winkler vom 2. 12. 1985)

Georg Wagner wurde sofort auf die Intensivstation eingeliefert. Es folgten drei Wochen medizinischer Untersuchungen und langsamer Genesung, Rosa hatte sich in seinem Krankenzimmer einquartiert, ihre ehrliche Sorge um sein Überleben führte zu einer deutlichen Verbesserung ihrer Beziehung. Nach der Entlassung stand noch eine Katheteruntersuchung in den USA an, um die offenbar verstopften Venen zu inspizieren, gegebenenfalls sollte auch ein Bypass gelegt werden. In jedem Fall musste er sich schonen, an eine Reise nach Europa war in dem Zustand natürlich ebenso wenig zu denken wie an eine Übernahme der *WAHO*-Kommandobrücke, das bedurfte keiner weiteren Erklärung.[133]

Im gesamten Jahr 1986 erhielt Peter Winkler in Hannover lediglich drei Briefe von seinem Freund, und die schon im Januar und Februar – nachdem er einen dritten Infarkt kurz vor Weihnachten 1985 erlitten hatte.[134] Diesmal war ihm im Fahrstuhl des Apartmenthauses *Jastol Park* schlecht geworden, er hatte »in der Brust Schmerzen« verspürt, »als ob einer mit dem Messer darin herumschneidet«, man habe ihn »mit voller Sirene« in die Klinik gebracht, wo sein Arzt zu der Diagnose kam, es sei »drei Minuten vor dem Tod« gewesen.[135] Erneut musste die Europareise verschoben werden. Von der *WAHO* war ohnehin schon seit mehr als einem Jahr keine Rede mehr gewesen. Und Peter Winkler wagte natürlich bei Georgs Gesundheitszustand auch nicht mehr nachzufragen.

Doch Georg Wagner erholte sich auch diesmal wieder. Er musste kürzer treten, stellte auf ärztlichen Rat seine beruflichen Aktivitäten nahezu völlig ein. Rosa begleitete ihn jetzt häufiger nach Miami, in ihr Ferienapartment, das von ihm immer gern als sein eigenes ausgegeben worden war. Doch Anfang 1987 hatte er die Lust am Müßiggang verloren. Das Milchpulvervorhaben wurde wiederbelebt, ebenso die Tubenfabrikation und »das Projekt der Knopfbatterien«; auch sein Vater in Missouri erwachte, inzwischen 109 Jahre alt, zu neuem Leben – beziehungsweise sein Onkel gleichen Namens.

An einem Tag im Juli 1987, so erinnert sich Paul Halpern, »saß ich mit Ruben Venegas in meinem Büro«, jenem Manager, den Wagner für die *WAHO*-Tubenfabrikation engagiert hatte, »und plötzlich, völlig unerwartet, klopfte es, und ebendieser Wagner stand in der Tür«. Er habe niemals in seinem Leben einen Menschen so schnell »auf dem Absatz kehrtmachen« sehen, versichert Halpern. Venegas rief dann bei Rosa im *Jastol Park* an, um von Wagner zugesagte Zahlungen anzumahnen, doch sie machte ihm wenig Hoffnung, dass er jemals sein Geld sehen werde.[136]

Wochen später versuchte Wagner, seine Scharte bei Venegas auszuwetzen. Er lud ihn und seine Frau zu einem Empfang der *WAHO*-Gruppe nach Paris ein, Hin- und Rückflug mit dem Privatflugzeug der Holding, einer *Falcon*. Doch irgendwie kam irgendwo ein Motorschaden des schnittigen Jets dazwischen, sodass er nicht nach Caracas kommen konnte und Ehepaar Venegas auf den bereits gepackten Koffern sitzen blieb.

Die Verhandlungen mit Paul Halpern über die Tubenfabrik gingen auf die gleiche Art weiter, wie sie drei Jahre zuvor begonnen hatten: mit häufigen Besprechungen, gelegentlichen Arbeitsessen – viel Verpackung, wenig Inhalt. Doch ganz mochte der Schweizer die Hoffnung nicht aufgeben. Aber er verlangte von Wagner Auskünfte über die *Wagner Holding* in Missouri, »schließlich hatte ich bis zu diesem Zeitpunkt noch nicht ein einziges Schreiben der amerikanischen Investmentgruppe gesehen«, sagt er. Nach wenigen Tagen brachte Wagner ihm einen Briefbogen mit dem *WAHO*-Logo, der Halpern fürs Erste zufrieden stellte.

Peter Winkler ahnte natürlich von alledem nichts. Er war nur überrascht, dass Wagner plötzlich schrieb, sein Vater in Missouri habe »seine schmutzigen Finger in Geschäften« mit seinen Kameraden vom venezolanischen Militär, »als Kapitalgeber«. Winklers Frau Christina, die den Brief las, konnte die Geschichte des Wagner-Imperiums, das ihr Mann längst führen sollte, nicht mehr glauben. Und sie ließ das Georg auch wissen, zumindest durch die Blume.[137] Doch der Freund aus Caracas versuchte sie zu beruhigen.

Ich bin zwar zur Zeit der böse Bube, weil ich einfach auch meinen dicken Kopf habe wie er und nicht nach seiner Pfeife Tanzen will, aber am Ende wird es doch mal zu einer Einigung kommen (...) Denn eines Tages muss ich ja übernehmen ob es mir nun passt oder nicht und dann muss ich Dich bitten für mich den Laden zu führen, denn ich bin doch auch schon kein Jüngling mehr und stehe bei 79 Jahren (...) Du kannst Christina sagen es sind nicht alles Luftschlösser wie sie schreibt, nur sind die Verhältnisse nicht ganz so einfach wie bei anderen Menschen (...)
(Brief von Georg Wagner an Peter Winkler vom 10. 2. 1987)

Peter Winkler mochte mit Georg Wagner nicht brechen, auch wenn seine Geschichten womöglich erfunden waren. Einerseits tat er ihm Leid, er fühlte sich ihm verbunden, andererseits konnte er seine Hilfe gerade jetzt gut gebrauchen. Denn die *Varta AG* verhandelte seit kurzem über die schwedische Tochterfirma *Noack* mit einem Batterieherstcller in Venezuela, der plante, in das U-Boot-Geschäft in Südamerika einzusteigen, und das war eine *Varta*-Domäne.[138] Vielleicht konnte man die unliebsame Konkurrenzfirma in Caracas schlucken? Da drängte sich der Gedanke auf, Georg mit ein paar Recherchen vor Ort zu beauftragen – alles im Rahmen des Erlaubten natürlich:

Lieber Georg, nun wieder etwas Arbeit. Beiliegend eine Notiz (...) über einen Besuch bei der Firma Venergia. Wundere mich, daß ich über diese Firma von Dir noch nie etwas hörte. Mich interessiert:
– Handelt es sich bei Venergia um eine seriöse und potente Firma?
– Wer ist bzw. war Caesar Rubion? Bestehen wirklich gute Beziehungen zur Regierungs- und Militärstellung?
– Wer sind die weiteren leitenden Herren wie M. Solomon, R. C., C. P., J. C.? Ausbildung, Background, Ruf.

– Wie wird die Fabrik in Maracay eingeschätzt? Gelände, davon bebaut, Maschinenpark, Ausbildungsstand der Mitarbeiter.
– Alle erhältlichen Informationen über (...) Produktionsprogramm, Umsätze, Gewinn/Verluste, Verkaufsorganisation, etc.
– Wer sind die hauptsächlichen Kunden?
Es dürfen natürlich noch viel mehr Angaben/Auskünfte sein. Welche Kosten werden für die Recherchen entstehen? Beste Grüße und Dank im voraus, Dein Freund Peter.

(Brief von Peter Winkler an Georg Wagner vom 31. 3. 1987)

Wagner war begeistert, endlich wieder solide Arbeit! Er begann unmittelbar mit den sensiblen Ermittlungen, schrieb schon nach wenigen Tagen zurück, es handele sich bei *Venergia* nach ersten Erkenntnissen offenbar um eine Firma, »welche sehr dringend Geld braucht, wennmöglich Devisen und dazu neue technische Errungenschaften«, kurzum »die eine ausländische Partnerfirma sucht«.[139] Georg versprach seinem Freund, »die von dir gewünschten Auskünfte gewissenhaft zu besorgen«, er wolle dazu auch »etwas hinter die Gardinen sehen« und die Kontakte zu »meinen Kameraden Coronels« nutzen.[140]

Voller Eifer ging Georg Wagner ans Werk. Auf welchem Wege konnte er die nötigen Informationen beschaffen? Gehörte nicht einer der leitenden Angestellten, die Winkler erwähnt hatte, zum *Rotary Club*, wie einer seiner Bekannten? War er dem Generalmanager von *Venergia*, Mitchell Solomon, nicht schon einmal im *Hebraica* begegnet? Konnte er dort ein zufälliges Zusammentreffen arrangieren?

Das Unglück nahm seinen Lauf. Immer tiefer sollte sich Georg Wagner in den nächsten Monaten in eine folgenschwere Geschichte verstricken, die so harmlos mit einem Freundschaftsdienst für Peter Winkler begann.

Die Kontaktanbahnung im *Hebraica* hatte Ende April funktioniert – einmal Agent, immer Agent. Doch Solomon und seine Frau Venezla Rubion, die Eigentümerin von *Venergia*, zögerten, Wagner zu einer Besprechung und Besichtigung in ihr Unternehmen einzuladen. Das war dessen Plan gewesen. Sie fürchteten offenbar jedoch, der jüdische Bekannte könnte Einblicke gewinnen, die einer Kooperation mit *Varta* eher abträglich wären. »Man weiss wahrscheinlich nicht wie man sich verhalten soll«, teilte Georg seinem Freund und Auftraggeber in Hannover Mitte Juni 1987 mit, aber

Oben: Georg Wagner besaß einen Hang zum Trivialen, wie ein Blick in seinen Bücherschrank offenbart. Unten: Wagner mit Rosa vor dem Aquarium von Miami (1985).

»irgendwie werde ich die schon zum reden bringen«, schließlich seien Winkler und er »keine persichen Teppichhändler«. Deshalb werde »ich jetzt den Hammer rausholen und ein Gespräch erzwingen«.[141]

Doch der Hammer zeigte zunächst keine Schlagkraft, obwohl Peter Winkler inzwischen direkt bei *Venergia* vorstellig geworden war und darauf gedrängt hatte, dass Wagner zu einem Gespräch empfangen werde.[142] Erst am 11. August lud man Wagner als *Varta*-Beauftragten in die *Venergia*-Villa im Stadtteil Campo Allegre ein. Danach begann er umgehend, eine bereits fertige Expertise für *Varta* umzuschreiben, als seien ihm durch das Treffen mit Venezla Rubion und Mitchell Solomon die Augen geöffnet worden. Oder die Taschen.[143] Die ursprüngliche negative Bewertung (»von jeglicher Zusammenarbeit ist abzuraten«) verkehrte sich ins Gegenteil:

Nun endlich ist der Bericht über Venergia fertig und so soll er auch gleich nach Deutschland abgehen (...) In der Zwischenzeit habe ich 5 Reuniones mit ihnen gehabt und ich muss sagen das die Firma einen sehr guten Ruf hat und ich glaube es würde sich lohnen mit denen ins Geschäft zu kommen. Natürlich muss man da jemanden haben der am Ort sitzt und die Sache überwachen kann damit auch alles eingehalten wird was vertraglich vereinbart wurde. Wenn ich heute sage das die Firma gut dasteht, so sollst Du um Gotteswillen nicht glauben, das ich Einladungen oder Geschenke angenommen habe, man hat es nicht einmal versucht (...)[144]

(Brief von Georg Wagner an Peter Winkler vom 8. 9. 1987)

Daher wehte also der Wind! Wagner bot sich seinem Freund als »Supervisor« an. Aber war er gleichzeitig auch mit *Venergia* ins Geschäft gekommen, allen gegenteiligen Beteuerungen zum Trotz? Tanzte er auf zwei Hochzeiten? Peter Winkler räumt ein, dass er »ziemlich irritiert« gewesen sei, »als ich dann erfuhr, Georg führe für Solomon eine Bewertung der Firma *Venergia* durch«, als externer Berater gewissermaßen.[145] Damit Winkler nicht verärgert war, bot ihm sein Freund eine Kopie der Finanzanalyse an, »vertraulich natürlich, denn bezahlen muss das *Venergia*«.[146]

Ende November 1987 reiste Peter Winkler nach Caracas, um sich mit Rubion und Solomon zu treffen. Die Verhandlungen über eine Zusammenarbeit zwischen *Varta* und *Venergia* scheiterten, bei

Winkler hatte sich der Eindruck durchgesetzt, die Venezolaner seien unseriös und wollten lediglich an »unser Kapital und unser Know-how« kommen.[147] Georg Wagner genoss das Zusammentreffen mit seinem alten Freund im Hotel *Tamanaco*. Es sei für ihn »ein besonderes Ereignis« gewesen, man habe sich »mal wieder etwas ausklönen« können, bedankte er sich Anfang Januar. Nach dem dritten Infarkt hatte ihm sein Arzt noch immer kein grünes Licht für die seit langem geplante Europareise mit den Kameraden vom Militär gegeben.[148]

Der Brief vom 6. Januar 1988 aus Caracas musste Peter Winkler indes zu denken geben. Von der *WAHO* war schon seit langem keine Rede mehr gewesen, jetzt tauchte sie in neuem Zusammenhang wieder auf. Zu der Delegation aus Venezuela, wenn sie denn komme, werde auch Dr. George Leonardo Wagner gehören. Sein angeblicher Vater also.

Es werden kommen: Dr. Coronel Frailes, Dr. George Leonardo Wagner, Dr. Coronel Herrman, Licenciado Major Sosa und der alte Georg Wagner. Die Militärischen Dienstgrade sind alle (Retirado) besitzen aber Millionen US$, George Leonardo ist mein Onkel, liebt das gute Essen, raucht täglich 8 persönlich gefertigte Zigarren, trinkt täglich zu jeder Mahlzeit sein Stamperl Zwetschgen Schnaps, für die Gesundheit, ist auch von unserer Rasse (…)[149]
(Brief von Georg Wagner an Peter Winkler vom 6. 1. 1988)

Sein Onkel? War in seinen Briefen nicht bislang immer von seinem Vater, dem *WAHO*-Chef George Leonardo Wagner, die Rede gewesen? War nicht *er* der Zigarren- und Zwetschgenschnapsliebhaber? Und welcher Jude würde im Zusammenhang mit seinem Glauben Anleihen bei der Nazi-Terminologie machen und von »unserer Rasse« sprechen? Georg Wagner, herzkrank und wohl auch senil inzwischen, verlor offensichtlich die Übersicht, bei wem er den alten Georg Leonardo als »Vater« und bei wem als »Onkel« vorgestellt hatte.

Doch Peter Winkler ging noch immer kein Licht auf. Um seinen Freund zu gefallen, erhielt Winkler Ende Januar 1988 tatsächlich eine Kopie der *Venergia*-Firmenbewertung von Wagner, verbunden mit der Anmerkung, das sei sicherlich »eine interessante Lektüre«, aber »bitte kein Wort zu denen«. Die Weitergabe war alles andere als eine Lapalie, sondern Wirtschaftsspionage, denn damit verfügte

Varta, wenn auch unbestellt, über beste Einblicke in die finanzielle Lage des Konkurrenzunternehmens, kannte dessen Kunden und Auftragslage.[150] Und Wagner wusste, dass er illegal handelte.

Bei seiner Vernehmung durch die deutschen Privatermittler Klaus-Dieter Matschke und Hans-Georg Kohlenberger bestreitet er die Weitergabe zwar zunächst vehement, er habe bei seiner offiziellen Zulassung als Gutachter unterschrieben, dass die Expertisen ausschließlich »für den Klienten bestimmt« seien. Doch dann räumt er kleinlaut ein, sich im Falle *Venergia* über die Vorschriften hinweggesetzt zu haben, weil ihn Winkler dazu genötigt habe:[151]

WAGNER: *(...) Ich wurde beauftragt, also auszuforschen, was die Firma ist, wie sie steht, was sie macht ...*
KOHLENBERGER: *Das war also ein klarer Auftrag von Winkler ...*
MATSCHKE: *Sie wissen, wie man das (...) nennt, den Auftrag, den Sie bekommen haben?*
WAGNER: *Wirtschaftsspionage!*
MATSCHKE: *Ein ganz klarer Fall von Industriespionage!*
KOHLENBERGER: *Hat Winkler Ihnen auch gesagt, du kriegst da ...*
WAGNER: *Nein, darüber wurde nicht gesprochen (...) dafür habe ich überhaupt nichts bekommen (...) weil es hieß, also wenn wir die Firma haben, machst du den Supervisor, und dafür wirst du dann bezahlt (...)*

(Vernehmungen von Georg Wagner am 26. und 27. 8. 1988)

Es folgte, nach seinem achtzigsten Geburtstag am 1. März 1988 und dem Fest, das Mitchell Solomon ihm ausgerichtet hatte, Wagners rechtlich bindende, notariell beglaubigte Zusage, mit zehn Millionen Dollar aus dem *WAHO*-Vermögen bei *Venergia* einzusteigen. Auch das sei Winklers Idee gewesen. Als Strohmann der *Varta AG* habe er die Beteiligung zusagen, die Summe aber nicht zahlen sollen, damit *Venergia* von Konkurs bedroht und damit reif für eine Übernahme würde.[152]

Etwa um die gleiche Zeit riss Paul Halpern endgültig der Geduldsfaden. Er hatte sich den angeblichen Briefkopf der *WAHO* noch einmal genau angeschaut und war über die Schreibweise des Ortes »Kirkwood« in Missouri gestolpert. »Wood« schrieb sich doch mit einem »w«! Der Blick in einen Amerika-Atlas brachte Gewissheit: Es gab ein »Kirkwood« in Missouri, aber definitiv kein

»Kirkvood«. Dann ging alles Schlag auf Schlag: Die Anschrift wies keine Postleitzahl (»zip code«) auf, unter den dort genannten Telefonnummern bekam er keinen Anschluss. Ein Gedanke drängte sich auf: Das *WAHO*-Briefpapier war eine in Caracas produzierte Fälschung. Doch Halpern wollte sichergehen, animierte eine Mitarbeiterin der Telefongesellschaft, ihm eine Kopie der Abrechnung von Wagners Apartment im *Jastol Park* auszuhändigen: Nichts! Nicht ein einziger Anruf in die USA oder überhaupt ins Ausland, wie Wagner behauptet hatte! Und wenn er ein verschwiegenes Büro besäße? Halpern verständigte Ruben Venegas, ebenfalls Leidtragender der Betrügereien Wagners. Dieser bot an, seine beiden Kinder zu verständigen, die in den Vereinigten Staaten studierten. Sie kannten vielleicht jemanden in Missouri, der einmal in Kirkwood vorbeischauen könnte. Das wenig überraschende Ende der Recherche: »Ein Bekannter der Venegas-Kinder fand in Kirkwood tatsächlich einen George Wagner, der bestritt aber, einen Sohn namens Georg Wagner in Caracas zu haben oder überhaupt jemanden in Caracas zu kennen«, erzählt Halpern.[153] Anfang Juli 1988 war die Sache klar.

Herr Wagner, wie ich Ihnen erklärte, hatte ich keinen Erfolg die Leute dieser Gruppe (Wagner Holding) zu kontaktieren. Ich rief die Telefonnummmer an, welche Sie mir gegeben hatten und schrieb auch an die Adresse nach Kirkwood. Der Brief kam (...) zurück! Sie schrieben mir auch, dass bald ein Büro in Caracas eröffnet würde (...) im Parque Cristal. Da ich das Unternehmen, welches dieses Gebäude baute, gut kenne, rief ich sie an und es war ihnen nichts bekannt (...) Dazu kommen noch meine genauen Informationen, dass von Ihrer Telefonnummer (...) weder 1987 noch 1988 Anrufe nach USA getätigt wurden (...) Ich besprach die Angelegenheit mit einem Rechtsanwalt. Ihm scheint auch, dass hier eine Irreführung vorliegt, welche eine Klage rechtfertigen kann (...) Sollte es wirklich so sein, dass Wagner Holding nicht existiert, so hatten wir nicht nur die Spesen, sondern auch eine entsprechende Kreditschädigung bei den Unternehmen welche wir hier vertreten (...) Die Spesen liegen in der Grössenordnung von ca. US$ 10 000,-. Beste Grüsse, Paul Halpern.
(Brief von Paul Halpern an Georg Wagner vom 19. 7. 1988)

Das Schreiben war äußerst unangenehm für Wagner, denn es bestand die Gefahr, dass sich die Sache in der jüdischen Gemeinde herumsprechen würde. Was die Sache noch ärgerlicher machte: Halpern hatte seinen Brief Rosa ausgehändigt, und die hatte ihn natürlich gelesen.[154] Um was ging es da überhaupt? *Wagner Holding* in den USA – davon hatte sie noch nie gehört. Es zogen sich düstere Gewitterwolken über Georg Wagner zusammen. Erst die Sache mit *Venergia*, die ihn erheblich nervlich und gesundheitlich strapazierte, und nun stand auch noch Ärger mit seiner Frau ins Haus. Das Letzte, was er jetzt gebrauchen konnte, war eine neue Front. Er musste – wie immer – auf Zeit spielen, beschloss daher, Paul Halpern in sehr höflichem, fast unterwürfigem Ton zu antworten.

Zum Inhalt des Schreibens werde ich (...) Ihnen eine Antwort (...) nach eingehender Beratung mit solventen Personen bis zum 20. 8. 1988 zugehen lassen. Die von Ihnen aufgezeigten Drohungen werden gründlich geprüft und dazu Stellung genommen. Gleichfalls wird die (...) Ersatzsumme der Kosten in Höhe von US$ 10.000,- genauestens geprüft (...) Ich bedaure das Vorgehen auserordentlich und werde wie vorangehend angegeben bis 20. 8. 1988 meine Stellungnahme zugehen lassen. Mit besten Grüssen, Ing. Georg Wagner.[155]

(Brief von Georg Wagner an Paul Halpern vom 29. 7. 1988)

Das war natürlich gelogen, denn Anfang August wollte er sich aus Caracas absetzen, wenigstens für ein paar Monate, vielleicht für immer. Das habe ihm sein Freund Peter Winkler wegen der Verwicklungen bei *Venergia* bereits Anfang Juni, als sich die Lage immer weiter zuspitzte, dringend empfohlen, behauptete Wagner vier Wochen später bei seiner Vernehmung. Er »gab mir den Rat, mich aus dem Staube zu machen«.[156]

WAGNER: *Wie ich sagte, hör mal zu, die gehen jetzt an mein Fell, meinte er (...) pack deinen Koffer und fahr weg! Komm hierher nach Europa! Das kann für dich sehr gefährlich werden (...) die haben Beziehungen da ...*
KOHLENBERGER: *Wer hat Beziehungen?*
WAGNER: *Na, hier die Venergia, zur Regierung ...*
KOHLENBERGER: *Woher weiß er das denn?*

WAGNER: *Na, wie er mit denen gesprochen hat, wie wir das Fest hatten im November bei der Doktora im Haus, da waren ja Leute von der Regierung (...) Da habe ich gesagt: Ich kann doch nicht einfach hier abhauen, ich konnte ja doch die Familie nicht im Stich lassen! Das hat er mir also zweimal gesagt (...) fahr weg, komm nach Europa!*[157]

(Vernehmung von Georg Wagner am 26. 8. 1988)

Das mit der Familie stimmte so nicht, denn er wollte gar nicht allein fliegen, sondern seine Frau Rosa begleiten. Gebucht war die immer wieder über Jahre verschobene Europareise für den 6. August: mit *Swissair* nach Zürich, weiter am 16. August nach Tel Aviv, wo Rosa, wie früher, im exklusiven *Dan Hotel* abzusteigen gedachte; später sollte es nach Düsseldorf, Hannover (»zu Winklers«) und Kopenhagen gehen.[158] »Die genaue Ankunft in Zürich sage ich Dir beizeiten durch«, hatte er Winkler Mitte Juni mitgeteilt. Der wollte dann von seinem Wochenendhaus am Bodensee zum Flughafen Klothen kommen, um die beiden abzuholen. »Mil abrazos, dein Freund Georg.«[159]

Aber es kam dann doch anders.

Post mortem
1988 bis heute

Das *Méridien* ist eines der Luxushotels in Nizza, direkt an der Promenade des Anglais gelegen, dem palmengesäumten Boulevard entlang der französischen Riviera. Peter Winkler kommt an diesem Spätsommertag erst kurz nach Mitternacht von einem Geschäftsessen in das *Méridien* zurück. Er geht sofort auf sein Zimmer Nr. 663, das tagsüber einen herrlichen Blick auf das Mittelmeer erlaubt. Eine halbe Stunde später klingelt das Telefon. Ein dringender Anruf aus Venezuela. Am anderen Ende der Leitung: sein Freund Georg Wagner.

Es ist Dienstag, der 30. August 1988.

In Caracas notiert ein Agent der Geheimpolizei *DISIP* die Uhrzeit auf seinem Notizblock: 18.20 Uhr. Das Tonband läuft, die Stimmen sind klar und deutlich zu verstehen. Georg Wagner sitzt, wie in den letzten Tagen, in der Villa der Firma *Venergia* im Campo Allegre, in einem Büro, das zu einem Vernehmungszimmer umfunktioniert wurde. Er ist müde, er ist am Ende. Ihm gegenüber haben Klaus-Dieter Matschke und Hans-Georg Kohlenberger Platz genommen, außerdem befinden sich der *DISIP*-Mann Armando S. und die Dolmetscherin Beatriz N. im Raum.[1] Sie sollen das Telefongespräch bezeugen.

WINKLER: *Wo bist du? Venergia?*
WAGNER: *Ja.*
WINKLER: *Was kann ich tun?*
WAGNER: *Die Polizei sitzt vor der Tür. Die warten bloß, dass sie mich gleich mitnehmen können.*
WINKLER: *Ja, was machen wir jetzt?*
WAGNER: *Was wollen wir machen? Was kannst du raten?*
WINKLER: *Ja, geh zum Arzt, wie ich dir gesagt habe.*
WAGNER: *Ja ...*
WINKLER: *Bisschen bala-bala (...) Hast du einen Rechtsanwalt? Ist der informiert?*
WAGNER: *Ja, teilweise, nee ...*

WINKLER: *Ja, hol doch den gleich (...)*

WAGNER: *Also was, was kann ich tun?*

WINKLER: *Ja, mein lieber Mann, sonst kannst du bloß durch einen Arzt ein Zeugnis kriegen, dass du nicht geschäftsfähig bist ...*

WAGNER: *Ja, ja ... ich bin ja fertig, total fertig. So geht das nicht weiter ...*

WINKLER: *Nee, nee ...*

WAGNER: *Wann hast du die Möglichkeit hierher zu kommen?*

WINKLER: *Dann sitz ich auch noch fest! Kannst du nicht rauskommen?*

WAGNER: *Bitte? ... Nein, nein, absolut nicht! Nein, nein, nein, nein ...*

WINKLER: *Aber wie kommst du jetzt nach Hause?*

WAGNER: *Man bringt mich nach Hause (...)*

WINKLER: *Also nicht eingesperrt?*

WAGNER: *Noch nicht, no, sie stehen aber da bereit, sie warten schon ...*

WINKLER: *Auf was? Dass du rausgehst, oder?*

WAGNER: *Ja, hmm.*

WINKLER: *Das ist aber eine große Scheiße ...*

WAGNER: *Ja, ja, sicher, klar ...*

WINKLER: *Hört jemand mit, ja wahrscheinlich wird alles mitgeschnitten ...*

WAGNER: *Ja (...) Was kann Varta für mich tun?*

WINKLER: *Eigentlich nichts. Mein Ratschlag wäre, du bist nicht geschäftsfähig gewesen damals ...*

WAGNER: *O. k., rufst du mich morgen noch mal an?*

WINKLER: *Ich ruf dich an von Frankfurt aus ...*

WAGNER: *Ja, gut, what time?*

WINKLER: *Das wird etwa um, bei euch morgens um 8 sein (...) zwischen 8 und 9 Uhr früh. Warte mal irgendwas raschelt ... einen Moment ... Bist du da noch zu Hause oder bei Venergia?*

WAGNER: *No, no, da bin ich noch zu Hause ... Ich muss wissen, was mit dem Geld wird. Das ist wichtig!*

WINKLER: *Aber dann ist Rosa auch da?*

WAGNER: *Bitte?*

WINKLER: *Rosa muss auch da sein!*

WAGNER: *Ja, sicher.*

WINKLER: *Ja, die soll mal das mithören ...*

WAGNER: *Ja, ja, das Geld ist das Wichtigste ...*

WINKLER: *Ja, genau.*
WAGNER: *Das brauche ich. O. k., verbleiben wir so, o. k. Tschau.*
WINKLER: *Morgen gegen 8.30 Uhr ...*
WAGNER: *O. k. Tschau.*
WINKLER: *Ja, tschau. Alles Gute! Ich drück die Daumen!*[2]

(Telefonat von Georg Wagner mit Peter Winkler am 30. 8. 1988)

Es ist das letzte Lebenszeichen des Freundes aus Caracas. Als Winkler am nächsten Morgen bei Rosa anruft, liegt Georg Wagner im Sterben. Vielleicht ist er zu dem Zeitpunkt auch bereits tot.[3]

Dieser Dienstag war schon der fünfte Tag des Verhörs. Gegen 9.00 Uhr hatten ihn zwei *DISIP*-Agenten, wie jeden Morgen, aus dem *Jastol Park* abgeholt, wo er unter Hausarrest stand, und in die Villa der Firma *Venergia* im Campo Allegre zu weiteren Vernehmungen gebracht. Es ging immer um die gleichen Fragen, ob er als Strohmann in Winklers Auftrag gehandelt habe, als er die Beteiligung von zehn Millionen Dollar zusagte, ob Winkler von seiner Vergangenheit als Kriegsverbrecher und amerikanischer Agent gewusst und ihn damit erpresst habe, ob er nicht doch Vermögenswerte besitze, mit denen seine Schuld wenigstens zum Teil beglichen werden könnte. Das war viele Male durchgekaut worden. Inzwischen drehte sich alles im Kreis. Am Tag zuvor, nach den Marathonsitzungen vom Wochenende, bei denen er ein umfangreiches Geständnis abgelegt hatte, waren Matschke und Kohlenberger mit ihm zur deutschen Botschaft gefahren, um seine Unterschrift unter insgesamt acht »Eidesstattlichen Versicherungen« und »Erklärungen« von einem Konsularbeamten beglaubigen zu lassen.[4] »Für uns war es wichtig, die nötige Munition für eine juristische Auseinandersetzung mit *Varta* zu sammeln«, erinnert sich Klaus-Dieter Matschke.[5] Bei dem angegriffenen Gesundheitszustand des geständigen Täters Georg Wagner konnte man ja nie wissen, ob er später noch in der Lage sein würde, im Rahmen eines Verfahrens auszusagen. Und vielleicht würde ja auch die *Varta AG* in einen Vergleich einwilligen, wenn sie die Erklärungen Wagners zu Gesicht bekäme.

Ich, Hans-Georg Friedrich Wagner, erkläre hiermit freiwillig (...) dass ich die gesamte Aktion mit und gegen Venezla Rubion und ihre Firmengruppe ausschliesslich im Auftrag von Herrn Peter

Winkler durchgeführt habe. Ich wusste, dass ich in diesem Zu-
sammenhang auch strafbare Handlungen begehen musste. Weiter-
hin war mir von Herrn Winkler bekannt, dass die gesamte Aktion
einzig und allein für die Varta AG bestimmt ist. Aufgrund meines
freundschaftlichen Verhältnisses zu Winkler führte ich für ihn und
Varta die Gesamtsituation herbei. Mittlerweile habe ich erkannt,
dass ich von Varta, insbesondere jedoch von Winkler schamlos für
Industriespionage ausgenutzt wurde (...) Peter Winkler (...) er-
klärte mir persönlich in diversen Telefonaten, dass die Varta AG
mir durch ihn jegliche Hilfe zukommen lassen will; zunächst bes-
ser erschien ihm jedoch, dass ich so schnell wie möglich aus Ca-
racas verschwinden soll. Die dadurch für mich entstehenden Kos-
ten will er übernehmen. Ich weiss, dass das Geld jedoch von Varta
ist.

(»Erklärung« von Georg Wagner vom 26. 8. 1988)

Georg Wagners Anschuldigungen waren feige und infam. Wieder
einmal hatte er der Versuchung nicht widerstanden, andere womöglich ins Verderben zu stürzen, wenn es ihm zum Vorteil ge-
reichte. Wieder einmal war er weggelaufen, wie er es sein ganzes
Leben lang getan hatte: vor seinen Kriegsverbrechen, seinen Gau-
nereien, seinen Schulden, seinen Frauen, seinen eigenen Erinnerungen, vor der Wahrheit.

Kamen Georg Wagner keine Skrupel, als er die Erklärung unterschrieb? War ihm bewusst, dass Peter Winkler über kurz oder lang
erfahren würde, wie weit er es getrieben hatte, nur um seine Haut
zu retten? Oder war es ihm gleichgültig, dass er seinen besten
Freund dermaßen in Schwierigkeiten brachte? Aber was sollte er
tun? Sein Kopf steckte in der Schlinge, und diese Lügen boten die
vielleicht letzte Chance, ihn noch herauszuziehen. Dafür hatte er
sogar, aber das war ihm ja noch nie schwer gefallen, einen Meineid
auf sich genommen:

Eidesstattliche Versicherung: Ich, Hans Georg Friedrich Wagner,
Venezolaner, volljährig, hier wohnhaft, Inhaber der Kennkarte
6.978.200, freiwillig und zwanglos und in vollem Besitz meiner
körperlichen und geistigen Fähigkeiten, erkläre, dass das Haupt-
ziel der Varta Batterie AG die Übernahme der Kontrolle der
Venergia (...) war (...) nach ausdrücklicher Äusserung des Herrn
Peter Winkler und ich kam dem Wunsch nach indem ich ver-

Aus dem Brief entnehme ich, dass sich Peter ███████ bzw. die VARTA AG von dem Vertrag distanzieren und mir die Schuld allein zuschieben will.

Peter ███████ jedoch erklärte mir persönlich in diversen Telefonaten, dass die VARTA AG mir durch ihn jegliche Hilfe zukommen lassen will; zunächst besser erschien ihm jedoch, dass ich so schnell wie möglich aus Caracas verschwinden soll. Die dadurch für mich entstehenden Kosten will er übernehmen. Ich weiss, dass das Geld jedoch von VARTA ist.

Caracas, den 26.8.1988

Dagmar Peña unterschrieb als Zeugin auch mehrere eidesstattliche Versicherungen, in denen Wagner die *VARTA AG* unrechtmäßig beschuldigte.

suchte, die Dra Venezla Rubion bloss zu stellen und ihre Stellung mittels Handlungen zu schwächen (...) Herr Peter Winkler sagte mir, dass das Geld (zehn Millionen nordamerikanische Dollars) kein Problem wäre, da die Varta Batterie AG (...) bereit wäre mir die Beträge zu geben, die nötig seien, um die Venergia zu kontrol-

Dagmar Peña war als Dolmetscherin für die Vernehmungen Wagners engagiert worden.

lieren; meine Absicht war von Anfang an, die Anweisungen des Herrn Winkler zu befolgen und in Anbetracht der vertraulichen Weise (...) mit denen die Venergia ihre Angelegenheiten behandelt, musste ich geistvolle Mittel ersinnen und ihren Widerstand brechen.

(»Eidesstattliche Versicherung« von Georg Wagner vom 26. 8. 1988)

Und Wagner unterschrieb eine weitere »Erklärung«, in der er über sein früheres Leben als »Hans-Georg Reimer« (alias Günter Reinemer) Auskunft gab; Kohlenberger hatte sie diktiert und eine deutschkundige Sekretärin in die Maschine getippt. Dabei war jedoch einiges durcheinander geraten: Seine Zeit im Konzentrationslager Lichtenburg zum Beispiel, als junger Wachmann der Totenkopf-SS, hatte vor seiner Einberufung zur Wehrmacht gelegen, nicht danach; seine Verpflichtung durch die Amerikaner war offenbar schon 1945 gewesen, noch vor Kriegsende, nicht erst 1946, nach seinem Aufenthalt in den Vereinigten Staaten. Und dann hatte er noch diese Bemerkungen über den berüchtigten KZ-Arzt von Auschwitz Josef Mengele fallenlassen, die Eingang in das Protokoll fanden. Doch dabei handelte es sich vermutlich nur um

275

Hörensagen. Sicher, er hatte ein paar Mal Kontakt gehabt zu Alt-Nazis in Venezuela, zu diesem Tütenfabrikanten in Baruta zum Beispiel, aber über Mengele wusste er nichts Konkretes.[6]

Aber Georg Wagner überflog seine »Erklärung« nur noch einmal der Form halber, bevor er seinen Namen daruntersetzte, zitterig und nahezu unleserlich; er war zermürbt, ihm war alles egal. Und was machte es noch, wenn die Details in diesem Protokoll nicht stimmten? Darauf kam es jetzt wirklich nicht mehr an! Würde ihm diese Lebensgeschichte überhaupt irgendjemand abnehmen?[7]

In der israelischen Mission in der Bonner Simrockallee ging an diesem Montag, dem 29. August 1988, ein Anruf bei Botschafter Jitzhak Ben-Ari aus Caracas ein. Klaus-Dieter Matschke war in der Leitung und berichtete über Wagners Geständnis. Der 80-jährige Deutsch-Venezolaner habe sich als ehemaliger SS-Scharführer Reimer zu erkennen gegeben und besitze offenbar brisante Informationen über Josef Mengele, der möglicherweise noch in Südamerika lebe. Der Botschafter rief sofort seinen Polizeiattaché ans Telefon, Brigadegeneral Roman Jagel, einen alten »Haudegen«, der für die Israelis zu allen europäischen Polizeidienststellen einschließlich *Interpol* Kontakt hielt.[8]

»Der Hinweis auf Mengele machte mich neugierig«, kann sich Jagel an die ersten Informationen aus Caracas erinnern, »denn wir waren damals der Überzeugung, dass der ›Todesengel von Auschwitz‹ tatsächlich noch lebte«. Im Juni 1985 war auf einem Hügelfriedhof im brasilianischen Embú das Grab Mengeles gefunden, der Leichnam von einem internationalen Pathologenteam eindeutig identifiziert worden.[9] Doch der Chef der israelischen Polizeiabteilung für die Jagd nach Nazi-Verbrechern, Menachem Russak, hatte die Angelegenheit für ein Täuschungsmanöver der Angehörigen gehalten, um dem ehemaligen KZ-Arzt einen ruhigen Lebensabend zu ermöglichen, und deshalb die Ermittlungen auch in den Jahren danach mit großem Eifer fortgeführt.[10]

Botschaftsattaché Jagel rief umgehend Russak in Tel Aviv an, und der reagierte wie elektrisiert. War Mengele also doch nicht tot? Der Nazi-Cheffahnder wollte sofort ein Vernehmungsteam nach Venezuela entsenden.[11]

Doch die Vermutung Matschkes, Wagner könne etwas über Mengele wissen, entsprang, wie er einräumt, eher einem Gefühl als konkreten Hinweisen. Zweimal in den Tagen des Verhörs erwähnte

Wagner den Namen Mengele. Der sei gelegentlich von Auschwitz nach Treblinka gekommen, zur Selektion »gewisser Personen, die er brauchte für was weiß ich, man sagt Menschenversuche, ich kann das nicht beurteilen«.[12]

MATSCHKE: *Das war der Mengele?*
WAGNER: *Das war Mengele!*
MATSCHKE: *Wo ist denn der jetzt?*
WAGNER: *So viel ich weiß, soll er nicht mehr leben, ich kann's nicht behaupten. Zuletzt war er in Argentinien oder in Brasilien.*
(Vernehmung von Georg Wagner am 28. 8. 1988)

Wagner ahnte natürlich nicht, was seine Bemerkung über Mengele auslösen würde. Es interessierte ihn auch nicht. Ihn kümmerte ausschließlich die Frage, was aus ihm werden sollte.

Konnten ihn Matschke und Kohlenberger vor den brutalen *DISIP*-Agenten schützen, jetzt, nachdem er gestanden hatte? Wollten sie ihm überhaupt helfen? Oder war der Fall mit den schriftlichen Erklärungen und der Beglaubigung durch die Botschaft für sie erledigt? Und Rosa? Die Familie? Die Gemeinde? Würde Mitchell Solomon sie über sein Geständnis informieren? Aus Rache? Wirklich retten konnte ihn nur sein Freund Peter, das war ihm klar. Wenn dieser *Varta* dazu brächte, die zehn Millionen an *Venergia* doch noch zu zahlen, würde Solomon über sein Geständnis absolutes Stillschweigen bewahren. Peter war seine letzte Hoffnung. Gebe Gott, dass er noch nicht von seinen Beschuldigungen erfahren hatte.

KOHLENBERGER: *Wie reagiert der Winkler denn auf die ganze Angelegenheit jetzt? Was schlägt er Ihnen denn vor? Winkler muss doch wissen, dass Sie hier …*
WAGNER: *… in der Bredouille sitzen …*
KOHLENBERGER: *Richtig! Und was sagt er denn zu Ihnen?*
WAGNER: *Das letzte Mal, als er mich angerufen hat, hat er gesagt, das musst du halt durchstehen.*
KOHLENBERGER: *Ja, fragen Sie den Winkler nicht, was ist mit den zehn Millionen, wollen sie die nicht bezahlen?*
WAGNER: *Nein, wollen sie nicht …*
KOHLENBERGER: *Warum?*
WAGNER: *Warum? Keine Begründung …*

KOHLENBERGER: *Sie wissen doch, was er mit Ihnen gemacht hat?*

WAGNER: *Das weiß ich, das weiß ich, deswegen möchte ich Sie ja bitten, dass Sie mir helfen dabei ...*

KOHLENBERGER: *Aber wie sehen Sie denn Ihre Möglichkeiten hier? Sie wissen doch, was Sie hier gemacht haben?*

WAGNER: *Ja.*

KOHLENBERGER: *Was ist das?*

WAGNER: *Industriespionage.*

KOHLENBERGER: *Und was folgt daraus?*

WAGNER: *Das wird bestraft ...*

KOHLENBERGER: *... an dem Verfahren, Betrug oder Werksspionage, kommen Sie nicht vorbei!*

WAGNER: *Kommt drauf an, wer mich anzeigt (...) vielleicht gibt es eine Lösung (...) wonach mein Geständnis sozusagen nicht offiziell behandelt würde, das hat mir der Inspektor bestätigt, sondern notariell wird das bestätigt (...) das wurde gemacht. Und heute früh habe ich ihn gesprochen, da sagt er, wissen Sie, ich will Sie ja nicht einsperren, will ich nicht, und das ist hier auch in Venezuela nicht so einfach, einen 80-jährigen Mann einzusperren ...*

KOHLENBERGER (LACHT): *Sie sind 70!*

WAGNER: *Das wissen die nicht, wenn Sie es ihnen nicht sagen (...)*

MATSCHKE: *Wissen Sie, was für ein Landsmann der Herr Solomon ist?*

WAGNER: *Amerikaner.*

MATSCHKE: *Und?*

WAGNER: *Er ist Jude, ich weiß.*

MATSCHKE: *Wissen Sie, woher wir unsere Kontakte haben?*

WAGNER: *Nein.*

MATSCHKE: *Aus diesem Bereich ...*

WAGNER: *... aus diesem Bereich ...*

KOHLENBERGER: *Können Sie sich vorstellen, wie der Herr Solomon reagieren wird, wenn er das hört?*

WAGNER: *Das weiß ich, wenn Sie es ihm sagen (...)*

(Vernehmung von Georg Wagner am 30. 8. 1988)

Auch Venezla Rubion und ihr Mann Mitchell Solomon besaßen nur noch einen Funken Hoffnung, das finanzielle Desaster ihres Unternehmens abwenden und ihr persönliches Schicksal in eine andere Richtung lenken zu können. Für sie gab es jedenfalls nur die eine Chance: *Varta* musste zahlen. Das machten Matschke und Kohlenberger den beiden in den Nachmittagsstunden des 30. August erneut deutlich, als sie sich in Solomons Chefbüro zusammengesetzt hatten, um die nächsten Schritte abzustimmen. Wagner selbst war arm wie eine Kirchenmaus, daran ließen die Ermittlungen keinen Zweifel, er war finanziell abhängig von Rosa. Aber würde sie zehn Millionen aus dem Familienvermögen freimachen, um ihren Mann auszulösen? Gab es eine rechtliche Handhabe, sie zu einer Zahlung zu zwingen? Waren sie überhaupt verheiratet?[13] Doch Solomon zögerte, die angesehene Jüdin anzugehen, obschon ihm das Wasser bis zum Hals stand.

Stattdessen beschloss er, noch einen letzten Versuch zu starten, vielleicht ließ Winkler sich erweichen, wenn er von Wagner erführe, wie es um ihn steht, aus dessen eigenem Munde. Sonst bliebe nur noch die Klage vor einem deutschen Gericht, die *Varta* vielleicht zu einem Vergleich zwänge. Wagner stimmte sofort zu, Peter Winkler anzurufen, dessen Nummer im *Méridien* in Nizza erfuhr er von Winklers Frau Christina in Hannover; er willigte ein, das Gespräch vor Zeugen zu führen, nicht ahnend, dass die *DISIP* ohnehin in der Leitung saß.

Als das Telefonat schließlich nach Stunden zu Stande kam, war alles vergeblich. Auf die alles entscheidende Frage, was *Varta* für ihn tun könne, äußerte Winkler unmissverständlich: »Eigentlich nichts …« Also kein Geld! *Varta* würde die zehn Millionen Dollar nicht zahlen!

»Fast hysterisch«, so charakterisiert Peter Winkler das letzte Gespräch mit seinem Freund Georg. »Er sagte, du musst kommen, du musst mir helfen, wie kann man mir helfen, ich komme da nicht raus.«[14] Nach dem Telefonat wurde Georg Wagner wieder von der *DISIP* nach Hause gebracht, ins Apartment zu Rosa. Er gab sich wortkarg, zog sich bald in sein Zimmer zurück, er sei sehr müde, wolle früh schlafen gehen.[15]

Wagners Tod in jener Nacht ist mysteriös, bis heute. Peter Winkler weiß noch, dass er am nächsten Morgen zunächst erfahren habe, »Georg liege im Sterben«, kurze Zeit später sei von Rosa »der Anruf gekommen, dass er gestorben ist«.[16] Dieser Ablauf deckt sich nicht mit Rosas Version: An jenem 31. August habe wie üblich gegen 9.00 Uhr der Fahrer geklingelt, um ihn abzuholen. »Und da geh ich ihn rufen. Und da war er tot, ganz kalt schon«, also sei er

»schon ein paar Stunden« zuvor, während der Nacht, verstorben. Rosa rief dann Dorana* an, ihre Schwiegertochter, eine Ärztin, sie sei auch gleich gekommen und habe festgestellt, dass man »nichts mehr machen« könne.[17]

Rosas Enkel S. wiederum, der an diesem Morgen, wie häufig in den Ferien, bei seiner Großmutter vorbeischaute, wurde Ohrenzeuge, wie Wagner gegen 9.00 Uhr »aus seinem Zimmer um Hilfe« rief; er sei sich da »ziemlich sicher«. Er will Rosa sofort alarmiert haben und dann zu seiner Mutter gelaufen sein, die Familie wohnte in einem Nachbarapartment. Heute, zwölf Jahre später, da er selbst Arzt sei und wisse, dass man sich auch nach einem Herzinfarkt noch bewegen könne, frage er sich, warum Wagner sein Zimmer damals nicht verlassen habe.[18] Rosa kommt über diese Aussage ihres Enkels ins Grübeln: »Vielleicht hat er Recht, das ist möglich, vielleicht hat Georg geschrien und ich bin hineingerannt.« Aber wie sie seine »Hand nahm, war die schon kalt«, das wird Rosa niemals vergessen.[19]

Möglicherweise war es so: Gegen 8.30 Uhr hört der Enkel Wagner um Hilfe rufen, Rosa stürzt in sein Zimmer, findet ihn mit einem schweren Herzanfall vor, ruft sofort ihre Schwiegertochter an; wenige Minuten später klingelt das Telefon, Peter Winkler meldet sich. Rosa schildert kurz, Georg liege im Sterben, verspricht, zurückzurufen; Dorana kommt ins Apartment, doch Wagner ist schon tot.

Der *DISIP*-Agent, der Wagner aus der Wohnung im 7. Stock abholen soll, bekommt die Ereignisse im Flur vor der Tür des Apartments hautnah mit. »Ich habe ihm gesagt, dass er tot ist, das wollte er nicht glauben, hat sich dann selbst überzeugt, dachte wohl, wir wollten ihn betrügen«, entsinnt sich Rosa.[20] Der Geheimpolizist setzt umgehend seinen Kollegen in Kenntnis, der unten im Auto wartet, der informiert per Funk seine Zentrale und die wiederum *Venergia*. Das alles geht offenbar extrem schnell, denn Mitchell Solomon erfährt von dem Tod bereits Minuten später. Ob er überrascht ist oder die Nachricht sogar erwartet hat, lässt sich nicht sagen. Das von Matschke und Kohlenberger erstellte Protokoll des Falles hielt später allerdings keinerlei Erstaunen über Wagners plötzlichen Tod fest:

---

* Name geändert

Am 31.08.1988, gegen 9.00 Uhr, wurde Klaus-Dieter Matschke und Hans-Georg Kohlenberger im Büro der Firma Venergia von Mitchell Solomon mitgeteilt, daß Herr Wagner verstorben sei. Aufgrund der während der mit Herrn Wagner geführten Gespräche gewonnenen Erkenntnisse wurde mit dem Auftraggeber Mitchell Solomon vereinbart, daß man die Erklärung Wagners bezüglich seiner Identität hundertprozentig überprüfen müsse. Mitchell Solomon zeigte sich von dem Vorschlag, sowohl deutsche als auch israelische Behörden hierbei um Unterstützung zu bitten, sehr angetan und erkärte sein volles Einverständnis.

(Chronologischer Ablauf Az. 833/88 von Klaus-Dieter Matschke
vom 7.2.1989)

Eine Obduktion wurde nicht vorgenommen. »Wir wollten keine großen Sachen machen«, begründet Rosa ihre damalige Entscheidung. Der Hausarzt, der wenig später eingetroffen sei, habe den Totenschein ausgestellt.[21] Demnach war Georg Wagner offenbar seinem vierten Herzinfarkt erlegen. Ein natürlicher Tod nach den tagelangen psychisch wie physisch belastenden Vernehmungen klingt auf den ersten Blick plausibel, zumal bei Wagners medizinischer Vorgeschichte. Auch Peter Winkler hält es für »opportun, dass Georg durch Aufregung gestorben ist, er war ja viele Jahre herzkrank«.[22] Rosa war sich hinterher »nicht sicher, ob er Selbstmord begangen hat«. Aber wie sollte er einen Infarkt herbeigeführt haben? Und warum rief er dann um Hilfe?

Und Mord? Es sei niemand sonst im Apartment gewesen, versichern Rosa und auch ihr Enkel. Doch allein deshalb muss ein Gewaltverbrechen nicht ausgeschlossen werden. Könnte die *DISIP* seine Medikamente ausgetauscht haben? *Digitalis* statt *Mexitil*? Jeder Geheimdienst kennt Rezepte, mit welchem Gift man jemanden todsicher in den Infarkt schicken kann. Gelegenheiten, ihm falsche *Mexitil*-Kapseln unterzuschieben, hätten die venezolanischen Agenten während der Verhöre reichlich gehabt. Aber besaßen sie auch ein Motiv? Ein Motiv besaßen Mitchell Solomon und Venezla Rubion: Rache. Der Mann hatte ihr Leben in Wohlstand und Luxus ruiniert. Banken und Gläubiger saßen ihnen im Nacken.[23] Hatten sie einen Mord in Auftrag gegeben?

Peter Winkler ging erst viel später jenes Telefonat durch den Kopf, in dem Mitchell Solomon Drohungen gegen Wagner ausgesprochen hatte, mehrfach, massiv und unverblümt:[24]

```
SIDE B

W     this friendly about this

MM    Well, my question is you think you know his full situation, right?

W     present situation? yes

MM    I don't know

W     ...contract was signed, he and you told me the contract was signed
      I know his situation

MM    Hmm, but my question to you is, if you're a close friend besides
      anything else, why haven't the money been put

MM    Ah?

W     You ask this question to Mr. Wagner

MM    No, but it's, look if we are trying to , if I don't want Mr.W to
      have a heart attack, or anything else, ok? I'm asking you, I don't
      expect you

W

MM    I don't expect you to have a heart attack talking to me so

W

MM    You don't have to worry about a heart attack yet
```

Von der *DISIP* abgehörtes Telefonat zwischen Peter Winkler (W) und Mitchell Solomon (M. M.), in dem dieser Drohungen gegenüber Wagner ausspricht.

SOLOMON (...) *wie soll man sagen, Verträge müssen eingehalten werden, sonst passieren gewisse Sachen, das ist doch so, o. k.? (...)*
WINKLER: (...) *Ich habe nichts mit dem Vertrag zu tun! (...) Es tut mir schrecklich Leid, dass Herr Wagner offenbar ein sehr ernsthaftes Problem hat (...)*
SOLOMON (...) *und ich sorge mich um seine Gesundheit. Ich will ihm da keine Probleme bereiten, aber er ist definitiv nicht in einem Zustand, in dem man ihm zu viel Stress zumuten sollte. Ich bin zwar kein Arzt, o. k.? Und ich habe auch nicht mit Mr. Wagners Ärzten gesprochen (...) Ich will auch keinen Druck auf ihn ausüben, das wäre verheerend, denn er ist, wie gesagt, kein junger und gesunder Mann, o. k.? Also müssen Sie dieses Problem lösen, Mr. Winkler. (...) Denn ich will wirklich nicht, dass Mr. Wagner einen Herzinfarkt bekommt oder irgendetwas in dieser Art, o. k.?*

(Telefonat von Mitchell Solomon mit Peter Winkler vom 8. 8. 1988)

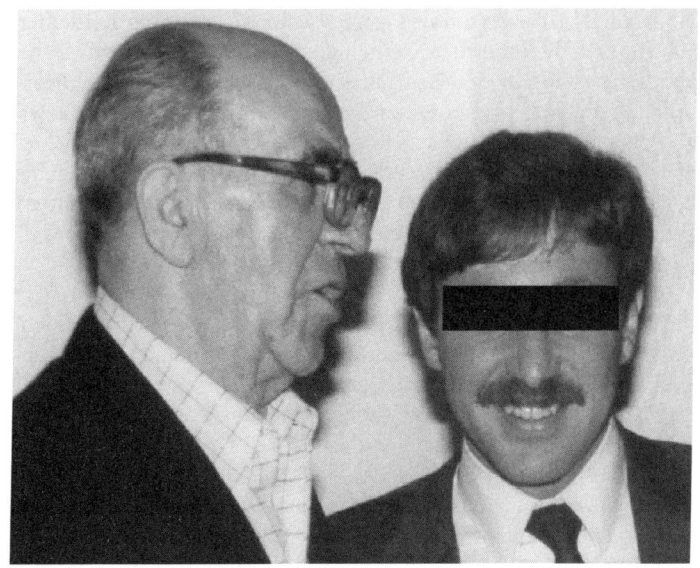

Wagner mit Mitchell Solomon auf der Geburtstagsfeier im März 1988.

Hatte Solomon das alles nur so dahingesagt? Im Zorn über die ausbleibenden Millionen? Oder hatte er die Folterungen durch die *DISIP* im Auge, zu denen es dann ja auch kam?

Wagners Ableben, nicht einmal zwei Tage nach seiner Unterschrift unter die »Eidesstattlichen Versicherungen«, nur wenige Stunden nach seinem letzten und wiederum erfolglosen Versuch, Peter Winkler zur Zahlung der Millionen zu überreden, besaß jedenfalls so etwas wie eine innere Logik, war gewissermaßen ein Abschluss des Kapitels. Der plötzliche Tod Wagners habe sie überrascht und auch wieder nicht überrascht, bekennt Dagmar Peña, die von der *DISIP* als Dolmetscherin engagiert worden war. Sie habe nach diesen tagelangen Verhören »irgendwie auch ein Ende erwartet«, in Südamerika gehe man in solchen Fällen oft nicht einfach zur Tagesordnung über.[25] Wochen später, als der Rabbi der *Unión Israelita* mit eigenen Recherchen begann, sollte es in Caracas zu einem Ereignis kommen, das den Verdacht erhärtete, Georg Wagner könnte tatsächlich einem Mord zum Opfer gefallen sein.

Noch am 31. August wurde Georg Wagner alias Günter Reinemer als Mitglied der jüdischen Gemeinde auf deren *Panteon* zu Grabe getragen, oberhalb des Zentralfriedhofs von Caracas. Die Beerdigung fand im engsten Freundes- und Familienkreis statt, etwa 15 Personen gaben ihm das letzte Geleit, wie sich Elpidio Jiménez erinnern kann, der Steinmetz des *Panteon*, der dort schon seit Jahrzehnten tätig ist.[26] Rosa fühlte sich zu schwach, ihre Söhne hatten ihr abgeraten, an der jüdischen Begräbnisgesellschaft *Chevra Kaddischa* teilzunehmen.

»Selbstverständlich habe ich tief um ihn getrauert«, bekräftigt sie, man lebe doch nicht 15 Jahre mit einem Menschen zusammen, ohne bei dessen Tod Trauer zu empfinden. Von seiner Vergangenheit als SS-Mann und KZ-Mörder ahnte sie damals noch nichts.[27]

Wagners Grab wurde mit einem nackten Zementdeckel verschlossen, in den Jiménez einen schlichten Davidstern gemeißelt hatte. Als der Rabbi Gershon Miletsky und die Beerdigungsgesellschaft gegangen waren, nahm der Steinmetz eine alte Schiefertafel, feuchtete sie kurz mit Spucke an, schrubbte die alte Aufschrift mit Handrücken und Hemdärmel ab und pinselte mit weißer Farbe »Jorge Wagner« darauf, »Jorge« für »Georg«, als Kennzeichnung bis die Marmorverblendung und der Grabstein fertig sein würden.

Zunächst schien es, als sei Wagners Geheimnis mit seinem Leichnam begraben worden. Weder Rosa noch deren Familie noch die jüdische Gemeinde erfuhren etwas von dem Geständnis des Nazis und Kriegsverbrechers, der sich in Caracas als Jude getarnt hatte. Klaus-Dieter Matschke und Hans-Georg Kohlenberger flogen umgehend nach Frankfurt zurück, begannen damit, die Identität des Toten zu überprüfen. Solomon hatte sich bereit erkärt, die dafür nötigen Kosten zu übernehmen, er ließ den beiden deutschen Privatermittlern »auch die erforderlichen Flugtickets für Israel umgehend zukommen«.[28] Vom Flughafen Maiquetia aus, kurz vor dem Abflug nach Frankfurt, nahm Matschke noch einmal Kontakt auf mit Roman Jagel von der israelischen Botschaft in Bonn, um ihm mitzuteilen, dass Georg Wagner plötzlich verstorben sei. Der Polizeiattaché war enttäuscht, bat Matschke gleichwohl, umgehend nach Israel zu fliegen und dort mit dem Nazi-Cheffahnder Menachem Russak zu sprechen.[29]

Anfang September trafen Matschke und Kohlenberger in Tel Aviv mit Russak zusammen, und mit Noah Klieger, einem Korrespondenten der Tageszeitung *Yediot Achronot*. Sie hatten mit ihrem Auftraggeber in Caracas verabredet, »einen oder mehrere Artikel in einer israelischen Zeitung zu plazieren«.[30] Klieger war begeistert von der Story. Doch Mitchell Solomon machte kurz darauf einen Rückzieher: »Er bat uns, zu versuchen, dass der Artikel nicht erscheine«, hielt Matschke in einer Aktennotiz fest, seitens der *Yediot Achronot* »wurde dieser Bitte zunächst entsprochen«, allerdings verbunden mit dem Hinweis, man werde die Geschichte wahrscheinlich »zu einem späteren Zeitpunkt« bringen.[31] Warum wollte Solomon die Veröffentlichung verhindern?

Kliegers Artikel erschien dann mit einigen Wochen Verzögerung am 2. Dezember 1988 – und er sollte einiges auslösen: »Auf dem Friedhof von Caracas wurde dieses Jahr ein ehemaliger Nazi begraben«, hieß es im Vorspann.[32] Die Geschichte fiel Paul Halpern in die Hände, jenem in der Schweiz geborenen jüdischen Unternehmensvertreter, den Wagner in Caracas und Maracay aufs Kreuz legen wollte, der ihm aber auf die Schliche gekommen war. Halpern besuchte über den Jahreswechsel seine Kinder in Israel.[33] Halpern rief Klieger an, erzählte ihm die Geschichte über den Betrüger Wagner, und der veröffentlichte zwei Wochen später einen zweiten Beitrag in seiner Zeitung.[34]

Zurück in Caracas, Anfang 1989, ging Halpern »zu Oberrabbiner Pynchas Brener, zeigte ihm die Artikel aus der *Yediot Achronot*, fragte ihn, was er zu machen gedenke«, doch der habe ihm nur geantwortet, er werde nichts unternehmen, solange man ihn nicht dazu zwinge, empört sich Halpern noch heute.[35] Ein paar Tage später meldete sich jedoch der zweite Rabbiner der Gemeinde, Gershon Miletsky, Breners Stellvertreter, der Wagner auch beerdigt hatte, bei Halpern. Er wolle auf eigene Initiative ein paar Nachforschungen anstellen, über Georg Wagner, Rosas Mann, der als angeblicher Täter des »Dritten Reichs« auf dem jüdischen Friedhof seine letzte Ruhe gefunden habe.[36] Weder Miletsky noch Halpern konnten sagen, ob Rosa Rabinowicz schon etwas erfahren hatte von den Artikeln im *Yediot Achronot*, ob ihr etwas von den bösen Gerüchten zu Ohren gekommen war.

Am 18. Januar 1989 besuchte Miletsky die in Polen geborene Jüdin in ihrem Apartment im *Jastol Park*, um zu kondolieren und sie ganz behutsam mit dem Verdacht vertraut zu machen. Anwesend war auch Rosas zweite Schwiegertochter Sarah*, eine sehr fromme

* Name geändert

Jüdin, die der Rabbi dazugebeten hatte. »Es war eine der schwersten Aufgaben in meinem Leben als Rabbiner«, erinnert sich Miletsky, »ich schlich wie die Katze um den heißen Brei und traute mich nicht, das Thema anzusprechen.«[37] Schließlich wurde Rosa ungeduldig: »Sagen Sie mir schon, worum es sich handelt!« Der Rabbi begann zu erzählen über das Geständnis von Georg Wagner und seine Vergangenheit in Nazi-Deutschland. Später wusste er nicht einmal mehr, ob er »das Wort ›Nazi‹ überhaupt in den Mund genommen« hatte. Wie reagierte Rosa? »In einer Mischung aus Zorn, vollkommener Überraschung und tiefem Schmerz«, Gershon Miletsky wird diese beschämenden Momente nie vergessen. Und Sarah? Sie zeigte sich zunächst ungehalten, lud ihre ganze Empörung auf dem Rabbi als dem Überbringer der schlechten Nachricht ab. Sie hatte Wagner sehr gern gemocht, sich oft mit ihm unterhalten, auch über Glaubensfragen.[38] Doch am Ende versprach Sarah, den Rabbi bei seinen weiteren Ermittlungen zu unterstützen, sie ermutigte ihn sogar, Wagners sterbliche Überreste vom Friedhof wieder entfernen zu lassen, sollte sich bestätigen, dass er kein Jude gewesen sei.[39]

Als der Rabbiner gegangen war, erlitt Rosa einen Nervenzusammenbruch. Erst Tage später entschied sie sich, den Nachlass ihres Mannes noch einmal unter den neuen Vorzeichen sorgfältig in Augenschein zu nehmen. Gab es irgendeinen Hinweis auf sein früheres Leben als Nazi, als SS-Mann oder gar als Mörder von Treblinka? Sie stieß auf nichts Verdächtiges, nur auf ein paar Adressen und Telefonnummern in Deutschland, die ihr nichts sagten. Und sie las einige der Briefe, die ihm Else Zöllner, eine frühere Freundin Georgs aus Hamburg, all die Jahre geschickt und die er aufbewahrt hatte.

Dann fasste Rosa einen Entschluss und schrieb Else einen Brief:

Sehr geehrte Frau Else! Ich schreibe Ihnen in deutscher Sprache obwohl ich die Sprache ziemlich schlecht beherrsche, bitte also mir die Fehler zu verzeihen. Ich war seit 15 Jahre die Ehefrau von Hans Georg Wagner. Leider ist er vor drei Monate gestorben. Jetzt sind viele Probleme entstanden und um sie zu lösen, wende ich mich an Sie mit der Bitte mir manches zu erklären: Ist Ihnen bekannt das H. Georg vor dem letzten Kriege Reimer und nicht Wagner hieß! Das ist sehr wichtig wegen legale Probleme. Ist das wahr, das Wagner ein Jahr in der U.S.A. nach dem Kriege verhaf-

Oben: Wagners Grab auf dem jüdischen Friedhof von Caracas (vorne). Unten links: Der Oberrabbiner Pynchas Brener bestreitet, dass Georg Wagner ein aktives Mitglied der jüdischen Gemeinde war. Unten rechts: Der jüdische Geschäftsmann Paul Halpern, der heute in Haifa lebt, machte sich dafür stark, Wagners sterbliche Überreste vom Friedhof entfernen zu lassen.

Rosa auf dem Sterbebett ihres Mannes beim Sichten seines Nachlasses.

tet war? War seine Mutter eine Jüdin, wie er angegeben hat?
Warum ist er ein paar Mal von 1969 bis 1973 nach Israel gefahren?
Ich weiß daß mein Mann in Hamburg bei Ihnen gewohnt hat. Wie
lange? Hat er dort gearbeitet? Wo hat er vorher gewohnt? Ich
werde Ihnen sehr dankbar sein wenn Sie mir möglichst viel über
Georg schreiben werden. Ich bin auch bereit Ihnen, wenn Sie In-
terese haben, über H. G. zu schreiben wenn Sie was wissen wol-
len. Ich bitte um baldige Antwort und vorhinein vielen Dank.
Usere Adresse ist: Resa Wagner, Caracas, San Bernardino, Edificio
Jastol Park.[40]

(Brief von Rosa Rabinowicz an Else Zöllner vom 23. 1. 1989)

Reimer? Die Mutter Jüdin? Amerikanische Kriegsgefangenschaft?
Und wieso seine Ehefrau? War »Hans Georg«, wie er genannt
wurde, nicht noch in Frankreich verheiratet?[41] Else konnte sich
keinen Reim auf den Brief aus Caracas machen, sie war sich nicht
einmal sicher, ob es um ihren »Hans« ging.[42] Und deshalb ließ sie
die Zeilen dieser Resa Wagner unbeantwortet. Und falls es sich
doch um ihren ehemaligen Lebensgefährten aus der DDR handeln
sollte, war es ihr ebenso gleichgültig. 30 Jahre lang war sie dem
Mann, den sie 1954 in Calbe an der Saale kennen und lieben gelernt

288

Geehrte Frau ▬!

Caracas 23/7 1989.

Ich schreibe Ihnen in deutscher Sprache obwohl ich die Sprache ziemlich schlecht beherrsche, bitte also mir die Fehler zu erzeihen.

Ich war seit 15 Jahre die Ehefrau von Hans Georg Wagner. Leider ist er vor 3 Monate gestorben.

Jetzt sin viele Probleme enstanden. Um sie zu lesen, wende Ich mich an Sie mit der Bitte mir manches zu erklären:

Ist Ihnen bekannt das H. Georg vor den letzten Kriege Reimer und nicht Wagner hieß? Das ist sehr wichtig wegen legale Probleme;

Ist das Wahr, das Wagner ein Jahr in der U.S.A. nach dem Kriege verhaftet war? weil seine Mutter eine Jüdin, wie er angegeben hat? Harum ist er ein paar Mal von 1969 - bis 1973, nach Israel gefaren?

Ich weiß das mein Mann in Hamburg bei Ihnen gewohnt hat. Wie lange? Hat er dort gearbeitet? Wo hat er vorher gewohnt?

Ich werde Ihnen sehr dankbar sein, wenn Sie mir möglichst viel über H. Georg schreiben werden.

Ich bin auch bereit Ihnen, wenn Sie interese haben, über H. G. zu schreiben, was Sie was wissen wollen.

Ich bitte um baldige Antwort und um vielen Dank. Usere adresse ist:

▬ Wagner, Caracas, San Bernardino Edificio Jastol-Park

Brief von Rosa an Else Zöllner in Hamburg, in dem sie sich nach Wagners Vergangenheit erkundigt.

289

hatte, treu geblieben. Doch jetzt interessierte er sie nicht mehr, mochte er nun tot oder lebendig sein.[43]

Rabbi Miletsky setzte unterdessen seine Recherchen fort, sprach mit Menachem Russak von der Polizeibehörde in Israel und mit Historikern der Holocaust-Gedenkstätte *Yad Vashem* am Herzlberg von Jerusalem. Mit wenig Erfolg: Ein Mann namens Hans-Georg Reimer mit dem Geburtsdatum 1. 3. 1918 war in den Listen der ehemaligen SS-Angehörigen nicht verzeichnet. Russak hielt Wagners Geständnis, auf das er wegen der Mengele-Hinweise einige Hoffnungen gesetzt hatte, daher für eine Fantasiegeschichte.[44] Weder bemühte er sich damals darum, die mehr als zehnstündigen Originaltonbänder des Verhörs in die Hände zu bekommen, noch erfuhr er später von Matschke oder über andere Kanäle, dass »Reimer« zwischenzeitlich als »Reinemer« identifiziert worden und tatsächlich bei der SS gewesen war. Die Akte »Wagner alias Reimer« setzte zunächst bei der israelischen Polizei Staub an, wurde irgendwann ins Archiv der Gedenkstätte *Yad Vashem* entsorgt.[45]

Auch für Rabbi Miletsky in Caracas gab es sehr gute Gründe, seine Nachforschungen einzustellen. Zweimal hatte er die Firma *Venergia* im Campo Allegre besucht, um sich über Wagner zu erkundigen; beide Male seien die Firmeninhaber »überaus feindlich gesinnt« gewesen, hatten »mit Nachdruck behauptet, keinen Menschen dieses Namens zu kennen«, erzählt der Rabbiner, der heute als Leiter der jüdischen Gemeinde in San José arbeitet, der Hauptstadt von Costa Rica.[46] Beim zweiten Gespräch habe die Chefin, offensichtlich Venezla Rubion, sogar völlig »die Fassung verloren«.

Miletsky zeigte ihr bei der zweiten Visite den Artikel aus der *Yediot Achronot* mit dem Foto von Georg Wagner.[47] Im Hintergrund des Bildes war ein Türknauf und eine braune Jalousie zu erkennen, just derselbe Hintergrund, vor dem die Doktora Rubion in dem Moment gerade saß. »Als sie die Fotografie erkannte, erblasste sie und verschwand aus dem Zimmer«, weiß Miletsky noch genau. Wenige Minuten später habe ein bärtiger Mann, ungefähr 50 Jahre alt, den Raum betreten und sich als Offizier der Präsidentengarde vorgestellt. Er drohte, »dass er mich als Rabbiner zwar sehr ehre, ich täte jedoch gut daran, um meines Friedens und meiner Gesundheit willen, meine Nachforschungen sofort einstellen«.[48]

Was steckte hinter dieser unmissverständlichen Warnung?

Warum wollten Mitchell Solomon und Venezla Rubion oder deren Freunde von der *DISIP* unbedingt verhindern, dass der Rabbi seine Nase in die Geschichte steckte? Weil sie von Wagner belogen und betrogen worden waren? Wohl kaum. Weil Wagner in ihren Räumen seine Vergangenheit als Nazi-Kriegsverbrecher offenbart hatte? Eher nicht. Weil sie etwas wussten über seinen plötzlichen Tod?[49]

Vielleicht hätte der Rabbi die Staatsanwaltschaft einschalten sollen. Erst die massiven Drohungen in den abgehörten Telefonaten Mitte August 1988, dann, nur Stunden nachdem Winkler die Zahlung der zehn Millionen Dollar kategorisch ausgeschlossen hatte, der plötzliche Tod Wagners in der Nacht vom 30. auf den 31. August, über den Solomon schon Minuten später informiert war, schließlich dessen Versuch, die Veröffentlichung der Geschichte in Israel zu verhindern – das alles waren Merkwürdigkeiten, die gegen einen natürlichen Tod Wagners sprachen. Doch Miletsky beschloss, nach Rücksprache mit seinem Vorgesetzten, Pynchas Brener, »nichts weiter zu unternehmen«.[50]

Venergia ging einige Zeit später in Konkurs. Rubion und Solomon hatten sich schon zuvor ins Ausland abgesetzt, wahrscheinlich in die Vereinigten Staaten. Ein Großteil der noch verfügbaren Barmittel war längst vorausgeschickt worden. Sie ließen offenbar Schulden über Schulden zurück, bei ihrem Geldinstitut, aber auch bei Luis Augusto Bigott, dem Besitzer der Villa im Campo Allegre. Bigott deutet an, dass es sich bei den Aktivitäten der *Venergia* um kriminelle Machenschaften gehandelt haben könnte.[51] Der Verdacht scheint nicht unbegründet: Warum sollten die zehn Millionen Dollar auf ein Offshorekonto auf die Niederländischen Antillen nach St. Maarten überwiesen werden? Warum hatte sich Venezla Rubion den nahezu uneingeschränkten Zugriff auf das Konto zusichern lassen, während Wagner für größere Überweisungen ihre zusätzliche Unterschrift benötigte?[52] Wollte sie das Guthaben abziehen, sobald das Geld eingegangen war? Wäre Georg Wagner am Ende das Opfer gewesen, der betrogene Betrüger? Als das nicht klappte, könnten Rachegelüste aufgekommen sein – aber bewiesen ist das alles nicht.[53]

Klaus-Dieter Matschke hatte unterdessen in der DDR herausgefunden, »dass der von Wagner angegebene Name nicht Hans-Georg Friedrich Reimer, sondern Günter Horst Ludwig Reinemer« lautete, dessen Geburtstag und Elternnamen waren allerdings

»identisch mit den Angaben von Wagner«.[54] Parallel dazu war von einer Hannoveraner Anwaltskanzlei eine Klage der *Venergia* gegen die *Varta AG* über einen Schadensersatz von 20 Millionen US-Dollar vorbereitet worden, die allerdings niemals eingereicht werden sollte.[55]

Im Frühsommer 1989 erfuhr die Redaktion von *Spiegel TV* über die Geschichte des falschen Juden Georg Wagner, der in Caracas gestanden hatte, an der Hinrichtung jüdischer Insassen des Konzentrationslagers Treblinka beteiligt gewesen zu sein. Chefredakteur Stefan Aust erhielt von Klaus-Dieter Matschke Kopien der schriftlichen Erklärungen, die Wagner in Caracas unterschrieben hatte, sowie einen kurzen Ausschnitt aus dem mehr als zehnstündigen Tonbandmitschnitt des Verhörs; dann setzte Aust seine Reporter auf die Story an.[56]

Ende Juli 1989 ging über die Generalstaatsanwaltschaft der DDR eine Anfrage des »BRD-Nachrichtenmagazins *Der Spiegel*« zu Reinemer alias Wagner im Ministerium für Staatssicherheit ein. Es werde um Mitteilung gebeten, hieß es da, ob »zu dem Genannten (…) Erkenntnisse zur Verfügung stehen«.[57] Wenig später fanden die Hamburger Rechercheure die Adresse der Ehefrau Elisabeth Reinemer heraus: Gorden in der Niederlausitz. Natürlich plante *Spiegel TV*, sie möglichst umgehend zu interviewen.[58]

Das Ministerium für Staatssicherheit setzte seine Informationsbeschaffungsmaschinerie unverzüglich in Gang – nicht nur für die Journalisten des Klassenfeindes, denn ein ehemaliger SS-Mann und bekennender Täter des Faschismus, dessen Familie noch in der DDR lebte, interessierte auch den Nachrichtendienst selbst. Am 7. August 1989 verschickte die Stasi »Suchaufträge« an sämtliche Archive (»streng geheim«): nach »Reinemer, Günter Horst Ludwig, geboren am 1. 3. 1918 in Dresden«, außerdem nach »Wagner, Hans Georg Friedrich, geboren am 1. 3. 1918 in Dresden«.[59] Aber Wagner war doch laut Legende in Breslau geboren, und genau zehn Jahre früher, am 1. März 1908. Handelte es sich hier um eine Schlamperei der Staatssicherheit oder des *Spiegel*? War das angebliche Geburtsdatum des angeblichen Georg Wagner bei der Anfrage verwechselt worden?

Wer auch immer für das Versehen verantwortlich war – es hatte Konsequenzen: Die Stasi-Informationsbeschaffer stießen bei ihrer Suche nicht auf den im eigenen Haus vorhandenen Überprüfungsvorgang »Aero« aus dem Jahre 1954, bei dem ein Diplomingenieur Hans Wagner, geboren am 1. 3. 1908 in Breslau, angeblicher Mitarbeiter der französischen Fluggesellschaft *Air France*, längere Zeit ergebnislos unter die Lupe genommen worden war.[60] Man darf davon ausgehen, dass die Stasi von ihren damaligen Erkenntnissen verblüfft gewesen wäre, und möglicherweise auch der Chefredakteur von *Spiegel TV*. Immerhin hatte sich Wagner, wie man in Hamburg wusste, in Caracas nicht nur als SS-Mann und KZ-Mörder, sondern auch als ehemaliger amerikanischer Spion zu erkennen gegeben. Warum also war Günter Reinemer seinerzeit als Hans Wagner über Nacht in der DDR auf- und 1957 ebenso überraschend wieder abgetaucht? Ob Reporterpech oder journalistische Fahrlässigkeit – mit dem falschen Geburtsdatum blieb die alte Akte im Stasi-Archiv unentdeckt.[61]

Hinzu kam: Spätestens ab September 1989 zeigten sich in der DDR deutliche Auflösungserscheinungen.[62] Die Agenten und Auswerter des Ministeriums für Staatssicherheit gingen in diesen Wochen wahrscheinlich anderen Aufgaben nach, als sich intensiv um das Geständnis eines Mannes in Venezuela zu kümmern, der überdies schon tot war. Die Geheimdienstoffiziere gelangten Ende Oktober 1989 zu dem Zwischenergebnis, es seien »bisher (...) keine Erkenntnisse über die faschistische Vergangenheit des R. erarbeitet« worden.[63] Dabei hatte ebenjener Günter Reinemer 1936/37 nachweislich bei der Totenkopf-SS im Konzentrationslager Lichtenburg gedient. Und das ehemalige Elbschloss in Prettin besaß in der DDR den Status einer »antifaschistischen Mahn- und Gedenkstätte«, vor allem weil dort Kommunisten und Gewerkschafter ermordet worden waren.[64] Bei sorgsamer Recherche wäre also ein Hinweis auf Reinemers Zeit in der »Folterhölle des Faschismus« (so eine DDR-Gedenkschrift über das KZ Lichtenburg) durchaus angebracht gewesen, zumal auch in der DDR die Einschätzung galt, die SS sei eine grundsätzlich kriminelle Organisation gewesen, jedes ehemalige Mitglied müsse daher entsprechend behandelt werden.[65]

Bei *Spiegel TV* in Hamburg gelangte wenig später Chefredakteur Aust zu der Überzeugung, an der Geschichte des Georg Wagner sei nichts dran.[66] Alles erstunken und erlogen? Die *Spiegel*-Mitarbeiter waren in Gorden, bei der Familie und bei Nachbarn, auf eine Spur gestoßen, die nach Hamburg führte. Bei ihren Recherchen im Staatsarchiv der Hansestadt entdeckten sie dann ein »Schlüsseldokument«, so bezeichneten sie die »Hauskartei« jedenfalls später, als es die journalistische Fehleinschätzung von 1989 zu rechtfertigen galt: die Anmeldung Günter Reinemers vom Februar 1943 in der Hamburger Alsterwiete. Aust zog den Schluss: Wer in Hamburg einen Wohnsitz habe, könne nicht in Treblinka Dienst tun. Das sei »Grund genug« gewesen, das Thema fallen zu lassen.[67] Die Recherchen wurden eingestellt.

Vielleicht hätte ein Hinweis aus Ostberlin, Wagner alias Reinemer habe zwischen 1953 und 1957 als Ingenieur in der DDR gearbeitet, womöglich als amerikanischer Agent, die Entscheidung noch umstoßen können, denn damit wäre die ohnehin bizarre Biografie um eine spannende Fassette bereichert worden – doch dazu kam es nicht, aus besagten Gründen. Aber boten die Lebensstationen des Mannes, der, durch Akten belegt, bei der Totenkopf-SS und in einem Konzentrationslager gewesen war, mit neuer Identität als Jude in Caracas gelebt hatte, an der Seite einer Jüdin, deren Familie größtenteils in Auschwitz umgekommen war, nicht jenen Stoff, der für eine Story allemal ausreichte? Oder geboten sie nicht wenigstens Anlass zu tiefergründigen Recherchen? Aust jedenfalls wollte von der Geschichte nichts mehr wissen.

Sehr bald geriet der Fall in Vergessenheit, bei *Spiegel TV* in Hamburg, bei Klaus-Dieter Matschke in Frankfurt, der längst mit anderen Aufträgen beschäftigt war, bei Menachem Russak in Tel Aviv, der noch immer nicht ahnte, dass Wagner eigentlich Reinemer hiess, nicht Reimer, in der jüdischen Gemeinde in Caracas und unter den Angehörigen Günter Reinemers in Gorden, dem Dorf in der Niederlausitz. Dabei wäre es vor allem für seine Tochter Ingetraud so wichtig gewesen, endlich, nach so vielen Jahren, etwas über den Vater zu erfahren. Gleich nach Aufhebung der Reisebeschränkungen in der DDR war sie nach Frankfurt gereist, zu einer Freundin, aber auch um etwas über das Geständnis ihres Vaters zu erfahren und um die Fotos zu identifizieren, die Klaus-Dieter Matschke in Caracas gemacht hatte. Sie erkannte ihn sofort, weil er große Ähnlichkeit »mit meinem Opa in Dresden« aufwies, mit Ludwig Reinemer, Wagners Vater.[68]

Durch die Recherchen von *Spiegel TV* hatte auch Elisabeth, Günter Reinemers legitime Ehefrau, von der weiteren Lebensgeschichte und dem Tod ihres Mannes erfahren. Gleichwohl verweigerte sie ihrer Tochter Ingetraud noch immer jede Auskunft über die Vergangenheit, »das Thema durfte nicht angesprochen wer-

Oben: General Roman Jagel, hier mit dem später ermordeten israelischen Ministerpräsidenten Yitzhak Rabin, hat keine Zweifel, dass Wagner bei seinem Geständnis die Wahrheit sagte. Unten: Die DDR-Staatssicherheit suchte mit einem falschen Geburtsdatum Wagners und fand deshalb die eigene »Akte Wagner« nicht.

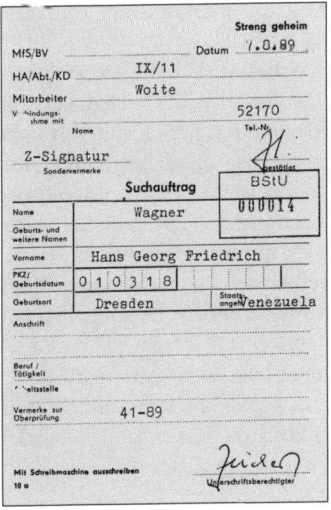

den«, erinnert sich Ingetraud.[69] Ihr Bruder Hans-Hermann habe dagegen von jeher ein erheblich geringeres Interesse an der Biografie des Vaters gezeigt.[70] Elisabeth Reinemer ist heute 85 Jahre alt; sie erlitt 1999 einen Schlaganfall, lebt inzwischen in einem Pflegeheim.[71]

Von Günter Reinemers Geschwistern leben noch der Bruder Heinz* sowie zwei Schwestern, Gertraude und Ursula. Gertraude wusste nicht, dass Günter nach dem Krieg mit neuer Identität lebte, die Morde in Treblinka traut sie ihm nicht zu.[72] Heinz Reinemer möchte den Namen der Familie nicht beschmutzt sehen, lehnt deshalb jede Stellungnahme ab.[73] Nur Ursula ist wirklich interessiert, fragt sorgenvoll, ob »Günter denn auch selbst geschossen hat in Treblinka«. Konkrete Erinnerungen besitzt sie kaum, mit neun Jahren sah sie ihren Bruder zum letzten Mal, das war 1941 in einem Lazarett.[74]

Jeanne, Hans Wagners französische Frau, hatte sich im Mai 1979 doch noch von ihm scheiden lassen und im März 1980 den letzten Versuch unternommen, mit ihm über das französische Generalkonsulat in Berlin wieder Verbindung aufzunehmen. »Herr Hans Wagner ist den lokalen Polizeibehörden, die ich auf Ihr Schreiben hin konsultierte, unbekannt«, teilte der Vizekonsul der Französin mit.[75] Die Mutter seiner Söhne Philippe und Patrick und seiner Tochter Sabine lebte die letzten Jahre in der Dordogne in der Nähe ihrer ältesten Söhne Alain und Gérald. Sie starb dort am 28. April 1995.[76]

Bis zuletzt, auch noch nach der Scheidung, habe sie sich gewünscht, Hans Wagner werde zu ihr zurückkehren, sagt Patrick Wagner. »Sie hat all die Jahre seit ihrer letzten Begegnung mit ihm 1969 so viel gelitten, so viele Tränen vergossen. Ich hätte ihn dafür umgebracht, wenn er mir noch einmal begegnet wäre.«[77] Sein Bruder Philippe sieht das wesentlich nüchterner: »Ich habe keinerlei Empfindungen, als würde der Mann für mich überhaupt nicht existieren«, sagt er, verrät dann aber doch seine emotionelle Erregung. So wie es sich jetzt darstelle, habe sein Vater »ein leeres Leben gehabt, immer nur Hüllen, aber keinen Sinn«.[78] Wagner hatte übrigens in seinem privaten Telefonverzeichnis mit zittriger Handschrift offenbar kodierte Rufnummern von Philippe und Patrick eingetragen, getarnt als Firmen »Phillips S.A.« und »Patriks

* Vorname geändert

S. A.«.[79] Sollten ihm seine beiden leiblichen Söhne am Ende seines Lebens doch nicht so gleichgültig gewesen sein?

Keines seiner französischen Kinder ahnte etwas von der SS-Vergangenheit des Vaters, von seinem Doppelleben, von den Halbgeschwistern Ingetraud und Hans-Hermann; alle sind neugierig und würden gern mit ihnen in Kontakt kommen, nur Sabine, die Jüngste, die Wagner zeitlebens ignorierte oder sogar verleugnete, will auch postum nichts von ihm wissen.[80]

Frieda Wernow, die »lustige Witwe« aus Halle, die Wagner 1953 kennen lernte, um sich schon nach wenigen Wochen mit ihr zu verloben, starb 1973.[81] Else Zöllner aus dem Kraftwerksbetrieb in Calbe/Saale, deretwegen er Jeanne verließ, mit der er sich 1957 aus der DDR absetzte, ein paar Jahre in Rheinberg und Hamburg zusammenlebte, sich 1963 von ihr trennte, mit der er aber mehr als 20 Jahre in Verbindung blieb und ihr immer wieder einen gemeinsamen Lebensabend versprach, erlag 1991 in Rheinberg einem Krebsleiden; sie wurde in den letzten Lebensjahren, als das Ende absehbar war, von ihrer Tochter Heidrun aufopferungsvoll gepflegt.[82]

Luise Schneider, die Schmuckhändlerin aus Gelsenkirchen, seine Freundin für ein paar Jahre, verschied 1977 an einem Herzinfarkt; sie hatte nach der Trennung 1969 nie wieder etwas von Hans Wagner gehört.[83] Auch Johanna Liebherr aus Österreich nicht. Sie denkt mit Wehmut an die wenigen Monate mit Hans Wagner zurück, an die roten Rosen, mit denen er ihr Herz im Sturm eroberte; sie lebt heute, mehr als 30 Jahre später, noch immer in dem verhassten Provinznest Kallham, dem sie damals mit Wagners Hilfe zu entfliehen versuchte.[84]

Maria Zapp aus Ingolstadt, die Wagner Ende 1968 über eine Kontaktanzeige kennen gelernt hatte, und die ihn später als vielleicht einzige Frau in seinem Leben restlos durchschaute, wohnt noch heute in dem Haus, das ihr Wagner erst als Hochzeitsgeschenk kaufte, ihr dann aber aus Geldmangel überschreiben musste. Auch sie erhielt seit ihrer letzten Begegnung mit Hans Wagner im Jahre 1973 nie wieder ein Lebenszeichen von ihm.[85]

Und Rosa Rabinowicz? Sie ist inzwischen 84 Jahre alt und lebt noch immer in ihrem Apartment *Jastol Park* im jüdischen Viertel von Caracas. In all den Jahren seit dem Tod ihres Mannes Georg Wagner hat sie kaum etwas in dessen Zimmer angerührt oder gar verändert. Das ist ihre Art, diese schmerzhafte Erfahrung ihres Lebens zu verarbeiten. Ihre beiden Söhne, ihre Schwiegertöchter, ihre

Links: Jeanne Wagner (1986).
Oben rechts: Wagners Adoptiv-
söhne Alain und Gérald.
Unten rechts: Wagners Söhne
Philippe und Patrick.

Enkel haben ihr damals zur Seite gestanden. Niemand hat ihr Vorwürfe gemacht. Auch ihre Freundinnen, Jüdinnen wie Christin-
nen, hielten zu ihr, verlangten keine Auskunft, ob sie denn wirklich nichts gewusst habe von der Vergangenheit ihres Mannes, ob
sie ohne Verdacht gewesen sei. Das half ihr, die Scham zu über-
winden.[86]

Caracas im Mai 2000.
   Rosa wollte nie wieder über Georg Wagner reden, umso mehr ist
anzuerkennen, dass sie es schließlich doch tut. Ja, es sei eine harmonische Beziehung gewesen, natürlich hin und wieder mit Streit,
erzählt sie, wie in jeder Ehe auch. Nein, sie habe keinen Antisemitismus bei ihm bemerkt, auch keinen versteckten, »er war ein
guter Mensch und ein guter Jude«. Wenn man Rosa in ihren Ausführungen zuhört, wird die Vermutung, Wagner könnte sich in seinem Geständnis des Mordes an mehr als einhundert Juden bezichtigt haben, um seiner Frau und deren Familie einen letzten
Schaden zuzufügen, geradezu lächerlich.[87] Gewiss, sie war spar-
sam, vielleicht auch knickerig und knauserig, gewiss auch, ihr Ver-

hältnis zum Geld ging ihm auf die Nerven. Aber er war andererseits finanziell von ihr abhängig, es gab für ihn, den alten Mann, mochte er nun 70 oder 80 Jahre alt sein, keine Alternative mehr.

Und wenn er zu ihr gekommen wäre nach seinem Geständnis, um alles zu beichten. Hätte sie ihm verzeihen können? »Nein, sicher nicht«, antwortet Rosa ohne Zögern, »er hatte eine furchtbare Vergangenheit, er war zweimal verheiratet, er hat mich belogen.« Dass er in jener Nacht nach dem letzten Verhör verstorben sei, »war eine wunderbare Erlösung, weil... stellen Sie sich vor... mein Gott, ich weiß nicht... ich hätte ihn sonst getötet, vielleicht.«[88]

Wie Rosas Söhne und ihre Schwiegertöchter denken, ob sie Wagner hassen für das, was er ihrer Mutter und auch ihnen angetan hat – niemand weiß es. Sie wollen nicht Stellung nehmen, fürchten auch um ihren guten Ruf, der durch eine neuerliche und nun auch öffentliche Diskussion in Mitleidenschaft gezogen werden könnte, selbst heute noch, zwölf Jahre nach Wagners Tod. Einer von Rosas Enkeln, ein Filmemacher, der eine bewegende Dokumentation über den Exodus österreichischer Juden nach Venezuela gedreht hat, ist zu einer Begegnung bereit, gibt aber »keinen Kommentar« zu seinem Stiefgroßvater. Dann schickt er, wohl mit größerer Distanz als seine Eltern, noch einen Brief hinterher mit der Bemerkung, Wagner sei ein »verrückter Mann« gewesen.[89]

Peter Winkler, Wagners Freund der letzten 15 Lebensjahre, ist inzwischen pensioniert, lebt in seinem Häuschen am Bodensee. Er sieht »zunächst keine Möglichkeit einer Zusammenarbeit«. »De mortuis nil nisi bene«, so seine Begründung. Er lässt sich dann aber doch umstimmen.[90]

Und die *Unión Israelita* in Caracas? Der damalige wie heutige Oberrabbiner Pynchas Brener ist überhaupt nicht begeistert, dass der Fall des falschen Juden Georg Wagner, der in seiner Gemeinde ein- und ausging, noch einmal ans Tageslicht gezerrt werden soll, obwohl seine sterblichen Überreste nun schon zwölf Jahre unter der Erde ruhen. Auch er zitiert den griechischen Weisen, man möge doch, bitte schön, über die Toten nur Gutes reden. Fast misslingt es ihm sogar, sich überhaupt an Rosas Mann zu erinnern, bei Anblick seines Fotos ist er immerhin sicher, »dass er keinerlei aktive Rolle in der Gemeinde gespielt« haben könne. Und ob man ihn jetzt noch vom Friedhof entfernen sollte? Seine Antwort ist sibyllinisch: Wenn es sichere Beweise gebe, »dass dieser Herr kein Jude, sondern tatsächlich in Nazi-Verbrechen verwickelt war«, würde die Gemeinde »ganz sicherlich in Erwägung ziehen, seine sterblichen Überreste dort zu entfernen«. Ja, »dieser Herr« sagt der Rabbiner.[91] Bei Paul Halpern, dem Schweizer Juden, der ihm seinerzeit, Anfang 1989, den in Israel erschienenen Artikel präsentierte und damit die Affäre in Caracas ins Rollen brachte, löst diese Äußerung Breners erst Kopfschütteln, dann »blankes Entsetzen« aus.[92]

Der Zentralfriedhof von Caracas bedeckt ein riesiges Areal, das nach hinten leicht ansteigt und am oberen Rand, dort wo der Berg beginnt, an das *Panteon Unión Israelita* grenzt. Das Gelände des jüdischen Friedhofs ist aus Angst vor Grabschändern von einem hohen Zaun umsäumt.

Die Gräber liegen dicht aneinander gereiht, auf mehreren Terrassen in den Hang gebaut. Platz ist hier Mangelware. Die Grabsteine sind mit Marmor verkleidet, schwarzem, grauem, manche auch mit weißem; sie tragen einen schwarzen oder goldenen Davidstern, hinter jedem steckt eine eigene Geschichte, hinter vielen ein unbegreifliches Schicksal: Leopold Blumenkranz, Rosa De Weisz, Chenia Akerman de Linker, Moises E. Laiter, Miguel Heller Rottemberg. Rechts neben dem Grab eines Boris Gershman, der im August 1983 verstarb, liegt Georg Wagners letzte Ruhestätte, eine verwitterte Zementplatte unmittelbar am Weg, der den Berg hinaufführt. Auf einer verblassten schwarzen Tafel kann man mit gutem Willen den Namen »Jorge Wagner« erkennen. Das Provisorium nach der Beerdigung am 31. August 1988 ist nie beseitigt worden.

Elpidio Jiménez hätte den Grabstein gern mit Marmor verblendet, wie all die anderen Gräber. Das ist sein Job. »Erst wurde viel diskutiert, ob er hier wieder herausgeholt werden soll, weil er nicht hierher gehört, weil er kein Jude ist«, erzählt der Steinmetz, danach habe niemand mehr darüber gesprochen. Es blieb wie es war, bis heute.[93]

Rosa Rabinowicz und Gershon Miletsky, der damals die Beerdigungsgesellschaft *Chevra Kaddischa* leitete, haben sich geweigert, das Grab verkleiden zu lassen. Das ist der Kompromiss, zu dem sie sich durchrangen, um den SS-Mann, der nach eigenem Bekenntnis ein hundertfacher Judenmörder war, dort inmitten der Überlebenden des Holocausts belassen zu können.[94] Es sei doch sicher eine Strafe für ihn, zwischen all den Juden zu liegen, sagt Rosa Rabinowicz wie zur eigenen Rechtfertigung.[95]

»Es gibt keine Zufälle in der Welt«, davon ist Rabbi Miletsky überzeugt. Wagners Ruhestätte liege direkt an einem schmalen Weg, der zu dem hinteren Teil des Friedhofs führe. Die *Halacha*, das Gesetz des *Talmuds*, untersage, über das Grab eines Toten zu laufen. Doch weil Wagners Zementplatte fast wie eine Treppenstufe am Hang wirke und ziemlich hinderlich im Weg liege, »waren Beerdigungsgesellschaften immer wieder gezwungen, auf das Grab zu treten«, erzählt der Rabbiner. Auch er selbst. »Ich empfand das als ein sehr komisches Gefühl, aber ich gewann auch die Überzeugung, dass es nicht zufällig geschah.«[96]

Anmerkungen und Quellen

Bei sämtlichen Briefen, Berichten und anderen persönlichen Dokumenten, die in diesem Buch zitiert werden, wurde auf eine Korrektur der grammatikalischen, orthografischen und Interpunktionsfehler verzichtet, um deren Authentizität zu erhalten.

Am Ende – August 1988

1 Diese Darstellung stützt sich auf die Erinnerungen von Rosa. Sie beschreibt die Geschehnisse an diesem Samstag sehr genau; Gespräche mit Rosa Rabinowicz am 24. 2. 2000, 14. 4. 2000 und 15. 5. 2000.

2 Gespräche mit Rosa Rabinowicz am 24. 2. 2000, 14. 4. 2000 und 22. 5. 2000.

3 Georg Wagner beschrieb den Diebstahl später auch im Verhör; Vernehmungen von Georg Wagner vom 26. 8. bis 30. 8. 1988.

4 Gespräche mit Rosa Rabinowicz am 24. 2. 2000, 14. 4. 2000 und 15. 5. 2000.

5 M. und E. sind Rosas Söhne aus erster Ehe; S. ist der Sohn von E., Rosas Enkel.

6 Die Information, dass Wagner mit Solomon im *Hebraica* ins Gespräch kam, stammt von Klaus-Dieter Matschke, der später von Solomon engagiert wurde und die Vernehmung Wagners in Caracas leitete. Gespräche mit Klaus-Dieter Matschke am 20. 1. 2000, 14. 2. 2000, 17. 5. 2000 und 4. 1. 2001. Wagner hatte den *Hebraica*-Ausweis Nr. 2066. Die Verhandlungen zwischen *Varta* und *Venergia* liefen seit Februar 1987 über die schwedische *Varta*-Tochter *Noack*; Fernschreiben vom 17. 2. 1987, 5. 3. 1987, 8. 4. 1987, 12. 5. 1987 und 15. 5. 1987.

7 Brief von Peter Winkler an Georg Wagner vom 31. 3. 1987; Brief von Georg Wagner an Peter Winkler vom 10. 4. 1987.

8 Gespräche mit Peter Winkler am 26. 7. 2000 und 29. 8. 2000; Vernehmungen Wagners vom 26. 8. bis 30. 8. 1988.

9 Gespräche mit Peter Winkler am 26. 7. 2000 und 29. 8. 2000.

10 Offizielles Schreiben der *Varta Batterie AG* (Peter Winkler) an Georg Wagner vom 18. 5. 1987, in dem Wagners Firma *Supervise* beauftragt wird, »die Firma *Venergia* in Bezug auf die bestehenden Installationen, Produktionskapazitäten und, insoweit möglich, auf die finanzielle Lage zu überprüfen«; Gespräche mit Peter Winkler am 26. 7. 2000 und 29. 8. 2000.

11 Brief von Peter Winkler/*Varta AG* an *Venergia* vom 19.5.1987. Danach gab es weiteren Briefverkehr über *Noack* und über *Varta* Hannover: 17.6.1987, 2.7.1987, 27.7.1987, 30.7.1987, 5.8.1987, 10.8.1987 und 7.12.1987.

12 Brief von Georg Wagner an Peter Winkler vom 10.8.1987. Das erste Gutachten von Wagners Firma *Supervise* stammt vom 28.7.1987.

13 Vernehmung von Georg Wagner am 26.8.1988. Wagner führte in dieser Zeit für Banken in Caracas Wertschätzungen von Firmen und Fabriken durch, erhielt dafür eine Zulassung vom venezolanischen Wirtschaftsministerium.

14 Revidiertes Gutachten von Wagners Firma *Supervise* vom 9.9.1987. An diesem Bericht arbeitete auch Friedrich S. mit, der am 1.11.1988 in einer »Eidesstattlichen Versicherung« erklärte, es sei ihm seinerzeit zu Ohren gekommen, »dass die Firma *Varta* großes Interesse hatte, auf dem südamerikanischen Markt über die Firma *Venergia* ins Geschäft zu kommen«. Auf Grund der Beziehungen zwischen Herrn Winkler und Herrn Wagner »war mir jedoch eindeutig bewusst, dass die Firma *Varta* Herrn Wagner als Vertrauensmann benutzte«.

15 In seinen Briefen an Peter Winkler ging Wagner immer wieder auf das Thema »Bestechung« ein: »Man versucht zwar manchmal zu bestechen (...) aber bei dem alten Wagner ist das nicht drin« (19.9.1987). »Noch bin ich unbestechlich«, das sei eine »typisch deutsche Einstellung«, habe ihm die *Venergia*-Eigentümerin Rubion entgegnet, »denn ein Venezolaner würde mit Kusshand alles annehmen«. (10.2.1988). Gespräche mit Peter Winkler am 26.7.2000 und 29.8.2000.

16 Diese Darstellung stützt sich auf die Erinnerungen von Rosa. Sie beschreibt die Geschehnisse an diesem Samstag sehr genau; Gespräche mit Rosa Rabinowicz am 24.2.2000, 14.4.2000 und 22.5.2000.

17 *Venergia*-Hausausweis, Cabinet No. A-01, Consejero Gral. Georg Wagner.

18 Wagner stellte Winkler aber verbotenerweise eine Kopie seiner Wertschätzung für *Venergia* zur Verfügung, ein Vertrauensbruch, der ihm später als Wirtschaftsspionage ausgelegt werden sollte. Wahrscheinlich hielt Wagner das für eine Art Freundschaftsdienst.

19 In einem handschriftlichen Brief aus dem Hotel *Tamanaco* bedankte sich Peter Winkler am 5.12.1987 bei Venezla Rubion für einen Empfang, den diese zu seinen Ehren in ihrem Haus gegeben hatte; Gespräche mit Peter Winkler am 26.7.2000 und 29.8.2000.

20 In einer Stellungnahme der *Varta AG* vom 27.6.2000 heißt es dazu: »Die Firma *Venergia* wollte in den 80er-Jahren mit allen zur Verfügung stehenden Mitteln mit *Varta* ins Geschäft kommen. Wir hatten allerdings ganz erhebliche Zweifel hinsichtlich der Seriosität des Unternehmens sowie der für dieses Unternehmen handelnden Personen, sodass es zu den von *Venergia* in Aussicht genommenen Geschäften nicht gekommen ist. *Venergia* versuchte, sich Dritten gegenüber einen seriösen Anstrich zu geben und dabei offenbar auch den Eindruck hervorzurufen, dass das

Handeln der *Venergia Varta* zuzurechnen sei. Die ablehnende Haltung der *Varta* führte auf Seiten *Venergia* zu großer Verärgerung, ohne dass dieses aber größere Folgen gehabt hätte.« Tatsächlich zogen sich die Verhandlungen im Jahre 1988 lange hin.

21 Briefe von Georg Wagner an Peter Winkler vom 27. 10. 1983, 9. 11. 1983 und 28. 11. 1983. Gespräche mit Peter Winkler am 26. 7. 2000 und 29. 8. 2000.

22 Brief von Georg Wagner an Peter Winkler vom 17. 1. 1984.

23 Aus Wagners Briefen der Jahre 1984 bis 1988 an Peter Winkler geht immer wieder hervor, dass Rosa und deren Familie nichts von seinem angeblichen Vater und dessen *Wagner Holding* erfahren sollten. Rosa bestätigt dies; Gespräche mit Rosa Rabinowicz am 24. 2. 2000, 14. 4. 2000 und 22. 5. 2000.

24 Vertrag zwischen Venezla Rubion und Georg Wagner vom 11. 5. 1988, Planilla No. 72504, Notaria Publica Novena Del Dtto. Sucre Del Edo Miranda Nancy Angarita Hernandez.

25 *Barclays Bank PLC* St. Maarten Branch, verschiedene Dokumente zur Eröffnung des Kontos Nr. 2200 vom 20. 5. 1988, unterschrieben von Venezla Rubion und Georg Wagner. Venezla Rubion stattete das Konto am 24. 5. 1988 mit einer Einlage von 3000 US-Dollar aus.

26 Als »Offshorekonto« gilt eine Bankverbindung in einer der internationalen Steueroasen, dessen Institut absolute Verschwiegenheit gegenüber jedweder Ermittlungsbehörde garantiert. Dazu zählen diverse Karibikinseln wie auch St. Maarten.

27 Eine Bankvollmacht (»signatory substitute«) für Peter Winkler datiert ebenfalls auf den 20. 5. 1988. Am 7. 6. 1988 schickte Georg Wagner die von ihm gegengezeichnete Bankvollmacht an Peter Winkler.

28 Fernschreiben zwischen *Varta AG* und *Venergia* vom 6. 1. 1988, 9. 1. 1988, 24. 2. 1988, 5. 5. 1988, 12. 5. 1988, 19. 5. 1988, 23. 6. 1988; Gespräche mit Peter Winkler am 26. 7. 2000 und am 29. 8. 2000.

29 Dies ergibt sich aus später mitgeschnittenen Telefonaten Solomons ebenso wie aus Schilderungen von Peter Winkler. Da sich nicht herausfinden ließ, wo Mitchell Solomon heute lebt, konnte mit ihm kein Gespräch geführt werden. Das gilt auch für seine damalige Frau Venezla Rubion.

30 Abhörprotokoll vom 26. 7. 1988. Aus den mitgeschnittenen Gesprächen in den *Venergia*-Büros wird der Druck ersichtlich, unter dem Venezla Rubion und Mitchell Solomon standen. Rubion: »Eine der Geschichten, die mich beunruhigt, ist das Problem mit Carlos R., weil (...) ich ihm eine Summe schulde. Ich habe einen Vertrag mit diesem Gentleman basierend auf dem Vertrag mit Wagner (...) ich weiß nicht, was wir tun können.« Im Transkript eines Telefonats zwischen Wagner und Solomon vom 3. 8. 1988 sagte Solomon: »Venezla weint, weint, weil das Geld nicht kommt und Carlos R. sein Geld zurückhaben will.«

31 Zu dem gleichen Ergebnis kam in der gleichen Zeit auch der Unternehmensvertreter Paul Halpern durch Überprüfung der Telefonrechnungen, die für Rosas Apartment angefallen waren. Wagner hatte ver-

sucht, auch Halpern mit seiner Geschichte von der *Wagner Holding* zu betrügen.

32 Die zwischen Anfang Juli und Ende August geführten Telefonate aus der *Venergia*-Villa zwischen Solomon/Rubion einerseits und Wagner/Winkler andererseits liegen als Bandaufzeichnungen und als Transkripte vor.

33 Gespräche mit Peter Winkler am 26. 7. 2000 und 29. 8. 2000.

34 Brief von Peter Winkler an Georg Wagner vom 6. 8. 1988.

35 Brief von Peter Winkler an Georg Wagner vom 31. 3. 1987. Brief von Georg Wagner an Peter Winkler vom 10. 4. 1987.

36 Notarielle Bestätigung von Georg Wagner vom 12. 7. 1988, Notaria Publica Novena Del Dtto. Sucre Del Edo Miranda Nancy Angarita Hernandez.

37 Das Transkript eines Telefonats zwischen Wagner und Solomon vom 26. 7. 1988 lässt erkennen, dass Rosa Rabinowicz und Georg Wagner möglicherweise in Tel Aviv geheiratet haben. Das erzählte er am Rande der Vernehmungen auch Klaus-Dieter Matschke.

38 Die Transkripte von zwei Telefonaten zwischen Wagner und Solomon vom 3. 8. 1988 bzw. zwischen Winkler und Solomon vom 8. 8. 1988 lassen unzählige Drohungen von Solomon erkennen, Wagner könne mit seinem »alten, geschädigten Herz« erhebliche Probleme bekommen.

39 Gespräche mit Peter Winkler am 26. 7. 2000 und 29. 8. 2000.

40 *KDM*-Aktennotiz 005AN001 HGK vom 17. 8. 1988, Aktennotiz 005AN003 Dr. F. vom 17. 8. 1988.

41 Siehe Anmerkung 40; diese Information konnte nie bestätigt werden.

42 *KDM*-Aktennotiz 005AN001 HGK vom 17. 8. 1988, KDM-Aktennotiz 833K0206 vom 7. 2. 1989.

43 Gespräche mit Klaus-Dieter Matschke am 20. 1. 2000, 14. 2. 2000, 17. 5. 2000 und 4. 1. 2001.

44 Gespräch mit Dagmar Peña am 25. 5. 2000.

45 Siehe Anmerkung 44.

46 Siehe Anmerkung 44.

47 Vernehmung von Georg Wagner vom 26. 8. 1988. Von dem gesamten Verhör Wagners, das zwischen dem 26. 8. und 30. 8. 1988 stattfand, liegt ein zehn- bis zwölfstündiger Mitschnitt auf Diktiergerätkassetten vor, der seinerzeit von Klaus-Dieter Matschke in Caracas aufgenommen (und mir später als Original zur Verfügung gestellt wurde. E. K.). Wo immer im Folgenden Bezug auf die »Vernehmungen« genommen wird, handelt es sich um die wörtliche Wiedergabe des Verhörs.

48 Gespräche mit Klaus-Dieter Matschke am 20. 1. 2000, 14. 2. 2000, 17. 5. 2000 und 4. 1. 2001.

49 Der Neue Brockhaus, Wiesbaden 1978.

50 Breslau als Geburtsstadt wurde offenbar mit Bedacht bei der Ausarbeitung von Legenden, mit denen die Amerikaner Ex-Nazis und

Kriegsverbrecher versorgten, verwendet, weil dort weite Teile der Einwohnermeldekartei bei Bombenangriffen zerstört worden waren und eine Überprüfung sich daher als fast unmöglich erwies.

51 Meyers Konversations-Lexikon, 1903; *Welt am Sonntag* vom 5. 11. 2000, S. 44.

52 Vernehmung von Georg Wagner vom 26. 8. 1988. Von dem gesamten Verhör Wagners, das zwischen dem 26. 8. und 30. 8. 1988 stattfand, liegt ein zehn- bis zwölfstündiger Mitschnitt auf Diktiergerätkassetten vor, der seinerzeit von Klaus-Dieter Matschke in Caracas vorgenommen (und mir später als Original zur Verfügung gestellt wurde. E. K.). Wo immer im folgenden Bezug auf die »Vernehmungen« genommen wird, handelt es sich um die wörtliche Wiedergabe des Verhörs.

53 Die *Varta AG* verwahrt sich in einer Stellungnahme völlig zu Recht gegen Wagners Behauptung, »unser Haus sei in ›Strohmanngeschäfte und Industriespionage‹ verwickelt gewesen«. Eine Ausforschung seitens der *Varta* oder ihres Direktors Peter Winkler ist ebenso wenig erkennbar wie ein Finanzmanöver, um die *Venergia* übernahmereif zu machen.

54 Gespräche mit Rosa Rabinowicz am 24. 2. 2000, 14. 4. 2000 und 22. 5. 2000.

55 Diese Route stellt die beste Verbindung zwischen San Bernardino und dem Campo Allegre dar.

56 Wagner beschrieb den Diebstahl später auch im Verhör; Vernehmungen von Georg Wagner vom 26. 8. bis 30. 8. 1988.

57 Gespräch mit Dagmar Peña am 25. 5. 2000.

Der Erfüllungsgehilfe – 1936 bis 1945

1 Die Prügelstrafe im Bunker des Konzentrationslagers in der Lichtenburg wird von verschiedenen ehemaligen Insassen beschrieben: Raimund Hirsch, »Im KZ Lichtenburg«, Cuxhaven 1989; Archiv Lichtenburg Nr. 268; Klaus Drobisch, »Konzentrationslager im Schloss Lichtenburg«, Wittenberg 1997; *Yad Vashem* Dokumente NG-4047, NG-4048, NG-4553, NG-4923 u. a.

2 Das »warme Abendbrot« wird dargestellt in dem Bericht von Raimund Hirsch, der als Gewerkschafter und KPD-Ortsgruppenleiter 1934 in das KZ Lichtenburg kam und nach seiner Entlassung im Januar 1935 seine Erfahrungen niederschrieb; Raimund Hirsch, »Im KZ Lichtenburg«, Cuxhaven 1989. Theodor Eicke wurde 1892 in Elsass-Lothringen geboren, stieg in Nazi-Deutschland zum ersten Inspektor der SS-Totenkopfverbände auf, deren Aufgabe die Bewachung der Konzentrationslager war. Mit Kriegsbeginn 1939 gründete Eicke die Totenkopfdivisionen, die auch am Überfall auf die Sowjetunion teilnahmen. Am 26. 2. 1943 wurde Eickes Beobachtungsflugzeug, mit dem er die Front inspizierte, abgeschossen, er kam ums Leben; Charles W. Sydnor, jr., »Soldiers of Destruction: The SS Death's Head Division 1933–1945«, Princeton University Press 1977.

3 Die Lagerordnung ist abgedruckt in der Schrift von Hans Maur, »Antifaschistische Mahn- und Gedenkstätte Lichtenburg«, Kreismuseum Jessen, vermutlich 1981.

4 Der Prior des Antoniterpräzeptorats Lichtenburg zählte zu den Freunden Martin Luthers und schloss sich 1525 der Reformation an. Von 1575 bis 1581 errichtete Christoph Tendler auf der Ruine des abgebrannten Klostergebäudes ein Renaissanceschloss für die Kurfürstin Anna von Sachsen. Seit 1812 diente das Schloss als Strafanstalt, zwischen 1933 und 1939 war die Lichtenburg Konzentrationslager und später bis 1945 Kaserne; Klaus Drobisch, »Konzentrationslager im Schloss Lichtenburg«, Wittenberg 1997.

5 Raimund Hirsch, »Im KZ Lichtenburg«, Cuxhaven 1989.

6 Hans Maur, »Antifaschistische Mahn- und Gedenkstätte Lichtenburg«, Kreismuseum Jessen, vermutlich 1981.

7 Klaus Drobisch, »Konzentrationslager im Schloss Lichtenburg«, Wittenberg 1997.

8 Siehe Anmerkung 7.

9 R. u. S.-Fragebogen Reinemer, Günter, vom 26.11.1936, *National Archives*, Microfilm *Berlin Document Center*, RG 242, RUSHA (SS-background-geneology check).

10 Der Totenkopf-SS des Theodor Eicke eilte der Ruf voraus, eine elitäre Bruderschaft zu sein, in der jeder Bewerber, gleich welcher Bildung, eine Chance besitze, Offizier zu werden. Das war, trotz eher magerer Bezahlung, für viele junge Männer aus den unteren Schichten eine höchst attraktive Perspektive; Tom Segev, »Soldiers of Evil: The Commandants of the Nazi Concentration Camps«, New York 1987. Hinzu kam, dass Eicke ihnen das Symbol des Totenkopfes mit den gekreuzten Knochen verlieh, das gab den SS-Männern etwas Martialisches, vermengt mit einer Portion Abenteurertum. Sie durften sich als über dem Gesetz stehende Eliteeinheit verstehen, in der Kameradschaft und Treue wesentlich höher bewertet wurden als moralische Skrupel; Henry V. Dicks, »Licensed Mass Murder: A Socio-psychological Study of Some SS Killers«, Sussex University Press 1972.

11 Die Aufnahmebestimmungen werden beschrieben in Charles W. Sydnor, jr., »Soldiers of Destruction: The SS Death's Head Division 1933–1945«, Princeton University Press 1977.

12 Handgeschriebener Lebenslauf von Günter Reinemer, *National Archives*, Microfilm *Berlin Document Center*, RG 242, RUSHA (SS-background-geneology check).

13 Reinemer schrieb »begleidete« statt »bekleidete«. Er stand Zeit seines Lebens mit der Rechtschreibung auf Kriegsfuß.

14 Siehe Anmerkung 10.

15 Beglaubigte Abschrift aus dem Geburtsregister des Standesamtes II Dresden, Nr. 113, vom 30.8.1989; BStU-Archiv MfS-HA IX/11 RHE 41/89 BRD. Siehe auch Original-Dokument auf S. 47.

16 Gespräch mit Ursula W., Günter Reinemers jüngster Schwester, am 6.10.2000.

17 *Der Reichsbote* vom 1.3.1918; *Dresdner Neueste Nachrichten* vom 1.3.1918; *Dresdner Anzeiger* vom 1.3.1918.

18 Die Angaben über seine Eltern waren relativ präzise und erlaubten später eine unzweifelhafte Identifizierung als Günter Reinemer: Sein Vater hieß Ludwig und wurde am 25.12.1884 geboren, seine Mutter hieß Margarete, Mädchenname Fuhrmann, sie wurde am 9.9.1886 geboren.

19 Handgeschriebener Lebenslauf von Günter Reinemer, *National Archives*, Microfilm *Berlin Document Center*, RG 242, RUSHA (SS-background-geneolgoy check).

20 Vernehmung von Georg Wagner am 27.8.1988.

21 Wagner gab im Lauf des mehrtägigen Verhörs zwei Versionen über seine Zeit im KZ Lichtenburg, er ordnete seinen Dienst zunächst zeitlich richtig ein (1936/37), einen Tag später behauptete er, erst 1941 in der Lichtenburg gewesen zu sein; das deckt sich nicht mit den Dokumenten, zudem wurde das vormalige Elbschloss als KZ 1939 geschlossen. Diese zweite Fassung, die sicherlich auf schlechtes Erinnerungsvermögen und auf den psychischen Druck zurückzuführen ist, der auf ihm lastete, ging in ein schriftliches »Geständnis« ein, kann aber natürlich nicht als Beweis dienen, dass er bei seinen Aussagen gelogen hat; schriftliche Erklärung von Georg Wagner vom 28.8.1988.

22 Gespräch mit Dagmar Peña am 25.5.2000.

23 Klaus-Dieter Matschke meinte die »Diskette« des Diktiergerätes, die er mitnehmen wollte.

24 Einige der prominenten Häftlinge waren: Friedrich Ebert, Sohn des ersten Reichstagspräsidenten, die KPD-Reichstagsabgeordneten Ottomar Geschke und Walter Stoecker, der Schauspieler Wolfgang Langhoff, der jüdische Rechtsanwalt Hans Litten, der Schriftsteller Armin Wegener sowie Wilhelm Leuschner, ehemaliger hessischer SPD-Innenminister. Leuschner wurde nach dem Attentat auf Hitler vom 20.7.1944 hingerichtet. Zu den Häftlingen gehörte auch die Schauspielerin Lotti Huber, sie war wegen Rassenschande denunziert worden; *Der Spiegel* vom 2.4.2001; Hans Maur, »Antifaschistische Mahn- und Gedenkstätte Lichtenburg«, Kreismuseum Jessen, vermutlich 1981; Klaus Drobisch, »Konzentrationslager im Schloss Lichtenburg«, Wittenberg 1997.

25 Raimund Hirsch, »Im KZ Lichtenburg«, Cuxhaven 1989.

26 Der Fanatismus, die Brutalität und der blinde Gehorsam der Totenkopf-SS waren später Gegenstand vieler Untersuchungen. Dahinter steckte der Plan Heinrich Himmlers und Theodor Eickes, eine deutsche Eliteeinheit mit hohen Idealen zu formen; Charles W. Sydnor, jr., »Soldiers of Destruction: The SS Death's Head Division 1933–1945«, Princeton University Press 1977. Moralische Bedenken oder gar Skrupel galten als Schwäche oder als Feigheit vor dem Feind; Henry V. Dicks, »Licensed Mass Murder: A Socio-psychological Study of Some SS Killers«, Sussex University Press 1972; Eugen Kogon, »Der SS-Staat«, München 1974.

27 Raimund Hirsch, »Im KZ Lichtenburg«, Cuxhaven 1989.

28 Das vollständige Gedicht lautet: *Lichtenburg, dein Name trügt./*

Lichtenburg, dein Name lügt!/ Deine turmbewehrten Flanken/scheuchen alle Lichtgedanken.//Schwermut hockt auf deinen Schwellen,/Sehnsucht flackert durch die Zellen,/keiner wird durch dich beglückt,/Lichtenburg, dein Name lügt.//Alte Zwingburg, finstrer Bau,/Lichtenburg, so alt und grau:/Woher soll das Licht dir kommen/die du mir das Licht genommen?//Lichtenburg, du mein Gefängnis,/finstres, düsteres Verhängnis// Lichtenburg, solang ich lebe,/denk' ich an die Gitterstäbe; Hans Maur, »Antifaschistische Mahn- und Gedenkstätte Lichtenburg«, Kreismuseum Jessen, vermutlich 1981.

29 Vernehmung von Georg Wagner am 27.8.1988.

30 Befehlsblatt SS-TV/IKL Nr. 5 vom 4.6.1937 durch den Inspekteur der Konzentrationslager und Führer der SS-Totenkopfverbände, SS-Gruppenführer Eicke. Unter Punkt 28 k heißt es: »Staffel-Anw. Reinemer, Günter, II/SS-TV, geb. 1.3.1918, Entlassung mit Schande, Grund: Abgabe einer falschen Schuldenerklärung.« Hinter dieser offiziellen Begründung verbarg sich eher, dass einer seiner Vorgesetzten Ärger mit Reinemer hatte. Gründe sind nicht bekannt. Seine eigene Begründung, er sei »wegen ungebührlichen Benehmens« ausgeschlossen worden, konnte deshalb durchaus zutreffen.

31 Erich Kuby, »Als Polen deutsch war«, München 1986.

32 Befehlsblatt SS-TV/IKL Nr. 5 vom 4.6.1937 durch den Inspekteur der Konzentrationslager und Führer der SS-Totenkopfverbände, SS-Gruppenführer Eicke.

33 Möglicherweise wurde Günter Reinemer in dieser Zeit auch vorübergehend zum Arbeitsdienst verpflichtet, er selbst spricht davon bei einer der Vernehmungen in Caracas am 28.8.1988.

34 Gespräche mit Frau B., Frau J. und Frau G. in Gorden am 5.10.2000.

35 Siehe Anmerkung 34.

36 Familienstammbuch der Familie Günter Reinemer/Elisabeth Walther. Die Trauung fand am 3.6.1939 statt. Der Standesbeamte Walther unterschrieb später auch die beiden Geburtsurkunden von Ingetraud (geboren 14.10.1939) und Hans-Hermann (geboren 1.12.1940).

37 Gespräch mit Ursula W., Günter Reinemers jüngster Schwester, am 6.10.2000.

38 Erich Kuby, »Als Polen deutsch war«, München 1986.

39 Siehe Anmerkung 38.

40 Gespräche mit Rosa Rabinowicz am 24.2.2000, 14.4.2000 und 22.5.2000.

41 Gespräche mit Frau B., Frau J. und Frau G. in Gorden am 5.10.2000.

42 Wehrmachtskarteikarte von Günther (sic!) Horst Ludwig Reinemer, geb. 1.3.1918 in Dresden, bei der *Wehrmachts-Auskunftsstelle (WASt)*.

43 Charles Messenger, »Der Zweite Weltkrieg in Europa«, Berlin 2000; Wilhelm Deist u. a., »Ursachen und Voraussetzungen des Zweiten Weltkrieges«, Frankfurt 1995.

44 Pierre Rondière, »Die Welt hielt den Atem an«, Rastatt 1968.

45 Lew Besymenski, »Sonderakte Barbarossa«, Stuttgart 1968.

46 Das Infanterieregiment 234/II wurde am 26. 8. 1939 in Rosswein aufgestellt, das 2. Bataillon lag in Grimma bei Leipzig. Das Regiment gehörte zur 56. Infanteriedivision, die am 22. 6. 1941 den Bug überquerte und nach Südrussland durchstieß; Georg Tessin, »Verbände der Deutschen Wehrmacht und Waffen-SS im Zweiten Weltkrieg«, Band 8, S. 157; nach Recherchen der *Auskunftei Deutsche Militärgeschichte*, Emmendingen, vom 13. 3. 2001.

47 Pierre Rondière, »Die Welt hielt den Atem an«, Rastatt 1968.

48 Siehe Anmerkung 47.

49 In Weißrussland und in der Ukraine gibt es eine Vielzahl von Ortschaften mit dem Namen Borki. Nach dem Frontverlauf am vierten Tag der Invasion und der Stoßrichtung der 56. Infanteriedivision handelt es sich wahrscheinlich um das Borki südlich von Baranavicy. Borki wird in der Wehrmachtskarteikarte von Günther (sic!) Horst Ludwig Reinemer, geb. 1. 3. 1918 in Dresden, bei der *Wehrmachts-Auskunftsstelle (WASt)* genannt.

50 Wehrmachtskarteikarte von Günther (sic!) Horst Ludwig Reinemer, geb. 1. 3. 1918 in Dresden, bei der *Wehrmachts-Auskunftsstelle (WASt)*. Der Fuß gelte als »Klassiker für die Selbstverstümmelung im Kriege«, bestätigt auch Rolf-Dieter Müller vom Militärhistorischen Forschungsamt in Potsdam; Gespräch mit Rolf-Dieter Müller am 5. 2. 2001.

51 Diese kleine Ungenauigkeit muss nicht im schlechten Erinnerungsvermögen Wagners begründet liegen, es kann auch bei der Übermittlung der Krankendaten eine Verwechslung gegeben haben.

52 Ursula W. erinnert sich, dass sie eine längere Zugfahrt unternahmen, um ins Lazarett zu kommen; Gespräch mit Ursula W. am 6. 10. 2000.

53 Erich Kuby, »Als Polen deutsch war«, München 1986; Eugen Kogon, »Der SS-Staat«, München 1974; Israel Gutman (Hrsg.), »Enzyklopädie des Holocaust«, München 1995.

54 Ian Kershaw, »Hitler: 1936–1945: Nemesis«, New York 2000; Konnilyn G. Feig, »Hitler's Death Camps: The Sanity of Madness«, New York 1981.

55 Jan Sehn, »Konzentrationslager Auschwitz-Birkenau«, Warschau 1957.

56 Erich Kuby, »Als Polen deutsch war«, München 1986.

57 Gespräche mit Rosa Rabinowicz am 24. 2. 2000, 14. 4. 2000 und 22. 5. 2000.

58 Das Infanterieersatzbataillon 234 wurde am 3. 8. 1941 aus Zeithain nach Jitschin im Protektorat Böhmen und Mähren verlegt und später geteilt. Dessen Aufgabe war, Rekruten auszubilden, die der 56. Infanteriedivision in Südrussland zugeführt wurden. Es bestand also durchaus die Gefahr für Günter Reinemer, nach der Genesung wieder an die Front versetzt zu werden. Georg Tessin, »Verbände der Deutschen Wehrmacht und Waffen-SS im Zweiten Weltkrieg«, Band 8, S. 157; nach Recherchen der *Auskunftei deutsche Militärgeschichte*, Emmendingen, vom 13. 3. 2001.

59 Die in dieser Zeit häufigen Lazarettaufenthalte legen den Verdacht

nahe, dass Günter Reinemer sich durch vorgetäuschte Krankheiten und Verletzungen seiner Verwendung an der Front zu entziehen versuchte.

60 Wehrmachtskarteikarte für Günther (sic!) Reinemer, Erkennungsmarke 5718: 2.3.1942 Verf. Kp. Inf Ers Btl 234, Zugang/Abgang nicht verzeichnet; *Wehrmachts-Auskunftsstelle (WASt)*.

61 Dieses Zitat ist aus verschiedenen Passagen des Verhörs zusammengesetzt. In den beiden Tagen 27. und 28.8. kamen Matschke und Kohlenberger mehrfach auf die Zeit ab Frühjahr 1942 und das Lager Lublin zurück. Wagner wiederholte die Details jeweils genau, er sagte aber in der Fassung vom 28. August, die schriftlich protokolliert wurde, er sei vor der Zeit in Lublin, Ende 1941, im KZ Lichtenburg gewesen. Das war eine falsche Erinnerung. Richtig ist die Version vom 27.8., in der er beschreibt, dass er viel früher in Lichtenburg war, nämlich 1936/37, 1941 als Infanterist beim Russlandfeldzug gekämpft hat, danach auf Grund seiner langwierigen Fußverletzung 1942 zur Bewachung des Depots Lublin abgestellt wurde.

62 Es gab auch keinen Bruch in seiner Schilderung, er berichtete über Treblinka mit der gleichen Selbstverständlichkeit wie über das KZ Lichtenburg, seine Wehrmachts- und Lazarettzeit und die Tätigkeit in Lublin.

63 Manfred Burba, »Treblinka – Ein Vernichtungslager im Rahmen der ›Aktion Reinhard‹«, Göttingen 2000; Richard Glazar »Die Falle mit dem grünen Zaun«, Frankfurt 1992; Martin Weinmann (Hrsg.), »Das nationalsozialistische Lagersystem«, Frankfurt 1998.

64 »Treblinka«, *shoa* im Internet; Alexander Donat, »The Death Camp Treblinka«, New York 1979; Richard Glazar, »Die Falle mit dem grünen Zaun«, Frankfurt 1992.

65 Der Überfall auf die Sowjetunion, wo ca. fünf Millionen Juden lebten, muss durchaus im Zusammenhang mit dem Genozid und der Errichtung der Vernichtungslager gesehen werden: Ziel war die Vernichtung des »jüdischen Bolschewismus«; Ian Kershaw, »Hitler 1936–1945: Nemesis«, New York 2000.

66 Manfred Burba, »Treblinka – Ein Vernichtungslager im Rahmen der ›Aktion Reinhard‹«, Göttingen 2000; Alexander Donat, »The Death Camp Treblinka«, New York 1979; Konnilyn G. Feig, »Hitler's Death Camps: The Sanity of Madness«, New York 1981.

67 Siehe Anmerkung 66.

68 Hier irrte sich Wagner wahrscheinlich, da er im Februar 1943 nach Hamburg umzog, zu einer Freundin; er trat seinen Dienst deshalb vermutlich etwas später an, im März oder April 1943. Es ist sicherlich nicht leicht, sich nach fast 50 Jahren noch präzise an zeitliche Abläufe und Daten zu erinnern.

69 Tom Teichholz, »The Trial of Ivan the Terrible: State of Israel vs. John Demjanjuk«, New York 1990. »Der Richter bemüht sich um ein faires Verfahren«, *Kölnische Rundschau* vom 6.3.1987. Demjanjuk wurde 1993 wegen »begründeter Zweifel« freigesprochen.

70 D. Lehner, »Du sollst nicht falsch Zeugnis geben, Der Fall Demjanjuk«, ohne Datum.

71 Verschiedene Aussagen ukrainischer Tatbeteiligter wurden im *Nizkor Project* veröffentlicht: Nikolay Yakovlevich Dorofeyev, Pavel Vladimirovich Leleko, Aleksandr Yeger, Pyotr Goncharov u. a.

72 D. Lehner, »Du sollst nicht falsch Zeugnis geben, Der Fall Demjanjuk«, ohne Datum.

73 Eugen Kogon, »Der SS-Staat«, München 1974.

74 Vernehmungen von Georg Wagner am 27. und 28. 8. 1988.

75 D. Lehner, »Du sollst nicht falsch Zeugnis geben, Der Fall Demjanjuk«, ohne Datum.

76 Odilo Globocnik, der SS- und Polizeiführer des Distrikts Lublin, drängte Himmler, alle im Zusammenhang mit der »Aktion Reinhard« stehenden Dokumente zu vernichten; French L. MacLean, »The Camp Men: The SS Officers Who Ran the Nazi Concentration Camp System«, 1999.

77 Das ausschließliche Ziel der »Aktion Reinhard« war die systematische Auslöschung jüdischen Lebens in ganz Europa. Dafür wurden in der Abgeschiedenheit der polnischen Provinz vier Vernichtungslager gebaut: Chelmno, Belzec, Sobibor und Treblinka; Yitzhak Arad, »Belzec, Sobibor, Treblinka: The Operation Reinhard Death Camps«, Indiana University Press 1987; Konnilyn G. Feig, »Hitler's Death Camps: The Sanity of Madness«, New York 1981. Die Todesmaschinerie der vier polnischen Vernichtungslager wurde systematisch verbessert, von Chelmno (dem Pilotprojekt) bis Treblinka (der »perfekten« Anlage). Alle Lager waren zudem für eine kurze Lebensdauer ausgelegt und sollten danach vollständig dem Erdboden gleichgemacht werden; Konnilyn G. Feig, »Hitler's Death Camps: The Sanity of Madness«, New York 1981. Manfred Burba, »Treblinka – Ein Vernichtungslager im Rahmen der ›Aktion Reinhard‹«, Göttingen 2000.

78 Diese Erklärung umfasste verschiedene Punkte: Das SS-Aufsichtspersonal und die »Hiwis« verpflichteten sich u. a., unter keinen Umständen mit einem Außenstehenden über die »Aktion Reinhard« zu sprechen und die strikte Geheimhaltung der so genannten »jüdischen Aussiedlung« zu beachten, keine Fotos zu machen und die Geheimhaltung auch nach Beendigung des Dienstes einzuhalten; Konnilyn G. Feig, »Hitler's Death Camps: The Sanity of Madness«, New York 1981.

79 Adalbert Rückerl (Hrsg.), »NS-Vernichtungslager im Spiegel deutscher Strafprozesse«, München 1977; Yitzhak Arad, »Belzec, Sobibor, Treblinka: The Operation Reinhard Death Camps«, Indiana University Press 1987.

80 Siehe Anmerkung 79.

81 Adalbert Rückerl (Hrsg.), »NS-Vernichtungslager im Spiegel deutscher Strafprozesse«, München 1977; Gitta Sereny, »Am Abgrund: Gespräche mit dem Henker«, München 1995.

82 Alexander Donat, »The Death Camp Treblinka«, New York 1979.

83 Eugen Kogon, »Der SS-Staat«, München 1974; Alexander Donat, »The Death Camp Treblinka«, New York 1979.

84 In der Genickschussanlage des Vernichtungslagers Treblinka II, die als Lazarett getarnt war, wurden vor allem gebrechliche und alte Menschen, die mit den Zügen ankamen, mit Pistolen liquidiert. Adalbert Rückerl (Hrsg.), »NS-Vernichtungslager im Spiegel deutscher Strafprozesse«, München 1977; Gitta Sereny, »Am Abgrund: Gespräche mit dem Henker«, München 1995.

85 SS-Zugführer durften ohne Rücksprache mit ihren Vorgesetzten, nach eigener Willkür, Erschießungen durchführen. Alexander Donat, »The Death Camp Treblinka«, New York 1979; Jean-François Steiner, »Treblinka – Die Revolte eines Vernichtungslagers«, Berlin 1994; Adalbert Rückerl (Hrsg.), »NS-Vernichtungslager im Spiegel deutscher Strafprozesse«, München 1977.

86 Schreiben des Staatsarchivs Hamburg vom 17. 10. 2000.

87 Zunächst konnte das Staatsarchiv keine so genannte »Hauskartei« der Alsterwiete 32 finden, die ab August 1939 für Wohnungen geführt wurde; schließlich entdeckte man sie doch noch. Aus dieser ergibt sich, dass Reinemer sich am 26. 2. 1943 angemeldet hatte und am 27. 8. 1943 als »unbekannt verzogen« eingetragen worden war; Schreiben des Staatsarchivs Hamburg vom 16. 1. 2001.

88 In einem Antwortschreiben des Suchdienstes an die Tochter Ingetraud vom 12. 11. 1959 heißt es: »Wir danken Ihnen für Ihren Brief (...), mit dem Sie uns um Nachforschung nach Ihrem Vater, Herrn Günter Ludwig Reinemer bitten, von dem Sie die letzte Nachricht 1943 aus Hamburg erhielten«; Gespräche mit Ingetraud K. am 16. 5. 2000 und 13. 9. 2000.

89 Adalbert Rückerl (Hrsg.), »NS-Vernichtungslager im Spiegel deutscher Strafprozesse«, München 1977; Gitta Sereny, »Am Abgrund: Gespräche mit dem Henker«, München 1995.

90 Gespräche mit Frau B., Frau J. und Frau G. in Gorden am 5. 10. 2000.

91 Später wurde versucht, Reinemers Umzug nach Hamburg als Beleg dafür zu nutzen, dass sein Geständnis bezüglich Treblinka nicht stimmen konnte. Wer in Hamburg seine Heimatadresse habe und diese dort später auch noch wechsele, könne nicht in einem polnischen Vernichtungslager gedient haben. Dabei liegt Hamburg nur wenige Zugstunden weiter von Treblinka entfernt als beispielsweise Reinemers Heimatstadt Dresden.

92 Alexander Donat, »The Death Camp Treblinka«, New York 1979. Nach anderer Darstellung sollte die Explosion einer Handgranate das Signal zum Aufstand sein; Tom Teicholz, »The Trial of Ivan the Terrible: State of Israel vs. John Demjanjuk«, New York 1990.

93 Samuel Rajzman, »Uprising in Treblinka«, in: Yuri Suhl, »They Fought Back: The Story of the Jewish Resistance in Nazi Europe«, New York 1967; Samuel Willenberg, »Surviving Treblinka«, Oxford 1989.

94 Der SS-Mann Kurt Küttner hatte einen jüdischen Jungen erwischt, bei ihm Geld gefunden und wollte ihn gerade abführen, als sich einige anwesenden Komiteemitglieder spontan entschlossen, Küttner aufzuhalten; sie fürchteten, der Junge würde den geplanten Aufstand unter Folter

verraten. Küttner wurde mit einem Schuss niedergestreckt, überlebte aber. Wahrscheinlich wurde der Schuss fehlgedeutet, jedenfalls begann die Revolte eine Stunde vor dem verabredeten Zeitpunkt; Tom Teichholz, »The Trial of Ivan the Terrible: State of Israel vs. John Demjanjuk«, New York 1990.

95 Richard Glazar, »Die Falle mit dem grünen Zaun«, Frankfurt 1992.

96 Samuel Rajzman, »Uprising in Treblinka«, in: Yuri Suhl, »They Fought Back: The Story of the Jewish Resistance in Nazi Europe«, New York 1967; Richard Glazar, »Die Falle mit dem grünen Zaun«, Frankfurt 1992.

97 Bei dem Aufstand wurden fünf oder sechs Ukrainer von den Gefangenen erschossen oder verwundet, der SS-Mann Kurt Küttner überlebte verletzt; Yitzhak Arad, »Belzec, Sobibor, Treblinka: The Operation Reinhard Death Camps«, Indiana University Press 1987.

98 Adalbert Rückerl (Hrsg.), »NS-Vernichtungslager im Spiegel deutscher Strafprozesse«, München 1977; Samuel Rajzman, »Uprising in Treblinka«, in: Yuri Suhl, »They Fought Back: The Story of the Jewish Resistance in Nazi Europe«, New York 1967; Richard Glazar, »Die Falle mit dem grünen Zaun«, Frankfurt 1992.

99 Gespräch mit Dagmar Peña am 25. 5. 2000.

100 Manfred Burba, »Treblinka – Ein Vernichtungslager im Rahmen der ›Aktion Reinhard‹«, Göttingen 2000. Zu höheren Zahlen von 700 bis 750 Toten kommen Samuel Willenberg in »Surviving Treblinka« (Oxford 1989) und Miriam und Saul Kuperhand in »Shadows of Treblinka« (Chicago 1998).

101 Samuel Willenberg, »Surviving Treblinka«, Oxford 1989.

102 »SMG« ist die Abkürzung für »schweres Maschinengewehr«.

103 Beim Aufstand wurden im Vernichtungslager etwa 350 bis 400 Gefangene erschossen, rund 100 gefangen genommen und hingerichtet; auf der Flucht wurden etwa 150 bis 200 Juden erschossen, die restlichen ebenfalls im Lager liquidiert. Es wird von einer Erschießungsaktion berichtet, der insgesamt 200 Juden zum Opfer fielen; dies deckt sich mit Reinemers Angaben; Tom Teichholz, »The Trial of the Terrible: State of Israel vs. John Demjanjuk«, New York 1990. Am Ende wurden noch einmal 30 Insassen umgebracht, die an der Auflösung von Treblinka II beteiligt waren; Samuel Willenberg, »Surviving Treblinka«, Oxford 1989; Miriam und Saul Kuperhand, »Shadows of Treblinka«, Chicago 1998.

104 Das Maschinengewehr MG 42 war ein Mehrzweck-MG und wurde als Nachfolgewaffe des MG 34 gebaut. Es konnte als leichtes MG, als mittleres MG und als schweres MG mit Dreibeinstativ eingesetzt werden; im Verhör sprach Wagner auch von Erschießungen während des Aufstands und Hinrichtungen, die mit Pistolen vorgenommen wurden; Vernehmung von Georg Wagner am 28. 8. 1988.

105 Adalbert Rückerl (Hrsg.), »NS-Vernichtungslager im Spiegel deutscher Strafprozesse«, München 1977. Die Auflösung der drei Vernichtungslager Belzec, Sobibor und Treblinka war allerdings schon vorher im

Rahmen der »Aktion Reinhard« festgelegt worden, mithin keine Folge des Aufstands in Treblinka und eines ähnlichen Aufstands in Sobibor; Yitzak Arad, »Belzec, Sobibor, Treblinka: The Operation Reinhard Death Camps«, Indiana University Press 1987.

106 Manfred Burba, »Treblinka – Ein Vernichtungslager im Rahmen der ›Aktion Reinhard‹«, Göttingen 2000.

107 Die Aussagen bestätigen also Wagners Darstellung, dass Züge aus dem Arbeitslager Treblinka I an den Hinrichtungen beteiligt waren.

108 Adalbert Rückerl (Hrsg.), »NS-Vernichtungslager im Spiegel deutscher Strafprozesse«, München 1977.

109 Adalbert Rückerl (Hrsg.), »NS-Vernichtungslager im Spiegel deutscher Strafprozesse«, München 1977; die Aussagen der Beschuldigten in Düsseldorf belegen, dass sich viele SS-Leute von Treblinka I und II nicht kannten. Auch die wenigen jüdischen Überlebenden konnten bei weitem nicht alle SS-Wachmänner des Vernichtungslagers Treblinka identifizieren, weil sie von vielen keine Klarnamen kannten; von den etwa 35 bis 40 SS-Leuten in Treblinka II sind später nur die Namen von 15 identifiziert worden, der Großteil blieb also unbekannt; Alexander Donat, »The Death Camp Treblinka: A Documentary«, New York 1979.

110 Vernehmungen von Georg Wagner am 27. und 28. 8. 1988.

111 Da für Günter Reinemer später kein positiver Beweis seiner Zeit in Treblinka zu finden war, stellte sich die Frage, ob er überhaupt dort gewesen sein konnte. Keiner der befragten ehemaligen Insassen des Vernichtungslagers Treblinka erinnerte sich an seinen Namen, was aber auch daran gelegen haben kann, dass er nach eigenen Angaben im Arbeitslager Treblinka I Dienst getan hatte, oder daran, dass die jüdischen Gefangenen viele SS-Aufseher nicht mit Klarnamen kannten. Hinzu kommt, dass die Unterlagen über niedere und mittlere SS-Chargen, die im Rahmen der »Aktion Reinhard« gedient hatten, in den internationalen Archiven unvollständig sind. Dies geht aus einer Untersuchung hervor, die French L. MacLean 1999 veröffentlichte (»The Camp Men: The SS Officers Who Ran the Nazi Concentration Camp System«). MacLean ist überzeugt, dass es unter dem später bekannt gewordenen SS-Personal von Treblinka große Lücken gibt. Wahrscheinlich hätten die Nazis diese Unterlagen systematisch vernichtet; denkbar wäre u. a. auch, dass Dokumente zielgerichtet aus dem Archiv des *Berlin Document Centers* entfernt wurden, von Geheimdiensten, die mit den Ex-SS-Leuten kollaborierten oder von den Betroffenen oder ihren Handlangern selbst. In seinem Buch »Berlin Document Center: Das Geschäft mit der Vergangenheit« stellt Heiner Meyer fest, dass über die Jahre schätzungsweise 80 000 Dokumente aus dem *Berlin Document Center* gestohlen wurden. Im Februar 2001 fand im polnischen Duszniki Zdroj eine internationale Holocaust-Konferenz statt. Dabei wurde auch über die ARD-Dokumentation »Wagners Geständnis« vom 4. 1. 2001 diskutiert. In der Disskusion wurde »die Glaubwürdigkeit der Aussage von Günter Reinemer nicht in Zweifel gezogen«; Schreiben von Joanna Liedke vom 9. 3. 2001.

112 Jean-François Steiner, »Treblinka – Die Revolte eines Vernichtungslagers«, Berlin 1994.

113 Im November 1943 war Treblinka II dem Erdboden gleichgemacht worden, das Arbeitslager Treblinka I bestand noch einige Monate länger bis Frühjahr 1944. Manfred Burba, »Treblinka – Ein Vernichtungslager im Rahmen der ›Aktion Reinhard‹«, Göttingen 2000.

114 Schreiben des Staatsarchivs Hamburg vom 17. 10. 2000. Der Eintrag vom Januar 1944 wirft wegen seiner Formulierung die Frage auf, wie sorgfältig die einzelnen Meldeangaben damals vorgenommen wurden; denkbar wäre zum Beispiel auch, dass Reinemer im Februar 1943 und bei seinem Umzug Ende August 1943 lediglich von seiner Freundin (die womöglich inzwischen seine illegale Frau war) an- und umgemeldet wurde und dass er erst im Januar 1944 nach Hamburg übersiedelte.

115 Unterlagen über Reinemers Tätigkeit im Lagerkomplex wie Lagerbücher usw. existieren nicht mehr, alle Dokumente wurden im April 1944 systematisch vernichtet. Eine Angabe über die genaue Tätigkeit Reinemers im Lager lässt sich nicht mehr machen; Schreiben von Friederike Littmann, *Forschungsstelle für Zeitgeschichte in Hamburg*, vom 28. 2. 2001 und vom 2. 3. 2001. Martin Weinmann (Hrsg.), »Das nationalsozialistische Lagersystem«, Frankfurt 1998.

116 Schreiben des Staatsarchivs Hamburg vom 17. 10. 2000 und vom 2. 1. 2001. Die Ummeldung auf die neue Anschrift im Mittelweg ist keinerlei Beweis, dass er sich in dieser Zeit auch in Hamburg aufgehalten hat; Gespräch mit Friederike Littmann am 28. 2. 2001, Gespräch mit Staatsarchiv Hamburg am 13. 3. 2001. Reinemers Schwester erinnert sich, ihn gelegentlich in Hamburg gesehen zu haben, will aber keine näheren Angaben machen; Telefonat mit Gertraude K. am 31. 1. 2001.

117 Das Arbeitslager Treblinka I wurde im Frühjahr aufgegeben, als die Rote Armee näher rückte, insofern könnte die Zeitangabe stimmen. Für den Rückweg aus Polen nach Deutschland einschließlich der Jagd auf Fahnenflüchtige gibt es keinen Beleg. Allerdings erinnert sich Ingetraud K., die Tochter Reinemers, in dieser Zeit noch eine Nachricht von ihrem Vater aus Gardelegen bei Magdeburg erhalten zu haben. Zwischen 1939 und 1945 gab es in Gardelegen das Einsatzlager der Fallschirmjäger und einen großen Heeresfliegerhorst. Einen Tag vor der Befreiung durch amerikanische Truppen wurden am 13. 4. 1945 in Gardelegen/Gut Isenschnibbe mehr als 1000 Juden aus den KZs Neuengamme und Hannover-Stöcken bei lebendigem Leibe in einer Feldscheune verbrannt. In Gardelegen soll 1943 auch ein SS-Kommando unter Leitung von Otto Skorzeny für die Befreiung Benito Mussolinis vom Gran Sasso trainiert haben; Schreiben von Herbert Becker, Stadtmuseum Gardelegen, vom 23. 2. 2001.

118 Nach Auskunft der *Deutschen Dienststelle* in Berlin (vormals *Wehrmachts-Auskunftsstelle [WASt]*), von der die Wehrmachtskarteikarten geführt werden, ist bei Günter Reinemer weder ein Austritt aus der Wehrmacht noch ein Wechsel in die SS zu erkennen; ein Verbleiben in der Wehrmacht sei jedoch »wenig wahrscheinlich«. Gespräch mit Peter Ger-

hardt/*Deutsche Dienststelle* am 5.2.2001; Schreiben der *Deutschen Dienststelle* vom 7.2.2001.

119 Gerald Reitlinger, »The SS: Alibi of a Nation«, New York 1989. Ein 18-jähriger Österreicher beispielsweise, der sich im August 1940 »von der Handelsschule weg (...) als Freiwilliger in die Waffen-SS gemeldet hatte«, war mit seiner Einheit, dem 15. SS-Totenkopfregiment nach Plock an der Weichsel, in den Krieg mit der Sowjetunion gezogen. Im September 1941 erlitt er einen Knieschuss, kam erst zu einer Genesungskompanie, dann in eine Schreibstube des KZs Dachau, schließlich, im September 1942, in die Effektenkammer des KZs Auschwitz; Erich Kuby, »Als Polen deutsch war«, München 1986.

120 Manfred Burba, »Treblinka – Ein Vernichtungslager im Rahmen der ›Aktion Reinhard‹«, Göttingen 2000. Zu höheren Zahlen von 700 bis 750 Toten kommen Samuel Willenberg in »Surviving Treblinka« (Oxford 1989) und Miriam und Saul Kuperhand in »Shadows of Treblinka« (Chicago 1998).

121 Notdienstverordnung vom 15.10.1938. Als Grundlage diente die 3. Verordnung des Vierjahresplanes von 1938 zur Sicherstellung des Kräftebedarfs für Aufgaben von besonderer staatspolitischer Bedeutung. Dabei handelte es sich um einen Grenzfall zwischen einer militärischen und einer arbeitseinsatzmäßigen Maßnahme: Es konnten zur Bekämpfung öffentlicher Notstände sowie zur Verbreitung ihrer Bekämpfung Bewohner des Reichsgebietes für eine begrenzte Zeit zu Notdienstleistende herangezogen werden, zum Beispiel für Einberufungen zum Polizeidienst. Das Gesetz unterschied zwei Formen des Notdienstes: den langfristigen Notdienst, der immer dann vorlag, wenn die Beschäftigung hauptberuflich erfolgte und länger als drei Tage dauerte, oder den kurzfristigen Notdienst für nicht länger als drei Tage. Das Beschäftigungsverhältnis durfte nicht gekündigt werden. Wer den Notdienst verweigerte, musste mit einer Haftstrafe rechnen.

122 Die später geäußerte Vermutung, er habe seine Frau Rosa und deren Familie mit seinem falschen Treblinka-Bekenntnis schädigen wollen, ist besonders durch den Verlauf der Vernehmungen eindeutig widerlegt.

123 Charles Messenger, »Der Zweite Weltkrieg in Europa«, Berlin 2000.

124 Diese Angaben sind die ersten auf seiner Karteikarte seit März 1942; Wehrmachtskarteikarte von Günther (sic!) Horst Ludwig Reinemer, geb. 1.3.1918 in Dresden, bei der *Wehrmachts-Auskunftsstelle (WASt)*.

125 Recherchen der *Auskunftei deutsche Militärgeschichte,* Emmendingen, vom 13.3.2001. In den letzten Kriegsmonaten wurden auch »Magenkranke« mobilisiert und als Marschbataillone an die Front geschickt; Gespräch mit Rolf-Dieter Müller vom Militärhistorischen Forschungsamt in Potsdam am 5.2.2001.

126 Schreiben der Baufirma *Egon Lautz* an Elisabeth Reinemer vom 4.3.1947: »Bei den Abbruch- und Aufräumungsarbeiten in den Wellers-

bergkasernen wurde u. a. das Soldbuch Ihres Gatten gefunden (…)« Reinemers Tochter Ingetraud versichert, ihre Mutter habe das Soldbuch verbrannt; andererseits behauptet Reinemers Bruder, im Besitz des Soldbuches zu sein, verweigert aber dazu jede Auskunft; Gespräche mit Ingetraud K. am 16. 5. 2000 und 13. 9. 2000; Telefonat mit Heinz Reinemer am 30. 1. 2001. In der Wellersbergkaserne befand sich nach dem Krieg ein Hauptdurchgangslager für Flüchtlinge, das später nach Unna-Massen verlegt wurde. In den Archivunterlagen finden sich aber keine Unterlagen über Günter Reinemer; Schreiben der Landesstelle für Aussiedler, Zuwanderer und ausländische Flüchtlinge in Unna-Massen vom 19. 1. 2001.

127 Die Amerikaner untersuchten deutsche Kriegsgefangene zunächst immer auf die Blutgruppentätowierung der SS (die Reinemer nicht besaß) und nahmen deren Soldbuch unter die Lupe; Arnold Krammer, »Nazi prisoners of war in America«, Lanham 1996.

128 Telefonat mit Dr. Wolfgang Metternich, Verein Höchster Geschichte e. V.

129 In einer anderen Version seines Geständnisses am 28. 8. 1988 sprach Wagner von Bad Soden bei Frankfurt, wo er den Amerikanern in die Hände gefallen sein will. Und er gab dabei eine andere Reihenfolge an: Er sei erst ins Kriegsgefangenenlager gekommen, dann in die USA, habe dann in Höchst eine neue Identität erhalten. Diese Variante kann allerdings nicht stimmen. Seinen allerersten Hinweis auf den amerikanischen Armeegeheimdienst *CIC* in Frankfurt-Höchst korrigierte er auf Einwurf von Matschke, es habe sich um die *CIA* gehandelt; auch im weiteren Verlauf sprach er dann immer von der *CIA*, obwohl die erst zwei Jahre später gegründet wurde. Es ist deshalb davon auszugehen, dass Reinemer *CIC* mit *CIA* gleichsetzte, was den Verdacht nahe legt, er könnte später, wie andere Nazis und SS-Leute, auch für die *CIA* gearbeitet haben.

130 Christopher Simpson, »Blowback: America's Recruitment of Nazis and its Effects on the Cold War«, New York 1988; Ian Sayer und Douglas Botting, »America's Secret Army: The Untold Story of the Counter Intelligence Corps«, New York 1989.

131 Anthony Cave Brown (Hrsg.), »The Secret War Report of the OSS«, New York 1976; R. Harris Smith, »OSS: The Secret History of America's First Intelligence Agency«, Berkeley 1972.

132 Interview mit Harry Rositzke in: Rena Giefer, Thomas Giefer, »Die Rattenlinie«, Frankfurt 1992. *CIC* und *OSS* verfolgten sehr ähnliche Ziele bei ihren Operationen, zum Teil arbeiteten sie zusammen, zum Teil gegeneinander; Supreme Headquarters, G-5 Division, »OSS Cooperation with G-5 in Germany«, APO 757, Schreiben von Brigadier General Frank J. McSherry vom 2. 5. 1945.

133 *OSS* European Theatre, »Recruiting and Training of German Agent Personnel«, Scheiben von Colonel Edward W. Gamble, jr. vom 24. 3. 1945; *NARA* Record Group 226, *OSS* Classified Sources and Methods, Box 221.

134 In einem »Antrag auf Erteilung eines vorläufigen Reiseausweises«, den er wahrscheinlich 1950 oder 1951 ausfüllte, aber nicht einreichte,

schrieb Günter Reinemer alias Hans Wagner, dass er über folgende Identitätsdokumente verfüge: »Reisepass, alter deutscher Reisepass, deutsche Kennkarte 1935«.

Der Spion – 1945 bis 1957

1 Die Porträtzeichnung wurde Jahre später in einem Koffer gefunden, den Wagner bei seiner Freundin Else Zöllner deponiert hatte und der nach ihrem Tod von deren Tochter aufbewahrt wurde.

2 *Herald Tribune* vom 12.4.1945; *Völkischer Beobachter* vom 12.4.1945.

3 Gespräch mit Clement Edel am 10.3.2001.

4 Clement Edel ist nahezu der Einzige noch lebende Bewohner in Folembray, der sich konkret an das Kriegsgefangenenlager erinnern kann. In seinen Unterlagen besitzt er noch eine Reihe von Fotos und drei Dokumente: die Bescheinigung über den Erhalt von einem Paar Arbeitsschuhen vom 2.2.1945, als das Lager eröffnet wurde, eine Verdienstbescheinigung des *Service D'Aide Aux Forces Alliées* vom 20.3.1946 und ein Zeugnis vom 12.4.1946, als das Lager bereits unter der Bezeichnung *American Graves Registration Command Sub-Depot* firmierte.

5 Das Kriegsgefangenenlager in der Gegend von Sedan, das Wagner wahrscheinlich meinte, war in Stenay – er erwähnte diesen Namen später in einem seiner zahlreichen Lebensläufe.

6 Wagner irrte sich diesbezüglich bei seinen Vernehmungen in Caracas, er sei erst im Sommer in das Kriegsgefangenenlager gekommen, er irrte sich auch bei der Aussage, dass Folembray im Département Oise liege, es ist das Nachbardépartment Aisne. Oise lernte er allerdings durch seine Frau Jeanne später sehr viel besser kennen.

7 Über die Rekrutierung deutscher Kriegsgefangener und Kriegsverbrecher durch *CIC* und *OSS* wurden vom Nachfolgegeheimdienst *CIA* und von der US-Armee seit Herbst 1999 etwa 300 000 Dokumente freigegeben, die in den *National Archives* in Washington zur Verfügung stehen.

8 Elisabeth P. McIntosh, »Sisterhood of Spies: The Women of the OSS«, Annapolis 1998.

9 Unter den freigegebenen Dokumenten befinden sich einige über die *OSS*-Operation »Sauerkraut«, darunter ein Brief des Hauptquartiers vom 17.10.1944, in dem Anweisungen gegeben und die führenden Agenten aufgelistet wurden: Barbara Lauwers (»Zuzka«), Eddie Zinder, Jan Libich u.a.; NARA Record Group 226, OSS Classified Sources and Methods, Box 317.

10 Das *OSS*-Büro in Caserta/Italien machte am 2.11.1944 gegenüber dem Hauptquartier Bedenken geltend, Kriegsgefangene zur Infiltration nach Deutschland, hinter die Feindlinien, zurückzuschicken. Dagegen spreche die Genfer Konvention. »Wir haben jedoch den Eindruck«, kabelte ein Agentenführer namens »Cecil« aus Caserta nach Hause, dass »es

einen Persilschein für den Einsatz von Kriegsgefangenen für Geheimoperationen« gebe; OSS-Cable IN 24541 vom 2.11.1944; NARA OSS files Rolle 98, Nr. 521.

11 Christopher Simpson, »Blowback: America's Recruitment of Nazis and its Effects on the Cold War«, New York 1988; Ian Sayer und Douglas Botting, »America's Secret Army: The Untold Story of the Counter Intelligence Corps«, New York 1989; Anthony Cave Brown (Hrsg.), »The Secret War Report of the OSS«, New York 1976; R. Harris Smith, »OSS: The Secret History of America's First Intelligence Agency«, Berkeley 1972.

12 OSS European Theater of Operations (Main), Schreiben von James R. Forgan vom 11.1.1945; NARA Record Group 226, OSS Classified Sources and Methods, Box 317. Bei seinen Vernehmungen in Caracas sagte Wagner, das CIC habe sehr genau über seine Kriegskarriere Bescheid gewusst (»Die wussten schon, wo wir herkamen [...]«). Das ist durchaus möglich, denn im Herbst 1944 war der Massenmord von Treblinka den Amerikanern von ihren Agenten im Osten längst übermittelt worden, wahrscheinlich durch geflüchtete Überlebende und polnische Anwohner, denen die Aufgabe des Vernichtungslagers nicht verborgen geblieben war. Auf diese Weise fanden die Nachrichten auch ihren Weg in die amerikanische Öffentlichkeit, wobei sich die Zahl der jüdischen Opfer hinterher als zu hoch erwies; Ralph Parker, »Nazis Killed 2 764 000 Jews At Treblinka Death Camp«, PM vom 12.11.1944. Es ist durchaus denkbar, dass der amerikanische Geheimdienst CIC auf diesem Weg auch Informationen über das Wachpersonal von Treblinka erhielt und hinterher, als die entsprechenden SS-Leute von ihnen verpflichtet worden waren, die jeweiligen Dokumente verschwinden ließ. Auch die Rolle des Treblinka-Kommandanten Franz Stangl war dem CIC offenbar früh bekannt; Gitta Sereny, »Into that Darkness: An Examination of Conscience«, New York 1983.

13 OSS European Theater, APO 413, 16.3.1945, »Summary of Three Reports About Life in PW Camps and the Mentality of PWs« (secret), NARA Record Group 226, OSS Classified Sources and Methods, Box 317.

14 Die »Organisation Todt« (OT) wurde von dem Nationalsozialisten Fritz Todt als technische Spezialtruppe für das militärische Bauwesen gegründet.

15 OSS European Theater, APO 413, 16.3.1945, »Summary of Three Reports About Life in PW Camps and the Mentality of PWs« (secret), NARA Record Group 226, OSS Classified Sources and Methods, Box 317.

16 Siehe Anmerkung 15.

17 OSS European Theater of Operations, drei Schreiben von Colonel Edward W. Gamble, jr. vom 5.3.1945; NARA Record Group 226, OSS Classified Sources and Methods, Box 317.

18 Nach den spärlichen Unterlagen von Clement Edel war ein Lt. Colonel Neumann Chef des Depots; möglicherweise steht eine mysteriöse Tätigkeit Wagners Jahre später im französischen Senlis, bei der er offen-

bar in der Umgebung nach Gräbern suchte und diese auf Karten markierte, sowie *YMCA*-Fahrten zu diesen Gräbern organisierte, mit dem *American Graves Registration Command* in einem Zusammenhang.

19 Nach Auskunft der *Deutschen Dienststelle* (vormals *WASt*) vom 15.3.2001 ist Hans Wagner weder unter diesem noch unter dem Namen Günter Reinemer als deutscher Kriegsgefangener in einem dieser Lager registriert worden.

20 Für seinen Aufenthalt in den USA gibt es keinen Beweis, weil er auch in den Listen der deutschen PWs nicht auftaucht, die nach Amerika gebracht wurden; er könnte auch an die Franzosen übergeben worden sein; aber auch dafür gibt es keinen Beleg. Nach Auskunft der *Deutschen Dienststelle* (vormals *WASt*) vom 15.3.2001 sind die 1965 von den US-Behörden übergebenen Listen deutscher Kriegsgefangener, die in US-Camps in den USA und Europa waren, nur bis Ende April 1945 vollständig. Alle PWs, die danach eintrafen, wurden nicht mehr systematisch erfasst. Da Wagner am 12.4.1945, also vor dem Stichtag, definitiv im Kriegsgefangenenlager Folembray war, müsste er eigentlich vermerkt sein; dass dies nicht der Fall ist, lässt sich auch nach Meinung der *WASt* nur so interpretieren, dass sein Name getilgt wurde, wahrscheinlich vom US-Geheimdienst.

21 Arnold Krammer, »Nazi Prisoners of War in America«, Lanham 1996.

22 »Seabee History: Formation of the Seabees and World War II«, Department of the Navy, Washington, 1997; »The 63rd Naval Construction Bataillon (Seabees)«, The United States Navy, 1999. Das »Construction Bataillon« entsprach in gewisser Weise der »Organisation Todt«.

23 Ursprünglich war Camp Peary eine Pentagon-Einrichtung für Forschung und Ausbildung, die dann von der *CIA*-Abteilung für verdeckte Operationen benutzt wurde. »The Farm« diente später als geheime Trainingsbasis für Spezialwaffen, Sprengstoff, Tauchtechniken und Observierung, Infiltration und Exfiltration sowie andere geheime Techniken der *CIA*. Offizieller Name der Einheit: *Armed Forces Experimental Training Activity (AFETA)*; Victor Marchetti und John D. Marks, »The CIA and the Cult of Intelligence«, New York 1974.

24 Es gibt keine Beweise für Wagners Ausbildung in Camp Peary, aber der Tischlergeselle bezeichnete sich später immer als Ingenieur für Aerodynamik, muss sich in diesen Jahren nach dem Krieg irgendwo profundes Spezialwissen angeeignet haben, jedenfalls waren sich viele Zeitgenossen später einig, dass er ein fähiger Ingenieur gewesen sei. Allerdings gab er im ganzen Verhör keine Erklärung, wie und wo er zum Ingenieur ausgebildet worden war; Vernehmungen von Georg Wagner vom 26.8. bis 30.8.1988.

25 *OSS*-Cable »top secret« Nr. IN 16336 vom 18.6.1945; NARA *OSS*-files, Rolle 82, Nr. 9.

26 Das erste Mal während des zwölfstündigen Verhörs, als über seine Rekrutierung durch einen US-Geheimdienst gesprochen wurde, nannte

Wagner das *CIC*. Matschke fragte nach, ob er das *CIC* oder die *CIA* meine. Danach korrigierte sich Wagner und sprach fortan nur von der *CIA*, obwohl es sich offensichtlich um das *CIC* handelte; Vernehmungen von Georg Wagner vom 26. 8. bis 30. 8. 1988.

27 Offiziell lief das »einzigartige Spionagezentrum der US-Armee« unter der Bezeichnung *770th European Command Intelligence Center*, Arnold M. Silver, »Questions, Questions, Questions: Memories of Oberursel«, *Intelligence and National Security*, April 1993; Franz Gajdosch, ein ehemaliger SS-Mann und späterer Barkeeper in Camp King hat einen historischen Abriss über Camp King geschrieben, unveröffentlicht; im Stadtarchiv von Oberursel gibt es umfangreiches Presse- und Fotomaterial über die Geschichte von Camp King; Joseph E. Persico, »Piercing the Reich: The Penetration of Nazi Germany by American Secret Agents during World War II«, New York 1979.

28 Zunächst wurden in Camp King durch Robert M. W. Kempner, den amerikanischen Chefankläger für die Nürnberger Prozesse, prominente Nazis verhört; später wurden über Camp King Nazi-Wissenschaftler wie der Raketenforscher Wernher von Braun in die Vereinigten Staaten geschleust. In Camp King konnte schließlich Reinhard Gehlen, Hitlers Spionagechef für Osteuropa (»Fremde Heere Ost«), mithilfe der Amerikaner seinen neuen deutschen Geheimdienst ins Leben rufen (»Organisation Gehlen«), der später zum Bundesnachrichtendienst (BND) umbenannt wurde.

29 Im Sommer 1945 begann der US-Geheimdienst *CIC* im besetzten Deutschland und Österreich »Deutsche als Quellen (...) zu beschäftigen«, darunter »Militärpersonal und Nachrichtendienstler«. »Diese ›networks‹ beschäftigten zahllose Agenten, von denen einige eine belastete Kriegsvergangenheit besaßen«, heißt es im Bericht der *Nazi War Criminal Records Interagency Working Group* vom Oktober 1999 (»Interim Report to Congress«). Die Studie geht auf den »Nazi War Crimes Disclosure Act« vom Januar 1999 zurück, der zur Gründung der *Interagency Working Group (IWG)* führte. Im erwähnten Bericht wird unmissverständlich deutlich gemacht, in welchem Umfang die beiden genannten Nachrichtendienste Nazis und SS-Leute verpflichteten, statt sie in Nürnberg oder anderswo anzuklagen. Hinter der Rekrutierung stand die Überlegung, dass die deutschen US-Agenten über »die nötigen Sprachkenntnisse verfügen sowie Sitten und Gebräuche und die traditionelle Autoritätsgläubigkeit« kennen, was die Arbeit des *CIC* sehr erleichtere; Annex B, »CIC Operations in Liberated Countries«, NARA 1211, ohne Datum. Das *OSS* beendete seine Tätigkeit im September 1945. Im Januar 1946 wurde die *Central Intelligence Group (CIG)* gegründet, die später in die *CIA* überging.

30 *CROWCASS* stand für »Central Registry of War Crimes and Security Suspects«; die Liste umfasste zunächst etwa 80 000 Namen und wurde ständig aktualisiert. Grundlage der Zusammenstellung war eine Liste der *United Nations War Crimes Commission*. Wen das *CROW-*

CASS-Verzeichnis namentlich aufführte, der war ohne Rückfrage zu verhaften; Stephen Dorril, »MI6: Fifty Years of Special Operations«; Tom Bower, »Blind Eye to Murder: Britain, America and the Purging of Nazi Germany«, London 1981; »History of the United Nations War Crimes Commission and the Development of the Laws of War«, London 1948.

31 William R. Corson, »The Armies of Ignorance: The Rise of the American Intelligence Empire«, New York 1977; Anthony Cave Brown, »The Secret War Report of the OSS«, New York 1976; Christopher Simpson, »Blowback: America's Recruitment of Nazis and Its Effects on the Cold War«, New York 1988.

32 Gitta Sereny, »Into that Darkness: An Examination of Conscience«, New York 1983.

33 Adalbert Rückerl, »NS-Verbrechen vor Gericht«, 1982.

34 Tom Bower, »Blind Eye to Murder: Britain, America and the Purging of Nazi Germany«, London 1981.

35 Einer der jüngst bekannt gewordenen Fälle ist der des Gestapo-Chefs Heinrich Müller. Auch er wurde wahrscheinlich vom *CIC* als Informant oder Agent genutzt und als Gegenleistung vor dem Nürnberger Kriegsverbrechertribunal bewahrt; »Gestapo-Müller ein *CIA*-Agent?«, *Welt am Sonntag* vom 18.2.2001. Eberhard Rondholz, »Eine längst vergessene Geschichte«, *Konkret* 8/2000.

36 Allen Ryan, »Klaus Barbie and the United States Government«, Frederick 1984; Magnus Linklater, Isabel Hilton und Neil Acheson, »The Nazi Legacy; Klaus Barbie and the International Facist Connection«, New York 1985; Christopher Simpson, »Blowback: America's Recruitment of Nazis and Its Effects on the Cold War«, New York 1988; Joseph November, »Klaus Barbie: Criminal In Absentia (1945–1983)«, ohne Datum.

37 Franz Gajdosch, »Camp King«, unveröffentlicht; Christof Münger, »Der Wandel der amerikanischen Entnazifizierungspolitik vor dem Hintergrund des ausbrechenden Kalten Krieges«, Historisches Seminar der Universität Zürich vom 30.9.1995; Rena Giefer, Thomas Giefer, »Die Rattenlinie«, Frankfurt 1992.

38 Eine Anfrage zu Günter Reinemer alias Hans Wagner nach dem *Freedom of Information Act* beim *US Army Intelligence And Security Command* in Fort George G. Meade führte zu keinem Resultat: Angeblich wurden keine Dokumente gefunden. Die Verlässlichkeit dieser Aussage muss allerdings sehr in Zweifel gezogen werden, da auch in früheren Fällen (zum Beispiel bei Barbie) angeblich keine Unterlagen vorhanden waren, zwischenzeitlich aber in Hülle und Fülle aufgetaucht sind; Schreiben von Russell A. Nichols, *US Army Intelligence And Security Command*, vom 1.11.2000.

39 Ein Führungsoffizier namens Clausen spielte möglicherweise auch im Fall Barbie eine Rolle; Telefonat mit Christopher Simpson am 10.12.2000.

40 Obwohl Wagner zunächst *CIC* und *CIA* fälschlicherweise gleich-

setzte, sprach er hier möglicherweise zu Recht von der *CIA*, die 1947 gegründet wurde und aus dem *OSS* hervorging; die *CIA* übernahm aber auch viele Agenten des *CIC*.

41 In Frankfurt-Höchst waren später verschiedene Einheiten der *Army Security Agency*, einer Nachfolgeorganisation des *CIC*, stationiert, darunter Abhörspezialisten; das damalige Hauptquartier des *CIC* war sehr bald nach Kriegsende, wie Wagner richtig angibt, nach Oberursel (Camp King) umgezogen, die *CIA* saß im IG-Farben-Haus in der Frankfurter Innenstadt.

42 Bei dem hessischen Landrat aus Bad Nauheim könnte es sich um Dr. Hermann B. handeln, einen Nazi, der von 1942 bis Kriegsende Landrat in Büdingen/Hessen war und nach dem Krieg von der US-Militärregierung in Internierungshaft genommen wurde; Schreiben des *Hessischen Hauptstaatsarchivs* vom 25.5.2000.

43 »Grab Bag« war eine *CIC*-Operation im Jahre 1946, »Lifeboat« war eine 7th Army *CIC*-Operation, »Nursery« eine *CIC*-Operation im Jahre 1946; schon im Juli 1945 hatte die *CIC*-Operation »Tallyho« (»Halali«) stattgefunden, mit der eine Festnahme von in Hessen untergetauchten Nazis beschleunigt werden sollte; *NARA, Interagency Working Group (IWG)*, »List of Terms, Codenames, Operations, and other Search Terminology«, November 1999; Stephen Dorril, »MI6: Fifty Years of Special Operations«, London 2000; Ian Sayer und Douglas Botting, »America's Secret Army: The Untold Story of the Counter Intelligence Corps«, New York 1989; »Report on Operation Tallyho«, Combat Command B, 3rd Armored Div., APO 253 US Army vom 28.7.1945.

44 *Times* vom 31.3.1946; *Sunday Express* vom 31.3.1946; »Operation Nursery«, NARA-file No. 79-00332A, Box 293; Ian Sayer und Douglas Botting, »America's Secret Army: The Untold Story of the Counter Intelligence Corps«, New York 1989.

45 Am 6.2.1948 bekam Hans Wagner den vorläufigen Reisepass Nr. 64714 von der französischen Sicherheitspolizei im noch besetzten Saarbrücken ausgestellt. So steht es in einem Passantrag, den er später ausfüllte, aber nicht einreichte. Warum Saarbrücken? Entweder spionierte er in der Gegend für die Amerikaner oder seine Tätigkeit für den *CIC* endete schon vorher und Wagner wollte sich auf dem Weg aus Frankfurt nach Frankreich den neuen Pass besorgen. Denkbar wäre auch, dass er sich die französische Sicherheitspolizei mit Bedacht aussuchte, weil er hoffte, dass seine falschen Papiere dort nicht so leicht auffliegen würden wie vielleicht in Deutschland.

46 Rena Giefer, Thomas Giefer, »Die Rattenlinie«, Frankfurt 1992.

47 Barbie bekam einen Pass auf den Namen »Klaus Altmann« ausgestellt und konnte sich via Rom nach Bolivien absetzen; dort blieb er ein Organisator für weltweite faschistische Umtriebe, stieg zum Berater des Militärdiktators Hugo Banzer auf, wurde erst im Februar 1983 an Frankreich ausgeliefert und dann dort zu lebenslanger Haft verurteilt; Rena Giefer, Thomas Giefer, »Die Rattenlinie«, Frankfurt 1992; Allen

Ryan, »Klaus Barbie and the United States Government«, Frederick 1984;
Magnus Linklater, Isabel Hilton und Neil Acheson, »The Nazi Legacy;
Klaus Barbie and the International Facist Connection«, New York 1985;
Michael Wala, »Germany and Intelligence Organizations: The Last Fifty
Years in Review«, *International Intelligence History Study Group
Newsletter* Vol. 7, No. 1, 1999.

48 John Ranelagh, »The Agency: The Rise and Decline of the CIA«,
New York 1987; Kevin C. Ruffner, »CIA's Support to the War Criminal
Investigations«, *Studies in Intelligence* 1/1997; »CIA Declassifies Its
Records On Dealings With Ex-Nazis«, *Washington Post* vom 18.3.2001;
»CIA Files Confirm U.S. Used Nazis After World War II«, *Washington
Post* vom 27.4.2001.

49 Gehlen baute ein weit verzweigtes Netz an Agenten und Informanten in Osteuropa auf; Peter Grose, »Operation Rollback: America's Secret
War Behind the Iron Curtain«, Boston 2000. Eine der ersten Direktiven
des *National Security Councils* der US-Regierung war Direktive NSC
10/2 »Stay Behind« vom 18.6.1948. Dabei wurde beschlossen, ein gehei-
mes Netzwerk von Agenten und Informanten in Osteuropa, aber auch in
Deutschland aufzubauen. Die Agenten in Deutschland sollten bei einer
Invasion der Roten Armee zurückbleiben und den Widerstand organisieren; Reinhard Gehlen, »Der Dienst«, München 1973.

50 Bereits Ende 1947 hatten US-Army und *CIA* mit mindestens einem
halben dutzend Programmen begonnen, nachrichtendienstliche Talente
der SS und der ehemaligen militärischen Geheimdienste Nazi-Deutschlands zu suchen und zu verpflichten; Christopher Simpson, »Blowback:
America's Recruitment of Nazis and Its Effects on the Cold War«, New
York 1988. Der *CIC*-Kommandant vom Camp King, General Sibert, wurde
von der *CIA* verpflichtet, um seine Erfahrungen im Umgang mit den deutschen Kriegsverbrechern einbringen zu können; Donald P. Steury, »On the
Front Lines of the Cold War«, Washington 1999. James H. Critchfield
von der *CIA* erhielt im Herbst 1948, auf dem Höhepunkt der Berlin-Krise
und der amerikanischen »Luftbrücke«, den Auftrag, die Zusammenarbeit
mit Gehlen zu überprüfen. Dessen Leute kontrollierten von Wiesbaden
aus den Funkverkehr der sowjetischen Militärmaschinen in der DDR und
lieferten somit »die einzigen Echtzeitinformationen«, bekannte Critchfield mehr als 50 Jahren später, »es wäre absolut unverantwortlich gewesen, das zu beenden«. Das sah man auch im *CIA*-Hauptquartier so.
Critchfield behauptete zudem, viele der ehemaligen Nazis und Kriegsverbrecher nur auf Druck des damaligen Bundeskanzlers Konrad Adenauer
in die »Organisation Gehlen« integriert zu haben, um »mit der Lawine
subversiver Kräfte aus Ostdeutschland« fertig zu werden; Critchfield war
zwischen 1949 und 1956 offizieller *CIA*-Verantwortlicher für die
»Organisation Gehlen«, George Lardner jr., »CIA Declassifies Its Records
On Dealings With Ex-Nazis«, *Washington Post* vom 18.3.2001.

51 In den Wäldern von Aumont befand sich Jahre zuvor, während der
deutschen Besatzung, eine V2-Basis der deutschen Wehrmacht; die

Menschen in der Region, von denen viele zur Widerstandsbewegung *Résistance* gehörten, entwickelten deshalb nach der Befreiung eine besonders intensive Abneigung gegen die Deutschen.

52 »Beruflicher Werdegang des Herrn Dipl.-Ing. Hans Wagner«, undatiert, ca. 1959.

53 Trevor Barnes, »The Secret Cold War: The CIA And American Foreign Policy in Europe«, *The Historical Journal* 24, 2 (1981).

54 Die Witwe des Grafen sagt, sie hätten keinen Privatsekretär gehabt; Gespräch mit Gräfin de Pierre de Bernis am 10. 3. 2001. In Aumont gibt es überdies eine Familie Fombelle – Hans Wagner setzte die beiden Namen offenbar später aus der Erinnerung zusammen. Recherchen in Aumont am 10. 3. 2001; Gespräch mit Gérald Wagner und Alain Mültner am 9. 3. 2001.

55 Gespräch mit Gérald Wagner und Alain Mültner am 9. 3. 2001.

56 Gespräch mit Gérald Wagner und Alain Mültner am 9. 3. 2001; das wird ganz ähnlich von der Nachbarin Mme Patenote, der Besitzerin der *Hostellerie de la Poste* in der Rue Bellon, beschrieben; Gespräch mit Mme Patenote am 10. 3. 2001.

57 Gespräch mit Gérald Wagner und Alain Mültner am 9. 3. 2001; Wagner soll diese Arbeit mit einem Mann gemacht haben, den sie nur unter dem Namen »der Pastor von Beaulieu« in Erinnerung haben; beide glauben, es könnte um die Suche nach Gräbern auf Friedhöfen der Umgebung gegangen sein. Möglicherweise stand diese Tätigkeit mit seiner Zeit in Folembray in Zusammenhang, wo die US-Armee das *American Graves Registration Command Sub-Depot* betrieb.

58 Alain und Gérald erinnern sich an Fred Bach und Richard Richter, zwei Freunde ihres Stiefvaters bei der Tischlerei *Valex*. Recherchen der *Deutschen Dienststelle* (ehemals *WASt*) ergaben, dass von einer Hand voll Soldaten mit Namen Alfred Bach keiner als Kriegskamerad von Wagner/ Reinemer in Frage kommt; der Name Richard Richter konnte vor Redaktionsschluss nicht mehr überprüft werden; Gespräch mit Gérald Wagner und Alain Mültner am 9. 3. 2001.

59 Gespräch mit Gérald Wagner und Alain Mültner am 9. 3. 2001.

60 Undatierte Bescheinigung von *Air France* (beglaubigte Übersetzung vom 25. 3. 1954) über die Beschäftigung des Spezialingenieurs für Aerodynamik Hans Wagner. »Sein Ausscheiden erfolgt wegen Ablauf eines Arbeitskontraktes. Er erfüllte seine Aufgaben zu unserer größten Zufriedenheit und wir schätzen Herrn Wagner als einen Mann von hoher Intelligenz und Moral. Unterschrift: Hugo Dupont/Chef des Personaldienstes der *Air France*«; trotz intensiver Bemühungen lehnte die *Air France* in Paris aus »datenschutzrechtlichen Gründen« jedwede Auskunft über ihren damaligen Mitarbeiter Hans Wagner ab.

61 Alain Mültner und Gérald Wagner erinnern sich, dass Wagner viel in Fachbüchern las, bezweifeln aber, dass er seine Kenntnisse ausschließlich autodidaktisch erwarb; Gespräch mit Gérald Wagner und Alain Mültner am 9. 3. 2001.

62 Sein Faible für die Welt der Flugzeuge und Piloten trat hier erstmals

zu Tage, es sollte sein Leben auf Jahrzehnte begleiten, obwohl es keinerlei Anhaltspunkt dafür gab, dass er jemals eine Fluglizenz besessen hatte.

63 Die zwei Ansichtskarten von »Mary« wurden später in einem Koffer
gefunden, den Wagner in den Sechzigerjahren bei seiner damaligen
Freundin Else Zöllner deponiert hatte; die Karten trugen keine Anschrift,
waren offenbar bei *Air France* in Orly für ihn abgegeben worden.

64 Mit der Heirat adoptierte Wagner Gérald, Jeannes Sohn aus der
Beziehung mit dem elsässischen Architekten; er trug deshalb fortan den
Namen Wagner; Alain Mültner dagegen blieb als Sohn eines gefallenen
Soldaten ein »Kind der Nation«, konnte nicht adoptiert werden; er bekam
bis zu seinem 18. Lebensjahr eine finanzielle Unterstützung vom Staat,
wuchs bei der Großmutter in Aumont auf; Gespräch mit Gérald Wagner
und Alain Mültner am 9.3.2001.

65 Tatsächlich war Wagner als Günter Reinemer evangelisch getauft
worden. Für seine Behauptung, der *CIC*-Führungsoffizier habe ihm eine
jüdische Legende und eine Beschneidung empfohlen, gibt es in den Ton-
bandaufzeichnungen der Vernehmungen keinen Beleg; Klaus-Dieter
Matschke sagt, dies sei von Wagner am Rande des Verhörs eingeräumt
worden. Richtig ist aber, dass Wagner beschnitten war, das bestätigen spätere Freundinnen wie zum Beispiel Maria Zapp aus Ingolstadt.

66 Gespräch mit Gérald Wagner und Alain Mültner am 9.3.2001;
Philippe Wagner kann sich an seine Geburtsadresse, Rue Bellon in Senlis,
heute nicht mehr erinnern; Gespräch mit Philippe Wagner am 10.3.2001.

67 Möglicherweise stand auch diese Tätigkeit mit seiner Zeit in
Folembray 1945 in Zusammenhang, wo die US-Armee das *American
Graves Registration Command Sub-Depot* betrieb.

68 Der Reisepassantrag, ein offensichtlich amerikanisches Formular
(»Form CTB/106«), steckt voller Rätsel: Wagner verwechselte in dem
Antrag zwei weitere Vornamen: In Breslau in der Heinrichstraße sei er
geboren, schrieb er, später dann war es die Friedrichstraße; in Breslau gab
es sowohl eine Heinrichstraße als auch eine Friedrichstraße. Er habe
Deutschland »als Soldat« verlassen, hieß es weiter in dem Papier, außerdem nennt er als Bürgen einen Graf Herbert von Strachwitz in Hildesheim
(Adresse nicht existent) – von Strachwitz ist ein altes schlesisches Ge-
schlecht; als zweiten Bürgen gibt er Prof. Dr. Achenbach, Dortmund an
(Adresse nicht existent) – ein Industrieller i. R., der auch später vereinzelt
in Briefen und Lebensläufen ihm erwähnt wird; »Antrag auf Erteilung
eines vorläufigen Reiseausweises«, undatiert.

69 Die Verwendung der nahezu gleichen Fantasieadresse in Hamburg-
Blankenese ist ein untrüglicher Beweis, dass es sich bei Günter Reinemer
und Hans Wagner tatsächlich um ein und dieselbe Person handelte;
Deutsche Dienststelle (vormals *WASt*), Wehrmachtskarteikarte »Günther
(sic!) Reinemer«; »Antrag auf Erteilung eines vorläufigen Reiseausweises«, undatiert.

70 Bei der Familie von Bültzingslöwen handelt es sich um schlesischen
Hochadel. In der Genealogie ist Wagners angeblicher Onkel als Dr. med.

Kurt Karl von Bültzingslöwen zu identifizieren, geboren am 6.5.1873, Generaloberarzt beim Sanitätsamt des 6. Korps in Breslau, der am 5.5.1913 Anna Helene Humdeiter heiratete, die aus Bad Flinsberg stammte. Diese Legende taucht genauso 30 Jahre später in einem Schreiben an seinen Freund Peter Winkler auf, wird dort noch etwas ausgeschmückt (siehe S. 23). Allerdings heißt der Onkel dort mit Vornamen Alfons.

71 Später stellt sich heraus, dass es in Kirkwood/Missouri, wo sein Vater angeblich lebte, auch einen George Wagner gab, der aber keinen Sohn Hans Georg Wagner besaß.

72 Wagners angebliche Heimatstadt Breslau und die Adresse Heinrichstraße deuteten dagegen auf jüdische Wurzeln hin: Breslau besaß vor 1933 eine große jüdische Gemeinde, und die Heinrichstraße lag in unmittelbarer Nachbarschaft des jüdischen Friedhofs und der Synagoge; Meyers Konversations-Lexikon, 1903; *Welt am Sonntag* vom 5.11.2000, S. 44.

73 Seine Tätigkeit für *Air France* in Paris-Orly und in Berlin strich Wagner später komplett aus seinen Lebensläufen; stattdessen gab er die *Air Maroc* als seinen Arbeitgeber an. Eine Erklärung dafür kann nicht gegeben werden.

74 Die Nutzung des Flughafens oblag der *Berliner Flughafen Gesellschaft (BFG)*, die 1950 mit dem Ausbau von Tempelhof begann, unter anderem zwei Hallen für die drei Gesellschaften *Pan Am, British European Airways* und *Air France* errichten ließ; die offizielle Übergabe durch den US-Kommandanten fand erst am 9.7.1951 statt; »Tempelhof Geschichte«, ohne Datum.

75 Gespräch mit Gérald Wagner und Alain Mültner am 9.3.2001; Gespräch mit Edith D. am 30.4.2001; Hans von Przychowski, »Vor 50 Jahren eröffnete *Air France* wieder den Liniendienst nach Berlin«, *Der Tagesspiegel* vom 4.1.2000.

76 Gespräch mit Gérald Wagner und Alain Mültner am 9.3.2001.

77 Hans Wagner war ein Fan seines Namensvetters Richard Wagner. Dessen »Parsifal« gehörte zu seinen Lieblingsopern. Alain und Gérald loben seine in der Regel sehr einfühlsame Art. Allerdings erinnern sie sich auch, dass bei ihrem Stiefvater die Stimmung manchmal sehr schnell umschlug. Er sei dann vom Französischen ins Deutsche gefallen, »das ist ja furchtbar mit euch« und »jetzt ist aber genug!« seien seine Lieblingssprüche gewesen; Gespräch mit Gérald Wagner und Alain Mültner am 9.3.2001.

78 Das Foto der Telefonzentrale mit den jungen Damen lag später in dem Koffer, den Wagner bei seiner Freundin Else Zöllner deponiert hatte; Gespräch mit Gérald Wagner und Alain Mültner am 9.3.2001.

79 Sohn Patrick Wagner erinnert sich an mehrere Gespräche mit seiner Mutter, in denen von der Untreue des Vaters die Rede war; Gespräch mit Patrick Wagner am 12.10.2000.

80 Gespräch mit Gérald Wagner und Alain Mültner am 9.3.2001.

81 Im Mai 1952 hatte die Bundesrepublik mit dem Abschluss des

Deutschlandvertrages und den Vereinbarungen über die Europäische Verteidigungsgemeinschaft vor aller Welt die Westintegration vollzogen. Mitten in die sowjetischen Bemühungen, die DDR für die bevorstehende Auseinandersetzung mit der Bundesrepublik zu rüsten, fiel der Tod Stalins am 5.3.1953; Diether Raff, »Deutsche Geschichte«, München 1992. Dann kam es zum Aufstand des 17. Juni und anschließend zu der Übernahme des DDR-Staatssicherheitsdienstes durch Ernst Wollweber, der »als international berüchtigter Berufsrevolutionär und Sabotageexperte (...) zu den skrupellosesten Figuren in der Spitze des Ulbricht-Regimes« gehörte, schrieb sein deutscher Gegenspieler Reinhard Gehlen in seinen Memoiren.

82 Reinhard Gehlen, »Der Dienst«, München 1973.

83 Siehe Anmerkung 82.

84 Gespräch mit Patrick Wagner am 12.10.2000.

85 Siehe Anmerkung 84.

86 Überprüfungsvorgang 73/54 »Aero«, MfS/BV Halle, Ref. XII, *BStU*-Archiv-Nr. 272/55.

87 Gespräch mit Helga E. am 10.1.2001; Gespräch mit Renate M., der älteren Tochter von Frieda Wernow, am 3.1.2001.

88 Gespräch mit Horst Pohlmann am 10.1.2001; Gespräch mit dem Hausbesitzer Horst B. am 3.1.2001.

89 Überprüfungsvorgang 73/54 »Aero«, MfS/BV Halle, Ref. XII, *BStU*-Archiv-Nr. 272/55.

90 Es ist durchaus möglich, dass *Air France* bei der Firma *RFT* Anlagen in Auftrag gegeben hatte, genaue Erkenntnisse darüber liegen nicht vor; die *Air France* gibt dazu keine Stellungnahme ab. Der *VEB Rundfunk- und Fernsehtechnik (RFT)* wurde später vom Ministerium für Elektrotechnik und Elektronik der DDR übernommen.

91 Aktennotiz IM »Peter« vom 24.3.1954; mit »tir france« meinte »Peter« offenbar »Air France«; der IM hatte den Neffen von Frieda Wernow ausspioniert. Überprüfungsvorgang 73/54 »Aero«, MfS/BV Halle, Ref. XII, *BStU*-Archiv-Nr. 272/55.

92 Schreiben der HA III/3/H an die HA II im MfS, Tagebuch Nr. III/1131/54/A vom 27.3.1954 und Schreiben des Ministeriums des Innern der DDR an die Staatssicherheit/Bezirksverwaltung Halle, Tagebuch Nr. II/3/335/54 vom 20.4.1954.

93 Gespräch mit Helga E. und Horst Pohlmann am 10.1.2001; auch in der Stasi-Akte ist von einer Operation an der Zehe die Rede; Überprüfungsvorgang 73/54 »Aero«, MfS/BV Halle, Ref. XII, *BStU*-Archiv-Nr. 272/55.

94 Gespräch mit Helga E. am 10.1.2001.

95 Den Neffen von Frieda Wernow hatte die Staatssicherheit massiv unter Druck gesetzt, Wagner auszuspionieren; Überprüfungsvorgang 73/54, »Aero«, MfS/BV Halle, Ref. XII, *BStU*-Archiv-Nr. 272/55.

96 Gespräche mit Frau B., Frau J. und Frau G. in Gorden am 5.10.2000.

97 Die Tafel hing ursprünglich an einem Gedenkstein in der Nähe der

evangelischen Kirche von Gorden, in der Günter und Elisabeth Reinemer getraut worden waren; sie hängt heute im Eingangsbereich der Friedhofskapelle von Gorden.

98 Gespräche mit Ingetraud K. am 16.5.2000 und 13.9.2000; Sohn Hans-Hermann dagegen hatte später keinerlei Erinnerungen an seinen Vater; Telefonat mit Hans-Hermann Reinemer am 6.10.2000.

99 Gespräch mit Gérald Wagner und Alain Mültner am 9.3.2001.

100 Gespräch mit Gérald Wagner und Alain Mültner am 9.3.2001; Gespräch mit Philippe Wagner am 10.3.2001; Gespräch mit Patrick Wagner am 12.10.2000; Gespräch mit Helga E. am 10.1.2001.

101 Gespräch mit Helga E. am 10.1.2001.

102 Nach Pohlmanns standesamtlicher Heirat gingen die vier ins Kino. Pohlmann erinnert sich, dass es ein Spionagefilm der *Defa* gewesen sei, der »Ein Mann namens Wagner« oder so ähnlich geheißen haben soll; Gespräch mit Horst Pohlmann am 10.1.2001.

103 Denkbar ist, dass Frieda Wernow vor der Verlobung ihre Vermögensverhältnisse offen legen wollte. Das erklärt jedoch nicht, warum sich die Bescheinigung später in Wagners Besitz befand, obwohl es nie zur Heirat mit Frieda Wernow gekommen war.

104 Tatsächlich gibt es keine Beweise, aber ein hohes Maß an Plausibilität für eine Agententätigkeit Wagners, die sich in den nächsten Jahren in der DDR noch erheblich verstärken sollten.

105 Das nicht schulpflichtige Kind in Wagners Begleitung, sein Sohn Philippe, sprach vielmehr kein Wort Französisch, sondern ausschließlich Deutsch, weil er im Alter von zwei Jahren nach Berlin gekommen war. Später sollte sich dies als großes Problem erweisen, als Jeanne mit ihren Kindern nach Paris zurückkehrte und Philippe und Patrick die französische Sprache erst erlernen mussten; Gespräch mit Philippe Wagner am 10.3.2001.

106 Gespräch mit Horst Pohlmann am 10.1.2001.

107 Schreiben des *VEB Kraftwerk Calbe* an den »Kollegen Hans Wagner« vom 11.5.1954.

108 Gespräch mit Wagners ehemaligen Kollegen Herbert Schulz, Fritz Drechsel, Harry Aelter, Manfred Zander und Helmer Otto am 10.1.2001 in Calbe/Saale. Herbert Schulz erinnert sich, Wagner habe in Calbe damals schon seine jüdischen Wurzeln erwähnt.

109 Undatierte Bescheinigung der *Air France* (beglaubigte Übersetzung vom 25.3.1954) über die Beschäftigung des »Spezialingenieurs für Aerodynamik« Hans Wagner. Unterschrift: Hugo Dupont/Chef des Personaldienstes der *Air France*; Gespräch mit Wagners ehemaligen Kollegen Herbert Schulz, Fritz Drechsel, Harry Aelter, Mandred Zander und Helmer Otto am 10.1.2001 in Calbe/Saale.

110 Schreiben des *VEB Kraftwerk Calbe* an den »Kollegen Hans Wagner« vom 11.5.1954; Mitgliedsbuch des *FDGB* Nr. 813843 vom 10. Mai 1954, Bezirksvorstand Magdeburg; Schreiben des *VEB Kraftwerk Calbe* an den »Kollegen Hans Wagner« vom 29.6.1954.

111 Zeugnis vom 20.3.1954, mit Wagners Schreibmaschine vermutlich Ende der Fünfzigerjahre geschrieben.

112 Seine Kollegen von damals halten die Angaben für übertrieben und zum Teil auch falsch; Gespräch mit Wagners ehemaligen Kollegen Herbert Schulz, Fritz Drechsel, Harry Aelter, Manfred Zander und Helmer Otto am 10.1.2001 in Calbe/Saale.

113 Telefonat mit Kurt Beyer am 3.1.2001.

114 Gespräch mit Wagners ehemaligen Kollegen Herbert Schulz, Fritz Drechsel, Harry Aelter, Manfred Zander und Helmer Otto am 10.1.2001 in Calbe/Saale.

115 Telefonat mit Kurt Beyer am 3.1.2001.

116 Gespräch mit Herbert Schulz am 10.1.2001 in Calbe/Saale. Im Dezember 1954 trat Wagner der *Gesellschaft für Sport und Technik* in Schönebeck mit der Ausbildungseinheit »Flugsport« bei.

117 »Otto Grotewohl sprach zu unseren Kumpels«, *Der Niederschachtöfner* vom 26.6.1954.

118 Siehe Anmerkung 117.

119 Das Original dieser Bescheinigung wurde später in einem Koffer gefunden, den Wagner in den Sechzigerjahren bei seiner Freundin Else Zöllner deponiert hatte. Der *VEB INEX* war laut »Verordnung über den Export von Industrieanlagen« vom 1.7.1965 »Generallieferant (...) und Zentralstelle für die Koordinierung und Lösung von Grundsatzfragen (...) und für die Koordinierung der Arbeit der zentralen Baustäbe im Ausland«; Gesetzblatt der DDR vom 31.7.1965.

120 Auf der Rückseite der *INEX*-Bescheinigung notierte Wagner u. a. handschriftlich: »Brief vom Amt für Zoll und Warenkontrolle zur Vorlage bei der Post«. Auch das deutet auf ein Exportgeschäft hin, für das er verantwortlich war; *Air France* zeigte jedoch keinerlei Bereitschaft, über die Tätigkeit ihres damaligen leitenden Angestellten Hans Wagner Auskunft zu geben.

121 Gespräch mit Gérald Wagner und Alain Mültner am 9.3.2001.

122 Siehe Anmerkung 121.

123 Gespräch mit Helga E. am 10.1.2001.

124 Siehe Anmerkung 123.

125 Gespräch mit Horst Pohlmann am 10.1.2001.

126 Gespräch mit Helga E. am 10.1.2001.

127 Wahrscheinlich wurde der »Vorgang Aero« später nach Calbe oder an die MfS-Zentrale in der Ostberliner Normannenstraße abgegeben. Überprüfungsvorgang 73/54 »Aero«, MfS/BV Halle, Ref. XII, *BStU*-Archiv-Nr. 272/55.

128 »Schluß mit der verbrecherischen Tätigkeit der Gehlen-Agenten«, *Der Niederschachtöfner* vom 18.11.1954.

129 »Ehrentafel unserer Besten«, *Unser Eisen* vom 6.5.1955.

130 Gespräche mit Herbert Schulz am 10.1.2001 und 13.6.2001 in Calbe/Saale.

131 Siehe Anmerkung 130.

132 In diesem Koffer befanden sich u. a.: die Porträtzeichnung aus dem Kriegsgefangenenlager Folembray, Schreiben und Fotos seiner Zeit in Frankreich und in der DDR, Originalausweise aus der DDR.

133 »Unsere Stadt wird schöner von Tag zu Tag«, *Unser Eisen* vom 1. 4. 1955.

134 Gespräch mit Philippe Wagner am 10. 3. 2001; Gespräch mit Patrick Wagner am 12. 10. 2000.

135 Gespräch mit Wagners ehemaligen Kollegen Herbert Schulz, Fritz Drechsel, Harry Aelter, Manfred Zander und Helmer Otto am 10. 1. 2001 in Calbe/Saale.

136 Dem »Überprüfungsvorgang Aero« beigefügt ist ein Aktendeckel (»2288/1955 Wagner«), der nur eine einzige Seite enthält. Am 9. 11. 1955, so geht aus dem Dokument hervor, wurde offenbar ein Häftling mit dem Namen Wagner in ein Ostberliner Gefängnis eingeliefert, musste seine »Effekten« (Mantel, Schal usw.) abgeben. Am 29. 3. 56, bei der Entlassung, quittierte der Mann mit »W« die Rückgabe seines Besitzes. Obwohl es keinen Nachweis gibt, dass Hans Wagner in dieser Zeit nicht im Gefängnis gesessen haben kann, ist unsicher, ob es sich bei »Nr. 2288« tatsächlich um ihn handelt.

137 *Unser Eisen*, 2. 11. 1956; Ausweis »Aktivist des Fünfjahrplanes« vom 13. 10. 1956; seine Urkunde bekam Wagner am 21. 12. 1956 als Kraftwerksmechaniker für die »Wirkungsgraderhöhung an Frischluft- und Saugzugventilatoren«; von der Moskaureise zeugen diverse Fotos.

138 Schreiben an die Kaderabteilung *VEB Entwicklungsbau Pirna* vom 21. 7. 1956, Zwischenbescheid vom 17. 8. 1956; Schreiben an die Kaderabteilung *Amt für Technik, Verwaltung der Luftfahrtindustrie* vom 21. 7. 1956, Zwischenbescheid vom 28. 7. 1956. Im August 1949 hatte die Sowjetunion ihre erste Atombombe gezündet, was zu verstärkten Aktivitäten der *CIA* gegen die Nuklearforschung des Ostblocks führte; Trevor Barnes, »The Secret Cold War: The *CIA* And American Foreign Policy in Europe«; *The Historical Journal*, 24, 2 (1981).

139 Schreiben von Arbeitsdirektor Schönherr, *VEB Eisenwerke West*, an Hans Wagner vom 13. 10. 1956.

140 *Unser Eisen* vom 11. 1. 1957.

141 Schreiben des *VEB Görlitzer Maschinenbau* an »Dipl.-Ing. Hans Wagner« vom 17. 1. 1957; Antrag auf Erteilung eines Patentes »Stopfbüchsenpackung, insbesondere für Hochdruck- und Heißluftventile« vom 18. 3. 1957; dieser Antrag trug noch die Unterschrift von Hans Wagner, der wenige Tage danach in den Westen Deutschlands floh.

142 Schreiben von Hans B. an Hans Wagner vom 4. 2. und 13. 2. 1957.

143 Schreiben von Hans B. an Hans Wagner vom 4. 2. 1957.

144 Gespräch mit Wagners ehemaligen Kollegen Herbert Schulz, Fritz Drechsel, Harry Aelter, Manfred Zander und Helmer Otto am 10. 1. 2001 in Calbe/Saale. Herbert Schulz erinnert sich, Wagner habe in Calbe bereits seine jüdischen Wurzeln erwähnt.

145 Manfred Zander, Schaltmeister im *VEB Eisenwerke West* und SED-

Parteimitglied, erinnert sich, dass Wagner möglicherweise bereits Ende 1956 den Antrag auf Eintritt in die Partei gestellt habe; Gespräch mit Manfred Zander am 10.1.2001 in Calbe/Saale.

146 Im Koffer bei Else Zöllner befand sich der Durchschlag seines Schreibens vom 13.3.1957 »an die Regierung der Deutschen Demokratischen Republik«, aber keine weiteren Unterlagen, aus denen ersichtlich wäre, welche Zeugnisse Wagner eingereicht und wie er seinen ausführlichen Lebenslauf formuliert hatte. Zu fragen ist natürlich, ob die CIA, falls Wagner noch für sie tätig war, ihn nicht mit entsprechenden Papieren für eine tragfähige wissenschaftliche Legende ausgestattet hätte.

147 Gespräche mit Heidrun D., der Tochter von Else Zöllner, am 5.9.2000, 30.10.2000 und 2.2.2001; Philippe Wagner behauptet, Hans Wagner habe seine Schwester Sabine nach Auskunft seiner Mutter sein Leben lang verleugnet, sie auch später nie getroffen, obwohl sie ihm Fotos schickte und Briefe schrieb, wie sehr sie ihren Vater liebe. Jeanne sei der Überzeugung gewesen, dass Wagner damals kein Mädchen wollte, sondern nur einen weiteren Sohn; Gespräch mit Philippe Wagner am 10.3.2001.

148 Gespräch mit Heidrun D. am 5.9.2000, 30.10.2000 und 2.2.2001. Herbert Schulz glaubt sich zu erinnern, dass der damalige Freund von Heidrun D., ein Mann namens Helmut K., später nach Westdeutschland »rübergemacht« und dann beim Verfassungsschutz gearbeitet habe; Gespräch mit Herbert Schulz am 10.1.2001 in Calbe/Saale.

149 Seine damaligen Kollegen berichten abweichend von den vorliegenden Dokumenten, Wagner habe sich bei der Fakultät für Atomforschung in Dresden-Possendorf beworben und dabei hätten sich Widersprüche zu seinem Antrag auf Parteimitgliedschaft ergeben. Ob sich Wagner nicht nur in Berlin, sondern auch in Dresden bewarb, ist nicht mehr festzustellen. Denkbar wäre auch, dass er den Kollegen seinerzeit falsche Angaben machte; Gespräch mit Wagners ehemaligen Kollegen Herbert Schulz, Fritz Drechsel, Harry Aelter, Manfred Zander und Helmer Otto am 10.1.2001 in Calbe/Saale.

150 Gespräch mit Wagners ehemaligen Kollegen Herbert Schulz, Fritz Drechsel, Harry Aelter, Manfred Zander und Helmer Otto am 10.1.2001 in Calbe/Saale.

151 Schriftsatz Rechtsanwalt Peterjürgen S. an das Landgericht München II, Az: 1 R 387/69 vom 21.11.1970; Wagner selbst schrieb später in einem handschriftlichen Lebenslauf: »Infolge starker politischer Tendenzen mit der Partei des Betriebs und Verfolgung Flucht nach Westdeutschland im April 1957.«

152 Gespräch mit Wagners ehemaligen Kollgen Herbert Schulz, Fritz Drechsel, Harry Aelter, Manfred Zander und Helmer Otto am 10.1.2001 in Calbe/Saale.

153 Telefonat mit Fritz Drechsel am 3.1.2001, Gespräch mit Fritz Drechsel am 10.1.2001.

154 Gespräch mit Wagners ehemaligen Kollegen Herbert Schulz, Fritz

Drechsel, Harry Aelter, Manfred Zander und Helmer Otto am 10.1.2001 in Calbe/Saale.

155 Trotz intensiver Bemühungen fand die Gauck-Behörde (Bundesbeauftragte für die Unterlagen des Staatssicherheitsdienstes der ehemaligen DDR) keine weiteren Akten über Hans Wagner, auch nicht in der Außenstelle in Magdeburg, die für Calbe zuständig war. Es wäre sehr ungewöhnlich, wenn die Stasi ihn nicht auch weiterhin im Visier behalten hätte; außerdem sprechen die gegen ihn ergriffenen Maßnahmen dafür, dass es auch Unterlagen geben müsste.

156 Die »Rosenholz«-Datei des ehemaligen Ministeriums für Staatssicherheit enthält Angaben über sämtliche Spione, die von der Hauptverwaltung Aufklärung (HVA) in der 40-jährigen Geschichte der DDR verpflichtet wurden. In einer bis heute nicht geklärten Operation beschaffte sich die *CIA* das Verzeichnis in den Wendewochen, möglicherweise in Moskau, weil sie einerseits die Identifizierung umgedrehter eigener Agenten fürchtete, andererseits die Entlarvung von HVA-Spitzeln, die von ihr umgedreht worden waren und die bis heute unerkannt in Deutschland operieren; Robert Ide, »Der diskrete Charme der CIA«, *Der Tagesspiegel* vom 30.3.2001; Wolfgang Krach, Georg Mascolo, »Preziosen mit kleinem Makel«, *Der Spiegel* vom 20.11.2000.

157 Die Anschrift ist aus mehreren Telegrammen ersichtlich, die in den folgenden Wochen aus Barby in der DDR bzw. Westberlin nach Köln gingen, in denen Details der Flucht von Else Zöllner festgelegt wurden. Ferdinand sen. starb vor einigen Jahren. Ferdinand jun. kann sich an keinem Hans Wagner erinnern; Telefonat mit Ferdinand B. am 25.4.2001.

158 Es ist höchst unwahrscheinlich, dass Else Zöllner, wie von Hans Wagner 1970 im Scheidungskrieg mit seiner Frau Jeanne behauptet, Kontakte zur Staatssicherheit hatte.

159 Gespräche mit Heidrun D. am 5.9.2000, 30.10.2000 und 2.2.2001.

160 Geburts- und Taufschein für Philippe George Gabriel Wagner, Taufe am 30.6.1957, ausgestellt vom katholischen Pfarramt Calbe am 10.6.1963.

161 »Laissez-Passer« vom 20.6.1957, gültig bis 15.7.1957, verlängert bis 31.8.1957, verlängert bis 20.10.1957, ausgestellt durch das *Consulat de France* in Westberlin.

162 Schreiben von *Botrans* an Jeanne Wagner vom 9.11.1957 und 30.11.1957.

163 Fahrkarte 10/11.10.1957 Magdeburg-Paris; Gespräch mit Philippe Wagner am 10.3.2001.

Der Heiratsschwindler – 1957 bis 1973

1 Ossenberg wurde später von Rheinberg eingemeindet.

2 Alle Zeugnisabschriften sind mit der gleichen Schreibmaschine wahrscheinlich an jenem 10.10.1957 verfasst worden; es muss Zufall sein, dass

Wagner sich dabei ein Zeugnis aus Caracas/Venezuela ausstellte, also aus jener Stadt, die 15 Jahre später zu seiner Heimat werden sollte; sein Aufenthalt in der Türkei wurde später in seinen Erinnerungen nach vorn datiert, da wollte er schon 1934 aus Istanbul zurückgekehrt und von seinem Chef aufgefordert worden sein, Deutschland sofort zu verlassen, weil er Jude sei (siehe Seite 33). In einem Lebenslauf, der ebenfalls aus dieser Zeit stammt, schnitt Wagner über seine Zeit im Kraftwerk Calbe/Saale mächtig auf, gab an, er sei »Betriebsleiter des Kraftwerkes Calbe a. d. Saale, Mitglied der Havarie- und Katastrophen-Kommission des Ministeriums für Energie, Mitglied der Abnahmekommission für Dampfkessel und Turbinen beim Ministerium für Außenhandel, Bezirksvorsitzender der Kammer der Technik, im Bezirk Magdeburg, Prüfungsingenieur an den Ingenieurfachschulen Zittau und Dresden« gewesen.

3 Auffällig ist die relativ korrekte Orthografie und Grammatik. Vielleicht hatte ihm jemand geholfen. Es fehlt allerdings jeder nationalsozialistische Duktus in dem angeblichen Zeugnis sowie das obligatorische »Heil Hitler« am Ende. Gefunden wurden die gefälschten Zeugnisse in jenem Koffer, den Wagner bei Else Zöllner deponiert hatte.

4 Der belgische Chemiker und Fabrikant Ernest Solvay erfand Mitte des 19. Jahrhunderts ein Verfahren zur Herstellung von Soda aus Steinsalz, Ammoniak und Kohlendioxid.

5 Die erste Version seiner Biografie, die Wagner am 27. 8. 1988, nach Beginn seines Geständnisses, in Caracas auf Tonband sprach, war in vielerlei Hinsicht korrekt. In der Fassung vom 28. 8., nachdem er eine Nacht Zeit hatte zu überlegen, versuchte er mitunter, Zeiträume zu verschieben, um für bestimmte Abschnitte seines Lebens weitere Erklärungen umgehen zu können. Da erst die letzte Variante in einem schriftlichen Protokoll Niederschlag fand, sind die dort festgehaltenen Angaben teilweise nicht richtig zeitlich eingeordnet. Der Wahrheitsgehalt seiner Angaben lässt sich deshalb nur nach vollständiger Analyse der Tonbänder beurteilen.

6 Siehe Anmerkung 5.

7 Die Tätigkeiten für die Firmen *Van Erp* und *Breugel* fanden erst rund zehn Jahre später statt.

8 Erstaunlich ist, dass Matschke und Kohlenberger ihm diese Lüge abnahmen, denn natürlich kann man als Schweißer nicht nach drei Jahren zum Diplomingenieur werden.

9 Gespräche mit Heidrun und Gernot D., Tochter und Schwiegersohn von Else Zöllner, am 5. 9. 2000, 30. 10. 2000 und 2. 2. 2001.

10 Die Szenen beschreiben Fotos aus den Alben von Heidrun D. der Jahre 1958 bis 1960.

11 Es gibt allerdings nach der mysteriösen Flucht aus der DDR, über die keine Aufzeichnungen in den Archiven der Staatssicherheit zu finden sind, keine Beweise, dass er tatsächlich für das Ministerium für Staatssicherheit gearbeitet hat.

12 Später fiel Gérald Wagner die Rolle des »Ernährers« der Familie zu.

13 Gespräch mit Patrick Wagner am 12. 10. 2000; Gespräch mit Gérald Wagner und Alain Mültner am 9. 3. 2001; Gespräch mit Philippe Wagner am 10. 3. 2001.

14 Gespräch mit Patrick Wagner am 12. 10. 2000.

15 Jeannes Briefwechsel mit ihrem Mann wurde in französischer Sprache geführt und später im Rahmen ihres Scheidungsverfahrens offiziell ins Deutsche übersetzt.

16 Die *A. Kroog KG* belieferte namhafte Unternehmen wie die *Klöckner-Hütte*, die *Lloyd Motoren Werke* und auch seinen alten Betrieb, die *DSW Solvay* in Rheinberg; Zeugnis *A. Kroog KG* für Hans Wagner vom 11. 5. 1960 sowie diverse Unterlagen über die Abwicklung der Firma.

17 Wagner vollzog schnelle Wohnungswechsel, um die Gerichtsvollzieher eine Weile in die Irre zu führen; das damalige Desaster in Bremen trug, in kleinem Maßstab, viele ähnliche Züge wie die naive Vereinbarung, die Wagner 1988 in Caracas über zehn Millionen US-Dollar schließen sollte. Es standen aus dem Koffer Wagners, den er bei Else Zöllner deponiert hatte, verschiedene Originaldokumente der Zeit zwischen Mai 1960 und Januar 1964 zur Verfügung: Schreiben seines Anwalts Dr. Werner J. in Bremen, Pfändungsbenachrichtigungen, Schreiben des Finanzamtes Bremen-Ost, Gerichtsunterlagen, Korrespondenz mit den Gesellschaftern sowie Durchschläge der Schreiben von Hans Wagner.

18 In Bremen wohnte Wagner zunächst in der Bismarckstraße, dann An der Gete; seine damalige Bekannte Erika M. soll der Beziehung jahrelang nachgetrauert haben, war ihm einmal sogar hinterhergereist, als er mit Else Zöllner bereits in Hamburg lebte; Jahre später, im März 1965, schrieb Wagner einen Brief aus Bremen an Else, möglicherweise war er auf einen Besuch zu Erika zurückgekehrt.

19 Gespräche mit Heidrun und Gernot D., Tochter und Schwiegersohn von Else Zöllner, am 5. 9. 2000, 30. 10. 2000 und 2. 2. 2001.

20 Gespräche mit Heidrun und Gernot D., Tochter und Schwiegersohn von Else Zöllner, am 5. 9. 2000, 30. 10. 2000 und 2. 2. 2001; auch Patrick Wagner erinnert sich, dass seine Mutter womöglich das Geheimnis ihres Mannes kannte. Sie habe ihm einmal lachend gesagt, »es ist möglich, dass er gar nicht Wagner heißt«, aber das könne womöglich auch so dahingesagt gewesen sein; Gespräch mit Patrick Wagner am 12. 10. 2000.

21 Von seiner Tochter Sabine schrieb Wagner in dem Brief kein Wort, sie war inzwischen fast drei Jahre alt. Philippe behauptet sogar, sein Vater habe Sabine in seinem ganzen Leben nicht einmal gesehen und auch nicht sehen wollen. Bei der Aussprache in Duisburg handelte es sich wahrscheinlich um eine Affäre, die Wagner zwischenzeitlich beendet hatte.

22 Das Unternehmen *Fritz Hirsch* in Essen-Bredeney gehörte damals zu den bedeutendsten Firmen dieser Branche in der Bundesrepublik, mit Filialen in Hamburg, Hannover und München. Wagner hatte bei der *A. Kroog KG* gute Spezialkenntnisse über den unter- und oberridischen Rohrleitungsbau erworben. *Hirsch* verlegte auch Gaspipelines, Ölfernleitungen und Kunststoffrohre in Chemieanlagen und Raffinerien; Schreiben

der Firma *Fritz Hirsch* an Hans Wagner vom 27.5.1960 und vom 5.7.1960.

23 Anfang 1961 bat Wagner die zuständige Behörde des Kreis Moers (in dem Ossenberg liegt), ihm einen deutschen Führerschein auszustellen; er weigerte sich aber, seinen französischen Führerschein aus dem Jahre 1951 mit beglaubigter Übersetzung einzureichen, weil er diesen »ständig zur Erfüllung der Dienstgeschäfte in Algerien« benötige; Schreiben des Oberkreisdirektors Moers an Hans Wagner vom 2.2.1961.

24 Der Umzug erfolgte laut Vermieter am 1.10.1961; seine Firma *Fritz Hirsch* schrieb ihm am 10.11.1961, sie sei mit der Übernahme der Hälfte seiner Umzugskosten einverstanden, verpflichtete ihn aber, mindestens zwei weitere Jahre in der Hamburger Niederlassung tätig zu sein.

25 Gespräche mit Heidrun und Gernot D. am 2.2.2001; Schreiben vom Bezirksamt Hamburg-Harburg (Amt für zentrale Meldeangelegenheiten) vom 16.5.2000.

26 Gespräch mit Irmgard J. am 5.10.2000.

27 Vermutlich handelte es sich bei der Frau aus Bremen um Erika M.; Gespräche mit Heidrun und Gernot D. am 5.9.2000, 30.10.2000 und 2.2.2001.

28 Gespräch mit Irmgard J. am 5.10.2000; Brief von Irmgard J. am 3.11.2000. Sie beschreibt Wagner als »intelligent und charmant, aber durchtrieben«.

29 Die geheimnisvolle Organisation *Odessa* tauchte auch unter anderen Namen auf: »die Bruderschaft« und »die Spinne«. Hinter diesen faschistischen Netzwerken stand der legendäre SS-Offizier Otto Skorzeny, der inzwischen unter den Namen Rolf Steinbauer in Madrid lebte; *FBI*-file report No. 18965 vom 30.8.1951; *FBI*-file No. 105–716 New York vom 24.9.1951. Skorzeny pflegte sein Image als »Haudegen mit Schmiss«, den er sich im September 1943 mit der waghalsigen Befreiung Mussolinis vom Gran Sasso erworben hatte; Otto Skorzeny, »La Guerre Inconnue«, Paris 1975. Der unverbesserliche Nazi wurde nach Kriegsende von *CIC*-Offizieren in Camp King über seine Tätigkeit als Chef einer Sabotageeinheit der SS verhört; *Interrogation Center US Forces European Theater*, APO 655, CIR No. 4, Subject: The German Sabotage Service, 23.7.1945. Auch Skorzeny wurde danach als amerikanischer Spion etabliert und entging zeitlebens einem Strafverfahren; Arnold M. Silver, »Questions, Questions, Questions: Memories of Oberursel«, April 1993; Christopher Simpson, »Blowback: America's Recruitment of Nazis and Its Effects on the Cold War«, New York 1988.

30 Ein Rudolf Kretzschmar lässt sich nicht als ehemaliges Mitglied der SS identifizieren, wenn das denn sein echter Name war, wohl aber ein Herbert Hübner. Im Bundesarchiv (ehemaliges *Berlin Document Center*) findet sich eine Akte über Herbert Hübner, geboren am 7.8.1902, der 1935 SS-Untersturmführer und 1944 SS-Standartenführer war, irgendwann in der Zeit dazwischen nach der SS-Rangliste also Obersturmbannführer. Er wurde 1935 zum Stab der 35. SS-Standarte in der Abteilung III

(Disziplinar, Beschwerde, Rechtsangelegenheiten) versetzt. Für eine Beschäftigung am Volksgerichtshof gibt es keine Bestätigung. Andererseits gehörte Hübner, ein früher Weggefährte von Hitler, dem dubiosen *Bund Oberland* an, deren Mitglieder sich nach dem Krieg noch trafen, eine Nähe zur Organisation *Odessa* wäre also möglich. Hübner lebte nach dem Krieg in Stuttgart. Bei seiner Vernehmung nannte Wagner überdies einen Mann namens Hausmacher in Bayerisch Gmain, an der österreichischen Grenze bei Bad Reichenhall, dieser sei Vertreter einer SS-Fluchthilfeorganisation gleich nach dem Krieg gewesen. Ein Hausmacher lässt sich nicht identifizieren, wohl aber einen August Haußleiter, geboren 1905, der 1959 den *Bundesverband der Soldaten der ehemaligen Waffen-SS* geleitet haben soll und später bayerischer Landtagsabgeordneter und Vorsitzender der *Aktionsgemeinschaft Unabhängiger Deutscher (AUD)* war. Möglicherweise meinte Wagner ihn.

31 Gespräche mit Heidrun und Gernot D. am 5.9.2000, 30.10.2000 und 2.2.2001; Gespräch mit Irmgard J. am 5.10.2000.

32 Wagner hatte 1962 ein steuerpflichtiges Einkommen von fast 19 000 DM; Schreiben der *Hirsch Rohrbau GmbH* Hamburg vom 19.9.1963. Zur fristlosen Kündigung nahm das Schreiben von Rechtsanwalt Dr. Ralf W. an Hans Wagner vom 18.6.1963 Stellung.

33 Das Schreiben des Rechtsanwalts ging an Dip.-Ing. Hans Wagner, z. Zt. *Rohrleitungsbau Rheinhausen*, Moers. Offiziell meldete Wagner seinen Nebenwohnsitz Ossenberg am 4.1.1964 an, tatsächlich dürfte er aber im September 1963 die Wohnung bezogen haben.

34 Schreiben von Rechtsanwalt Dr. Ralf W. an Hans Wagner vom 30.9.1963 und vom 6.12.1963. Der Grund, warum der Anwalt das Mandat zurückgab, ist nicht erkennbar. Der Rechtsbeistand musste sein Honorar später unter Androhung einer gerichtlichen Zwangsvollstreckung eintreiben.

35 Gespräche mit Heidrun und Gernot D. am 5.9.2000, 30.10.2000 und 2.2.2001.

36 Gespräche mit Heidrun und Gernot D. am 5.9.2000, 30.10.2000 und 2.2.2001; Schreiben *Hirsch Rohrbau GmbH* vom 19.9.1963; Schreiben des Amts für zentrale Meldeangelegenheiten Hamburg-Harburg vom 16.5.2000. Zur Trennung soll auch Elses »übertriebener Sauberkeitsfimmel« beigetragen haben, sagt Irmgard J. Ihre Schwägerin sei eine überaus pedantische Frau gewesen, die Hans Wagner damit zeitweilig »auf die Nerven« gegangen sei; Gespräch mit Irmgard J. am 5.10.2000.

37 In diesem Koffer befanden sich u. a. die Porträtzeichnung, die ein unbekannter Kriegsgefangener von ihm in Folembray angefertigt hatte, viele Originalausweise und Bewerbungsschreiben Wagners aus der Zeit in der DDR, Geburts- und Heiratsurkunden aus Senlis, Bewerbungsschreiben aus den Sechzigerjahren und viele Fotos.

38 Gespräch mit Alain Mültner am 9.3.2001. Vermutlich hatte Wagner hier das Elektrogeschäft von Ferndinand B. im Sinn, bei dem er nach der Flucht aus der DDR vorübergehend Unterschlupf gefunden hatte.

39 Schreiben der Firma *Gottfried Bischoff KG* vom 6.12.1963 und 19.12.1963. Um diese Zeit muss Wagner noch einmal in Hamburg gewesen sein, um seinen am 11.11.1963 vom Bezirksamt Hamburg-Mitte ausgestellten neuen Pass abzuholen. Den fand seine Frau Rosa Rabinowicz in Caracas 25 Jahre später in seinem Nachlass.

40 Gespräche mit Manfred S., Luise Schneiders Sohn aus erster Ehe, und dessen Frau Helga sowie Frau G., der ehemaligen Mitarbeiterin von Luise Schneider, am 10.4.2001.

41 Das Haus im Schwarzwald gab Wagner später in Briefen an Else Zöllner als sein eigenes aus, er wolle darin eine Frühstückspension oder ein kleines Hotel einrichten; Luise Schneider verkaufte das Haus später und erwarb ein näher gelegenes Ferienhaus in Raesfeld, am Rand des Naturparks Hohe Mark, 40 Kilometer nördlich von Gelsenkirchen. Dieses Haus wollte sie Hans Wagner später »vererben«; Briefe von Luise Schneider an Hans Wagner vom 24.11.1968 und 6.4.1969.

42 Briefe von Luise Schneider an Hans Wagner vom 29.6.1969 und 28.8.1969.

43 Gespräche mit Heidrun und Gernot D. am 5.9.2000, 30.10.2000 und 2.2.2001; Brief von Luise Schneider an Hans Wagner vom 28.8.1969.

44 Gespräch mit Adolf und Margarete C. am 12.9.2000. Auch die Mutter von Luise Schneiders Schwiegertochter Helga hielt Wagner »für einen ganz linken Hund«, seit sie ihn dabei erwischt hatte, dass er sich seine Briefe postlagernd schicken ließ.

45 Jeanne schickte ihrem Mann immer wieder Fotos von Sabine, im Februar 1966, im Dezember 1966, im Oktober 1968 und zu ihrer Konfirmation im Mai 1969. Einige der Fotos tragen Widmungen der Tochter wie »Denk an mich, ich liebe dich!«

46 Gespräch mit Patrick Wagner am 12.10.2000.

47 Gespräch mit Alain Mültner und Gérald Wagner am 9.3.2001. Später kam es zwischen den fünf Wagner-Kindern sogar zum Rechtsstreit über den Unterhalt für die Mutter; Philippe reichte eine Klage ein, weil er zu der Zeit die gesamte finanzielle Last allein trug.

48 Gespräch mit Philippe Wagner am 10.3.2001.

49 Gespräch mit Patrick Wagner am 12.10.2000.

50 Ansichtskarten vom 26.2.1964 aus Zürich und vom 28.11.1964 vom Hotel *Salmen* in Zürich-Schlieren. In seinem Geständnis in Caracas erwähnt Wagner am Rande, er habe »mal in Schlieren gearbeitet«; Vernehmung von Georg Wagner am 28.8.1988. Auf der Karte aus Lindau schrieb Wagner am 14.7.1964, er sei auf »der Weiterfahrt nach Bregenz«.

51 Verschiedene Ansichtskarten von Hans Wagner an Else Zöllner: am 9.7.1965 aus Antwerpen, am 30.7.1965 aus Brüssel, am 15.10.1965 aus Brüssel, am 17.2.1966 aus Gent, am 10.8.1966 aus Gent, am 13.9.1966 aus Gent.

52 Die *Montanunion (Europäische Gemeinschaft für Kohle und Stahl EGKS)* wurde 1951 zwischen Frankreich, Deutschland, Belgien, Niederlande, Luxemburg und Italien geschlossen. Ziel war es, die Erzeugung von

Stahl und Kohle auszubauen, um den Lebensstandard in den Mitgliedsländern zu erhöhen. Auch in seiner Legende als Jude, der 1934 von den Nazis nach Kanada geflohen war, benutzte Hans Wagner die *Montanunion*. Sie habe nach der Gründung 1951 Ingenieure gesucht, und er sei dann nach seiner Rückkehr aus Kanada in Luxemburg und Belgien für die Organisation tätig gewesen; eine Firma *Breugel* in Brüssel ließ sich nicht ermitteln; Vernehmung von Georg Wagner am 26. 8. 1988.

53 Beide erinnern sich auch an Wagners Firmenwagen, einen Citroën Pallace; Gespräch mit Patrick Wagner am 12. 10. 2000; Gespräch mit Philippe Wagner am 10. 3. 2001.

54 Gespräch mit Patrick Wagner am 12. 10. 2000; Gespräch mit Gérald Wagner und Alain Mültner am 9. 3. 2001; Gespräch mit Philippe Wagner am 10. 3. 2001.

55 Gespräch mit Alain Mültner am 9. 3. 2001.

56 Über seinen Lebenstraum, ein kleines Hotel im Schwarzwald, sprach Wagner auch in späteren Briefen immer wieder. Es fand sich in seinem Nachlass auch ein Foto des Hauses, das er offenbar im Blick hatte, das aber Luise Schneider in Gelsenkirchen gehörte.

57 Der Dauerauftrag von 100 DM Miete pro Monat für das Zimmer in der Kirchstraße in Ossenberg lief bis 1972, wurde dann von der Bank mangels Deckung storniert.

58 Gespräch mit Dr. Friedrich Vissmann am 31. 5. 2001. Die Firma *Martin Van Erp* war damals ein angesehenes Unternehmen, das seit 40 Jahren existierte, eine Belegschaft von etwa 600 Mitarbeitern besaß und die Stahlkonzerne *Thyssen, Mannesmann, Gutehoffnungshütte* und *VÖEST* zu seinen Kunden zählte. Wagner ging in seinem Geständnis in Caracas mehrfach auf seine Tätigkeit für *Van Erp* und den Bau des Stahlwerks ein; Vernehmungen von Georg Wagner am 27. und 28. 8. 1988; Gespräche mit Gernot D. am 5. 9. 2000, 30. 10. 2000 und 2. 2. 2001.

59 Der Vertrag für das Konsortium *Aubelac (»Association VÖEST, Van Erp, Pouleur, Van Cleemput, Mercantile, Buzzichelli«)* wurde zwar erst am 2. 7. 1968 geschlossen, Wagner war jedoch schon in der Vorbereitungsphase für *Van Erp* tätig. Führer des Konsortiums war die *VÖEST*.

60 In einem Album von Maria Zapp in Ingoldstadt gibt es zahllose Fotos des Bungalows; Ortsbesichtigung und Gespräche mit Nachbarn in Ham-sur-Heure am 15. 2. 2001.

61 Else Zöllner muss Wagner später doch noch in Charleroi besucht haben, denn sie schrieb Heidrun und Gernot eine Ansichtskarte von dort, allerdings undatiert.

62 Meistens brachte Luises Sohn Manfred die saubere Wäsche montags aus Gelsenkirchen mit nach Charleroi; Gespräch mit Manfred S., Luise Schneiders Sohn aus erster Ehe, und dessen Frau Helga sowie Frau G., der ehemaligen Mitarbeiterin von Luise Schneider, am 10. 4. 2001.

63 Tatsächlich war Maria Zapp zu diesem Zeitpunkt noch verheiratet, ihre Scheidung lief. Gespräche mit Maria Zapp am 1. 11. 2000 und 17. 2. 2001.

64 Gespräche mit Maria Zapp am 1.11.2000 und 17.2.2001.

65 Gespräch mit Erwin Schramayr am 23.2.2001.

66 Die Fotos stammen aus dem Album von Maria Zapp in Ingolstadt, die Wagner einmal auf der Baustelle besuchen durfte. Den Eindruck bestätigt auch Friedrich Vissmann.

67 Brief von Erwin Schramayr vom 11.4.2001; Schramayr wunderte sich irgendwann, »daß ich bis heute noch keine wie immer geartete schriftliche Reaktion auf meine Bewerbung erhalten habe obwohl es international üblich ist, eine schriftliche Bestätigung des Bewerbungseingangs zu erhalten«. Schreiben von Erwin Schramayr an Hans Wagner vom 20.11.1968; den Brief schickte Schramayr aus Linz an die Adresse von Luise Schneider in Gelsenkirchen.

68 Seine Bewerbungsunterlagen erhielt Schramayr nie von Wagner zurück. Schreiben von Erwin Schramayr an Hans Wagner vom 20.11.1968; Gespräch mit Erwin Schramayr am 23.2.2001.

69 Wagner hatte Luise Schneider offenbar seine belgische Privatanschrift in Ham-sur-Heure vorenthalten, sie schickte ihre Briefe deshalb an das Büro auf der Baustelle. Der Hinweis »Du verkaufst gut« bezieht sich auf seine privaten Geschäfte mit ihrer Schmuckkollektion.

70 Gespräch mit Gérald Wagner am 9.3.2001.

71 Schriftsatz 1 K 387/69 von Rechtsanwalt Dr. L. S. in München vom 29.5.1970; Schriftsatz von Peterjürgen S. in München vom 21.11.1970.

72 Urteil in der Scheidungssache »Wagner gegen Wagner« in München vom 16.5.1972.

73 Gespräch mit Alain Mültner und Gérald Wagner am 9.3.2001; von einer »Tarnadresse« hatte er in seinem Brief an Else Zöllner vom 28.3.1965 gesprochen.

74 Gespräch mit Patrick Wagner am 12.10.2000; Gespräch mit Gérald Wagner und Alain Mültner am 9.3.2001; Gespräch mit Philippe Wagner am 10.3.2001.

75 Gespräche mit Maria Zapp am 1.11.2000 und 17.2.2001.

76 Gespräche mit Heidrun und Gernot D., Tochter und Schwiegersohn von Else Zöllner, am 5.9.2000, 30.10.2000 und 2.2.2001.

77 Gespräch mit Johanna Liebherr am 25.4.2001.

78 Siehe Anmerkung 77.

79 Die Entwicklung bei *Van Erp* lässt sich aus den Aktenvermerken des Konsortiums *Aubelac* sowie der Firma *VÖEST* rekonstruieren. Das deckt sich mit den Aussagen sowohl von Erwin Schramayr als auch Gernot D., der als Montagearbeiter auf der Baustelle arbeitete. Gespräch mit Erwin Schramayr am 23.2.2001; Gespräche mit Gernot D. am 5.9.2000, 30.10.2000 und 2.2.2001; Vissmann sagt, das Unternehmen habe schon zu Zeiten seines ehemaligen Chefs schlecht dagestanden. Er bestätigt den Lauschangriff gegen einen Mitarbeiter in Dinslaken, den er verdächtigte, mit Wagner unter einer Decke zu stecken. Die Büros auf der Baustelle in Charleroi habe er allerdings nicht verwanzen lassen; Gespräch mit Friedrich Vissmann am 31.5.2001.

80 Gespräch mit Erwin Schramayr am 23. 2. 2001.

81 Gespräche mit Maria Zapp am 1. 11. 2000 und 17. 2. 2001.

82 Gespräch mit Johanna Liebherr am 25. 4. 2001. Denkbar ist, dass der Brillantring und die teure Uhr aus der Schmuckkollektion von Luise Schneider stammten. Wagner besaß auch einen Schlüssel für den Juwelierladen in der Gelsenkirchener Alemannenstraße, »er hätte alles klauen können, doch mit Ausnahme eines Besteckkastens fehlte nie etwas«, versichert Frau G., die damals die rechte Hand von Luise Schneider im Geschäft war; Gespräch mit Frau G. am 10. 4. 2001.

83 Das ergibt sich aus zwei Briefen von Johanna Liebherr an Hans Wagner vom 2. 5. 1969 und 5. 5. 1969.

84 Der angebliche Aufenthalt in Kanada war natürlich erfunden. Wahrscheinlich hatte er auch Johanna den Bären mit Kanada aufgebunden, damit er sich wieder für ein, zwei Wochen nicht zu melden brauchte und sich um die anderen Frauen kümmern konnte.

85 Als »Nadelgeld« wurde damals ein »Taschengeld« für die Ehefrau bezeichnet.

86 »Eheversprechen – Ehevertrag« vom 17. 4. 1969, abzugeben vor dem Rechtsanwalt und Notar Dr. Ralph W. in Hamburg. Es handelt sich nicht um eine notariell beglaubigte Kopie, sodass nicht sicher ist, ob der Vertrag tatsächlich geschlossen wurde. Da Wagner bereits Jahre zuvor mit einem anderen Rechtsanwalt Ralf W. in Hamburg zu tun hatte, spricht einiges dafür, dass der Ehevertrag nur zur Beruhigung von Maria verfasst wurde.

87 Kaufvertrag URNr. 987/1969 vom 21. 4. 1969, unterschrieben vor dem Notar Dr. Adolf M. in Ingolstadt.

88 Der Brief mit dem entlarvenden Satz wird im Schriftsatz seines Scheidungsanwalts Dr. L. S. in München vom 29. 5. 1970 zitiert und auch im Urteil des Berufungsgerichts vom 16. 5. 1972 erwähnt. Demnach war im April 1969 Johanna Liebherr in Österreich und nicht Maria Zapp in Bayern seine große Favoritin.

89 Am 25. 4. 1969 schrieb er einen Liebesbrief an Johanna, fantasierte von einer Krankheit durch den Stress auf der Baustelle. Am selben Tag informierte er auch seine Bank in Gelsenkirchen, dass die nächsten beiden Monatsgehälter »März und April 69 (...) in Höhe von 8005 DM (...) bis zum 5. 5. 69 auf mein Konto eingehen«. Hintergrund: Der Konkurs der Firma *Van Erp*. »Sie können versichert sein, daß es mir äußerst peinlich ist, aber ich konnte nichts dazu«, schrieb Wagner. Als Überbrückung lieh er sich bei seinen vielen Frauen ein bisschen Geld. Mit Else in Hamburg allerdings gab es eine jahrlange »Sendepause«, erst 1972 sollte Wagner den Postkontakt wiederaufnehmen.

90 Gespräch mit Erwin Schramayr am 23. 2. 2001.

91 Schreiben von Hans Wagner an Erwin Schramayr vom 12. 4. 1970 mit Anmerkung von Erwin Schramayr.

92 Siehe Anmerkung 91.

93 Ein »Realitätenbüro« entspricht einem »Immobilienmakler«.

94 Brief von Johanna Liebherr an Hans Wagner vom 5. 5. 1969.

95 Johanna Liebherr schilderte ihre persönlichen Probleme und ihre Lebensumstände in zahlreichen, zum Teil undatierten Briefen an Hans Wagner aus der Zeit zwischen April und November 1969; Brief vom 29. 4. 1969, 2. 5. 1969, 5. 5. 1969, 28. 7. 1969, 18. 8. 1969, 12. 9. 1969, 30. 9. 1969 und 5. 11. 1969. Von dem Vater ihrer Tochter spricht Johanna allerdings ebenso wenig wie von dem Vater ihres Enkels.

96 Siehe Anmerkung 95.

97 Gespräche mit Maria Zapp am 1. 11. 2000 und 17. 2. 2001; sie hat Wagners Verlobungsringe bis heute aufgehoben.

98 Der Bericht der Detektei ist nicht überliefert, es gab jedoch ein Jahr später einen Rechtsstreit um die Bezahlung des Auftrags; Schreiben von Hans Wagner an Rechtsanwälte R. L. und Partner in Ingolstadt vom 26. 3. 1970; Zahlungsbefehl vom 4. 6. 1970; Schreiben von Hans Wagner an Rechtsanwälte R. L. und Partner in Ingolstadt vom 6. 6. 1970.

99 Gespräch mit Adolf und Margarete C. am 12. 9. 2000; Gespräche mit Heidrun und Gernot D. am 5. 9. 2000, 30. 10. 2000 und 2. 2. 2001.

100 Der Termin beim Augenarzt in Hamburg deutet darauf hin, dass Hans Wagner in dieser Zeit möglicherweise noch mit Else Zöllner Kontakt hatte. Ihre Tochter kann sich daran nicht mehr erinnern. Gespräche mit Heidrun D. am 5. 9. 2000, 30. 10. 2000 und 2. 2. 2001.

101 Schreiben der *Deutschen Bank* Gelsenkirchen an Hans Wagner vom 24. 7. 1969.

102 Als Sicherheit hatte Wagner bereits seinen Wagen, sein Prämiensparguthaben und eine Versicherungspolice übereignet; Schreiben von Hans Wagner an die *Deutsche Bank* vom 17. 7. 1969.

103 Maria Zapp bestätigte später, dass Wagner »noch Firmenpapier und Stempel« von *Van Erp* besessen habe, obwohl die Firma bereits in Konkurs gewesen sei; Schreiben von Maria Zapp an das Amtsgericht Ingolstadt vom 12. 12. 1972. Dr. Friedrich Vissmann bestätigt, dass es sich um einen gefälschten Brief handelt; Gespräch mit Friedrich Vissmann am 31. 5. 2001.

104 Schreiben von Hans Wagner an die *Deutsche Bank* Ingolstadt vom 7. 8. 1969.

105 »Tratten« sind »gezogene Bankwechsel«, Wagner meinte vermutlich »Tranchen« oder »Raten«.

106 Schreiben der *Deutschen Bank* Ingolstadt an Hans Wagner vom 11. 8. 1969.

107 Gefälschtes Schreiben der Firma *Martin Van Erp* vom 22. 8. 1969, weitergeleitet von Hans Wagner an die *Deutsche Bank* mit Schreiben vom 28. 8. 1969.

108 Tatsächlich hatte die *VÖEST* vor, »Herrn Wagner nach dem Konkurs *Van Erp* und Beendigung der Baustelle in Belgien als Bauleiter für andere Projekte zu übernehmen. Allmählich verstärkte sich jedoch der Verdacht, dass Herr Wagner durch manipulierte Baustellenabrechnungen Geld für sich abzweigen wollte«; Schreiben von Erwin Schramayr vom 13. 3. 2001. Die Unregelmäßigkeiten setzten sich bis 1970 fort und führten später zum Eklat mit Schramayr und der *VÖEST*.

109 Die 20000 DM hatte sich Wagner wahrscheinlich von einem Freund geliehen. Ihm schrieb er am 7. 8. 1969, er »benötige bis Ende kommender Woche die Summe von 20000 DM«, sei aber »zur Zeit nicht flüssig«. Sobald er »ein Teilgeld aus der Schweiz abgezogen habe«, begleiche er seine Schulden, »pünktliche Rückzahlung garantiert«.

110 Die Kanada-Lüge setzte er sechs Wochen später auch gegenüber der *Deutschen Bank* ein.

111 »Regie des Telegraphes et des Telephones« vom 24. 7. 1969. Die belgische Telefongesellschaft wies damals bereits sämtliche Telefongespräche nach Rufnummern, Gesprächsdauer und Kosten aus. So konnte Maria Zapp »ermitteln«, dass Wagner zum Beispiel am 10. 6. um 22.39 Uhr 35 Minuten lang mit einem österreichischen Anschluss gesprochen hatte (Johanna); für den 25. 6. stand ein Vierminutengespräch mit einer Nummer in Deutschland (Luise) zu Buche; mit ihr selbst hatte er dagegen in den zwei Monaten Mai und Juni lediglich dreimal, jeweils zwei Minuten gesprochen; Gespräche mit Maria Zapp am 1. 11. 2000 und 17. 2. 2001.

112 Gespräche mit Maria Zapp am 1. 11. 2000 und 17. 2. 2001. Als »Entschädigung« fuhr Hans Wagner mit Maria 1969 zum Oktoberfest nach München; davon zeugt ein Foto der beiden im Bierzelt, das sich in Marias Album befindet.

113 Über seine Patientin Johanna Liebherr schrieb der Universitätsprofessor Erich M. am 15. 9. 1969 in einem Gutachten: Frau Liebherr »scheint durch einen psychischen Insult einen schweren Schock erlitten zu haben, deren Folgeerscheinungen eine Herzinsuffizienz und Kreislaufstörungen nach sich zogen. Bei der letzten Untersuchung waren nervöse Spannungszustände und depressive Neigungen festzustellen«.

114 In einem Brief vom 12. 9. 1969 aus Kallham beschwerte sich Johanna bei Wagner über dessen »flegelhaft-ungezogenes und brutales Benehmen am Telefon«.

115 Philippe und Patrick »verschmelzen« wiederum zu einer Person.

116 Wagner klammerte seine DDR-Zeit völlig aus; die Auslandsaufenthalte in Finnland, Rotchina, Russland und Japan sind nicht nachgewiesen, sondern wahrscheinlich seiner Fantasie entsprungen.

117 Wagner meinte offenbar Else Zöllner, mit der er in dieser Zeit in Hamburg gelebt hat.

118 Wagner meinte Luise Schneider.

119 Ende September 1969 wollte Wagner Maria Zapp heiraten.

120 Geheiratet hatte Ende 1968 sein Adoptivsohn Gérald, und zur Hochzeit war er selbst mit seiner Ehefrau Jeanne erschienen.

121 Es war das erste Mal, dass Wagner positiv über seine Tochter schrieb, die im Übrigen 1956 in Calbe in der DDR gezeugt wurde.

122 Diese Angaben waren sicherlich falsch angesichts der Tatsache, dass sich Wagner das Eigenkapital für den Hauskauf leihen musste.

123 Brief von Hans Wagner an Maria Zapp vom 25. 8. 1969. Anmerkungen in dem sechsseitigen, entgegen Wagners sonstigen Gepflogenheiten mit der Hand geschriebenen Liebesbrief, illustrieren Marias Skepsis:

Auf Höhe der angeblichen Scheidungsvereinbarung mit Wagners französischer Frau steht in Marias Schrift »Beleg?«, beim Internat, in dem Wagners Tochter Sabine angeblich lebe, »Anschrift?«; Gespräche mit Maria Zapp am 1.11.2000 und 17.2.2001.

124 »Aufstellung über meine persönlichen Sachen, welche sich bei Frau Sch. in Gelsenkirchen, Alemannenstraße, befinden.« Diese Liste legte Wagner am 15.9.1969 Luise Schneider vor, als er die Gegenstände von einem Mittelsmann abholen ließ.

125 Brief von Hans Wagner an Luise Schneider vom 27.8.1969. Es wurden danach noch einige Briefe gewechselt und Telefonate geführt, wobei sich der Ton deutlich verschärfte. Der letzte Brief Wagners stammte vom 26.10.1969: »Teile Dir mit, daß ich Deine Anrufe nicht wünsche und Du dieselben unterläßt, sie interessieren mich nicht im geringsten, sie stören nur den zwischen mir und meiner Verlobten bestehenden Frieden (...).«

126 Gespräch mit Manfred S., Luise Schneiders Sohn aus erster Ehe, und dessen Frau Helga sowie Frau G., der ehemaligen Mitarbeiterin von Luise Schneider, am 10.4.2001.

127 Brief von Hans Wagner an Johanna Liebherr vom 19.9.1969. Johanna ließ sich jedoch davon nicht beeindrucken, sie habe »gesundheitlichen, seelischen und materiellen Schaden« erlitten, schrieb sie am 30.9.1969, drohte mit weiteren Schritten: »Ich möchte es gerne vermeiden, daß (...) (für mich kostenlose) Nachforschungen (...) über Deine Person, Deine privaten, finanziellen und beruflichen Verhältnisse« angestellt werden. »Ich will Dir Schaden und Schwierigkeiten ersparen, denn ich kann Dir die überraschende Mitteilung machen, daß ich Dich immer noch liebe (...)« Die Liebe reichte noch aus, um Hans Wagner am 21.10.1969 vor einem »Erhebungsbeamten« aus Linz zu warnen. »Wer ihn geschickt hat, weiß ich nicht«, Wagner könnte aber »Schwierigkeiten bekommen«. Welche Probleme Wagner in Österreich hatte, ist nicht klar. Vielleicht ging es um einen Streit mit der *VÖEST*.

128 Brief von Hans Wagner an Johanna Liebherr vom 22.10.1969.

129 Brief von Jeanne Wagner an ihren Mann Hans vom 22.10.1969.

130 Schreiben der *Deutschen Bank* Ingolstadt an Hans Wagner vom 18.9.1969.

131 Schreiben von Hans Wagner an die *Deutsche Bank* Ingolstadt vom 7.11.1969.

132 Gespräche mit Maria Zapp am 1.11.2000 und 17.2.2001.

133 Schreiben der *Deutschen Bank* Ingolstadt an Hans Wagner vom 3.11.1969. Schreiben von Maria Zapp an die *Deutsche Bank* Ingolstadt vom 30.8.1970.

134 Schreiben von Rechtsanwalt und Notar Dr. K. an Maria Zapp vom 19.11.1969. Von dem Schreiben erhielt sie erst nach Rückkehr aus der Kur eine Kopie des Durchschlags aus der Kanzlei des Notars.

135 Gespräche mit Maria Zapp am 1.11.2000 und 17.2.2001.

136 Brief von Hans Wagner an Johanna Liebherr vom 31.10.1969.

137 Johanna Liebherr hielt Maria tatsächlich für Wagners Ehefrau, sie

verstand deren Hinweis, Wagner habe drei Kinder so, dass er diese mit ihr habe. Es lag dem Schreiben also ein Missverständnis zu Grunde.

138 Johanna Liebherr erinnert sich, dass einmal ein weißer VW in der Nähe ihres Hauses parkte, eine Dame im weißen Hosenanzug stand neben dem Wagen und beobachtete sie. »Die spionierte dort herum!« Ob es sich bei dieser Frau um Maria handelte oder um Jeanne, lässt sich nicht sagen; Gespräch mit Johanna Liebherr am 25. 4. 2001.

139 Schreiben von Johanna Liebherr an Hans Wagner vom 30. 11. 1969; Schreiben von Hans Wagner an Rechtsanwalt Fritz W. vom 12. 12. 1969.

140 Das Visum der israelischen Botschaft ist das erste Zeugnis einer Auslandsreise in seinem Pass, der im Oktober 1963 in Hamburg ausgestellt und dort 1968 um fünf Jahre verlängert worden war; für die Auslandsaufenthalte, die er in dieser Zeit unternommen haben wollte, finden sich keine Belege, auch keine Stempel für Grenzübertritte. Da Wagner in diesen Jahren allerdings regelmäßig in der Schweiz, Österreich, in Frankreich und Belgien tätig war, ist das Fehlen von Grenzübergangsstempeln merkwürdig und gibt dem Verdacht Nahrung, dass Wagner noch einen zweiten Pass besaß. Der Pass mit dem Visa für Israel befand sich mehr als 30 Jahre später in Besitz von Rosa Rabinowicz in Caracas.

141 Gespräche mit Maria Zapp am 1. 11. 2000 und 17. 2. 2001.

142 Diese Visabestimmungen der Botschaft des Staates Israel in Deutschland haben auch heute noch Gültigkeit. Deutsche, die nach dem 1. 1. 1928 geboren wurden, benötigen dagegen kein Einreisevisum.

143 Einreisestempel des Flughafens Lod/Tel Aviv am 20. 12. 1969.

144 Urteil des Landgerichts München 2, AZ: 13 U 1543/71, 1R 387/69 LG, Berufungsinstanz in Scheidungsklage »Wagner gegen Wagner« vom 16. 2. 1972.

145 Heidrun und Gernot D. glauben sich zu erinnern, Wagner habe während seiner Zeit in Belgien noch eine Affäre mit einer Angestellten aus der Friedhofsverwaltung von Charleroi gehabt, von einer Heirat dort wissen sie nichts; Gespräche mit Heidrun und Gernot D., Tochter und Schwiegersohn von Else Zöllner, am 5. 9. 2000, 30. 10. 2000 und 2. 2. 2001. Auch Maria weiß von einer »Frau vom Bürgermeisteramt«; Gespräche mit Maria Zapp am 1. 11. 200 und 17. 2. 2001. Es ist aber auch möglich, dass aus »Jeanne Cailleux« per Metamorphose »Jeanette Durand« wurde. Er stufte die (angebliche) Ehe mit Jeanette im Verhör als »von Anfang an ein großer Fehler« ein; mit exakt den gleichen Worten charakterisiert er in mehreren Briefen aus den Sechzigerjahren auch seine (tatsächliche) Ehe mit Jeanne.

146 Die Zeitangaben stimmen nicht: Wagner irrte zum einen, wenn er die erste Reise mit Maria auf 1968 datierte; sein Visum für 1969 stellte die erste Einreisegenehmigung für Israel dar. Rosa Rabinowicz lernte er überdies erst auf der zweiten Israelreise Anfang 1973 kennen; Gespräche mit Rosa Rabinowicz am 24. 2. 2000, 14. 4. 2000 und 22. 5. 2000.

147 Am 5. Juni 1967 hatte Israel einen Präventivkrieg geführt. In nur sechs Tagen wurden der Sinai, die Golanhöhen und die westlich des

Jordans gelegenen jordanischen Gebiete (West Bank) einschließlich Ost-Jerusalem erobert; »Ägypten, Libyen und der Sudan vereinbaren eine verbreiterte Kampffront gegen Israel«, lautete der Aufmacher in der *Süddeutschen Zeitung* vom 29. 12. 1969; »Luftangriffe auf Jordanien und Ägypten«, *Süddeutsche Zeitung* vom 30. 12. 1969.

148 Gespräche mit Maria Zapp am 1. 11. 2000 und 17. 2. 2001.

149 Certificate of Personal Tree Planting in Israel, *Planting Center Neveh Arraham*, Nr. 118, für Maria Zapp und Hans Wagner.

150 Gespräche mit Maria Zapp am 1. 11. 2000 und 17. 2. 2001.

151 Merian-Reiseführer »Israel«, München 1983; Knaurs Kulturführer »Heiliges Land«, München 1986.

152 Auf vielen Fotos ist Wagner als Raucher zu erkennen; mehrere Fotos unterschiedlicher Herkunft zeigen ihn in Badehose und dabei immer mit Strümpfen und Schuhen.

153 Maria kann sich keinen Reim auf die Bekanntschaft machen, will aber aus einschlägiger Erfahrung nicht ausschließen, dass Wagner sich tatsächlich hinter ihrem Rücken mit einer anderen Frau getroffen haben könnte; Gespräche mit Maria Zapp am 1. 11. 2000 und 17. 2. 2001; Brief von Hans Wagner an Heidrun D. und Familie vom 18. 3. 1970, abgeschickt aus Ham-sur-Heure in Belgien.

154 Es gibt beide Schreibweisen: »Beer Sheva« und »Bersheba«. Die Geschichte könnte erfunden, zumindest aber übertrieben sein, denn Wagner und Maria verbrachten höchstens drei Tage in Eilat; Eilat liegt überdies nur 150 Kilometer von Beer Sheva entfernt. Aber vielleicht liegt der Geschichte ein wahrer Kern zu Grunde. Es spricht einiges dafür, dass Wagner in Israel Jahre später mit einer deutsch sprechenden Jüdin in Beziehung stand. Das Zitat vom »Saudeutschen und Judenmörder« erweckt den Eindruck, er habe sich beim Schreiben vergaloppiert und müsse die Richtung gleich wieder korrigieren, also die Aussage zurücknehmen.

155 Die Schnellbootaffäre führte um den Jahreswechsel 1969/70 zu erheblichen diplomatischen Verwicklungen zwischen den Franzosen und den mit Israel verfeindeten arabischen Staaten, vor allem Ägypten. Die Kriegsschiffe waren auf einer Werft in Cherbourg gebaut und mit deutschen Motoren ausgerüstet worden. Sie verschwanden am Heiligabend unter mysteriösen Umständen aus dem französischen Hafen. Zwischengeschaltet in das Rüstungsgeschäft war der norwegische Eigentümer einer Firma in Panama; *Süddeutsche Zeitung* vom 29. 12. 1969 und 30. 12. 1969.

156 Gespräche mit Maria Zapp am 1. 11. 2000 und 17. 2. 2001.

157 Der Badeort Netanya oder Nathanya gilt als »die Perle der Sharon-Ebene« und ist wegen seiner Diamantenschleifereien und des kilometerlangen Sandstrandes bekannt.

158 Wagner meinte natürlich »Bakschisch« nicht »Haschich«. Im gleichen Brief verriet er auch, was er mit dem Verdienst von 245 000 DM machen wolle: sein Hotel im Schwarzwald kaufen. Heidrun und Else, sein »Muckel«, »ihr zusammen müsstet doch soetwas führen können, auserdem ist es, wenn ich mal nicht mehr auf dieser tristen Welt herumlat-

schen darf doch ein Auskommen für euch, denn die Madame in Frankreich weiss nichts davon und wird auch davon nie etwas erfahren«.

159 Natürlich sprach Wagner weder Arabisch, noch (damals) Spanisch oder Japanisch. Französisch beherrschte er gut, Englisch eher weniger. Wagner plante offenbar, ein großes Ingenieurbüro einzurichten und hatte sich schon Wochen zuvor bemüht, von Marias ehemaligen Mann ein Haus zu kaufen, um »darin ein Ingenieurbüro unterzubringen«; Schreiben von Hans Wagner an Rechtsanwalt Dr. S. in Ingolstadt vom 4.2.1970.

160 Schreiben von Hans Wagner an die *Deutsche Bank* Ingolstadt vom 16.3.1970.

161 Schreiben der *Deutschen Bank* Ingolstadt an Hans Wagner vom 2.4.1970.

162 Schreiben von Hans Wagner an die *R. S. GmbH* in München vom 21.4.1970; Schreiben der *Deutschen Bank* Ingolstadt vom 11.5.1970.

163 Schreiben der *Deutschen Bank* Ingolstadt an Hans Wagner vom 11.5.1970 und 15.5.1970.

164 Schreiben von Maria Zapp an die *Deutsche Bank* Ingolstadt vom 30.8.1970; Schreiben der *Deutschen Bank* Ingolstadt an Maria Zapp vom 13.11.1970.

165 Später konnte Maria Zapp wieder in ihr Haus zurückziehen, in dem sie noch heute lebt.

166 »Eidesstattliche Versicherung« von Hans Wagner vom 22.6.1970; Schuldschein von Hans Wagner über DM 400 (»für die Fahrt meiner Frau von Paris nach München zur Verhandlung«) vom 25.6.1970.

167 Schreiben der *VÖEST* an Hans Wagner vom 2.6.1970. Gernot D., der Schwiegersohn von Else Zöllner, dem er einen Job bei *Van Erp* beschafft hatte, erinnert sich, dass Wagner auf der Baustelle auch noch »einen Kompressor gestohlen und verschachert« habe; Gespräche mit Heidrun und Gernot D. am 5.9.2000, 30.10.2000 und 2.2.2001.

168 Schreiben von Hans Wagner an die *VÖEST* vom 22.6.1970.

169 Schreiben der *VÖEST* an Hans Wagner vom 13.7.1970, 29.7.1970, 7.8.1970; Schreiben von Hans Wagner an die *VÖEST* vom 10.8.1970.

170 Mit Schreiben vom 28.1.1971 wurde Wagner gedroht, die *VÖEST*-Rechtsabteilung werde »nunmehr gerichtliche Schritte gegen Sie einleiten«. Aus den vorliegenden Unterlagen ist nicht erkennbar, ob die *VÖEST* nach August 1970 noch Anstrengungen unternahm, die Summe gerichtlich einzutreiben.

171 Schreiben der *VÖEST* an Hans Wagner vom 12.8.1970.

172 Gespräch mit Erwin Schramayr am 23.2.2001.

173 Den Lebenslauf schickte Wagner am 27.4.1970 an die *Chemieprodukte KG* in Hannover. Weil er kein Abschlusszeugnis von *Aubelac* respektive der *VÖEST* erhalten hatte, konnte er nicht einmal die Tätigkeit auf der Baustelle des Stahlwerks in Charleroi in den Lebenslauf aufnehmen.

174 Schreiben der Firma *Wilhelm Manger* an Hans Wagner vom 29.5.1970.

175 Gespräche mit Firmensenior Gunther Manger am 3.4.2001 und 9.4.2001.

176 Schreiben der Firma *Wilhelm Manger* an Hans Wagner vom 29.5.1970; Schreiben von Hans Wagner an die *Deutsche Bank* Gelsenkirchen vom 25.4.1969.

177 Ein halbes Jahr nach Beginn seiner Tätigkeit musste Wagner sogar in Rinteln eine Schulung über Betonteile machen. Schreiben der *Weser Bauelemente-Werk GmbH* an *Industrie- und Baubedarf Wilhelm Manger* vom 18.1.1971.

178 Schreiben von Hans Wagner an Ing. W. vom 22.2.1971.

179 Gespräche mit Firmensenior Gunther Manger am 3.4.2001 und 9.4.2001.

180 Gunther Manger fand später, als Wagner verschwunden war, einen Koffer in seinem Zimmer, der voller Schuldscheine steckte; Gespräche mit Gunther Manger am 3.4.2001 und 9.4.2001.

181 Schreiben Rechtsanwalt Peterjürgen S. an das Landgericht München I (AZ: 1 R 387/69) vom 16.10.1970. Jeanne Wagner legte ein Armutszeugnis der Gemeinde Nanterre vor, woraufhin ihr vom Gericht das Armenrecht bewilligt wurde. Schreiben Rechtsanwalt Dr. L. S. an das Landgericht München vom 28.12.1970.

182 Schreiben Rechtsanwalt Peterjürgen S. an Hans Wagner vom 30.12.1970.

183 Schreiben von Hans Wagner an die *Deutsche Bank* Ingolstadt vom 7.8.1969.

184 Die *Deutsche Bank* strich daraufhin zwei Daueraufträge auf Wagners Konto »mangels Deckung«: für eine Unfallversicherung in Dortmund und die Miete seines Zimmers in der Kirchstraße 19 in Ossenberg; Schreiben der *Deutschen Bank* Ingolstadt an Hans Wagner vom 21.9.1970.

185 Brief von Hans Wagner an Maria Zapp vom 30.1.1971.

186 Urteil des Landgerichts München I vom 26.1.1971; Schreiben Rechtsanwalt Peterjürgen S. an Hans Wagner vom 30.12.1970; Schreiben Rechtsanwalt Peterjürgen S. an Hans Wagner vom 24.8.1971.

187 Handschriftliche Erklärung von Hans Wagner vom 14.4.1971.

188 Die Identität von »Helga« lässt sich nicht ermitteln. Es gab aber immer wieder Anrufe bei Maria in Ingolstadt von dieser Frau und später sogar eine persönliche Begegnung in Marias Schlafzimmer.

189 Maria Zapp glaubte offenbar, er werde eher zur Schmuckhändlerin Luise Schneider nach Gelsenkirchen zurückkehren, als zu »Helga« nach München gehen.

190 Gespräche mit Maria Zapp am 1.11.2000 und 17.2.2001.

191 Gespräche mit Firmensenior Gunther Manger am 3.4.2001 und 9.4.2001.

192 Oberlandesgericht München, 13. ZivElsenat, AZ: 13 U 1543/71, Urteilsbegründung. Die Ehe wurde erst 1979 auf Jeannes Antrag vom Gericht in Nanterre geschieden.

193 Wagners Anwalt schrieb außerdem, sein Mandant würde, wenn das Gericht ihn zu mehr Arbeit verpflichtete, »Raubbau an seiner Gesundheit« betreiben, »weil er eine Kriegsverletzung am linken Fuß durch Amputation von 2 Zehen« habe. Schreiben von Rechsanwalt Peterjürgen S. an das Oberlandesgericht München vom 24. 8. 1971.

194 Offenbar hatte Wagner Else einen »russischen Bären« aufgebunden und etwas von einer Baustelle in Sibirien vorgeflunkert; in seinen Lebensläufen ist gelegentlich von einem Elektrizitätswerk in Sibirien die Rede, für dessen Bauleitung er verantwortlich gewesen sein wollte. Außerdem sprach er in dem Brief davon, dass sich seine Frau Jeanne wieder verheiraten wolle und deshalb eine Scheidung »vor dem Oberlandesgericht in Hamburg garantiert« sei; Schreiben von Hans Wagner an Else Zöllner vom 27. 8. 1972.

195 Über die endgültige Trennung waren sich Maria Zapp und Hans Wagner spätestens im August 1972 einig. Er schrieb: »Wenn Du unbedingt die Trennung willst, dann sollte es auf einer anständigen Basis sein und nicht mit Drohungen und Erpressungen«; Schreiben von Hans Wagner an Maria Zapp vom 14. 8. 1972 und 16. 8. 1972. Andererseits hielt Wagner die Lebensgemeinschaft noch aufrecht, wobei die zugesagten 850 DM pro Monat unregelmäßig oder ziemlich verspätet kamen. Anfang Oktober schickte er einen Umschlag mit der Notiz, beiliegender Scheck sei für sie, »doch dann war gar kein Scheck beigelegt«, sagt Maria, »das fand ich nicht mehr lustig«; Gespräche mit Maria Zapp am 1. 11. 2000 und 17. 2. 2001.

196 Der Brief wurde offensichtlich auf Wagners Schreibmaschine geschrieben, ohne Namen, Unterschrift und Datum.

197 Für das Haus, das Wagner gekauft und ihr dann überschrieben hatte, fielen pro Jahr rund 10 000 DM Zinsen an, die durch die Vermietung allein nicht abgedeckt wurden. Maria Zapp konnte einige Jahre später wieder in das Haus zurückkehren, in dem sie noch heute lebt. Gespräche mit Maria Zapp am 1. 11. 2000 und 17. 2. 2001.

198 Briefe von Maria Zapp an Hans Wagner vom 19. 10. 1972 und 13. 2. 1973.

199 Offenbar hatte es also einen persönlichen Kontakt zwischen Luise Schneider und Maria Zapp gegeben.

200 Nahariya wurde 1935 von jüdischen Einwanderern aus Deutschland inmitten arabischen Landes als landwirtschaftliche Siedlung gegründet und zeigte danach, wegen der fruchtbaren Umgebung, ein rapides Wachstum. Später stieg Nahariya zum beliebtesten israelischen Badeort an der Mittelmeerküste auf; Merian-Reiseführer »Israel«, München 1983.

201 Die Stationen der Reise lassen sich so genau nachvollziehen, weil Wagner sehr viele Ansichtskarten an Else Zöllner und Maria Zapp schrieb. Am 31. 12. 1972 schickte er zum Beispiel aus dem *Carlton Nahariya* an Else »einen herzlichen Gruß aus meinem Hotel zum Jahreswechsel«.

202 Heidrun und Maria erhielten beide die Ansichtskarte »Beer Sheva« Nr. 7367. In der gleichen Frageform schrieb er noch zwei weitere Karten an Maria: am 8. 1. 1973 »von den blauen Grotten nahe bei dem Kibbuz, wo

wir übernachtet haben« und am 10.1.1973 vom »Schrein der Bücher«: »(...) es ist wie bei unserem gemeinsamen Besuch sehr warm hier.« Er fügte auch jeweils Grüße von Gustav Hecht an.

203 Es lassen sich keine Anhaltspunkte dafür finden, dass Hans Wagner auf dieser Reise einer beruflichen Beschäftigung in Israel nachgegangen wäre oder gar auf der deutschen Botschaft zu tun gehabt hätte. Seine sämtlichen Israelvisa, die er zwischen 1969 und 1973 erhielt, waren Touristenvisa, die ausdrücklich »keine Arbeit in Israel erlaubten«. Wagners Israelvisa sind in seinem Pass Nr. B 6838392, der im November 1963 in Hamburg ausgestellt wurde. Er selbst behauptete in seinem Geständnis, er habe am Bau einer Meerwasser-Entsalzungsanlage am Golf von Akaba (Eilat) mitgewirkt; Vernehmung von Georg Wagner am 26.8.1988.

204 Damals war das *Mersand* ein nobles Café, heute ist es etwas heruntergekommen. Rosa erinnert sich nicht an den Namen, ihre Beschreibung passt aber genau auf das *Mersand*; es liegt zudem nur eine Straßenecke vom berühmten Hotel *Dan Tel Aviv* entfernt, in dem sie damals abgestiegen war.

205 Es ist nicht klar, woher Wagner die Freundin von Rosas Schwägerin kannte. Gespräche mit Rosa Rabinowicz am 24.2.2000, 14.4.2000 und 22.5.2000.

206 Diese Darstellung stützt sich ausschließlich auf die Erinnerungen von Rosa Rabinowicz; Gespräche mit Rosa Rabinowicz am 24.2.2000, 14.4.2000 und 22.5.2000.

207 Rosa hat als polnische Jüdin ihren Respekt vor den so genannten »deutschen Tugenden« nie verloren, trotz der bitteren und beschämenden Erfahrungen. Sie hielt Wagner für »gut erzogen, anständig, pünktlich und kulturell interessiert«. Bei der ersten Begegnung fiel ihr allerdings auch der abgewetzte Anzug Wagners auf.

208 Gespräche mit Rosa Rabinowicz am 24.2.2000, 14.4.2000 und 22.5.2000. Tatsächlich fuhr Wagner zu »Helga« ins Hotel *Carlton Nahariya* zurück; Nahariya liegt 30 Kilometer nördlich von Haifa.

209 Gespräche mit Rosa Rabinowicz am 24.2.2000, 14.4.2000 und 22.5.2000.

210 Diese Darstellung stützt sich auf Wagners eigene Angaben am Rande der Vernehmungen, so wie sie von Klaus-Dieter Matschke berichtet werden. Gespräche mit Klaus-Dieter Matschke am 14.2.2000, 17.5.2000, 14.11.2000 und 4.1.2001.

211 Wagners späterer Freund Peter Winkler sowie sein Arbeitskollege in Caracas, Rolf Kaufmann, erinnern sich, dass Wagner davon gesprochen habe, in Israel im Kibbuz gewesen zu sein; Gespräche mit Peter Winkler am 26.7.2000 und 29.8.2000, Gespräch mit Rolf Kaufmann am 2.4.2001.

212 Gespräche mit Rosa Rabinowicz am 24.2.2000, 14.4.2000 und 22.5.2000. Ein Zeuge behauptet, Wagner habe vor seinem Besuch in Wien an einem Treffen ehemaliger SS-Leute und Nazis in Linz teilgenommen, dafür gibt es allerdings keinen Beleg.

213 Diese Darstellung stützt sich ausschließlich auf die Erinnerungen von Rosa Rabinowicz; Gespräche mit Rosa Rabinowicz am 24. 2. 2000, 14. 4. 2000 und 22. 5. 2000.

214 In zwei Briefen an Maria Zapp sprach Wagner davon, »im September ganz weg von München« (14. 2. 1973) beziehungsweise »im September für immer nach Südamerika« (27. 3. 1973) zu gehen.

215 Wagners Israelvisa sind in seinem Pass Nr. B 6838392, der im November 1963 in Hamburg ausgestellt wurde.

216 Wagner schickte auch mehrere Briefe an Rosa in Caracas, »schöne, kulturelle Briefe«, wie sie es formuliert. »Er war sehr gut erzogen und gebildet, das merkte man, und er liebte die Musik, wie ich.« Doch diese Schreiben habe sie später verbrannt, nachdem sein Geständnis Ende 1988 bekannt geworden war. Von wo und in welcher Häufigkeit seine Schreiben kamen, lässt sich deshalb nicht mehr rekonstruieren. Gespräche mit Rosa Rabinowicz am 24. 2. 2000, 14. 4. 2000 und 22. 5. 2000.

217 Sein damaliger Chef Gunther Manger wusste, dass er zu einer Freundin nach Israel reiste. Da Rosa zu dieser Zeit jedoch in Caracas weilte, lässt dies den Rückschluss zu, dass es in Israel noch eine weitere Frau gegeben haben muss; Gespräche mit Gunther Manger am 3. 4. 2001 und 9. 4. 2001.

218 Brief von Hans Wagner an Heidrun D. vom 18. 3. 1970.

219 Gespräche mit Firmensenior Gunther Manger am 3. 4. 2001 und 9. 4. 2001.

220 Gunther Manger spricht von Dokumenten, die darauf hindeuten, dass es bei seiner alten Firma, wahrscheinlich *Aubelac* bzw. *VÖEST*, Ungereimtheiten gegeben habe. Gespräche mit Firmensenior Gunther Manger am 3. 4. 2001 und 9. 4. 2001.

221 Gespräche mit Firmensenior Gunther Manger am 3. 4. 2001 und 9. 4. 2001.

222 Später tauchte der Verdacht auf, Wagner habe in diesen Jahren häufiger seinen Bruder Werner Reinemer, der noch in der DDR lebte, unter konspirativen Bedingungen bei dessen Freundin in Ungarn getroffen. Werner hatte er sich offenbar anvertraut. Ingetraud K., geborene Reinemer, Wagners erstgeborene Tochter aus Gorden, kann sich dunkel erinnern, später von solchen Treffen erfahren zu haben. Günter und Werner seien beide »Windhunde gewesen«, sagt sie über ihren Vater und ihren Onkel; Gespräche mit Ingetraud K. am 16. 5. 2000 und 13. 9. 2000.

223 Wagners Israelvisa sind in seinem Pass Nr. B 6838392, der im November 1963 in Hamburg ausgestellt wurde.

224 Gespräch mit Rolf Kaufmann am 2. 4. 2001.

225 Das auf 30 Tage beschränkte Touristenvisum für Venezuela wurde am 25. 6. 1973 in Bonn ausgestellt und in seinem deutschen Pass zweimal von den venezolanischen Behörden bis zum 29. 9. 1973 verlängert.

1 Gespräche mit Peter Winkler am 26.7.2000 und 29.8.2000; Vernehmungen von Georg Wagner vom 26.8. bis 30.8.1988.

2 Am Eingang des Dorfes prangt ein Schild in deutscher Frakturschrift quer über der Straße: »Herzlich willkommen in der Colonia Tovar«. Die Fachwerkhäuser liegen malerisch an der Hängen; *Marco Polo* Reiseführer 2000; beschrieben wird die *Colonia Tovar* auch in: Alan Murphy, »Venezuela Handbook«, Chicago 1998.

3 Siehe Anmerkung 2.

4 Die Deutschensiedlung stand und steht in dem Ruf, Heimstatt gesuchter Ex-Nazis gewesen zu sein. Wagner selbst sprach bei seiner Vernehmung von einem Restaurantbesitzer, der immer wieder mit Nazi-Parolen aufgefallen sei. Er ging davon aus, dass »dort oben wahrscheinlich noch mehr davon leben«; Vernehmung von Georg Wagner am 28.8.1988.

5 Gespräche mit Peter Winkler am 26.7.2000 und 29.8.2000; Vernehmungen von Georg Wagner vom 26.8. bis 29.8.1988.

6 Winkler glaubt sich zu erinnern, dass die erste Inspektion, zu der er Wagner mitgenommen habe, eine Zuckerfabrik gewesen sei; Gespräche mit Peter Winkler am 26.7.2000 und 29.8.2000.

7 Vernehmung von Georg Wagner am 27.8.1988.

8 Gespräche mit Peter Winkler am 26.7.2000 und 29.8.2000; Vernehmungen von Georg Wagner vom 26.8. bis 30.8.1988.

9 Rosa Rabinowicz zog damals in den Apartmentkomplex *Jastol Park* in San Bernardino, dem jüdischen Stadtteil von Caracas, den ihr Sohn, ein Bauunternehmer, errichtet hatte. Gespräche mit Rosa Rabinowicz am 24.2.2000, 14.4.2000 und 22.5.2000.

10 Gespräche mit Rosa Rabinowicz am 24.2.2000, 14.4.2000 und 22.5.2000.

11 Siehe Anmerkung 10.

12 Vorher musste Wagner seinen deutschen Pass auf der deutschen Botschaft per Sondergenehmigung verlängern lassen, weil dieser eigentlich im August abgelaufen war. Die Botschaft nahm die Verlängerung vor, »wegen Erfordernis der Passgültigkeit von vier Monaten zur Einreise nach Argentinien und Israel«.

13 Gespräche mit Rosa Rabinowicz am 24.2.2000, 14.4.2000 und 22.5.2000.

14 Die vergebliche Einreise nach Israel bleibt mysteriös. Unterlagen dazu sind im israelischen Innenministerium angeblich nicht verfügbar, man verweist an die Botschaft in Caracas. Doch von dort gibt es keine Rückmeldung. Es ist auch unklar, ob Wagner später noch einmal nach Israel reiste; sicher ist allerdings, dass er kurz vor seinem Geständnis und Tod eine Reise zusammen mit Rosa nach Tel Aviv plante. So geht es aus seinem damaligen Taschenkalender hervor, so äußerte er sich auch bei seinem Verhör; Vernehmung von Georg Wagner am 27.8.1988.

15 Diese Version seiner Fußverletzung gab Wagner auch am ersten Tag

seines Verhörs in Caracas, als er noch seine Legende auftischte; Vernehmung von Georg Wagner am 26. 8. 1988.

16 Gespräche mit Rosa Rabinowicz am 24. 2. 2000, 14. 4. 2000 und 22. 5. 2000.

17 Wagner äußerte später gegenüber dem Mitarbeiter Rolf Kaufmann, er habe Rosa in Caracas geheiratet, sei dabei zum jüdischen Glauben übergetreten und habe sich beschneiden lassen. Diese Version kann so nicht stimmen, da er sich Rosa bereits als Jude vorgestellt hatte und definitiv schon vorher beschnitten war; Gespräch mit Rolf Kaufmann am 2. 4. 2001. Rosa äußert in mehreren Gesprächen, sie hätten nicht geheiratet, weil sie ihr Vermögen nicht aufs Spiel setzen wollte; Gespräche mit Rosa Rabinowicz am 24. 2. 2000, 14. 4. 2000 und 22. 5. 2000. Andererseits schickte Rosa am 23. 1. 1989, nach Wagners Tod, einen Brief an Else Zöllner, in dem sie schrieb, sie sei »seit 15 Jahren die Ehefrau von Hans Georg Wagner«, unterzeichnete den Brief, ihren Vornamen bewusst verändernd, mit »Resa Wagner«. Wagner selbst sprach bei seinem Verhör immer nur von seiner »Lebensgefährtin«; Vernehmungen von Georg Wagner vom 26. 8. bis 30. 8. 1988. Peter Winkler betont, dass in ihrem Pass 1981 noch der Name Rosa Rabinowicz gestanden habe; Brief von Peter Winkler vom 8. 11. 2000. Der Oberrabbiner der *Unión Israelita* wiederum erweckt den Eindruck, sie seien verheiratet gewesen; Gespräch mit Pynchas Brener am 28. 5. 2000. Hätte Wagner Rosa tatsächlich geheiratet, möglicherweise schon in Tel Aviv, wäre er ein dreifacher Bigamist gewesen, denn seine Ehen in Gorden (mit Elisabeth Reinemer) und in Frankreich (mit Jeanne Wagner) waren zu jenem Zeitpunkt nicht aufgelöst.

18 Rosa erzählt, dass ihre Schwiegertochter Sarah, Rechtsprofessorin an der Universität Caracas, die über Kontakte zu höchsten jüdischen Kreisen sogar in New York verfüge, Wagner für »sehr sympathisch« gehalten habe und nie auf die Idee gekommen sei, er könnte womöglich gar kein Jude sein; Gespräche mit Rosa Rabinowicz am 24. 2. 2000, 14. 4. 2000 und 22. 5. 2000.

19 Wagners Clubausweise wurden in seinem Aktenkoffer gefunden, den ihm die Geheimpolizei *DISIP* aus dem Auto gestohlen hatte.

20 Gespräche mit Peter Winkler am 26. 7. 2000 und 29. 8. 2000.

21 Siehe Anmerkung 20.

22 Eine Beschreibung, die diesen Schluss zulässt, gibt sein ehemaliger Mitarbeiter Rolf Kaufmann: Wagner habe sich »bei einigen Besuchen in Stripteaselokalen oder anderen Etablissements, zu denen wir gelegentlich von unseren Kunden eingeladen wurden, immer sehr zurückhaltend oder sogar schüchtern verhalten«; Gespräch mit Rolf Kaufmann am 2. 4. 2001.

23 Diese Selbsteinschätzung von Wagner ergibt sich aus Gesprächen mit Peter Winkler, seinem damaligen Chef bei der *SGS*, und seinem Kollegen Rolf Kaufmann; zwischen den Zeilen ist diese Beurteilung auch aus Schreiben herauszulesen, die Wagner ab 1974 an Else Zöllner in Hamburg und später an Peter Winkler richtete, als dieser nach Deutschland zurückgekehrt war.

24 Ansichtskarte von Georg Wagner an Else Zöllner vom 11.7.1973.

25 Brief von Georg Wagner an Heidrun D. und deren Töchter vom 3.10.1974.

26 Brief von Georg Wagner an Else Zöllner vom 14.1.1975.

27 Brief von Georg Wagner an Else Zöllner vom 14.1.1975. Auf einer Wanderung in der *Colonia Tovar* erlitt Rosa einen Kreislaufkollaps, wurde von Wagner und Winkler ins Hotel geschleppt, »das war ein bisschen abenteuerlich«; Gespräche mit Peter Winkler am 26.7.2000 und 29.8.2000.

28 Gespräche mit Peter Winkler am 26.7.2000 und 29.8.2000.

29 3250 Bolivaros entsprachen damals rund 2500 DM.

30 Rolf Kaufmann, Wagners Mitarbeiter bei der *SGS* und späterer Partner, erinnert sich, einmal in Begleitung von Wagner gewesen zu sein, als dieser zufällig am Flughafen auf den Präsidenten gestoßen und von Pérez herzlichst umarmt worden sei; Gespräch mit Rolf Kaufmann am 2.4.2001. Carlos Andrés Pérez von der *Acción Democrática (AD)* war zwischen 1974 und 1979 zum ersten Mal Präsident von Venezuela, wurde 1980 der Korruption angeklagt – und freigesprochen. 1989 wählten ihn die Venezolaner noch einmal. Nach zwei erfolglosen Militärcoups im Jahre 1992 wurde er 1993 erneut der Korruption bezichtigt, aus dem Amt gejagt, zwei Jahre unter Hausarrest gestellt, angeklagt und dann im Mai 1996 für schuldig befunden; Alan Murphy, »Venezuela Handbook«, Chicago 1998.

31 Den Verdienstorden der *Universidad Central de Venezuela* schickte er aus irgendeinem Grund an Else Zöllner in Hamburg, die ihn zu den anderen Sachen in seinem Koffer legte.

32 Gespräche mit Rosa Rabinowicz am 24.2.2000, 14.4.2000 und 22.5.2000.

33 Über das Verhältnis zu Rosa und deren Familie, das sich im Lauf der Jahre noch erheblich verändern sollte, als Wagner wieder zum »armen Schlucker« wurde, gab er vor allem Peter Winkler regelmäßig Auskunft; Gespräche mit Peter Winkler am 26.7.2000 und 29.8.2000.

34 Wagner konnte sich bei diesen Karten nicht entscheiden, ob er sich nun »Hans«, »Georg« oder »Hans-Georg« nennen sollte. In Venezuela ließ er sich »Georg« rufen, in den USA am liebsten »George«.

35 Wagners Ingenieurswissen sei über jeden Zweifel erhaben gewesen, sagt Winkler. Im November 1976 wurde er sogar als Gutachter in einem vor dem Landgericht Münster ausgetragenen Rechtsstreit zwischen einer deutschen und einer venezolanischen Firma bestellt; er bezog für seine Expertise ein Honorar von 4000 DM. Der Biedermanncharakter Wagners wird auch durch die Bücher illustriert, die er las: Trivialliteratur, Groschenromane, Landserhefte; Gespräche mit Peter Winkler am 26.7.2000 und 29.8.2000.

36 Über das Projekt und dessen Hintergründe gibt sein damaliger Mitarbeiter Rolf Kaufmann detailliert Auskunft; Gespräch mit Rolf Kaufmann am 2.4.2001. Erwähnt wird die Industrieansiedlung auch in einem Brief von Georg Wagner an Else Zöllner vom 12.7.1979.

37 Die erfundene Geschichte mit der *WAHO* setzte Wagner in den folgenden Jahren noch mehrfach ein, er zog 1983 auch seinen Freund Peter Winkler ins Vertrauen, bot ihm sogar an, nach dem Tod des Vaters den Chefposten der Holding zu übernehmen; Brief von Georg Wagner an Peter Winkler vom 27. 10. 1983.

38 Wagner meinte vermutlich »Halbleiteringenieur« statt »Halbkreis Ingenieur«.

39 Gespräch mit Rolf Kaufmann am 2. 4. 2001.

40 Gespräche mit Rosa Rabinowicz am 24. 2. 2000, 14. 4. 2000 und 22. 5. 2000.

41 Die Concorde flog seit 9. 4. 1976 einmal in der Woche die Strecke Paris–Caracas–Paris mit einem Zwischenstopp in Santa Maria auf den Azoren; die Verbindung wurde jedoch bald wieder eingestellt. In einem späteren Brief an Else Zöllner vom 29. 10. 1982 bedauerte Wagner, »das die Concorde nicht mehr von Caracas aus fliegt sie brauchte damals als sie flog nur 6 Stunden«.

42 Gespräche mit Rosa Rabinowicz am 24. 2. 2000, 14. 4. 2000 und 22. 5. 2000.

43 Gespräch mit Rolf Kaufmann am 2. 4. 2001.

44 Brief von Georg Wagner an Else Zöllner vom 2. 10. 1979; Brief von Georg Wagner an Peter Winkler vom 1. 11. 1979.

45 Brief von Georg Wagner an Peter Winkler vom 1. 11. 1979. In dem Brief beklagte sich Wagner auch darüber, dass »diese Krämerseelen« bei der *SGS* seinen Sturz nicht für einen Arbeitsunfall hielten und sich weigerten, die Klinikkosten in Miami zu übernehmen.

46 In Wagners Brief an Else Zöllner vom 2. 10. 1979 ist von Komplikationen in der Klinik keine Rede.

47 Gespräch mit Rolf Kaufmann am 2. 4. 2001.

48 Siehe Anmerkung 47.

49 Siehe Anmerkung 47.

50 An das *WAHO*-Hondurasprojekt und dessen Ende bei der *SGS* erinnern sich auch zwei andere Mitarbeiter Wagners aus dieser Zeit: »Ich sagte zu Wagner, mit 70 Jahren fängt man doch kein Milliardenprojekt mehr an, das 20 Jahre dauern kann«, erinnert sich Emil K., Wagner habe daraufhin geschwiegen; Gespräch mit Emil K. am 18. 4. 2001. »Wir haben uns alle gewundert damals, dass der alte Herr Wagner von seinem Vater in den USA redete, aber es gab ja Fernschreiben und Telegramme, und das Projekt schien zunächst ja auch immer weiterzugehen«, so Frederike P.; Telefonat mit Frederike P. am 18. 4. 2001.

51 Comunicacion Legal No. 291, Caracas, Miercoles 27. 2. 1980.

52 Möglicherweise wurde Wagner schon 1974 »naturalisiert«. Seinen »Pasaporte 6. 978. 200« auf den Namen Hans Georg F. Wagner de Bulzingslowen erhielt er am 19. 6. 1978; gleich zwei Tage später bekam er ein unbeschränktes Visum »B-2« von der amerikanischen Botschaft in Caracas in den Pass gestempelt.

53 Kaufmann sagt, er und Burk hätten als deutsche Staatsbürger keine

venezolanische Firma gründen dürfen; das bestätigt Wagner in einem Brief an Peter Winkler vom 9.3.1980. Kaufmann hielt offenbar über seine Frau Carmen auch die Anteile der Sekretärin Frederike P., die ebenfalls von der *SGS* kam. Den Namen *Supervise* hatte Wagner im Übrigen von der *SGS* übernommen, die »Supervise« allerdings nur im (nicht geschützten) Untertitel führte.

54 Nur ein einziges Mal bekam Kaufmann Zweifel an der Qualifikation Wagners, als der behauptete, man könne einen Stahlblock von einem Meter Kantenlänge mit einem Laser durchschneiden.

55 Brief von Georg Wagner an Peter Winkler vom 25.1.1980. Gespräch mit Rolf Kaufmann am 2.4.2001.

56 Brief von Georg Wagner an Peter Winkler vom 25.1.1980.

57 Brief von Georg Wagner an Peter Winkler vom 9.3.1980. Eines der Projekte von *Supervise* war die Salzfabrik *Sal Riviera* in Cumaná, bei der Wagner 1974, damals noch zusammen mit Peter Winkler, seine erste Inspektion für die *SGS* vorgenommen hatte. Die im Besitz des venezolanischen Staates befindliche Anlage lag seit Jahren still, stattdessen wurde Tafelsalz aus Europa importiert.

58 Nach dem Brief vom 8.2.1980 trat wieder für zweieinhalb Jahre »Funkstille« zwischen Georg Wagner und Else Zöllner ein, möglicherweise hatte er einen Abstecher nach Hamburg sogar konkret angekündigt, war aber nicht erschienen, aus welchen Gründen auch immer.

59 Brief von Georg Wagner an Peter Winkler vom 4.6.1980. Die Reise wurde dann noch ergänzt durch einen Abstecher an den Bodensee, wo Familie Winkler ein Ferienhaus besaß.

60 Gespräche mit Peter Winkler am 26.7.2000 und 29.8.2000.

61 Rolf Kaufmann erinnert sich genau, Frederike P. immerhin »vage« an diese Begebenheit; Gespräch mit Rolf Kaufmann am 2.4.2001, Gespräch mit Frederike P. am 18.4.2001. In einem Brief vom 29.10.1982 an Else Zöllner ging Wagner später auf solche Bestechungsversuche ein: »Geldgeschenke« ließen ihn »völlig kalt«, schrieb er, »wobei ich wenn ich wollte ein reicher Mann sein könnte, aber meine Berufsehre ist mir wichtiger«.

62 Rolf Kaufmann glaubt deshalb nicht, dass Wagner im KZ Treblinka an den Hinrichtungen von Juden beteiligt war, er habe schlichtweg »Angst vor Waffen« gehabt. Allerdings könnte die Angst auch aus seiner Beteiligung an den damaligen Hinrichtungen im KZ Treblinka resultieren, zu der er sich später bei den Vernehmungen in Caracas bekannte.

63 Gespräch mit Rolf Kaufmann am 2.4.2001; George Shultz sagt dagegen, er habe »keine Kenntnis von einem George Wagner« und auch »keinen Zugang zu den *Bechtel*-Unterlagen«, um dies nachprüfen zu können. In einem Brief an Peter Winkler vom 6.12.1980 sprach Wagner von einem Projekt, die Ölsande »Faj del Orinoco« auszubeuten, dessen Wert werde auf umgerechnet rund 24 Milliarden DM geschätzt. Im Rennen »der ausländischen Firmen« sei auch ein Konsortium der »Firma *Bechtel* zusammen mit der *VEBA* aus Deutschland«; allerdings erwähnt Wagner seinen angeblichen Kontakt zu Shultz mit keinem Wort.

64 Gespräch mit Rolf Kaufmann am 2.4.2001. Lebenslauf von George P. Shultz, Hoover Institution, 2001; Interview Brian Lamb mit George P. Shultz, C-Span 27.6.1993; George P. Shultz kehrte nach seiner Zeit im State Department 1989 zur *Bechtel Corporation* zurück, wo er danach im Board of Directors geführt wurde; *Bechtel* Global Report 2000.

65 Gespräch mit Rolf Kaufmann am 2.4.2001. Der französische Bauunternehmer kam immer mit seinem Privatjet nach Caracas geflogen.

66 Rolf Kaufmann, sein Mitarbeiter bei der *SGS* und spätere Partner, erinnert sich, einmal in Begleitung von Wagner gewesen zu sein, als dieser zufällig am Flughafen auf den Präsidenten gestossen und von Pérez herzlichst umarmt wordem sei; Gespräch mit Rolf Kaufmann am 2.4.2001. Carlos Andrés Pérez von der *Acción Democrática (AD)* war zwischen 1974 und 1979 zum ersten Mal Präsident von Venezuela, wurde 1980 der Korruption angeklagt – und freigesprochen. 1989 wählten ihn die Venezolaner noch einmal. Nach zwei erfolglosen Militärcoups im Jahre 1992 wurde er 1993 erneut der Korruption bezichtigt, aus dem Amt gejagt, zwei Jahre unter Hausarrest gestellt, angeklagt und dann im Mai 1996 für schuldig befunden; Alan Murphy, »Venezuela Handbook«, Chicago 1998.

67 Gespräch mit Rolf Kaufmann am 2.4.2001.

68 Gespräch mit Frederike P. am 18.4.2001.

69 Vernehmung von Georg Wagner am 27.8.1988; Gespräch mit Rolf Kaufmann am 2.4.2001; Gespräch mit Frederike P. am 18.4.2001.

70 Rolf Kaufmann sagt, das sei schon deswegen unsinnig, weil die *Supervise* gar keinen Buchhalter gehabt habe, wegen der geringen Umsätze nicht bilanzpflichtig gewesen sei; Gespräch mit Rolf Kaufmann am 2.4.2001; Gespräch mit Frederike P. am 18.4.2001.

71 Brief von Georg Wagner an Peter Winkler vom 6.12.1980.

72 Gespräch mit Rolf Kaufmann am 2.4.2001.

73 Frederike P. erinnert sich, dass sie von Wagners Anwalt bedroht und unter Druck gesetzt worden sei, ohne finanzielle Ansprüche aus der Firma auszuscheiden. Wenn sie sich weigere, eine Verzichtserklärung zu unterschreiben, würde sie aus Venezuela ausgewiesen. Sie hatte damals gerade geheiratet und war im fünften Monat schwanger, unterschrieb deshalb. Sie schiebt die Schuld aber eher Eberhard Burk zu, der sei ein Intrigant gewesen, Wagner habe sich ihr gegenüber eher wie ein »gütiger Opa« verhalten; Gespräch mit Frederike P. am 18.4.2001.

74 Als Rosa später den Scheck für die Mehrwertsteuer-Erstattung von Peter Winkler erhielt, schrieb ihm Wagner: »Viel Freude habe ich ja gehabt als Du Rosa den Scheck gegeben hast, wobei sie jetzt rumrennt um daraus bare Münze zu machen, ja des Menschen Wille ist sein Himmelreich (...) dies ist eben eine Manie und diese Krankheit kann noch kein Arzt heilen.« Brief von Georg Wagner an Peter Winkler vom 30.4.1981.

75 Frederike P. meint, Wagner müsse sich als falscher Jude »fantastisch verstellt haben«, er habe einmal in Jerusalem ein Holocaust-Museum besucht (vermutlich *Yad Vashem*) und sei von den »Foltermethoden

der Nazis tief erschüttert« gewesen; Gespräch mit Frederike P. am 18. 4. 2001.

76 Frederike P. traut Burk zu, auch in Caracas noch politisch aktiv gewesen zu sein. »Einer wie er konnte Befehle erteilen«, erinnert sie sich; Gespräch mit Frederike P. am 18. 4. 2001.

77 SS-Ausweis Nr. 221832 für Eberhard Burk, geb. am 12. 4. 1914 in Stuttgart, SS-Einheit 8/13 in Stuttgart am 29. 7. 1937; Auskunft des *Bundesarchivs* (vormals *Berlin Document Center*) vom 10. 5. 2001. Burk machte nach der Ankunft in Venezuela eine Großwäscherei auf, ging in betrügerischen Konkurs und musste vor seinen Gläubigern fliehen; die Wäscherei wurde von der Gewerkschaft übernommen; Gespräch mit Rolf Kaufmann am 2. 4. 2001.

78 Brief von Georg Wagner an Peter Winkler vom 10. 8. 1981.

79 Brief von Georg Wagner an Peter Winkler vom 9. 3. 1981. Wagner versprach seinem Freund, auch er könne bei dem Deal ein »Geschäftle« machen. Das Projekt »Müllverbrennungsanlage« fand über mehrere Jahre immer wieder in Wagners Briefen an Peter Winkler Erwähnung. Es spricht einiges dafür, dass es dabei sogar einen konkreten Hintergrund gab. Die Verzögerung erwähnte er in Briefen vom 10. 8. 1981 und 4. 9. 1981.

80 In Bad Karlsbad lernten Rosa und Georg das Ehepaar T. aus Pößneck in der damaligen DDR kennen. Man unternahm gemeinsame Spaziergänge, Kaffeefahrten in die Umgebung. Wagner habe mit seinem Vater über den Russlandkrieg gesprochen, an dem beide teilgenommen hatten, kann sich Sohn Joachim T. erinnern, das habe sein Vater ihm später erzählt und sich etwas verwundert gezeigt, denn »er war doch Jude!«. Wagner habe sogar den Eindruck eines »sehr gläubigen Juden« erweckt. Der Briefkontakt zwischen seinen Eltern und den Wagners habe dann noch einige Jahre bestanden; Schreiben von Joachim T. vom 25. 1. 2001. Rosa erinnert sich, ihr Mann habe bei den Europareisen beim Grenzübertritt nach Deutschland immer wieder große Angst gehabt, sei extrem nervös gewesen; Gespräche mit Rosa Rabinowicz am 24. 2. 2000, 14. 4. 2000 und 22. 5. 2000.

81 Gespräch mit Paul Halpern, einem ehemaligen Mitglied der jüdischen Gemeinde von Caracas, der heute in Hafia lebt, am 22. 4. 2001.

82 »Terreno« heißt »Grundstück«; M. und E. sind Rosas Söhne. Ob das Immobiliengeschäft in Miami überhaupt zu Stande kam, ist fragwürdig, schon wegen seines Verweises auf das Hotel *Fontainebleau*, das er ja vorher schon einmal in eine Geschichte eingebaut hatte.

83 Gespräche mit Peter Winkler am 26. 7. 2000 und 29. 8. 2000.

84 Gespräche mit Rosa Rabinowicz am 24. 2. 2000, 14. 4. 2000 und 22. 5. 2000.

85 M. ist Rosas Sohn.

86 Brief von Else Zöllner an Georg Wagner (undatiert, wahrscheinlich von Anfang August 1982); Brief von Georg Wagner an Else Zöllner vom 30. 8. 1982.

87 Brief von Georg Wagner an Else Zöllner vom 30. 8. 1982. *Mexitil-*

Kapseln (zur Behandlung von Rhythmusstörungen, die von den Herzkammern ausgehen, zum Beispiel nach Herzinfarkt) ließ sich Wagner seit dieser Zeit regelmäßig von Peter Winkler schicken, später auch den Betablocker *Adalat* und Nitrospray.

88 Brief von Georg Wagner an Peter Winkler vom 21. 6. 1982.

89 Brief von Georg Wagner an Peter Winkler vom 24. 8. 1982 und vom 4. 10. 1982. Dass der Bau einer Müllverbrennungsanlage oder (später) einer Milchtubenfabrik von ehemaligen Militärs organisiert werden sollte, wäre für südamerikanische Verhältnisse keineswegs ungewöhnlich gewesen.

90 Brief von Georg Wagner an Else Zöllner vom 29. 10. 1982.

91 In einem Brief an Elses Tochter Heidrun D. vom 3. 6. 1977 hatte Wagner noch behauptet, seine Villa liege in der Nähe des Genfer Sees. Seine Briefe an Else aus Caracas unterschrieb er immer häufiger mit »Vati«, wahrscheinlich, um sie nicht zu verwirren, dass er sich inzwischen nicht mehr »Hans«, sondern »Georg« nannte; Brief von Georg Wagner an Else Zöllner vom 30. 9. 1982.

92 Brief von Georg Wagner an Peter Winkler vom 6. 6. 1983.

93 Gespräche mit Rosa Rabinowicz am 24. 2. 2000, 14. 4. 2000 und 22. 5. 2000.

94 Mit den »Milis« meinte Wagner seine Hintermänner vom venezolanischen Militär; bei dem Schloss handelte es sich um den Herrensitz »Duchesse« in Davos. Auf die Rückseite eines Fotos, das das Anwesen zeigte und das er Peter Winkler schickte, stand: »Was meinst Du? Bitte offen da ich auf Deine Meinung sehr viel Wert lege. Danke, Georg.«

95 In Schlieren bei Zürich, wo angeblich Wagners »Reihenhäuser« standen, hatte er 1964 einige Wochen gearbeitet. Ob Else Zöllner sich daran erinnerte, dass sie damals aus Schlieren eine Karte von ihm erhalten hatte, ist nicht bekannt.

96 Diese Darstellung geht auf Äußerungen von Elses Tochter Heidrun D. und ihres Mannes Gernot zurück, die schildern, Else sei der Lügen irgendwann überdrüssig geworden. Der Briefkontakt endete Anfang 1984; Gespräche mit Heidrun und Gernot D. am 5. 9. 2000, 30. 10. 2000 und 2. 2. 2001.

97 Bei Rosa und deren Familie hatte Wagners Ankündigung, in der Schweiz ins Immobiliengeschäft eingestiegen zu sein, offenbar die erwünschte Wirkung hinterlassen. Man versuche von Seiten seiner Stiefsöhne, »über alle möglichen Kanäle genaueres zu erfahren, auch in der Schweiz«, ließ er Winkler wissen, »aber da sind alle Kanäle dicht meinerseits (...) es ist ja schliesslich meine Angelegenheit und nicht deren, ist das klar?« Brief von Georg Wagner an Peter Winkler vom 27. 10. 1983.

98 Gespräche mit Peter Winkler am 26. 7. 2000 und 29. 8. 2000; Brief von Georg Wagner an Peter Winkler vom 27. 10. 1983. Bei seiner ersten Vernehmung in Caracas am 26. 8. 1988 traute sich Georg Wagner übrigens nicht, den beiden deutschen Ermittlern Matschke und Kohlenberger die Mär seiner noch in den USA lebenden Eltern zu präsentieren.

99 Brief von Georg Wagner an Peter Winkler vom 28. 11. 1983. In

zunächst drei Briefen vom 27. 10. 1983, 9. 11. 1983 und 28. 11. 1983 legte Georg Wagner seine Familiengeschichte dar (siehe S. 23).

100 Wagner war am 2. 11. 1983 tatsächlich in Jacksonville/Florida. Er schrieb von dort eine Ansichtskarte an Else Zöllner, »morgen geht es nach Miami, Samstag nach Montreal«.

101 Brief von Peter Winkler an Georg Wagner vom 16. 11. 1983, zitiert und umschrieben in Wagners Brief an Winkler vom 28. 11. 1983.

102 Der Hinweis auf einen deutschstämmigen amerikanischen Besatzungsoffizier in Frankfurt ist deswegen interessant, weil tatsächlich während der letzten Kriegsmonate und nach Kriegsende viele deutschstämmige emigrierte (oft jüdische) US-Nachrichtenoffiziere von Frankfurt aus für das *Counter Intelligence Corps (CIC)* tätig waren. Sie beherrschten die Sprache und verfügten über die nötige Distanz zu Hitler-Deutschland. Es könnte also sein, dass Wagner mit dem angeblichen Bruder Robert Wagner, der in anderen Lebensläufen als Chemiefabrikant in Boston erwähnt wird, einen konkreten, deutschstämmigen *CIC*-Offizier im Auge hatte, der ihm im März 1945 begegnet war und womöglich sogar Wagner hieß.

103 Brief von Georg Wagner an Peter Winkler vom 8. 12. 1983.

104 Siehe Anmerkung 103.

105 Siehe Anmerkung 103.

106 Auf der Rückseite des Briefes von Wagner an Winkler vom 8. 12. 1983 notierte dieser handschriftlich eine Antwort, die seine Sekretärin vermutlich per Telex an Wagner weitergab: »Schreiben vom 8. 12. heute am 30. 12. erhalten. Sorry. Kontakt *Varta* Pulido kann erwähnt werden. Gute Gesundheit und viel Erfolg für 1984 wünscht dir Peter.«

107 Tatsächlich hielten in Venezuela hochrangige Ex-Militärs, wenn es um Großprojekte ging, viele Fäden in der Hand, auch im zivilen Bereich. Es ist davon auszugehen, dass Wagner vor allem durch die jüdische Gemeinde über Kontakte zu Offizieren verfügte. Ob diese Beziehungen so eng waren, wie seine Briefe an Peter Winkler nahe legten, ist eine ganz andere Frage.

108 Bei der Wahl am 4. 12. 1983 gewann Dr. Jaime Lusinchi von der konservativen *Acción Democrática/AD* (»Adecos«) die Mehrheit gegenüber des bis dahin regierenden linken *Comitado de Organización Politica Electoral Independiente/COPEI* (»Copeianer«); Fischer-Weltalmanach, Frankfurt 1987. Brief von Georg Wagner an Peter Winkler vom 13. 12. 1983.

109 »Fuerza Area« ist »Luftwaffe«. In diesem Brief vom 17. 1. 1984 teilte Wagner auch die neueste Entwicklung in Sachen *WAHO* mit: »Um die betreffenden Personen kennen zu lernen werden diese Ende Mai 84 zu einer persönlichen Aussprache nach Kirkvood gebeten wobei ein Aufenthalt von 14 Tagen vorzusehen ist. Die gesamten Kosten werden von der Holding getragen wobei es sehr erwünscht ist die Familie mitzubringen (...) Vorab möchte ich Dich sehr herzlich bitten mir einen kompletten Lebenslauf in englischer Sprache zuzusenden (...)« Offenbar

schickte Winkler tatsächlich seinen Lebenslauf, war gewillt, den ihm offerierten Posten anzutreten. Doch dann meldete sich Georg Wagner für einige Wochen nicht, behauptete schließlich in einem Schreiben vom 6.4.1984, sein »ausführlicher Brief« mit Fotos vom 24.2.84 sei offenbar nicht in Hannover angekommen. Wahrscheinlich war er nie abgeschickt worden.

110 Gespräch mit Günter Röhn am 19.6.2000.

111 Die Reise der deutschen Wirtschaftsdelegation fand vom 2.2. bis 15.2.1983 statt. Röhn glaubt, sein Geschenk auf einem Foto wieder erkannt zu haben, das Wagner 1988 mit einem schwarzen Aktenkoffer zeigt. Gespräch mit Günter Röhn am 19.6.2000.

112 Gespräch mit Günter Röhn am 19.6.2000; Rechnung der Firma *EIKO Anlagenbau* in Bad Oeynhausen an Georg Wagner vom 27.9.1984. Anfang 1985 schlossen *EIKO* und Wagners *Supervise* einen Kooperationsvertrag, gründeten die *SUMAMI-Company-Stabsstelle*, doch die Zusammenarbeit kam nie zu Stande, weil Wagner offene Rechnungen für Beratungsleistungen der Firma *EIKO* nicht zahlte; Vertrag vom 14.2.1985; Brief von Günter Röhn an Georg Wagner vom 19.2.1985; Brief von *EIKO* an Georg Wagner vom 4.3.1985.

113 Brief von Georg Wagner an Peter Winkler vom 6.4.1984.

114 Brief von Georg Wagner an Peter Winkler vom 17.1.1984 und 6.4.1984.

115 Winkler markierte sich in dem Brief die Stelle mit dem neuen Gehaltsangebot.

116 Briefe von Georg Wagner an Peter Winkler vom 13.8.1984, 3.10.1984, 7.5.1987 u.a.

117 Gespräche mit Peter Winkler am 26.7.2000 und 29.8.2000.

118 Brief von Georg Wagner an Peter Winkler vom 25.6.1984.

119 Brief von Georg Wagner an Peter Winkler vom 7.7.1984. Belege, dass die *Varta AG* den Admiral bestochen hat, gibt es nicht.

120 Brief von Georg Wagner an Peter Winkler vom 13.8.1984.

121 Bericht von Paul Halpern vom 10.1.2001; Paul Halpern, »The Big Hoax«, ohne Datum; Gespräch mit Paul Halpern am 22.4.2001; *Yediot Achronot* vom 15.12.1988.

122 Bericht von Paul Halpern vom 10.1.2001.

123 Gespräch mit Paul Halpern am 22.4.2001.

124 Siehe Anmerkung 123.

125 Brief von Georg Wagner an Peter Winkler vom 27.6.1984.

126 Diese Namen nannte Wagner: Colonel León Benmoran, Major Carlos Frailles, Colonel Carlos Hermann, Carlos Sanchez Benmoran, Solomon Rosenbaum und Dr. Hubert Krüger.

127 Brief von Georg Wagner an Peter Winkler vom 13.8.1984 und 3.10.1984.

128 Briefe von Georg Wagner an Peter Winkler vom 10.2.1987, 1.3.1987 und 7.5.1987; Gespräche mit Peter Winkler am 26.7.2000 und 29.8.2000.

129 Gespräche mit Peter Winkler am 26. 7. 2000 und 29. 8. 2000.

130 Brief von Georg Wagner an Peter Winkler vom 5. 5. 1985.

131 Briefe von Georg Wagner an Peter Winkler vom 4. 10. 1985 und 28. 10. 1985.

132 Noch detaillierter ging Wagner in seinem Brief vom 2. 12. 1985 auf die Umstände seines Infarkts ein.

133 Wagner schob die Katheteruntersuchung in den USA immer wieder hinaus: »Ich werde euch Bescheid geben wenn die Pferdekur gemacht wird (...) Wenn ich es machen werde so möchte ich doch nicht im Anschluss daran im gemeinsamen Chor mit den Engelchen ein Lied anstimmen.« Dabei hatte er sich nach dem zweiten Infarkt noch gebrüstet: »Der Medizinmann kann es heute noch nicht fassen das der alte Wagner 10 Tage mit einem schweren Infarkt rummarschiert ist und auch noch Auto gefahren ist«; Briefe von Georg Wagner an Peter Winkler vom 4. 10. 1985 und 14. 11. 1985.

134 Für 1986 enthält die Briefsammlung, die Peter Winkler zur Verfügung stellte, nur die Schreiben vom 26. 1., 28. 1. und 20. 2.

135 Brief von Georg Wagner an Peter Winkler vom 26. 1. 1986 und 28. 1. 1986.

136 Bericht von Paul Halpern vom 10. 1. 2001; Paul Halpern, »The Big Hoax«, ohne Datum; Gespräch mit Paul Halpern am 22. 4. 2001; *Yediot Achronot* vom 15. 12. 1988.

137 Brief von Georg Wagner an Peter Winkler vom 10. 2. 1987; Christina Winkler hatte Wagner offenbar kurz zuvor vorgehalten, bei der *WAHO*-Übernahme und dem neuen Job ihres Mannes handele es sich um »Luftschlösser«.

138 Die Verhandlungen liefen zunächst über die hundertprozentige schwedische *Varta*-Tochter *Noack*.

139 Brief von Georg Wagner an Peter Winkler vom 10. 4. 1987.

140 Wagner sprach immer von »Coronels«, meinte offenbar »Colonels«. Brief von Georg Wagner an Peter Winkler vom 21. 4. 1987.

141 Brief von Georg Wagner an Peter Winkler vom 16. 6. 1987.

142 Offizielles Schreiben der *Varta Batterie AG* (Peter Winkler) an Georg Wagner vom 18. 5. 1987, in dem Wagners Firma *Supervise* beauftragt wurde, »die Firma *Venergia* in Bezug auf die bestehenden Installationen, Produktionskapazitäten und, insoweit möglich, auf die finanzielle Lage zu überprüfen«. Gleichzeitig habe er sich in einem Brief direkt an die Firma *Venergia* gewandt, »in welchem wir Ihren Besuch ankündigen«, schrieb Winkler.

143 Brief von Georg Wagner an Peter Winkler vom 8. 9. 1987. Das erste Gutachten der Wagner-Firma *Supervise* stammte vom 28. 7. 1987, das revidierte Gutachten vom 9. 9. 1987.

144 »Reuniones« sind »Zusammenkünfte«.

145 Gespräche mit Peter Winkler am 26. 7. 2000 und 29. 8. 2000.

146 Auch in späteren Briefen an Peter Winkler ging er auf das Thema »Bestechung« ein: »Man versucht zwar manchmal zu bestechen (...) aber

bei dem alten Wagner ist das nicht drin« (19. 9. 1987). In dem Brief kündigte er auch »die Evaluation« an, die er für die *Venergia* machen sollte. »Noch bin ich unbestechlich«, schrieb er, das sei eine »typisch deutsche Einstellung«, habe ihm die *Venergia*-Eigentümerin Rubion entgegnet, »denn ein Venezolander würde mit Kusshand alles annehmen«. (10. 2. 1988)

147 Gespräche mit Peter Winkler am 26. 7. 2000 und 29. 8. 2000.

148 Brief von Georg Wagner an Peter Winkler vom 6. 1. 1988.

149 »Retirado« soll »pensioniert« heißen.

150 Die *Varta AG* verwahrt sich einer Stellungnahme völlig zu Recht »gegen Behauptungen, unser Haus sei in ›Strohmanngeschäfte und Industriespionage‹ verwickelt gewesen«. Eine Ausforschung seitens der *Varta* oder ihres Direktors Peter Winkler ist ebenso wenig erkennbar wie ein dubioses Finanzmanöver unter Beteiligung von *Varta* und Winkler, um die *Venergia* übernahmereif zu machen. Denkbar ist allenfalls, dass Georg Wagner in eigener Initiative beschloss, er treffe mit seiner Investitionszusage eine für *Varta* richtige und von Winkler gewünschte Entscheidung. In der Stellungnahme der *Varta AG* vom 27. 6. 2000 heißt es weiter: »Die Firma *Venergia* wollte in den 80er-Jahren mit allen zur Verfügung stehenden Mitteln mit *Varta* ins Geschäft kommen. Wir hatten allerdings ganz erhebliche Zweifel hinsichtlich der Seriosität des Unternehmens sowie der für dieses Unternehmen handelnden Personen, sodass es zu den von *Venergia* in Aussicht genommenen Geschäften nicht gekommen ist. *Venergia* versuchte, sich Dritten gegenüber einen seriösen Anstrich zu geben und dabei offenbar auch den Eindruck hervorzurufen, dass das Handeln der *Venergia Varta* zuzurechnen sei. Die ablehnende Haltung der *Varta* führte auf Seiten *Venergia* zu großer Verärgerung, ohne dass dieses aber größere Folgen gehabt hätte.«

151 Vernehmung von Georg Wagner am 26. 8. 1988. Wagner führte seit einiger Zeit für Banken in Caracas Wertschätzungen von Firmen und Fabriken durch, erhielt dafür eine Zulassung vom venezolanischen Wirtschaftsministerium. Für das Gutachten bezahlte ihm *Venergia* 12.000 US-Dollar; *KDM*-Aktennotiz 005AN001 vom 17. 8. 1988.

152 Siehe Anmerkung 150.

153 Gespräch mit Paul Halpern vom 22. 4. 2001.

154 Gespräche mit Rosa Rabinowicz am 24. 2. 2000, 14. 4. 2000 und 22. 5. 2000.

155 Paul Halpern schrieb am 5. 8. 1988 einen weiteren Brief, empfahl Wagner, er möge, statt ihn zu entschädigen, der *Keren Kayemeth Leisrael (KKL)* etwas »für die Pflanzung von Bäumen übergeben und mir das entsprechende Zertifikat zukommen lassen«. Damit würde »auch Ihre, vor Jahren mir gegenüber gemachte Aussage, Juden sollen ja Juden helfen, eine Realität sein«. Die *KKL* kannte Wagner, er hatte in einer der Schonungen im Dezember 1969 mit Maria Zapp eigenhändig ein Bäumchen gepflanzt. Allerdings sollte Wagner nicht mehr dazu kommen, die verlangte Spende zu überweisen.

156 Vernehmungen von Georg Wagner am 26. 8., 27. 8. und 28. 8. 1988.

157 Mit »Doktora« meint Wagner Venezla Rubion, die *Venergia*-Eigentümerin, die im November 1987 aus Anlass des Besuches von Peter Winkler in Caracas einen Empfang in ihrem Haus gab.

158 Die Termine stehen in Wagners *Varta*-Taschenkalender, der den *DISIP*-Agenten in die Hände fiel, als sie Wagners Aktenkoffer aus seinem verschlossenen Wagen stahlen. In sein Telefonverzeichnis hatte er sich bereits die Telefonnummern von Krankenhäusern in Israel notiert, wohl in der Sorge, es könnte ihn auf der Reise ein erneuter Infarkt ereilen. Es wäre für Georg Wagner die erste Israelreise nach 1973 gewesen, als er vergeblich versucht hatte, ins Land zu kommen und sein Visum »ungültig« gestempelt worden war.

159 Briefe von Georg Wagner an Peter Winkler vom 7.6.1988 und 19.6.1988.

Post mortem – 1988 bis heute

1 Beatriz N. war eine zweite Dolmetscherin, die sich mit Dagmar Peña ablöste. Sie soll inzwischen verstorben sein; weitere Informationen konnten nicht ermittelt werden.

2 Das Transkript des Telefonats vom 30.8.1988 liegt als deutsche Übersetzung vor, es wurde nur unwesentlich gekürzt.

3 Gespräche mit Peter Winkler am 26.7.2000 und 29.8.2000. Winkler erinnert sich, Rosa habe ihm bei diesem Telefonat gesagt, Georg liege im Sterben.

4 Unterschriftsbeglaubigung der Botschaft der Bundesrepublik Deutschland in Caracas/Venezuela vom 29.8.1988, Besch.-Reg.-Nr. 144/88 bis 148/88.

5 Gespräche mit Klaus-Dieter Matschke am 20.1.2000, 14.2.2000, 17.5.2000 und 4.1.2001.

6 Vernehmung von Georg Wagner am 27.8.1988.

7 »Erklärung« von Georg Wagner vom 28.8.1988: »Ich, Hans Georg Friedrich Wagner, Venezolaner, wohnhaft in Caracas, Pass Nummer 6.978.200, erkläre hiermit freiwillig vor (...) Zeugen: Mein richtiger Name lautet Hans-Georg Friedrich Reimer, geboren am 1. März 1918 in Dresden (...)«

8 Roman Jagel hatte als polnischer Jude eine selbst für israelische Generäle ungewöhnliche Karriere hinter sich. 1922 in Krakau geboren, diente er 1939 in der polnischen Armee, als Hitlers Truppen das Land überfielen; er zog 1941, nach dem Einmarsch in die Sowjetunion, in einer polnischen Division an der Seite der Roten Armee in den Krieg gegen die Deutschen, kämpfte bis zur Befreiung von Berlin, stieg nach dem Krieg im polnischen Militär auf und emigrierte 1957 nach Israel, um dort erneut beim Militär Karriere zu machen. Viele Familienmitglieder, darunter seine Brüder, die in Krakau geblieben waren, wurden in Auschwitz umgebracht; Gespräch mit Roman Jagel am 23.4.2001.

9 Die Ermittlungen in Brasilien wurden von dem Polizeichef von São Paulo, Romeu Tuma, geleitet, der 1978 schon den Österreicher Gustav Wagner verhaftet hatte, den stellvertretenden Kommandanten des Vernichtungslagers Sobibor, der seit 1952 unbehelligt in São Paulo gelebt hatte. Am 21. Juni 1985 konnte Tuma im Polizeihauptquartier von São Paulo der Weltöffentlichkeit die sterblichen Überreste Dr. med. Josef Mengeles präsentieren; Gerald L. Posner und John Ware, »Mengele – Die Jagd auf den Todesengel«, Berlin 1998. Die Israelis zweifelten die Ergebnisse jedoch an, drängten später sogar auf eine DNS-Analyse und einen Vergleich mit dem Erbmaterial des Mengele-Sohnes Rolf, zu der es aber nie kam; Gespräch mit Roman Jagel am 23. 4. 2001.

10 Gerald L. Posner und John Ware, »Mengele – Die Jagd auf den Todesengel«, Berlin 1998.

11 Gespräche mit Klaus-Dieter Matschke am 20. 2. 2000, 14. 2. 2000, 17. 5. 2000 und 4. 1. 2001; Gespräch mit Roman Jagel am 23. 4. 2001.

12 Vernehmung von Georg Wagner am 27. 8. 1988. Dass Josef Mengele tatsächlich auch in Treblinka war, um seine Opfer auszuwählen, ist historisch nicht gesichert.

13 Obwohl Wagner im Telefonat mit Solomon behauptet hatte, Rosa in Tel Aviv geheiratet zu haben (eine Version, die er auch Klaus-Dieter Matschke erzählte), spricht mehr für eine Heirat in Caracas. Wagner äußerte gegenüber seinem Mitarbeiter Rolf Kaufmann, er habe Rosa in der Synagoge geheiratet, sei dabei zum jüdischen Glauben übergetreten; Gespräch mit Rolf Kaufmann am 2. 4. 2001. Rosa äußert in mehreren Gesprächen, sie hätten nicht geheiratet, weil sie ihr Vermögen nicht aufs Spiel setzen wollte; Gespräche mit Rosa Rabinowicz am 24. 2. 2000, 14. 4. 2000 und 22. 5. 2000. Andererseits schickte Rosa am 23. 1. 1989, nach Wagners Tod, einen Brief an Else Zöllner, in dem sie schrieb, sie sei »seit 15 Jahren die Ehefrau von Hans Georg Wagner«, unterzeichnete den Brief, ihren Vornamen bewusst verändernd, mit »Resa Wagner«. Wagner selbst sprach bei seinem Verhör immer nur von seiner »Lebensgefährtin«; Vernehmungen Wagners vom 26. 8. bis 30. 8. 1988. Peter Winkler betont, dass in ihrem Pass 1981 noch der Name Rosa Rabinowicz gestanden habe; Brief von Peter Winkler vom 8. 11. 2000. Der Oberrabbiner der *Unión Israelita* wiederum erweckt den Eindruck, sie seien verheiratet gewesen; Gespräch mit Pynchas Brener am 28. 5. 2000.

14 Gespräche mit Peter Winkler am 26. 7. 2000 und 29. 8. 2000.

15 Gespräche mit Rosa Rabinowicz am 24. 2. 2000, 14. 4. 2000 und 22. 5. 2000.

16 Peter Winkler erinnert sich, dass er, wie verabredet, gegen 8.30 Uhr Ortszeit im *Jastol Park* anrief und dabei erfuhr, Georg liege im Sterben, und dass Rosa ihn danach anrief, um die Todesnachricht zu übermitteln; Gespräch mit Peter Winkler am 7. 5. 2001.

17 Gespräche mit Rosa Rabinowicz am 24. 2. 2000, 14. 4. 2000 und 22. 5. 2000.

18 Rosas Enkel S. teilte diese Erinnerung seinem Bruder J. mit.

Gespräch mit J. Rabinowicz am 26.5.2000; Brief von J. Rabinowicz vom 8.6.2000.

19 Gespräche mit Rosa Rabinowicz am 24.2.2000, 14.4.2000 und 22.5.2000.

20 Siehe Anmerkung 19.

21 Siehe Anmerkung 19.

22 Gespräche mit Peter Winkler am 26.7.2000 und 29.8.2000.

23 Tatsächlich verschwanden Rubion und Solomon wenige Monate später, kurz vor dem Bankrott der *Venergia*, mit ihren restlichen Barmitteln, wahrscheinlich in die Vereinigten Staaten.

24 Peter Winkler hat das Transkript der seinerzeit abgehörten Telefonate noch einmal gelesen und betont, er halte die Aussagen Solomons tatsächlich rückblickend für eine »massive Drohung«. Auch seine Frau Christina habe damals Angst vor Solomon gehabt und eine Entführung der Tochter befürchtet; Gespräche mit Peter Winkler am 7.5.2001 und 18.5.2001.

25 Gespräch mit Dagmar Peña am 25.5.2000.

26 Gespräch mit Elpidio Jiménez am 23.5.2000.

27 Gespräche mit Rosa Rabinowicz am 24.2.2000, 14.4.2000 und 22.5.2000.

28 Aktennotiz »Chronologischer Ablauf unseres Az. 833/88« von Klaus-Dieter Matschke vom 7.2.1989. Am 31.8.1988, an Wagners Todestag, stellte Venezla Rubion eine Autorisation für das deutsche Rechtsanwaltsbüro F. in Hannover aus, »alle notwendigen Informationen im Zusammenhang mit Wagner, Winkler und der Firma *Varta AG* zu beschaffen«. Solomon und Rubion blieben später einen Großteil der Rechnung schuldig, die ihnen von der Firma *KDM-Sicherheits-Consulting* gestellt worden war; Gespräche mit Klaus-Dieter Matschke am 20.1.2000, 14.2.2000, 17.5.2000 und 4.1.2001.

29 Die Israelis glaubten noch immer, mit den Informationen, die Wagner Matschke gegeben hatte, auf die Spur Mengeles zu kommen. Sie waren sogar bereit, die Flug- und Hotelkosten für Matschke zu übernehmen, was dieser aber ablehnte, weil er bereits von Mitchell Solomon eine Deckungszusage erhalten hatte; Gespräche mit Klaus-Dieter Matschke am 20.1.2000, 14.2.2000, 17.5.2000 und 4.1.2001; Gespräch mit Roman Jagel am 23.4.2001.

30 Aktennotiz »Chronologischer Ablauf unseres Az. 833/88« von Klaus-Dieter Matschke vom 7.2.1989.

31 Siehe Anmerkung 30.

32 Noah Klieger, »Zum Schluss brach er zusammen«, Übersetzung des Artikels aus *Yediot Achronot* vom 2.12.1988.

33 Bericht von Paul Halpern vom 10.1.2001; Paul Halpern, »The Big Hoax«, ohne Datum; Gespräch mit Paul Halpern am 22.4.2001; Brief von Paul Halpern an das *Simon Wiesenthal Zentrum* in Wien vom 3.3.1989.

34 *Yediot Achronot* vom 15.12.1988; es erschien noch ein dritter Artikel von Klieger zum Thema am 20.1.1989.

35 Auf dem Rückflug nach Caracas flog Halpern über Zürich und traf sich dort mit Peter Winkler zum Gedankenaustausch. Pynchas Brener ist auch heute noch der Oberrabbiner der *Unión Israelita* in Caracas. Bei zwei Gesprächen gab er vor, sich an den Fall Wagner nicht genau zu erinnern, ließ sich sogar ein Foto Wagners zeigen, um seine Erinnerung aufzufrischen und sagte dann, »er habe den Mann nie kennen gelernt«; Gespräche mit Rabbi Brener am 17. 4. 2000 und 28. 5. 2000.

36 Brief von Paul Halpern an das *Simon Wiesenthal Zentrum* in Wien vom 3. 3. 1989.

37 Interview mit Rabbi Gershon Miletsky in *Maariv* vom 20. 12. 2000.

38 Dieses Vertrauensverhältnis zwischen Sarah und Georg Wagner schildert auch Rosa; Gespräche mit Rosa Rabinowicz am 24. 2. 2000, 14. 4. 2000 und 22. 5. 2000.

39 In der jüdischen Gemeinde herrschte damals das Empfinden vor, Wagner habe Selbstmord verübt, sagt Miletsky, es sei aber unüblich gewesen, eine Obduktion vorzunehmen, wenn kein Verdacht für ein Verbrechen vorliege; Interview mit Rabbi Gershon Miletsky in *Maariv* vom 20. 12. 2000.

40 Heidrun D., Elses Tochter, behauptet, dass noch ein weiterer Brief von Rosa gekommen sei, in dem sie sich nach früheren Arbeitsstellen von Wagner erkundigt habe, weil sie Witwenrente beantragen wollte. Dieses Schreiben ist jedoch verschwunden, sodass sich die Angaben nicht überprüfen lassen. Gespräche mit Heidrun und Gernot D. am 5. 9. 2000, 30. 10. 2000 und 2. 2. 2001. Unklar ist, warum sie den Brief mit »Resa Wagner« und nicht »Rosa Wagner« unterschrieb.

41 Tatsächlich war die Ehe 1979 auf Initiative von Jeanne geschieden worden, was Else Zöllner aber ebenso wenig wusste wie Wagner.

42 Zu jenem Zeitpunkt war der richtige Name »Günter Reinemer« noch nicht bekannt. Wagner hatte seinen ursprünglichen Namen (falsch) mit »Hans Georg Reimer« angegeben, dabei allerdings eine ganze Reihe von Daten genannt, die wenige Monate später seine Identifizierung ermöglichten.

43 Else Zöllner erkrankte Ende der Achtzigerjahre an Krebs, siedelte zu ihrer Tochter Heidrun nach Rheinberg über und verstarb dort 1991.

44 *Maariv* vom 20. 12. 2000; Telefonat mit Menachem Russak am 23. 4. 2001.

45 Menachem Russak, der seit langem pensioniert ist, sagt, er könne sich nicht mehr genau an den Fall erinnern, wisse aber, dass die »Akte Wagner« von seiner Dienststelle vor einigen Jahren, zusammen mit anderen, an *Yad Vashem* abgegeben worden sei; Telefonat mit Menachem Russak am 23. 4. 2001. Im Archiv von *Yad Vashem* ist die Akte zwar registriert (Record Group TR-11, File No. PA 1212), aber dennoch unauffindbar. Sie wurde entweder falsch einsortiert oder ist auf dem Weg zwischen der Polizei und dem Archiv verschwunden; Gespräch mit der stellvertretenden Archivleiterin von *Yad Vashem*, Nomi Halpern, am 24. 4. 2001.

46 Interview mit Rabbi Gershon Miletsky in *Maariv* vom 20. 12. 2000.

47 Das Foto hatte Klaus-Dieter Matschke am 26. 8. 1988 während des ersten Verhörs im Büro der Firma *Venergia* aufgenommen; es ist das Foto auf S. 35 oben, das auch Grundlage des Bildes auf dem Buchcover war, die letzte Aufnahme, die von Georg Wagner gemacht wurde.

48 Möglicherweise handelte es sich bei dem Mann, der Miletsky bedrohte, um einen Agenten der *DISIP*. Interview mit Rabbi Gershon Miletsky in *Maariv* vom 20. 12. 2000.

49 Denkbar wäre, dass Georg Wagner von Agenten der *DISIP* mit einem Herzgift umgebracht wurde, auf Veranlassung, mindestens aber mit Wissen von Solomon und Rubion. Es gibt dafür keine Beweise, allerdings Indizien: die Drohungen, die Solomon gegen Wagner zu dessen Lebzeiten aussprach sowie die Ereignisse im Zusammenhang mit den Nachforschungen von Rabbi Miletsky.

50 Interview mit Rabbi Gershon Miletsky in *Maariv* vom 20. 12. 2000.

51 Rubion und Solomon hätten die *Banco Industrial* betrogen und auch ihn um mehrere Monatsmieten, erzählt Luis Augusto Bigott, der Besitzer der Villa im Campo Allegre, die *Venergia* als Bürogebäude diente. Das Haus steht seitdem leer; Gespräch mit Luis Augusto Bigott am 14. 4. 2000. Dessen Frau will Venezla Rubion Jahre später wieder in Caracas gesehen haben, sie sei als mittellose Frau nach Venezuela zurückgekehrt, ohne ihren Mann Mitchell Solomon, wahrscheinlich aus Miami; für diese Information gibt es aber keinen sicheren Beleg.

52 Vertrag zur Gründung der Firma *Vencorp C. A.* zwischen Venezla Rubion und Georg Wagner vom 17. 5. 1988. Die Firma *Vencorp* sollte alle möglichen kommerziellen Transaktionen tätigen, hatte also mit den geschäftlichen Aktivitäten der Firma *Venergia*, der Herstellung von Batterien, nichts zu tun. Wagner selbst schrieb in seiner Bankvollmacht für Peter Winkler am 7. 6. 1988, dass eine zweite Person gegenzeichnen müsse: Venezla Rubion.

53 Die von der *DISIP* abgehörten und mitgeschnittenen Telefonate und Gespräche von Solomon und Rubion lassen keine Zweifel daran, dass es starke Rachegelüste bei ihnen gab.

54 Aktennotiz »Chronologischer Ablauf unseres Az. 833/88« von Klaus-Dieter Matschke vom 7. 2. 1989.

55 Klageschrift der Anwaltskanzlei F. & Partner an das Landgericht Hannover, Kammer für Handelssachen, vom 11. 10. 1988. Die Klage wurde nie eingereicht, wobei die Hintergründe unklar sind: Entweder zogen Rubion und Solomon die Klage zurück, weil sie sich keinen Erfolg versprachen, oder sie hatten sich inzwischen abgesetzt, sodass die Klage obsolet wurde. Im Februar 1989 war Solomon nochmals zu Besprechungen nach Frankfurt gekommen. Es gab Ärger wegen der Artikel in der jüdischen Tageszeitung *Yediot Achronot*, die Solomon unbedingt verhindern wollte. Er hatte Klaus-Dieter Matschke daraufhin vorgeworfen, auf zwei Schultern zu tragen, dieser habe sich die Story von *Yediot Achronot* bezahlen lassen, was aber nicht zutraf; Schreiben von Fred H. an Klaus-Dieter Matschke vom 19. 1. 1989, Schreiben von Rechtsanwalt Dr. Erik U.

an Fred H. vom 6.2.1989; Telefon von Klaus-Dieter Matschke mit dem israelischen Journalisten Noah Klieger am 6.2.1989. Der zuständige Anwalt F. erklärt auf Anfrage, »die Unterlagen bereits vernichtet« und »leider keinerlei weitere Erinnerung an den Vorgang« zu haben; Schreiben der Anwaltskanzlei F. & Partner vom 3.7.2000.

56 Die ersten Recherchen fanden offenbar im Juli 1989 im *Berlin Document Center* statt. Dort besorgten sich die Redakteure die vorhandenen Dokumente des SS-Mannes Günter Reinemer, die sie dann auch Klaus-Dieter Matschke in Kopie zur Verfügung stellten. Die *Spiegel*-Rechercheure besaßen nicht den geringsten Zweifel, dass es sich bei Wagner und Reinemer um ein- und dieselbe Person handeln musste, das geht u. a. aus der vorhandenen Akte des Ministeriums für Staatssicherheit *BStU*-Archiv MfS-HA IX/11 RHE 41/89 BRD hervor sowie aus einem Anruf des *Spiegel* bei Paul Halpern am 9.8.1989, als der Redakteur deutlich machte, die Identität Wagners alias Reinemers sei durch Fotos und durch seine Fußverletzung eindeutig gesichert. Später sollte *Der Spiegel* allerdings den Eindruck erwecken, es sei keineswegs sicher, dass beide Personen identisch sind; *Der Spiegel* vom 12.3.2001.

57 Laut Schreiben von Staatsanwalt Wieland vom 25.7.1989 hatte der Pressesprecher der Generalstaatsanwaltschaft der DDR, Peter Przybylski, »die in der Anlage wiedergegebene an das MfAA. der DDR gerichtete *Spiegel*-Anfrage zugeleitet«; *BStU*-Archiv MfS-HA IX/11 RHE 41/89 BRD.

58 Von einem inoffizellen Mitarbeiter erfuhr das MfS/HA II »streng geheim« am 16.8.1989, »dass dem in der DDR akkreditierten ständigen Korrespondenten des BRD-Nachrichtenmagazins ›Der Spiegel‹ (...) Name und Anschrift (...) des Reinemer (...) von seiner Zentralredaktion (...) übermittelt wurde«; *BStU*-Archiv MfS-HA IX/11 RHE 41/89 BRD.

59 *BStU*-Archiv, MfS-HA IX/11 RHE 41/89 BRD.

60 *BStU*-Archiv, Überprüfungsvorgang 73/54 »Aero«, MfS/BV Halle, Ref. XII, Archiv-Nr. 272/55.

61 Es gibt keinen Hinweis in der MfS-Akte, dass der Überprüfungsvorgang aus dem Jahre 1954 zwar gefunden, aber dem *Spiegel* verheimlicht wurde, weil Wagner 1957 beim Verlassen der DDR umgedreht worden war, also danach (auch) für das MfS gearbeitet hatte. Die alte Akte blieb offensichtlich deshalb unentdeckt, weil einerseits der Name »Wagner« eher gewöhnlich war, andererseits die Vornamen nicht übereinstimmten (»Hans« und »Georg«), vor allem aber weil im »Suchauftrag« falsche Geburtsdaten angegeben worden waren.

62 Am 10. September 1989 öffnete die ungarische Regierung die Grenze nach Österreich für ausreisewillige DDR-Bürger; kurze Zeit danach stimmte Erich Honecker auf Druck des sowjetischen Außenministers Eduard Schewardnadse der Ausreise von 5000 DDR-Bürgern zu, die sich auf dem Gelände der bundesdeutschen Botschaft in Prag aufhielten. Inzwischen kam es zu Massenprotesten in Ostberlin und in Leipzig (»Montagsdemonstrationen«), die Erich Mielkes Truppen mit Tränengas und Knüppeln zu unterbinden versuchten. Am 6. Oktober traf

Michail Gorbatschow in der DDR ein, um Honecker von einer Wende seiner Politik zu überzeugen. Am 18. Oktober gab der SED-Generalsekretär dem Druck nach und trat zurück. Sein Nachfolger Egon Krenz hob am 27. Oktober die Reisebeschränkungen in die Tschechoslowakei auf; als sich daraufhin mehr als 300 000 DDR-Bürger über die Hintertür in den Westen absetzten, fällten Krenz und sein Politbüro am 9. November die Entscheidung, die Grenzen nach Westberlin zu öffnen.

63 Schreiben der HA IX des MfS an die Bezirksverwaltung Cottbus vom 26.10.1989; *BStU*-Archiv MfS-HA IX/11 RHE 41/89 BRD.

64 Hans Maur, »Antifaschistische Mahn- und Gedenkstätte Lichtenburg«, Kreismuseum Jessen, ohne Datum; die Gedenkstätte wurde im Mai 1965 eingeweiht und im September 1978 neu gestaltet.

65 Diese Bewertung geht auf die amerikanischen und sowjetischen Anklagevertreter bei den Nürnberger Prozessen zurück; Heinz Höhne, »The Order of the Death's Head: The Story of Hitler's SS«, New York 1970.

66 Weder Stefan Aust noch einer seiner Redakteure haben sich allerdings jemals, trotz mehrerer Angebote, die Mühe gemacht, das komplette Geständnis zu analysieren. Der *Tagesspiegel* vom 13.3.2001 zitiert Aust mit den Worten: »Außer dass Wagner eine bestimmte Geschichte erzählt, beweist das Tonband nichts«, *Spiegel TV*, also er, habe sich bei der damaligen Bewertung deshalb »nicht getäuscht«. Eine Anfrage an den *Spiegel* vom 7.5.2001 mit der Bitte, zu einigen Fragen im Zusammenhang mit der genannten Veröffentlichung und den objektiven Fehlern des *Spiegel* Stellung zu nehmen, blieb unbeantwortet.

67 »Der Nazi und die frisierte Wahrheit«, *Der Spiegel* vom 12.3.2001. Es bleibt das Geheimnis des *Spiegel*, warum jemand, der seinen privaten Lebensmittelpunkt nach Hamburg verlegt, weil er dort offenbar eine Freundin hat, und sich dort anmeldet, nicht weiterhin an einem anderen Ort seinen Kriegsdienst ausüben kann; jeder Soldat, der in dieser Zeit an der Front kämpfte, besaß eine Heimatanschrift. Bezeichnenderweise schreibt *Der Spiegel* auch nur, Reinemer habe in Hamburg »gewohnt«, nicht aber, er habe dort »gelebt«.

68 Gespräche mit Ingetraud K. am 16.5.2000 und 13.9.2000.

69 Siehe Anmerkung 68.

70 Ein bereits anberaumtes Gespräch mit Hans-Hermann Reinemer wurde am 6.10.2000 von ihm kurzfristig wieder mit der Begründung abgesagt, er könne keine Erkenntnisse über seinen Vater beitragen, weil er ihn »praktisch nicht gekannt« habe.

71 Gespräche mit Ingetraud K. am 16.5.2000 und 13.9.2000.

72 Telefonat mit Gertraude K. am 31.1.2001.

73 Telefonat mit Heinz Reinemer am 30.1.2001.

74 Gespräche mit Ursula W. am 6.10.2000, 30.1.2001 und 25.4.2001.

75 Die Scheidung vom 18.5.1979 durch die 3. Kammer des Gerichts von Nanterre geht aus den Unterlagen des Bürgermeisters von Aumont hervor; Auskunft vom 20.9.2000. Das Schreiben des *Consulat General de*

France Berlin an Jeanne Wagner datiert vom 25.3.1980; das Generalkonsulat befand sich seinerzeit unter der Adresse Kurfürstendamm 211. Genau nebenan, im *Air France*-Verkaufsbüro, hatte Hans Wagner fast 30 Jahre zuvor gearbeitet.

76 Nach Angaben ihrer Söhne Gérald und Alain muss Jeanne kurz vor ihrem Tod viele Unterlagen über Hans Wagner vernichtet haben; Gespräch mit Gérald Wagner und Alain Mültner am 9.3.2001; Gespräch mit Philippe Wagner am 10.3.2001. Das Todesdatum ist auch in den Unterlagen des Bürgermeisters von Aumont festgehalten; Auskunft vom 20.9.2000.

77 Gespräch mit Patrick Wagner am 12.10.2000.

78 Gespräch mit Philippe Wagner am 10.3.2001.

79 Das Telefonverzeichnis, das mit dem gestohlenen Aktenkoffer in die Hände der *DISIP*-Agenten in Caracas fiel, lässt nicht erkennen, wann Wagner die Eintragungen vorgenommen hatte, vermutlich jedoch kurz zuvor, denn es waren dort auch die Telefonnummern israelischer Krankenhäuser verzeichnet, die er offensichtlich vorsorglich für die geplante Reise nach Tel Aviv notiert hatte. Die Bezeichnung *S. A.* sollte offenbar den Eindruck erwecken, es handele sich um Firmen (*Societé Anonyme*).

80 Ein Gespräch mit Sabine Wagner, die in Paris lebt, kam trotz mehrfacher Bemühungen nicht zu Stande.

81 Gespräch mit Helga E. am 10.1.2001.

82 Gespräche mit Heidrun D. am 5.9.2000, 30.10.2000 und 2.2.2001.

83 Gespräche mit Manfred und Helga S., Sohn und Schwiegertochter von Luise Schneider, sowie Frau G., Mitarbeiterin von Luise Schneider, am 10.4.2001.

84 Gespräch mit Johanna Liebherr am 25.4.2001. In ihrem Falle wurde auch ihr Beruf und der Heimatort namentlich geändert: Johanna Liebherr lebt also *nicht* als Rechtsanwältin und *nicht* in Kallham.

85 Gespräche mit Maria Zapp am 1.11.2000 und 17.2.2001.

86 Gespräche mit Rosa Rabinowicz am 24.2.2000, 14.4.2000 und 22.5.2000.

87 Diese Spekulation stellte *Der Spiegel* an, um ein Motiv für Wagners Geständnis zu finden; »Der Nazi und die frisierte Wahrheit«, *Der Spiegel* vom 12.3.2001. Allerdings hätte sich *Der Spiegel* überzeugen können, dass diese Vermutung bereits durch das Geständnis selbst widerlegt wird, doch das Angebot wurde abgelehnt. Bei den Verhören pochte Wagner, erkennbar ängstlich, darauf, dass Rosa und die jüdische Gemeinde auf keinen Fall von seinen Ausführungen erfahren dürften. Offenbar waren ihm von Matschke und Kohlenberger auch entsprechende Zusagen gemacht worden. Darüber hinaus war Wagner bei den Verhören ein gebrochener Mann und zu solchen überlegten Handlungen vermutlich gar nicht mehr in der Lage; Vernehmungen von Georg Wagner vom 26.8. bis 30.8.1988.

88 Gespräche mit Rosa Rabinowicz am 24.2.2000, 14.4.2000 und 22.5.2000.

89 Brief von J. Rabinowicz vom 24.2.2001. In seinem Film »Ships of

Hope« berichtet Rabinowicz über die Odyssee der beiden Frachter *Caribia* und *Königstein*, denen von zahlreichen Häfen in der Karibik die Anlandung untersagt worden war, weil sie hunderte von jüdischen Flüchtlingen aus Österreich an Bord hatten; erst der damalige Präsident von Venezuela, General López Contreras, hatte die Juden schließlich aufgenommen.

90 Gespräche mit Peter Winkler am 26. 7. 2000 und 29. 8. 2000. Winkler schrieb übrigens nach Wagners Tod die *Barclays Bank* in St. Maarten an, um sich nach dem Stand des Kontos zu erkundigen, für das er eine Vollmacht besaß. Die Bank antwortete, auf dem Konto sei nie eine Zahlung eingegangen; Schreiben von Peter Winkler an die *Barclays Bank* vom 20. 9. 1988; Schreiben der *Barclays Bank* an Peter Winkler vom 16. 11. 1988.

91 Gespräche mit Oberrabbiner Pynchas Brener am 17. 4. 2000 und 28. 5. 2000. Im Originalton sagt Brener in perfektem Englisch sogar »this gentleman«.

92 Gespräch mit Paul Halpern am 22. 4. 2001.

93 Gespräch mit Elpidio Jiménez am 23. 5. 2000.

94 Interview mit Rabbi Gershon Miletsky in *Maariv* vom 20. 12. 2000.

95 Gespräche mit Rosa Rabinowicz am 24. 2. 2000, 14. 4. 2000 und 22. 5. 2000.

96 Interview mit Rabbi Gershon Miletsky in *Maariv* vom 20. 12. 2000.

Namensregister

Sachregister

Kursiv geschriebene Seitenangaben beziehen sich auf Bildunterschriften.

GOLDMANN

Generation der Opfer

Mark J. Harris, Deborah Oppenheimer,
Kindertransport   15138

Shlomo Breznitz,
Vergiß niemals, wer du bist   12713

Guido Knopp,
Hitlers Kinder   15121

Goldmann • Der Taschenbuch-Verlag